廖平全集

13

主編　舒大剛　楊世文

醫書類

三部九候篇
營衛運行楊注補證
靈素五解篇
瘧解補證
脈學輯要評
脈經考證
傷寒總論
傷寒古本訂補
傷寒雜病論古本
傷寒古本考

上海古籍出版社

三部九候篇

廖平　撰
邱進之　校點

校點説明

據《六譯先生年譜》，廖平力主復古診法，以《内經》每以皮（腠理）、絡（一作「内分」）、經（三部九候診經脈）、筋、骨（筋骨亦作藏府）淺深層次，分屬藏府及邪風傳移，最關緊要，故次第成《診皮》、《診絡》、《三部九候》、《診筋》、《診骨》（以上亦名五診法）及《人迎脈口診》、《分方異宜》、《内經平脈》、《營衛運行》各篇，名《古經診法九種》。《三部九候篇》首三部，次九候。所謂三部，指趺陽、寸口、少陰，次第辨正，於古今診法之部位與脈證之異同，闡發尤詳。至九候診法，首《太陽病脈證一》，次《辨厥陰病脈證篇》，末《傷寒淺注讀法》，皆論傷寒下利之病。其書包括《三部篇序》、《楊氏太素三部診法補證》附《三部少陰》、《楊注太素九候篇診法補證》、《十二經動脈表》、《經穴纂要十二經動脈》。於醫家獨推張仲景，而黜陳修園。其體例多引舊説，以醫證醫，不僅於診法力闢誤説，於古本醫籍之校勘考訂，也有貢獻。《仲景三部診法》刊載於《國學薈編》民國五年（一九一六）第三、四期，《仲景九候診法》刊載於《國學薈編》民國五年（一九一六）第二、三期，民國六年（一九一七）第五期。民國十年（一九二一）四川存古書局印入《六譯館叢書》。今以此本爲底本進行點校。

目録

三部篇序

鄭康成《周禮·疾醫》注：「脈之大候，要在陽明、寸口而已。」然則以人診府、以寸診藏，但言人、寸比較，陰、陽、藏、府，包括無遺。經於人、寸之外別詳三部，加入少陰，岐伯乃以少陰爲任衝，少陰不動，動者爲衝，《太素》注詳言之。考醫家詳兩傍而略中心，丹家乃專詳中部。任衝與督帶爲十二經之主宰，少陰統於藏，惟任、衝乃能於人、寸外獨立營壘，自成部分，亦如丹家之專詳任、督也。中國舊説以外腎爲附庸，不列十二經中，而別造命門，以主生命。張景岳於《内經》頗爲熟習，乃亦盛推命門，審是則《内經》於生理逐末忘本，反有待張氏補其根原；苟一研思，當亦啞笑。考人身生死疾病，專責藏府，生化飄舉，則責在衝元；故以形體論，腎氣無關於死生，而欲久視長年，則以築基爲根本。此《難經》重腎，爲魏伯陽之餘風，而盛衰生死，則法不在是。考西醫解剖，生殖爲一大門。内傷外感，屬於人、寸；男女傳種，惟在衝、任，而修僊程途，亦於是始。故《上古天真》極言沖舉，而生殖盛衰，兼詳壽命。此三部之中，以衝、任爲君主，居中建極，臨馭四旁，如《九歌》天皇太乙；肺、胃統轄陰陽，文武並用，如羲、和二老，夾輔皇居，則《九歌》之大、少二司命也。或曰：經言少陰，明屬一藏，奈何以衝、任當之？曰：少陰無腧；謂督腦爲少陰，少陰獨下行。以衝、任爲少陰，此少陰二字，誤爲囟與神之合音，不謂心腎。考《内經》藏府，心、腎二號，異實同名，腦爲心主，腰爲髓屬，亦名心主，合之腔中，實有三物：腎竅於耳，指膽而言；腰與外腎，二物一名。大抵心腎名詞，主乎任督，神明所出，端在元首，積精存神，最重伏衝。故凡督任關係，端在男女，生育練神，推人合天。以攝生言，則謂腦中爲久視之本；以治術言，則京師乃首善之區。《難經》所謂命門，舊固屬之鹿督，景岳所推種種關係，實則一外腎，少陽足以盡之；以附肝之膽，道家所謂龜、蛇；腰屬腦，而與三焦表裏，故脈獨在掌中。《素問·五藏别論》：「腦、髓、骨、脈、二字注文。膽、女子胞。三字注文。」骨脈屬於腦髓，睪丸即同女胞，此乃專指督任立言，是爲二物，舊讀誤爲六名。試問：方士之立説雖至奇異，何至以骨、脈與髓指爲藏府乎？附肝之膽，留而不泄，爲藏當無疑義；惟配少陽之睪丸、女胞，有泄時有不泄時，與六府腸、胃、膀胱之泄糟粕水溺者不同，故曰奇恒之府。此膽與女子胞實爲一物，非附肝之膽藏也。諸藏府同名異實，説詳《藏府考異》。

楊氏《太素》三部診法補證

（隋）楊上善注　井研廖平補證

《素問·三部九候篇》：帝曰：何謂三部？岐伯曰：有上部，有中部，有下部。仲景：趺陽上，少陰下，寸口中。《脈經》三部，亦同仲景。楊注：上陽明人迎，在頭頸；下部少陰太谿，在足；中太陰寸口，在手。

經有三焦三隧各種分畫，此以頭、足、手動脈所在分之。仲景叙《傷寒》：「人迎趺陽，三部不參」，二穴皆在足；《平脈》引《脈法贊》以三部爲寸、關、尺，三穴皆在手；九候爲浮中沉。此二說水火冰炭，不能並立，何以仲景書中忽雜《難經》之寸、關、尺？專用兩寸，詳《三關主對》、《平三關陰陽二十四氣》、《平人迎氣口神門》①，竟以尺爲神門名，尤怪。凡藏府一切診法統包兩手，以外不有。異端自刱此法，經外別傳，未爲不可，如《太素》卜驗。則不必依託《内經》，羊質虎皮。仲景診法詳趺陽、少陰、少陽，有二條。與新法不合；道不同不相爲謀，各遵所聞，各行所知可也，何必撰造《平脈》、《辨脈篇》以羼補其書？豈非自知其術不行，託高名以乞售乎？《千金》中雜入《平脈》、《色脈》，亦《傷寒》之故，知其人當

---

① 平人迎氣口神門：《脈經》作「平人迎神門氣口」，似當從。

在五代時，間或乃以《平脈》、《辨脈》爲出叔和，真不啻聽説蔡中郎矣！嘗謂僞作《難經》其人者，粗通文義，略識之無，於古書義例全無領悟，徐靈胎所駁條件，言之多可噴飯；《傷寒》、《千金》所雜四篇，其人尤鄙屑不足道。文義未嫻，遂欲創法以易先聖古經，真不識人間羞恥事者！僞《脈經》「平三關」二篇，或以人迎、神門加稱寸尺，或於兩手六部立三十六法，如夢囈，如靈語。違經杜撰謡言，竟欲著書立説，公佈天下後世，乃來者偏如飲迷藥，操此術以殺人，豈不哀哉！《千金》卷首第四論診候，本鈔録《内經·三部九候》全文，不知何時妄人，於三部下删去原文，改爲寸、關、尺，又加以肺、膽、腎之名；而於九候，則仍原文。此種筆墨，不能不詆之目不識丁。願有志學古者，勿再入迷國，以不迷爲迷可也！

《靈樞·動輸篇》：常動三動脈，爲三部。黄帝曰：經脈十二，十二經皆有動脈，詳後表。而手太陰、足少陰、陽明獨動不休，惟此三部動甚，故爲十二經之主。絡脈不動，經動脈有微甚。以三部統九候，上中下各有四經，以三部爲主，以九候爲輔，合數爲十二經。何也？楊注：總問三脈常動之由。○案：十二經皆有動脈，每經多止一動脈，惟肺、胃脈最多，肺、胃同有六少陰。三又兼衝脈言，一説，三部以人寸少陰提綱。本經病，肺當主尺澤，胃當主衝陽。岐伯曰：足陽明，胃脈也。今本作「是陽明」。胃者，五藏六府之海也。楊注：穀入於胃，變爲糟粕，津液、宗氣，分爲三隧，泌津液注之於脈，化而爲血，以營四末，内注五藏六府，以應刻數，名爲營氣。其出悍氣慓疾，先行四末分肉、皮膚之間，晝夜不休者，名爲衛氣。營出中焦，衛出上焦也。大氣摶①而不行，名爲宗氣，積於胸中，命曰氣海。出於肺，循喉嚨，呼則出，吸則入也。故胃爲五藏六府之海也。○胃爲水穀之海，衝乃爲五藏六府之海。其清氣上注於肺，《營氣篇》。由督、任二蹻通十二經，督任即衛。肺②氣指内藏。從太陰指經絡言。肺主氣，又衛順行，由手太陰起。而行之，楊注：胃之清氣上注於肺，從手太陰一經之脈上下而行。○五十營一周。其行也，以息往來。楊注：其手太陰脈上下行也。要由胸中氣海之氣，出肺循喉嚨，呼出吸入，以息往來，故手太陰脈得上下行。○宗氣在中焦，主呼吸，爲人身電氣，故脈之行由呼吸使合。故人一呼脈再動，一吸脈亦再動，呼吸不已，泰西學説亦主呼吸。故動而不止。楊注：脈，手太陰脈也。人受穀氣，積於胸中，呼則推於手太陰，以爲二動；吸則引於手太陰，復爲二動，命爲氣海。呼吸不已，故手太陰動不止也。○此説中外所同，以肺、胃故。黄帝曰：氣之過元氣周流爲衝。於寸口也，凡動脈皆可稱氣口。上逆行，上。焉息？今本作「上出」。○出，舊誤作「十」，據《邪客篇》改正。經脈在肌肉間，深不可見，其動也，以氣口知之，而營衛經絡有由外入内者，又有由内出外者，西人詳於内，中人詳於外，兼詳出入，則通矣。○順行。下③焉伏？今本作「下入焉伏」。《内經·陰陽别論》專詳經絡離合出入，楊注於經别别脈極爲發明。按經脈有在内者，有在外者，非分别内外，詳其出入，離别中外，不可通也。○入，舊誤「八」，楊本無。經脈伏而不見，與營、衛入，内與藏府聯

① 摶：原作「搏」，據人民衛生出版社本《黄帝内經太素校注》卷九《脈行同異》楊注改。
② 肺：原作「腑」，據《靈樞》改。
③ 下：原作夾注小字，據《黄帝内經太素·脈行同異》改。

屬，皆爲入。○《邪客篇》：「脈之屈①折，出入之處，焉至而出？」何道從還？泰西學説亦言循環，然詳内而略外，合之中説，則内外俱明，與《經》出入離合之義符矣。○由督任以至十二經，詳《營氣篇》。不知其極。楊注：氣謂手太陰脈氣，從手寸口上入肺而息，從肺下至手指而屈。伏，屈也。肺氣循手太陰脈道下手至手指端，還肺之時，爲從本脈而還？爲别有脈道還也？吾②不知端極之也。○《邪客篇》：「此何道而從行？願盡聞其方。」岐伯曰：氣之離於藏也，由内出外，下由手太陰起，上由足厥陰起，而成瘖痳。卒然於弓弩之發，下行爲陽，陽爲瘖。肺有六動脈。如水之下崖，上行爲陰，爲痳。肝有四動脈，此指胸中。上於魚此指在外經脈。以反衰。此論肺經。寸口脈魚以上不見，以指按物，求之則動。其餘氣③衰散除胃外順行肝六，逆行肝四，其餘九藏一穴者三，二穴者三，三穴者三。以逆陽順陰逆。上，由手走胸。故其行微。楊注：氣，手太陰脈④氣也。手太陰脈氣從胃中焦上入於肺，下腋向手，上魚，至少商之時，以乘藏府盛氣，如弓弩之發機，比湍流之下崖，言其盛也。從少商反迴，逆上向肺。雖從本脈而還，以去藏府漸遠，其藏府餘氣衰散，故其行遲微也。○脈以胃氣爲主，順行則肺盛，逆行則肝盛，以得初氣故。動脈多在其中之經，則三穴者三，二穴者三，一穴者三，餘氣不及初氣也。○營、衛宗氣，循度行於經脈之内外，陽晝行⑤，起太陰，終於肝；陰逆行，始於肝，終於肺。下

① 屈：原作「曲」，據《靈樞》改。
② 吾：原脱，據《黄帝内經太素・脈行同異》楊注補。
③ 氣：原無，然楊注有「氣」字，則《太素》亦當有，茲據《靈樞》補。
④ 脈：原作「肺」，據《黄帝内經太素・脈行同異》改。
⑤ 晝行：據文意，似當作「順行」。

行本主肝經，多以少陰當之者。少陰爲膽，與肝相連，故舉少陰；亦如肺主氣，西人則主心。

以上寸口中部。

黄帝曰：足之陽明，鄭君《周禮·疾醫》注：脈之大端，要在寸口、陽明而已。何因而動？楊注：十二經脈此皆有動，餘之九經動有休時，唯此三經常動不息。太陰常動，已具前章，故次問陽明常動之義，故曰何因動也。○中部四經皆動，惟陽明動甚，爲中部之主。問所以動甚之由。岐伯曰：胃氣上注於肺，楊注：問曰：十二經脈別走，皆從藏之陰絡，別走之陽；亦從府之陽絡，別走之陰。此之別走，乃別胃府盛氣，還走胃脈陽明經者，何也？答曰：胃者水穀之海，五藏六府皆悉稟之，別起一道之氣合於陽明，故陽明得在經脈中長動，在結喉兩箱，名曰人迎，五藏六府脈氣並出其中，所以別走與餘不同。○此爲支部。上部肺主氣，肺營氣由衝腹肺①，必資胃氣之助，以行十二經。其悍氣其本經所行爲悍。悍讀爲「幹」，與「支」對文。上衝頭者，上行者爲衝。循咽上走空竅，楊注：悍氣衝時，循咽上走七竅，使七竅通明也。悍，音汗。○足三陽從頭走足，此上行支絡。循眼系目内眥，五陽經所會。入絡腦，腦爲一身之主，必得胃資料，乃能灌注周身。○幹氣通行十四經，故凡脈皆以胃氣爲主。故無胃氣，則爲真藏。出頷，下客主人，前二上皆非正行者，下乃循經。循牙車，合陽明，楊注：復循眼系絡腦兩箱，出於頷下。頷，謂牙車骨，屬顱骨之下也。並下人迎，本經動脈，仲景以爲趺陽。此胃氣指内府。別走於陽明指外經絡。者也。楊注：足陽明經及別走氣二脈並下，以爲人迎也。故胃別氣走陽明也。○悍氣循肺肝而行，此本支自尋本經者。故陰營血。陽衛氣。上始肺。下，始

① 由衝腹肺：此語文義難詳，恐有脱誤，俟考。

肝。其動也若一。楊注：陰謂寸口，手太陰也；陽謂人迎，足陽明也。上謂人迎，下謂寸口，有其二義：人迎是陽，所以居上也；寸口是陰，所以居下也。又人迎在頸，所以爲上；寸口在手，所以爲下。人迎寸口之動，上下相應俱來，譬之引繩，故若一也。所論人迎寸口，唯出黄帝正經，計此之外，不可更有異端。近相傳者，直以兩手左右爲人迎寸口，是則兩手相望以爲上下，竟無正經可憑，恐誤物深也。○人迎與寸口相應，大小齊等。故陽病府病，實。而陽脈小者爲逆，人迎反小於寸口。陰病藏病，虚。而陰脈大者爲逆。楊注：陽大陰小，乃是陰陽之性。陽病人迎大小俱病，而大者爲順，小者爲逆；陰病①寸口大小俱病，而小者爲順，大者爲逆。順則易療。逆則爲難也。○寸口反大於人迎。故陰陽俱静與其動，經以經絡分陰陽，經動爲陽，絡静爲陰。若引繩相頓者，病也。楊注：謂人迎寸口之脈乍静乍躁，若引繩相頓乍動乍静者，病也。○案：人寸平等爲平人，有病必有所偏，而脈反平等，則爲難已。二文並見，此文就平脈言，「病」上當有「無」字；就病脈言，則「病」下當有「難已」二字。○案：《靈》、《素》言人迎者無慮數十見，而衝陽無診法；仲景言趺陽者數十見，而無人迎，惟《序》中與趺陽偶同一見。仲景既宗《靈》、《素》，不應歧異如此；且寸在中，人迎在上，太谿在下，若衝陽則與太谿同在足，足二診而無頸脈，亦不合上中下三部之法，故定趺陽爲人迎之別名，趺陽即經之人迎。姑發其例於此。

以上上部人迎。

黄帝曰：足少陰四海之説，肺爲氣海，脈之始行；肝爲血海，脈之終止。言寸即可包肝，故《四海篇》不詳血海，以統於肺也。言寸口、人迎，而藏府之説盡矣。足少陰當爲膽爲腎，主衝脈，統腦氣筋而言。詳任衝。何因而動？楊

① 病：原作「陽」，據《黄帝内經太素・脈行同異》楊注改。

注：已言陽明常動於前，次論足少陰脈動不休也。○氣血水穀，十二經之脈已畢。岐伯曰：衝脈者，十二經之海也，奇經六脈，行寓各經，無專穴，爲衝氣之所行。衝主督任，爲十二經之海。與少陰脈上行陽手，起於肺；下行陰足，起於少陰。之大絡少陰亦稱大絡，則脾之大絡不當爲十五絡。起於腎內腎，在藏。下，出於氣街，氣街在外，有穴可指，故曰「出」。循陰股內廉，邪入膕中，循脛骨內廉，並少陰之經，下入內踝之後，入足下；太陽在手，少陰在足。其別者，邪入踝，陰陽順逆，離合①出入，《內經》言之最詳，唐以後皆失其傳。楊注於「順逆」二字最有發明，《營衛運行篇》詳其説；離合出入，必須假泰西解剖學説而後能證。今以泰西動静二管爲營、衛，泰西所圖，在內之定位；中醫所傳，爲在外之運行。一離一合，一出一入，而中外可通矣。出屬跗上，入大指之間，如手太陰之行手。注諸絡以温足脛。此言衝脈下行温足之法，而上行温頭手之文不見，可以由此推之。此脈之常動者也。楊注：少陰正經②，從足心上內踝之後，上行循脛向腎；衝脈起於腎下，與少陰大絡下行出氣街，循脛入內踝，後下入足下。案《逆順肥瘦》，「少陰獨下」中云「注少陰大絡」，若爾，則衝脈共少陰常動也。若取與③少陰大絡俱下，則是衝脈常動，少陰不能動也。○此脈在十二經之外，爲奇之主，借少陰以立名，衝非少陰也。○三動脈，即上中下鍋爐之説。

以上下部太谿。

黄帝曰：營、衛之行也，上手，肺。下足，肝。相貫，就平人全體尺寸息數推算。如環之無端。詳《營

① 合：原作「別」，據下文改。
② 經：原作「陰」，據《黄帝内經太素·脈行同異》楊注改。
③ 與：原作「於」，據《黄帝内經太素·脈行同異》楊注改。

氣篇》。今有其卒然遇邪氣，中風不仁之類。及逢大寒，手足懈惰，大寒手足墮落，及遇金瘡，去手足而不死，支節不全，其氣往還，必有變異。其脈陰陽之道、相輸之會，行相失也，長短尺寸不合平常。氣何由得還？楊注：營行手太陰，下至手大指次指之端，迴爲手陽明，上行至頭，下足陽明。如此，十二經脈陰陽相貫，如環無端也。卒有邪氣及寒客於四支，陰陽相輸之道不通，何由還也？○其末已無。岐伯曰：夫四末陰陽之會者，手、足八會穴。此氣之大絡也。此在四支末。四街者，氣之徑也。此在四支之本。故絡絶手、足指掌已無。則經通，四支之末雖不全，其本尚在。四末解則氣從合，四末全則行速，四支一有一無，則一遲一速，必相配偶。相輸如環。楊注：四末①，謂四支身之末也。四街，謂胸腹頭胻，脈氣道也。邪氣大寒客於四末，先客絡脈，絡脈雖壅，内經尚通，故氣相輔如環，寒邪解已，復得通。○《莊子》「兀者神完②」略同。黄帝曰：善。此所謂如環之無端，莫知其紀，終而復始之謂也。楊注：述其所解。

舊説十二經皆有動脈，惟手太陰、足陽明、足少陰三部獨動不休，較九藏爲大，故以此三部爲主。仲景、《脈經》、《甲乙》、《千金》、《外臺》，凡三部寸口、趺陽、少陰，全用此法，别爲九候九藏，合爲十二經。仲景書中百四十餘條，在寸口、趺陽、少陰之外者是也。舊皆以三部

---

① 末：原作「支」，據《黄帝内經太素·脈行同異》楊注改。

② 兀者神完：此句似有文字脱訛。繙檢《莊子》，未見有類此之説，而《天地篇》則云：「形全者神全。」

參入九候，鄭君注《周禮》，無膽、三焦、膀胱，楊氏《太素》無膀胱、包絡①。王啓玄、張景岳、《四診心法》無手足太陽、手厥陰三經，方以智、張隱菴、高世栻無足少陽膽、手厥陰包絡、少陽三焦者，皆非也。

案：《動輸篇》三部寸口、人迎、少陰，爲仲景之所祖。仲景書中之「三部」、《序》「三部不參」。「三處」，《平脈》。皆據此而言。凡言脈單稱「脈」字，以古法言，不分三部；以《難經》誤，不言左右寸、關、尺②。皆爲九候法。九藏分經之病，獨診專經之脈，如太陽病，診睛明、委中。陽明病，診人迎。少陽病，診聽會③。太陰病，診衝門。少陰病，診太谿。厥陰病，診太衝。皆本經之動脈。故但舉一「脈」字而文義甚明，如經云太陽脈、少陽脈、少陰脈是也。其有分三部者，則專別上中下。故凡言寸口者，專屬中部，以與趺陽、少陰相配成文，統指兩手僞法之六部言之，非如寸、關、尺僞説，以兩手寸部爲寸口也。故三注④本統言脈。不分三部者，凡七十餘見：獨提寸口者十，趺陽者十一，少陰者四。《金匱》婦女亦診趺陽、少陰，上診頸，

① 「楊氏」句：原作夾注小字，詳前後文意，當係正文，因據改。
② 不言左右寸、關、尺：此語既承「以《難經》誤」，則「不言」似當作「而言」。
③ 聽會：疑作「聽會」。聽會，穴名。
④ 注：疑爲「部」之誤。

下診足，非專就兩手分三部，持寸不及人，舊僞「尺」。握手不及足也。書中間有關、尺字，皆爲後人所羼，如《平脈》言「三處」，後人於其上加入「寸口關中尺上」六字是也。今故於其全書中，凡言關、尺字者，皆爲提出校正，補於《釋尺篇》之後。

雷公問於黃帝曰：《禁脈》之言，凡刺之理，經脈爲始，營其所行，制其度量，內次五藏，外別六府，願盡聞其道。黃帝曰：人始生，先成精，精成而腦髓生；骨爲幹，脈爲營，筋爲剛，肉爲牆，皮膚堅而毛髮長。穀入於胃，脈道以通，血氣乃行。雷公曰：願卒聞經脈之始生。黃帝曰：經脈者，所以能決死生，處百病，調虛實，不可不通。以下皆楊氏《太素注》。

肺手太陰之脈，起於中焦，下絡大腸，還循胃口，上膈屬肺，從肺系橫出腋下，下循臑內，行少陰心主之前，下肘中，循臂內上骨下廉，入寸口，上魚，循魚際，出大指之端；其支者，從腕後直出次指內廉，出其端。是動則病肺脹滿，膨膨然①而喘欬，缺②盆中痛，甚則交兩手而瞀，此爲臂厥。是主肺所生病者，欬上氣喘渴，煩心胸滿，臑臂內前廉痛厥，掌中熱。氣盛有

① 然：原脱，據《黃帝內經太素校注》卷七《經脈連環》補。
② 缺：原作「上」，據《黃帝內經太素校注》卷七《經脈連環》改。

從《靈樞・經脈篇》補入。餘，則肩背痛。肺氣盛，故上衝肩背痛也①。風寒汗出，中風不浹，數欠。肺脈盛者，則大腸脈盛，天有風寒之時，猶汗出藏中，身外汗少，故曰不浹。祖夾反，謂潤洽也。本有作「汗出中風，小便數而欠」。陰陽之氣上下相引，故多欠也。氣虛則肩背痛寒，盛氣衝滿，肩背痛也，肩背元氣虛而痛也。陽虛陰并，故肩背寒也。少氣不足以息，溺色變。肺以主氣，故肺虛少氣不足以息也；大腸脈虛，令膀胱虛熱，故溺色黃赤也。溺，音尿。爲此諸病，手太陰脈氣爲前諸病也。盛則寫之，虛則補之，《八十一難》曰：東方實，西方虛，寫南方，補北方，何謂也？然。金木水火土，當更相平。東方者木也，木欲實，金當平之；火欲實，水當平之；土欲實，木當平之；金欲實，火當平之；水欲實，土當平之。東方者肝也，肝實則知肺虛，寫南方，補北方。南方火者，木之子也；北方水者，木之母也。水以勝火，子能令母實，母能令子虛，故寫火補水，欲令金去不得干木也②。熱則疾之，熱盛衝膚，閉而不通者，刺之搖大其穴，寫也。寒則留之，有寒痺等在肉分間者，留鍼經久，熱氣當集，此爲補也。陷下則灸之，經絡之中，血氣減少，故脈陷下也。火氣壯火③，宜補經絡，故宜灸也。不盛不虛，以經取之。《八十一難》云：「不盛不虛，以經取之，是謂正經自病，不中他邪，當自取其經。」前盛虛者，陰陽虛實，相移相傾，而他經爲病。有當經自受邪氣爲病，不因他經作盛虛。若爾，

---

① 故上衝肩背痛也：「故」原作「於」，「也」原作「之」，據《黃帝內經太素校注》卷七《經脈連環》楊注改。

② 不得干木也：「木」原作「水」，「也」字原脫，據《黃帝內經太素・經脈連環》楊注改補。按：「干木」《八十一難》作「平木」。

③ 火：原脫，據《黃帝內經太素・經脈連環》楊注補。

當經盛虛即補寫自經，故曰以經取之。盛者則寸口大三倍於人迎，虛者則寸口反小於人迎。厥陰少陽，其氣最少，故寸口陰氣一盛，病在手足厥陰；人迎陽氣一盛，病在手足少陽。少陰太陽，其氣次多，故寸口陰氣二盛，病在手足少陰；人迎陽氣二盛，病在手足太陽。太陰陽明，其氣最多，故寸口陰氣三盛，病在手足太陰；人迎陽氣三盛，病在手足陽明。所以厥陰少陽，氣盛一倍爲病；少陰太陽，二倍爲病；太陰陽明，三倍爲病。是以寸口人迎，隨陰陽氣而有倍數，候此二脈，知於陰陽氣之盛也。其陰陽虛衰，寸口人迎反小，準此可知也。

胃足陽明之脈，起於鼻，交頞中，下循鼻外，上入①齒中，環出俠口，環②脣，下交承漿，卻循頤後下廉，出大迎，循頰車，上耳前，過客主人，循髮際至額顱；其支者，從大迎前下人迎，循喉嚨，入缺盆，下鬲屬胃絡脾；足陽明脈起於鼻，下行屬胃，通行胃之血氣，故曰胃足陽明脈也。手陽明經從手上俠鼻孔，到此而起，下行至於足指，名足陽明經。十二經脈行處及穴名，備在《明堂經》，具釋之也。客主人，即上開穴③也。頞，阿葛反，鼻莖也。顱，音盧。胃府通氣入藏，故屬胃絡脾也。其直者，從缺盆下乳内廉，下俠齊，入氣街中；其支者，起胃口下，循腹裏，下至氣街中而合，以下髀，抵伏菟，胃傳食入小腸處，名胃下口。此

---

① 上入：原作「入上」，據《黄帝内經太素・經脈連環》乙。

② 環：原作「還」，據《黄帝内經太素・經脈連環》改。

③ 上開穴：據《黄帝内經太素・經脈連環》楊注蕭延平「按」，當作「上關穴」，「開」字係「關」字傳寫之誤。

脈一道，從缺盆下乳内廉膚肉之中，下俠齊至氣街中。前者一道，從缺盆屬胃。今從胃口下下行，與氣街中者合爲一脈而下①。抵，至也。下膝入臏中，膝，脛頭也。臏，膝之端骨也，頻忍反。下足跗，入中指内間；跗，故孟反。其支者，下膝三寸而别，以下入中指外間；其支者，别跗上，入大指間，出其端。脈從氣街下行，至足指間，凡有三道。是動則病洒洒振寒，洒洒，惡寒皃，音洗，謂如水灑洗寒也。善伸數欠顔黑，凡欠及多伸，或爲陽上陰下，人之將卧，陰陽上下相引，故數欠。顔額②，陽也；黑，陰也。陰氣見額，陽病也。病至則惡人與火，聞木音則惕然而驚，心欲動，至，甚也。陽明土也，土惡木，故病甚惡木音也。陽明主肉，血盛，故惡火也。陽明厥喘悶，悶故惡人也。獨閉户牖而處。陰静而闇，陽動而明，今陰氣加陽，故欲閉户獨處也。甚則欲上高而歌，棄衣而走，陽盛故也。賁嚮腹脹，是爲骭厥。嚮，音鄉。謂陽氣賁聚，虚滿爲腹脹也。以陽盛於腳，故欲登高棄衣而走，名爲骭厥也。是主血所生病者，狂瘧温淫汗出，陽明主肉，血爲肉液，故亦主血也。淫，過也，謂傷寒熱病，温熱過甚，而熱汗出也。鼽衄，口喎脣胗，頸腫喉痺，衄，出血也。不言鼻衄而言鼽衄者，然鼻以引氣也，鼽鼻形也，鼻形之中出血也。胗，脣瘍瘡，音緊。腹外腫，膝臏腫痛，陽明，一道行於腹外，一道行於腹内。腹内水穀行通，故少爲腫；

① 而下：原作「而下行」，據《黄帝内經太素·經脈連環》楊注改。

② 額：原作「頞」，據《黄帝内經太素·經脈連環》楊注改。下「陰氣見額」之「額」字同。

腹外衛氣數壅，故腹外多腫也。循膺①、乳、氣街、股、伏菟、胻外廉、足跗上皆痛，中指不用。上七處②並是足陽明脈所過，故循上七處痛者，是陽明脈病也。股，髀內陰股也。足中內外間，陽明脈支所至，故脈病中指不用也。氣盛則身以前皆熱，足陽明脈唯行身前，故脈盛身前皆熱也。其有餘於胃，則消穀善飢，溺色變；脈氣有餘身前，故身前皆熱；若有餘胃中，故善飢溺變也。氣不足則身以前皆寒慄，胃中寒則脹滿。有餘，身前胃中有熱有飢；不足，身前胃中寒慄脹滿。陽氣有餘，陰氣不足；陽氣不足，陰氣有餘。今但舉一邊爲例耳。爲此諸病，盛則寫之，虛則補之，熱則疾之，寒則留之，陷下則灸之，不盛不虛，以經取之。盛則人迎大三倍於寸口，虛則人迎反小於寸口。

腎足少陰之脈，足少陰脈上行屬腎，通行腎之血氣，故曰腎足少陰之脈也。起於小指之下，邪趣足心，出於然骨之下，足太陽府脈至足小指而窮，足少陰藏脈從小指而起，是相接也。然骨，在內踝下近前起骨是也。循內踝之後，別入跟中，少陰脈行至內踝之後，別分一道入骨陷中也。以上腨內，出膕內廉，上股內後廉，貫脊屬腎絡膀胱；貫脊，謂兩箱二脈皆貫脊骨而上，各屬一腎，共絡膀胱。其直者，從腎上貫肝鬲，入肺中，循喉嚨，俠舌本；直貫肝鬲而過稱貫，即舌下兩傍脈是也。其支者，從肺出絡心，注胸中。從肺下行，循心系絡於心，注胸中也。是動則病飢不欲食，面黑如地色，少陰脈病，陰氣有餘，不能消食，故飢不能食也；以陰氣

① 膺：原作「陰」，據《黃帝內經太素·經脈連環》改。
② 處：原作「虛」，據《黃帝內經太素·經脈連環》楊注改。

盛，故面黑如地色也。欬唾則有血，喝喝如喘，唾爲腎液，少陰入肺，故少陰病熱，欬而唾血；雖唾，喉中不盡，故呼吸有聲，又如喘也。喝，呼葛反。坐而欲起，起目䀮䀮如無所見，少陰貫肝。肝脈系目，今少陰病從坐而起，上引於目，目精氣散，故䀮䀮無所見也。䀮，莫郎反。心如懸病飢狀，足少陰病，則手少陰之氣不足，故心如懸飢狀也。氣不足則善恐，心惕惕如人將捕之，是爲骨厥。腎主恐懼，足少陰脈氣不足，故善恐，心怵惕。前之病，是骨厥所爲。厥，謂骨精失逆。惕，恥激反，謂懼之也。是主腎所生病者，口熱舌乾，咽腫上氣，嗌乾及痛，煩心心痛，黄癉腸澼，熱成爲癉，謂腎藏内熱發黄，故曰黄癉也。腎主下焦，少陰爲病，下焦大腸不和，故爲腸澼也。脊股内後廉痛，痿厥嗜卧，津液不通，則筋弛好卧也。足下熱而痛。少陰虚則熱并，故足下熱痛也。爲此諸病，盛則寫之，虚則補之，熱則疾之，寒則留之，陷下則灸之，不盛不虚，以經取之。灸則强食生肉，不盛不虚，以經取者，亦以經取灸也。故療腎所生之病亦有五法：自火化以降，並食熟肉，生肉令人熱中，人多不欲食之，腎有虚風冷病，故强令人生食豕肉，温腎補虚，腳腰輕健。人有患腳風氣，食生豬①肉得愈者衆，故灸腎病須食助之。一也。緩帶，帶若急，則腎氣不適，故須緩帶，令腰腎通暢，火氣宣行。二也。被髮，足太陽脈從項下腰至腳，今灸腎病，須開頂②被髮，陽氣上通，火氣宣流。三也。大杖，足太陽脈循於肩髆，下絡於腎，今療腎病，可策大杖而行，牽引肩髆，火氣流通，四也。重履而步。燃磁石療腎氣，重履引腰腳，故爲重履者，可用磁石分著履中，上弛其帶令重，履之而行；以爲輕

① 豬：原作「臘」，據《黄帝内經太素·經脈連環》楊注改。
② 頂：原脱，據《黄帝内經太素·經脈連環》楊注補。

者，可漸加之令重，用助火氣，若得病愈，宜漸去之。此爲古之療腎要法。五也。盛者則寸口大再倍於人迎，虚者則寸口反小於人迎。○注皆楊氏。

以上三部，皆見《靈樞·經脈篇》。

附三部少陰《診任衝篇》。

《素問·上古天真論》：帝曰：人年老而無子者，材力盡耶？任、衝爲生殖之本，專爲傳種之用；如樹草之花實，幼稚時代不生殖，樹老形枯亦無花實，然不關生死也。將天數然也？楊注：材力，攝養之力也。天數，天命之數也。〇《類》注：材力，精力也。天數，天賦之限數也。岐伯曰：女子七歲，腎《內經》「腎」字有指腰言者，有指膽言者，有指外腎言者；一如心，一名三物，有腦、心、包絡是也。當就本義上下文求之，所謂同名異實。氣盛，齒更髮長。楊注：腎主骨、髮，故腎氣盛，齒更髮長。〇此時五藏未盛，腎處虛位。二七而天癸至，男子十六爲少男，女子十四爲少女。任脈通，而太衝脈《新校正》云：按全元起注本及《太素》、《甲乙經》俱作「伏衝」，下「太衝」同。盛，月事以時下，仲景婦女亦診少陰。凡女科與男子不同之專病，責之衝、任；男子生殖事，亦同責之衝、任。故有子。楊注：天癸，精氣也。任衝脈起於胞中下極者也，今天癸至，故任脈通也。伏衝之脈起於氣街，又天癸至，故衝脈盛也。二脈並營子胞，故月事來以有子也。〇《類》注：天癸者，天一之氣也；任衝者，奇經之二也。任主胎胞，衝爲血海，氣盛脈通，故月事下而有子。月事者，言女子經水按月而至，其盈虛消長應於月象。經以應月者，陰之所生也。〇《禮》說。三七，腎氣平均，故真牙生而長極。楊注：真牙，後牙也。長極，身長也。〇《類》注：腎氣，即天癸也。平均，充滿之謂。

真牙，謂牙之最後生者。腎主骨，故腎氣平則真牙生而長極。○此爲中女，《禮》「二十而嫁」與中女①。四七，筋骨堅，髮長極，身體盛壯。楊注：身之筋骨體髮無不盛極。○《類》注：女子天癸之數七七而止，年當四七，正及材力之中，故身體盛壯，髮長極矣。○此爲長女。五七，陽明脈衰，三女過時即爲衰。面始焦，髮始墮。楊注：陽明脈起於面，行於頭，故陽明衰，面與髮始焦落。○《類》注：女爲陰體，不足於陽，故其衰也，自陽明始。陽明之脈行於面，循髮際，故面焦髮墮。○少衰。六七，三陽脈外腎，爲少陽膽。衰於上，面皆焦，髮始白。楊注：三陽，少陽、太陽、陽明。三陽脈俱在頭，故三陽衰，面焦髮白。○《類》注：三陽脈皆盛於面也。○中衰。七七，任脈虚，太衝脈衰三盛三衰，相對成文。少，天癸竭，地道不通，至衰。故形壞而無子也。楊注：任衝二脈氣血俱少，精氣盡，子門閉，子宫壞，故無子。○《類》注：至是則衝、任血少，陰氣竭，故經水止絶而坤道不通也。天癸竭絶，故形體衰壞，而不能有子矣。○任衝專主生殖。未能生育，腎未壯；老不生育，腎已衰，而人不死。衝、任如草木花果，專詳傳種，無關生死，故宦官亦可長壽，閹牛騸馬反更肥壯，此衝、任所以爲生殖之原。丈夫八歲，腎氣實，髮長齒更。《類》注：八爲少陰之數，男本陽體，而得陰數者，陽中有陰也。髮長齒更，義同前。○幼稚時，外腎居虚位。二八，腎氣經以少陰爲衝脈，此腎氣即指少陰而言。楊注「腎脈不下行於足」、「腎脈不動」，動與下行皆衝脈②，而經稱爲少陰是也。盛，天癸至，精氣溢瀉，陰陽和，故能有子。《類》注：男女真陰皆稱天癸。天癸既充，精乃溢瀉；陰陽和合，故能生子。子者，統

---

① 與中女：「與」字難通，疑爲「即」字之誤。

② 皆衝脈：原作「皆〇」，無「衝脈」二字，兹據文意改補。

男女而言，男曰男子，女曰女子。○少男。三八，腎氣平均，筋骨勁强，故真牙生而長極。《類》注：腎水生肝血，故筋亦勁强也。○中男。四八，筋骨隆盛，肌肉滿壯。《類》注：男子氣數至此，盛之極也。○長男。五八，腎氣衰，髮墮齒槁。《類》注：男爲陽體，不足於陰，故其衰也自腎始，而髮齒其徵也。○少衰。六八，陽氣衰竭於上，中衰。面焦，髮鬢頒白。《類》注：陽氣，亦三陽氣也。頒，班同。七八，肝氣衰，筋不能動，天癸竭，精少，腎藏衰，實指衝言。形、體皆極。《類》注：肝主筋，肝衰，故筋不能動；腎主骨，腎衰，故形體疲極。八八，○男比女多一周。則齒髮去。楊注：齒槁者，骨先衰，肉不附，故令齒枯也。○《類》注：衰之甚也。腎指外腎。者衝脈伏深不可見，外與少陰近，故取其穴。所謂腎，不過衝之代表。主水，膽爲少陰，與心相同。受五藏六府之精而藏之，衝爲五藏六府之海，五藏包有少陰在内。藏藏府之精，所以爲十二經之海。故五藏盛單就藏爲五，合六府則爲十一，所謂十一藏皆取決於膽。乃能寫。《類》注：腎爲水藏，精即水也。五藏六府之精皆藏於腎，非腎藏獨有精也，故五藏盛則腎乃能寫。○經曰十一經皆取於膽，但謂精氣由外泄。今五藏皆衰，筋骨解墮，天癸盡矣，外腎之衰盛，其原不在外腎，五藏乃其宗主。《白虎》「六十閉房」之説。故髮鬢白，身體重，行步不正，而無子耳。《類》注：凡物壯則老，此上文所謂天數也。○此爲常法。帝曰：有其年已老此謂八八、七七之外。而有子者，何也？變例，與經不合。凡經所言常、變，皆由此推之。岐伯曰：此其天壽過度，氣脈常通，上下行。而腎氣衝。有餘也。《類》注：此天稟有餘，即所謂材力也。○氣稟不同，此得之天者。此雖有子，此句言其變也。男不過盡八八，女不過盡七七，而天地之精氣皆竭矣。帝曰：夫道者僊道，如《列》、《莊》所傳。年皆百數，此就異人言，百餘歲有子，亦屬常事。男子仍以八八、七七爲比例，多者再加一倍，至於再倍三倍，則更爲異事。以百計之，則由百歲以至千萬歲，如《莊子》之「大年」。又，海王星中人一歲，爲本地球百卅餘歲。能有子乎？謂過八七之數。岐伯曰：夫道者①能卻老而全形，身又修養別一例。年雖壽，能生子也。外腎專主生殖，不關生死，故閹牛騸馬更見肥碩，宦官宮妾可以長年。故言人生死，則外腎實居虛位；至言仙法，則從此立基。故凡重外腎之學說，皆出魏伯陽《參同契》之後，《難經》專重腎，乃齊、梁以後之學說。

《靈樞·天年篇》：黄帝問於岐伯曰：願聞人之始生，何氣築爲基？何立而爲楯？何失而死？何得而生？《類》注：基，址也。楯，材具也，楯，音巡。岐伯曰：以母爲基，以父爲楯，失神者死，得神者生也。《類》注：人之生也，合父母之精而有其身。父得乾之陽，母得坤之陰，陽一而施，陰兩而承，故以母爲基，以父爲楯。譬之稼穡者，必得其地，乃施以種，種劣地優，肖由乎父；種優地劣，變成乎母；地種皆得，而陰陽失序者，雖育無成也。故三者相合，而象變斯無窮矣。夫地者基也，種者楯也，陰陽精氣者神也，知乎此，則知人生之所以然矣。黄帝曰：何者爲神？岐伯曰：血氣已和，以實形言。營、衛以通，以運行言。五藏以成，分三隧，法五行。神氣舍心，此心指腦。泰西説神經，即腦經。魂魄畢具，肝肺主血氣營、衛。乃成爲人。《類》注：神者，陰陽合德之靈也。二氣合而生人，則血氣、營衛、五藏以次相成，神明從而見矣。惟是神之爲義有二：分言之，則陽神曰魂，陰神曰魄，以及意志思慮之類皆神也；合言之，則神藏於心，而凡情志之屬，惟心所統，是爲吾身之全神也。夫精全則氣全，氣全則神全，未有形氣衰而神能王者，亦未有神既散而形獨存者，故曰失神者死，得神者生。至於魂魄之義，如前《本神篇》曰：「隨

---

① 夫道者：三字原脱，據《素問》補。

神往來者謂之魂，並精而出入者謂之魄。」及諸家得理之論，再附於左，以詳其義。○唐孔氏曰：人之生也，始變化爲形，形之靈曰魄，魄内自有陽氣，氣之神曰魂。魂魄，神靈之名。初生時耳目心識，手足運動，此魄之靈也；及其精神性識漸有知覺，此則氣之神也。○樂祁曰：心之精爽，是謂魂魄。魄屬形體，魂屬精神。精又是魄，魄是精之神；神又是魂，魂是氣之神。黄帝曰：人之壽夭各不同，或夭，或壽①，或卒死，或病久，願聞其道。楊注：問有四意：夭，壽，卒死，病久。岐伯曰：楊注：答中答其得壽，餘三略之。得壽有九。五藏堅診藏。固，楊注：謂五藏形堅而不虚，固而不變，得壽一也。血脈和調，楊注：謂血常和，脈常調，得壽二也。○診經。肌肉解利，楊注：謂外肌肉肉②，各有分利，得壽三。○診絡。皮膚緻密，楊注：緻，大利反。謂皮腠閉密，肌膚緻實，得壽四。○診皮。營、衛之行，不失其常，楊注：謂營、衛氣一日一夜各循其道行五十周，營、衛其身，而無錯失，得壽五。○《營衛生會》。呼吸微徐，楊注：謂吐納氣微微不粗，徐徐不疾，得壽六。氣以度行，楊注：呼吸定息，氣行六寸，以循度數，日夜百刻，得壽七。○宗氣居中焦。六府化穀，楊注：胃受五穀，小腸盛受，大腸傳導，膽爲中精決，三焦司決瀆，膀胱主津液，共化五穀，以奉生身，得壽八。津液布揚，楊注：所謂泣、汗、涎③、涕、唾等，布揚諸竅，得壽九也。○由氣化水，乃爲流質。各如其常，故能久長。楊注：上之九種，營身之事，各各無失，守常不已，故得壽命，長生久視也。○《類》注：堅固者不

① 或夭或壽：原作「或夭壽」，據《黄帝内經太素》卷二《壽限》改。

② 外肌肉肉：原作「外肌肉」，據《黄帝内經太素》卷二《壽限》楊注改。又，據右引蕭氏「平按」，「肉肉」當是「内肉」之誤。

③ 涎：原作「液」，據《黄帝内經太素·壽限》楊注改。

易損，和調者不易亂，解利者可無留滯，緻密者可免中傷。營、衛之行，不失其常者，經脈和也；呼吸微徐，氣以度行者，三焦治也。六府化穀，津液布揚，則藏府和平，精神充暢，故能長久而多壽也。黄帝曰：人之壽百歲而死者，何以致之？楊注：問其得壽所由。岐伯曰：使道隧以長，楊注：謂有四事，得壽命長：使道，謂是鼻空使氣之道；隧以長，出氣不壅，爲壽一也。基墻高以方，楊注：鼻之明堂，墻基高大方正，爲壽二也。○得父母之氣。通調營、衛，三部三里，楊注：三部，謂三焦部也。三里，謂是膝下三里，胃脈者也。三焦三里皆得通調，爲壽三也①。起骨高，診骨。肉滿，百歲乃得終。楊注：起骨，謂是明堂之骨。明堂之骨高大肉滿，則骨肉堅實，爲壽四也。由是四事，遂得百歲終也。○《類》注：《禮記》「百歲謂之期頤」。使道，指七竅而言，謂五藏所使之道路，如肺氣通於鼻，肝氣通於目，脾氣通於口，心氣通於舌，腎氣通於耳，是即五官之道路也。隧，深邃貌。基墻，指面部而言，骨骼爲基，蕃蔽爲墻。義見《脈色類》三十一、二等篇。凡營、衛部里及骨高肉滿若此者，即致壽之道，故得百歲而終。○此與相法同。

黄帝曰：其氣之盛衰，以至其死，可得聞乎？楊注：消息盈虚，物化之常，故人氣衰，時時改變，以至於死地，各不同形，故請陳之也。岐伯曰：人生十歲，五藏始定，血氣已通，其氣在下，故好走。○《類》注：天地之氣，陽主乎升，升則向生；陰主乎降，降則向死。故幼年之氣在下者，亦自下而升也。○以此走、趨、步、坐，目以爲六十歲之程式。二十歲，血氣始盛，肌肉方長，故好趨。三十歲，五藏大定，肌肉堅固，血脈盛滿，故好步。○《類》注：盛滿則不輕捷，故好步矣。四十歲，五藏六府、十二經脈，皆大盛以平定，腠理始疏，榮華頹落，髮頗楊本作「鬢」。頒白，平盛不摇，故好坐。楊注：血，營血也。氣，衛氣也。大盛，内盛

① 也：原無，據上下文例補。

也。始踈，外衰也。○《類》注：天地消長之道，物極必變，盛極必衰，日中則⿱日亥①，月盈則虧。人當四十，陰氣已半，故髮頗班白，而平盛不摇。好坐者，衰之漸也。五十歲，肝氣始衰，氣。肝葉始薄，血。膽汁始減，此以外腎爲膽。目始不明。六十歲，心氣始②衰，善③憂悲，血氣懈惰，故好卧。七十歲，脾氣虚，皮膚枯。八十歲，肺氣衰，魄離，魄離故言喜誤。九十歲，腎氣焦，張本「腎氣焦」下有一「四」字。藏枯，經脈空虚。百歲，五藏皆虚，神氣皆去，形骸獨居而終矣。楊注：肝爲木，心爲火，脾爲土，肺爲金，腎爲水，此爲五形相生次第，故先肝衰，次第至腎也。至於百歲，五藏虚壞，五神皆去，枯骸獨居，稱爲死之也。○《類》注：魄離者，形體衰敗也。腎氣焦者，真陰虧竭也。此與前篇《上古天真論》「女盡七七，男盡八八」互相發明，彼以七、八言者，言陰陽之限數；此以十言者，言人生之全數。然則人之氣數固有定期，而長短不齊者，有出於禀受，有因於人爲；故惟智者不以人欲害其天真，以自然之道養自然之壽，而善終其天年，此聖智之所同也。今之人非惟不能守其所有，而且欲出塵逃數，解脱飛升，因人惑己，因己惑人，是焉知無則無極，有則有盡，而固竊竊然自以爲覺，亦何異夢中占夢，其不覺也亦甚矣！黄帝曰：其不能終壽而死者，何如？楊注：問其夭死。○《類》注：謂不及天數而早殁者也。岐伯曰：其五藏皆不堅，楊注：夭者亦因五藏皆虚，易受邪傷，爲夭一也。使道不長，《類》注：「使道」如上文，不長，短促也。○楊本作「使道不通」。空外以張，《類》注：九竅張露也。喘息暴疾，楊注：使道短促，鼻空又大，洩氣復多，爲夭二也。○《類》注：

① ⿱日亥：疑爲「昃」字之誤。字書有「晐」而無「⿱日亥」，晐，《説文》「兼晐也」。
② 始：原作「使」，據《黄帝内經太素·壽限》改。
③ 善：《黄帝内經太素·壽限》作「喜」，《靈樞》作「苦」。

喘息者氣促，暴疾者易傷，皆非延壽之徵也。又卑基墻，楊注：鼻之明堂。基墻卑下，爲夭三也。薄脈少血，其肉不石，《類》注：石，堅也。〇石，楊本作「實」。數中風寒，血氣虛，脈不通，楊本作「數中風，血氣不通」，無「寒虛脈」三字。真邪相攻，亂而相引，楊注：脈小血少，皮肉皆虛，多中外邪，血氣壅塞，真邪相攻，引亂真氣，爲夭四也。〇《類》注：數中風寒，表易犯也。血氣虛，中不足也。脈不通，經絡多滯也。故致真邪易於相攻。然正本拒邪，正氣不足，邪反隨之而入，故曰相引。〇數，音朔。故中壽而盡也。《類》注：凡此形體血氣既已異於上壽，則其中壽而盡，固有所由，此先天之禀受然也。夫人生器局既禀於有生之初，則其一定之數，似不可以人力强者。第禀得其全，而養能合道，必將更壽；禀失其全，而養復違和，能無更夭？故知之者，下可以希中，中可以希上；不知者，上僅得其次，次僅得其下矣。所謂天定則能勝人，人定亦能勝天也。夫禀受者，先天也；修養者，後天也。先天責在父母，後天責在吾心。〇楊本作「中年而壽盡矣，黄帝曰善」。張本無末句。

任脈①

《靈樞·五音五味篇》：楊目作《任脈》。黄帝曰：婦人無鬚者，凡言男女之分、男女異病，皆屬任督。無血氣乎？楊注：欲明任脈、衝脈之故，因問以起。岐伯曰：任脈、衝脈皆起於胞中，此胞爲心包絡，即腰也。女子胞屬於此脈，如男子外腎。上循背楊本作「循脊」。裏，循背者深，不可見。爲經絡之海。楊注：此經任脈起於胞中，紀絡於脣口。皇甫謐録《素問經·骨空論》②：「任脈起於中極之下，以上毛際，循腹裏，上關元，至咽喉。」吕廣

---

① 任脈：二字原無，依文例擬補。

② 骨空論：《黄帝内經太素校注》卷一〇《任脈》無此三字。

所注《八十一難》本，言任脈與皇甫謐所録文同。檢《素問》無此文①，唯《八十一難》有前所説。又，呂廣所注《八十一難》本：「任脈起於胞門子户，俠臍上行，至胸中。」《九卷》又云：「會厭之脈，上絡任脈②。」但中極之下，即是胞中，亦是胞門子户，是則任脈起處同也。《八十一難》一至胸中一至咽喉，此經所言别絡脣口，又云：「會厭之脈，上絡任脈。」是循胸至咽，言其行處，未爲終處，至脈絡脣口，滿四尺五寸，方爲極也。又《八十一難》「任脈□□行」，又《明堂》言「目下巨窌、承泣左右四穴有陽蹻脈、任脈之會」，則知任脈亦有分歧上行者也。又任衝二脈上行雖别，行處終始其經是同也。舊來爲圖，任脈唯爲一道，衝脈分腋③兩箱，此亦不可依也。此脈上行，爲經絡海，任維諸脈，故曰任脈。胞下爲膀胱，膀胱包尿，是以稱胞，即尿脬也。胞門與子户相近，任衝二脈起於中也。脊裏，謂不行④皮肉中也。十二經脈、奇經八脈、十五絡脈、皮部諸脈，皆以任衝二脈血氣爲大，故爲海。〇衝爲淋巴管，循行背腹，以督言之則行背，以任言之則循腹。楊注衝兼行背腹，居中御外，故爲十二經之海。

其浮而外者，〇浮而在外，如絡脈。深浮内外，即離合出入。循腹右楊本無「右」字。〇「右」字誤，不分左右。上行，會於咽喉，别而絡脣口。楊注：任衝二脈從胞中起，分爲二道：一道後行，内着脊裏而上；一道前行，浮外循腹上絡脣口也。〇止於口。血〇「血」字衍。氣盛則充膚熱肉，氣如霧虚。血獨盛則澹滲皮膚，

① 檢《素問》無此文：按今通行本《素問》有此文。

② 上絡任脈：原作「上於任脈」，據人民衛生出版社本《針灸甲乙經校釋》卷一二《寒氣客於厭發喑不能言》改。下「上絡任脈」同。

③ 腋：《黄帝内經太素校注·任脈》作「脈」。

④ 行：原作「下」，據《黄帝内經太素校注·任脈》改。

○化血爲流質，則爲澹滲。生毫毛。楊注：任衝之血獨盛，則澹聚滲入皮膚，生毫及毛。毛，即鬚髮及身毛也。今婦人之生，有餘於氣，不足於血，以其數脱血也，衝、任之脈，不營口脣，故鬚不生焉。楊注：婦人氣多血少，任衝少血，故不得營口以生毫毛也。黄帝曰：士人有傷於陰，因故傷宗筋。陰氣絶而不起，不能生殖。陰不用，然其鬚不去，宦者去陰，則鬚必落。其故何也？宦者獨去，其故何也？願聞其故。楊注：士人或有自傷其陰，不能復起，然髭鬚不落。宮①刑之法傷者，陰亦不起，何因鬚獨去之也？岐伯曰：宦者去其宗筋，傷其衝脈，○《素問識》以爲睾丸，謂不傷睾丸鬚可存。血瀉不復，肉膚内結，口脣不營，故鬚不生。楊注：人有去其陰莖，仍有髭鬚，去其陰核，鬚必去者，則知陰核並莖爲宗筋也。去其宗筋，寫血過多，膚肉結澀，内不營其口，以無其血，故鬚不生②也。黄帝曰：其有天宦者，未嘗被傷，與宦官異。不脱於血，與女子異。然其鬚不生，能生子而無鬚。其故何也？岐伯曰：此天之所不足也，其任衝不盛，宗筋不成，有氣無血，脣口不營，故鬚不生。楊注：人有天然形③者，未嘗被④傷，其血不脱，而鬚不生者，此以天然不足於血，宗筋不成，故鬚不生也。黄帝曰：善乎哉！聖人之通萬物也，若日月之光影，音聲之鼓響，聞其聲而知其

---

① 宮：原作「宦」，據《黄帝内經太素校注・任脈》改。

② 生：「生」下原衍一「之」字，據《黄帝内經太素校注・任脈》删。

③ 形：原作「刑」，據《黄帝内經太素校注・任脈》改。

④ 被：原作「破」，據《黄帝内經太素校注・任脈》改。

形，其非夫子，孰能明萬物之精？楊注：見表而知裏，覩微而識著，瞻日月而見光影，聽音聲而解鼓響，聞五聲而通萬形，察五色而辨血氣，苟非岐伯至聖，通萬物之精，孰能若此也！是故聖人視其真色，黄赤者多熱氣，青白者少熱氣，黑色者多血少氣。楊注：表内不誤，故曰真色。黄赤，太陽陽明之色，故多熱也；青白，少陽陽明之色，故少熱也；黑爲陰色，故多血少氣也。美眉者太陽多血，通髯極髮者少陽指外腎，所謂少陽膽。多血，美鬚者陽明所謂三陽。多血，此其時然也。楊注：太陽之血營眉，故美眉之人，即知太陽多血。少陽之血營通髯，故少陽行處通髯多，則知少陽多血也。通髯，頰上毛也。鬚美者則知陽明多血。鬚，謂頤下①毛也。乃是其見眉鬚，則知血氣多少也。夫人之常數者，太陽常多血少氣，少陽常多氣少血，陽明常多血多氣②，楊本作「陽明常多血少氣③」。厥陰常多氣少血，少陰常多血少氣④，太陰常多血少氣⑤，此天之常數也。楊注：手足少陰、太陽多血少氣，以陰多陽少也；手足厥陰、少陽多氣少血，以陽多陰少也；手足太陰、陽明多血少氣，以陰陽俱多穀氣故

---

① 下：原作「上」，據《黄帝内經太素·任脈》楊注改。

② 多血多氣：《黄帝内經太素·任脈》楊注作「多血氣」。

③ 陽明常多血少氣：此據清光緒間通隱堂所刊袁昶抄本（《黄帝内經太素·任脈》楊注簡稱「袁刻」），下楊注「手足太陰陽明多血少氣」亦據袁刻。

④ 少陰常多血少氣：「少陰」原作「少氣」，據《靈樞》改；「多血少氣」，人民衛生出版社本馬蒔《黄帝内經靈樞注證發微》作「多氣少血」，可參。

⑤ 太陰常多血少氣：《黄帝内經太素問·血氣形志》作「太陰常多氣少血」，似可從。

也。此又授人血氣多少之常數也①。○《類經》注：十二經血氣各有多少不同，乃天禀之常數。故凡用鍼者，但可寫其多，不可寫其少；當詳審血氣，而爲之補寫也。按兩經言血氣之數者凡三，各有不同。如《五音五味篇》三陽經與此皆相同，三陰經與此皆相反，詳見《藏象類》十七；又如《九鍼論》諸篇，與此皆同，惟太陰一經云多血少氣，與此相反。須知《靈樞》多誤，當以此篇爲正。觀末節出氣出血之文，與此正合無差，可知矣。外《靈樞·九鍼論》文與此同者，俱不重載。

《素·五藏别論》：黄帝問曰：余聞方士或以腦髓爲藏，心主之宫，神明出焉。又少陰無腧，以腦爲藏，不指心。或以腸膽。胃腎。腸胃二字誤，全經絶無以腸胃爲藏之説。爲藏，以附肝之膽爲水藏，道家以爲龜蛇。膽與心同，爲少陰。或以爲府，以膽爲外腎。曰十一藏皆取決於膽，外腎洩精，故曰五藏盛乃能泄，曰腎竅於耳，皆外腎。敢謂更相反，或藏腎府膽，或藏膽府腎。皆自謂是，如《韓非子》各是其所學。不知其道，願聞其説。

岐伯曰：腦，髓，督，囟門。骨，脈，二字注。○案：《内經》無以髓、骨與脈爲藏府之説，且其義不通，知以骨、脈注腦、髓也。膽，任衝，睪丸外腎屬少陽經，後世所謂命門，爲衝、任。經十一藏皆取決於膽，即五藏盛能泄之義。女子胞，三字注。○在男爲睪丸，在女子爲胞。以胞注膽，明其相同。凡生育傳種之事，膽、胞司之。此六「六」當爲「二」字之誤。經無以髓、骨、脈爲府之説，「二」即任督。腦爲髓海，衝爲五藏六府十二經之海。者地氣之所生也，衝、任在下部。皆藏於陰，腎、胞雖有泄時，不如腸與膀胱。而象於地，與下腸、胃、膀胱對文。故藏而不泄，睪丸、胞皆主泄，而有藏時。名曰奇恒之府。以外腎爲泄精之府，而可秘藏不泄，與下五府不同，故曰奇恒。奇恒，謂異常也。夫胃、大

① 也：原脱，據《黄帝内經太素·任脈》楊注補。

腸、小腸，泄糟粕。三焦，氣化，泄汗液。膀胱，泄水溺。此五者天氣之所生也，與丸、胞不同。其氣象天，故泄而不藏，不泄則爲病，不如睾、胞之可泄可不泄。不泄爲藏，常泄爲府，可泄可不泄爲奇恒之府，間於藏府之間。此受五藏濁氣，名曰傳化之府，爲府正稱。此不能久留，睾胞可以久留。輸泄者也。不泄則病。

《素問・評熱病論》云：月事不來者，胞脈閉也。《五藏別論》「膽」下注「女子胞」三字。在男子爲睾丸，在女子爲胞，即衝、任脈所經。胞脈者衝脈。屬心，當作「囟」，謂腦髓。而絡於胞中，帶脈。今氣上迫肺、心，衝氣。氣不得下通，故月事不來也。

《素問・奇病論》云：胞絡者，《別論》所謂女子胞。繫於腎少陰之脈，即衝脈也。經言衝脈多以少陰爲名，楊注言之最詳。貫腎，繫舌本，故不能言。

俞案：《素問・示從容論》云：胞、膀胱，皆人之所生。《氣厥論》云「胞移熱於膀胱」，則不得云胞即膀胱，亦不得云即心包。《素問・五藏別論》云：「髓，腦，骨，脈，膽，女子胞，此二者，地氣之所生也，皆藏於陰而象於地，故藏而不泄，命曰奇恒之府。」明胞在膀胱外。西洋《人身圖説》，子宮在膀胱直腸之間，形如膀胱而多兩角。其言①筋絡，由脊背下合於四時氣。《靈樞・四時氣》云：小腸「連睾系，屬於脊，貫肝肺，絡心系」，蓋

① 言：原脱，據黄山書社《俞正燮全集》本《癸巳類稿》卷四《持素脈篇》補。

即腎脈之連睾系者，而因以連小腸、膀胱、衝、任、肝、心、肺及舌本。女曰胞脈，男曰胞精，亦曰小腸。以女子有身始有胞，胞成則腎、督、任、衝屬之。其非有身者，及男子，皆有其脈；自連舌本之脾脈，下貫肺心肝，又合腎脈，聚五藏之氣，連小腸，應膀胱兩太陽，女散之腹，男屬於睾。其脈不能獨行，分託於諸經，故《奇病論》謂之「胞之絡脈」；《靈樞·經脈篇》所謂絡脈「必行絶道而出入」，言出入經脈間也。難正言其脈，故隨借經以言之，而皆不同。《南史·張劭傳》云，宋後廢帝逢娠婦，診之，言是女，文伯診之，言是一男一女，鍼足太陰、補手陽明，胎應鍼落，兩兒相續出，則連舌本脾脈明矣。讀《素問》、《靈樞》，采胞府胞脈入證中，先輯其所起繫者於此。其通脬者，别見膀胱府證。

衝脈

《靈樞·逆順肥瘦篇》：黄帝曰：脈行之逆順奈何？楊注：血氣相注，如環無端，未知行身逆順如何。岐伯曰：手之三陰，從藏起手；夫衝脈亦起於胞中，上行①循腹而絡脣口，故經曰《靈·五音五味篇》。「任脈、衝脈皆起於胞中，上絡脣口」，此摘録，非全文。是衝脈上行與任脈同。經以任、衝合言。《素問》《舉痛論》，文見下。云：《骨空篇》。考《甲乙》全書不引書名，此因注引《素問》，故校云「檢《素問》無其文」，則楊注引

---

① 行：原脱，據《黄帝内經太素校注》卷一〇《衝脈》楊注補。

《素問》知爲《骨空篇》，校者乃以《素問》無之。「衝當作任。脈《骨空》作任，《舉痛》作衝。起於關元，隨腹直上，八字詳下。楊本所引《舉痛論》，原文無「至咽喉」三字，《甲乙》、《難經》皆未引此文。至咽喉。」今《骨空篇》云：「任脈者，起於中極之下，以上毛際，循腹裏，上關元，至咽喉，上頤，循面入目。」楊氏摘録，未引全文。衝脈起於關元，隨腹裏直上，至咽喉①。《素問》無此文，知當作②任，與《舉痛論》不同。○楊本「衝」字上有「吕廣注《八十一難》本云」九字，此下有「皇甫謐録《素問》」六字。《素問》云：《骨空篇》。楊原文。案此三字當移前「衝脈」上。衝脈起於氣街，並陽明《甲乙》作少陰。之經，俠臍上行，至胸中而散。言衝至胸而散，不上脣口。○楊本此下有「此《八十一難》説，檢《素問》無文，或可出於別本」十八字。案《甲乙》與《八十一難》所引任衝二條全同，皆出《骨空篇》。考楊既引《骨空篇》文，而冠《素問》之目，自無自謂「檢《素問》無文」之疑，其必出於校者偶檢佚《骨空篇》，故以爲不見《素問》，而唯見《甲乙》、《難經》。又考「任脈」條下楊注中又云：「皇甫謐録《素問經》『任脈起於中極之下，以上毛際，循腹裏，上關元，至咽喉』，吕廣所注《八十一難》本，言任脈與皇甫謐所録文同。檢《素問》無文，惟《八十一難》本有③前所説。又吕廣所注《八十一難》本云『任脈起於胞門子户，俠臍上行

① 「衝脈起於關元」至「至咽喉」：此三句據《黄帝内經太素校注》卷一〇《衝脈》楊注補。《黄帝内經太素校注》卷一〇《衝脈》作正文。又「裏」字原脱。

② 作：原脱，據上下文意補。

③ 有：原缺作「□」，據《黄帝内經太素·任脈》楊注補。

至胸中』,《九卷》又云『會厭之脈,上絡任脈①』,但中極之下,即是胞中,亦是胞門子户,是則任脈起處同也②。《八十一難》一至胸中,一至咽喉,此經所云『别絡脣口』,又云『會厭之脈上於任脈』,是循胸至咽,言其行處,未爲終處,至脈絡脣口,滿四尺五寸,方爲極也。又《八十一難》『任脈□□行』。案末《八十一難》一段當爲衍文。考《骨空篇》二條,《甲乙》、《難經》同引,注中乃兩見「《素問》檢無其文」,以爲但與《難經》同,此當出後人校語,非楊注原文。氣街《骨空》言任脈,亦作衝。近在關元之③下,《骨空》言任脈上關元。衝脈由氣街即④入關元上行,雖不言至咽,其義亦同也。《素問》《痿論》又云,衝脈與陽明宗筋會於氣街,四街與四海其義不同,一在頭,一在脛,一在腹,一在胸,舊腹在二街者誤,大抵四街專指任督。即衝脈衝,即近人之所謂命門。與陽明宗筋會氣街,泰西淋巴管以腹爲主,任也;腦氣筋以背爲主,督也。已,並陽明之經一作「少陰」。大抵衝脈在少陰、陽明之間,不定循少陰之迹,故舉二經以託名之。而上,其義不異也。任衝其穴雖在腹,其氣則上下行,布周身,如淋巴管。《九卷經》又云:《動輸》。衝脈者,十二經之海也,與少陰之本絡衝脈如泰西人所稱淋巴管、生殖器,附腔中而行,故經稱伏衝。十二經脈則在其外,伏衝深不可見,故借少陰之絡以定其部分耳。起於腎此腎指膽心之功用,不及腦膽之功用,不及衝、任。此當辨其名實同異之故。下,出於氣街,以上《動輸》。循陰股内廉,邪入膕中,如淋巴管,不囿於任穴。循脛骨内廉三句出《逆順肥瘦》。並少陰之經,衝深,以見外

① 上絡任脈:原作「上於任脈」,據《針灸甲乙經校釋·寒氣客於厭發喑不能言》改。下「上絡任脈」同。
② 是則任脈起處同也:「是則」原作「則是」,「起處」原作「起外」,據《黄帝内經太素·任脈》楊注改。
③ 之:原脱,據《黄帝内經太素·衝脈》楊注補。
④ 即:原脱,據《黄帝内經太素·衝脈》楊注補。

者求之。下入内踝之後，入足下；任穴止於尾閭，同淋巴管，則上頭，下至足。其別者，邪入踝，出屬、跗上，入大指之間，又走足太陰。注諸絡十四絡。以温足脛，此脈之常動者也。此爲人寸之主宰，所謂一君二臣。○以上皆《動輸篇》。前云衝脈十二經海，任與督同爲海，可分可合。黄帝謂跗上動者爲足少陰，十二經如十二諸侯分部之事。○因問云，足少陰因何而動。岐伯別之，以爲衝脈常動。如君主，如京師，與外藩十二諸侯不同。前云上絡脣口，《五音五味》。此云上出頏顙。《逆順》。前云注少陰大絡出氣街①，《逆順》。前當作「此」。云起於腎下出氣街。《動輸》同。○「前」、「此」字傳鈔有誤，當前此②對稱，前在先，此在後。宜細校之。此當作「前」。云下至内踝之後。屬而別，《逆順》。前當作「此」。云入内踝之後入足下。三字《動輸》。前云出屬跗上入大指間，《動輸》。此云四引經文，以「前」「此」相比校，互文見義，爲隱見之例。出跗屬下循跗入大指間。《逆順》。其義並同也。如三《傳》，各明一義，文異義同。衝，壯盛皃③，其脈起於臍下，丹家所云丹田，即衝、任所起。命門之説亦相同。一道下行入足指間，淋巴管上下行。一道上行絡於脣口，鬚、髭專詳此義。其氣壯盛，故曰衝脈也。以上解衝脈。脈從身出，向四支爲順，從四支上身④爲逆也。此又別一順逆，由中外而分，脈行與根結皆不同。藏謂心、肺，心、肺在内，故爲陰也。

---

① 前云注少陰大絡出氣街：「前云」，《黄帝内經太素・衝脈》楊注作「此云」。又，「注」原作「與」，「出」下原衍「於」字，俱據上引楊注刪改。

② 此：原作「彼」，據文意改。

③ 衝壯盛皃：原作「則衝壯盛輿」，據《黄帝内經太素・衝脈》楊注改。

④ 身：原作「行」，據《黄帝内經太素・衝脈》楊注改。

心統手心主，而下言三陰。心肺之陰，起於三脈向手，故曰手之三陰從藏走手，此爲從陰指胸。之陽，指手。終爲陽手三陰爲陰中之陽，陰、陽二字當互易。中之陰也。謂還三陽從足至胸。以上解順逆。手之三陽，從手至頭；手之三陰之脈，從藏受得血氣，故初行氣盛，久則氣衰。流極手指端已，變而爲陽，名手①三陽，從手上頭，此爲從陽之陽，頭爲諸陽之主。終爲陽中之陽者也。手三陽爲陽中之陽。足之三陽，從頭走足；手之三陽至頭，曲屈向足，亦爲足之三陽。至足指端，從陽之陰，以足爲陰，與手不同。終爲陰足三陽爲陽中之陰。中之陽也。陰、陽二字當互易。足之三陰，從足走腹。足之三陽下行至足指極已，變而生足之三陰，上至胸、腹，從陰之陰，足、腹同爲陰。終爲陰中之陰也。足三陰爲陰中之陰；復從藏走手，如環無端。《靈樞識》：志云：「此言手足陰陽之脈，上下外内逆順而行，應地之經水也。三陰三陽之走，即二卷經脈之行，不必細注。」簡案：馬、張引《經脈篇》詳釋之，今從志義。○此爲衛氣順行一周之法，如冬至局洛書圖，營氣則正與相反，故經營順衛逆爲亂也。詳《營衛篇》，内有任、督、二蹻。黄經省文，當補。其義詳《十四絡篇》②。帝曰：少陰之脈據楊注，此少陰指任衝言，《靈樞・邪客篇》③「少陰獨無腧」則指督腦言。上而頭髓，下而任衝，脈在中行，爲十二經之主宰，同託名少陰，不可作爲手少陰心、足少陰腎讀之也。督、任同稱少陰，以三陰脈行，少陰居三陰之中，任督亦居十二經之中，故以少陰託之。獨下行，考少陰腎脈有上行下行，以爲順逆之分，十二經皆同；若實指腎脈，則不當以下行爲疑，亦如「少陰獨無腧」若實指手少

---

① 名手：原作「手之」，據《黄帝内經太素・衝脈》楊注改。

② 「經省文」至「《十四絡篇》」：此條注語似承上條「内有任督」言，不當置「黄」字下。

③ 靈樞邪客篇：「靈樞」「邪客」四字原爲空缺，所引語見《靈樞・邪客》，因據補。

陰心經，則心腧《明堂》、《甲乙》皆有明文，不當以無腧爲問。此二少陰當爲督任，不可以爲心腎實義。何也？足之三陰從足上行，常見跗上動脈，謂是足少陰①下行動脈，故致斯問也。《靈樞識》：張云：「足之三陰從足走腹，皆自下而上，獨少陰之脈若有下行者，乃衝脈也。詳如下文。」○足少陰以十二經絡而論，則可上下行，若任脈，則穴止於尾閭，其氣脈不當下行。○謂督任止於尾閭，不當下行至足。考衝脈亦稱伏衝，此脈附骨而行，在筋脈之内，西人所繪淋巴管是也。其脈本在任之部位，亦如腦氣筋以督爲本位。督任之外，穴止於尾閭，而伏行之筋管則周布於身。任不當至足下行，而伏衝則必下行以温足也。岐伯曰：不然。臍下腎間動氣，人之生命，膽之部位，以膽爲少陰，實指衝；衝居中，少陰在兩傍。是十二經脈根本②。腦衝爲十二官之主。此衝脈血海，以衝爲血海，乃誤説。「血」字當删。是五藏六府十二經脈之海也，居中，統馭十二諸侯。若以屬血，則氣海亦當爲十二經之君主矣，蓋衝統氣、血二海。滲於諸陽，手足三陽。灌於諸精，手足三陰。故五藏六府皆禀而有之，居一身之中，上爲髓，下爲衝。是則臍下動氣則非專海血可知。在於胞也。在女爲胞，在男爲睾，實即任衝。上下行者爲衝脈也③，少陰有逆行之路。動則屬衝。非衝不動。其下行者，雖注少陰大絡下行，然不是少陰脈，故曰不然也。由外求内，由淺求深。藉用少陰絡道去，非下少陰也。夫衝脈者，五藏六府之海也，肺主寸口，胃主人迎。爲陰陽之主，則太極也。五藏六府皆禀焉。腎自在其内。其

① 謂是足少陰：原作「是謂足三陰」，據《黄帝内經太素·衝脈》楊注改。
② 根本：原作「根者」，據《黄帝内經太素·衝脈》楊注改。
③ 上下行者爲衝脈也：此句之上，《黄帝内經太素·衝脈》楊注尚有「衝脈起於胞中，為經脈海，當知衝脈從動氣生」三句，當據補。

上者出於頏顙，《靈樞識》：張云：「其上行者，輸在於大杼，足太陽經也，故出頏顙。」志云：「頏顙者，鼻之内竅，上通天氣。」簡案《五音五味篇》云：「衝脈、任脈皆起於胞中，上循脊裏，爲經絡之海。其浮而外者，循腹右上行，會於咽喉，别而絡脣口。」頏顙即在咽喉，此其義也。○上絡脣，出頤，入目，爲上行之極。滲諸陽，字衍。灌諸精；衝脈，氣滲諸陽，血①灌諸精。精者，目中五藏之精。《靈樞識》：《甲乙》「精」作「陰」。○精讀作「陰」。其下者，注少陰之大絡，《靈樞識》：馬云：「腎經之大絡曰大鍾。○明著大絡校經脈尤淺。出之於氣街，任穴上不至鼻，下不至股，衝則上下行。○中詳外，西詳内。出爲中醫所詳，入爲解剖所悉，互有得失。循陰股内廉，入膕中，伏行骭骨内，故謂之伏衝。其脈深不可見，故惟解剖醫言之最詳。中醫詳於外，故大絡言大絡在外，與衝之深伏情形各異也。下至内踝之屬而别；其下者，並於少陰之經，滲三陰；《靈樞識》：張云：自少陰以滲及肝、脾二經，是爲三陰。此其所以下行也。其前者，伏行管甚深。出跗屬，下《靈樞識》：張云：「跗屬，足掌屬也。滲諸絡而溫肌肉，《動輸篇》作注諸絡以溫足脛。上三節與《動輸篇》大同。」簡案：馬云出於跗上，屬於下之湧泉，誤矣。跗屬亦見《骨度篇》。循跗出，則外見。入入，又伏矣。大指間，滲諸絡足經三陰三陽，少陰即在其内。而溫肌肉。脈伏行，而元氣資給於外。故别絡結謂衝氣不行而絡結。則跗上不動，太谿脈亦如神門之不舉動。不動則厥，《舉痛》作「上則脈不通，不通則氣因之，故喘動應手矣」。厥則寒矣。脛骨與跗骨相連之處曰屬也。至此分爲二道：一道後而下者，後者爲陰絡。並少陰經循於小絡，滲入三陰之中；其前而下者，前者爲陽絡。至跗屬，循跗下入大指間，滲入諸陽

① 血：原脱，據《黄帝内經太素・衝脈》楊注補。

絡，温於足脛肌肉。故衝脈之絡此指少陰言。結約不通，《舉痛》「上則脈不通」當作「不止」。則跗上衝脈不動，不動則衝氣不行，失逆名厥，故足寒也。《靈樞識》：張云：衝脈爲十二經之海，故能温肌肉、温足脛，皆衝脈之氣也。若衝脈之絡因邪而結，則跗上之經不動，而爲厥爲寒者，亦衝脈之所致也。黄帝曰：何以明之？帝謂少陰下行至跗任不下股，少陰有下行之道。常動，動雖與神門不同，然爲少陰穴。岐伯乃言衝脈下行至跗上衝與少陰可同至。常動者，常動則專屬衝。未知以何明之，令人知也。岐伯曰：以言導之①，經言十二經皆有動脈，而諸家所論有不備者，或謂某經無動脈。今實驗之，心之神門與太谿同爲少陰，乃神門之動不如太谿，故以三部爲常動不休，則以各經之動有大小、微甚、静躁與常不常之别；若以例推，則太谿亦當如神門、勞宫、合谷之微静停伏。講明比例，則知太谿當爲一例。今其常動不休者非少陰，乃衝、任也。切而驗之，以九藏之不常動者比衝之常動不休。其非必動，神門少陰、勞宫厥陰，雖有動時，而不常動。然後乃可以明順逆當指衝言。之行也。欲知衝脈下行常動非少陰者，凡有二法：一則以言談導衝脈少陰有動不動，此爲言論。二則以手切按，上動者爲衝脈，經云「少陰脈動甚，有子也」，指衝而言，晚近添「手」字，大誤。不動者與神門勞宫比。爲少陰。此爲實驗。少陰逆而上行，但就衝順行言。衝脈順而下行，衝在足則下行，在頭則上行。則逆順明也。《靈樞識》：張云：何以明者？恐人因厥而疑畏也，故先導以言，次切其脈，其有素所必動而今則非者，如衝陽、太谿、太衝等脈當動不動，乃可知其不動者爲逆，動者爲順，而其厥逆微甚可以明矣。○《逆順篇》言下行，《舉痛篇》言上行。不下則厥，不止則喘動應手；非但分少陰，與衝不同。黄帝曰：窘

① 以言導之：《黄帝内經太素·衝脈》作「以言導之」，下楊注之「以言談導」亦作「以言談導」，似當從。

乎哉！聖人之爲道也，明於日月，微於豪釐，其非夫子，孰能道之？窘，急也。聖人知慧通達之明於日月，故能徹照豪釐之微，如此非岐伯之鑒，孰能言之？

《素問・舉痛論》：黄帝曰：上不下之病，此言不順之病，謂衝有順逆兩行。願聞人之五藏卒痛，何氣使然？或動喘應手者，此以病狀言，非脈。奈何？岐伯對曰：寒氣客於衝脈，衝脈起於關元，隨腹直上，上至咽喉，終於目。上當作「不上」，即上「別絡結」。則脈不通，通當作不通。則氣因之，故喘動應手矣。《逆順篇》作：別絡結則跗不動，不動則厥，厥則寒矣。

衝脈經絡門

《靈樞・海論》篇云：氣海，血海，水穀之海，髓海。肺心主氣，爲氣海；肝膽主血，爲血海；胃爲水穀之海。督與任居中，統馭十二經，故以形言之，則腦爲髓海，實則任亦爲髓海。以統轄言，任衝爲十二經，腦亦爲十二經之海。督任周回於身，居中馭外，是二是一。言氣海，而肝爲血海之義已明，故省其文，於督任分言二海，以明相合之義。舊説誤以衝爲血海，「血」與「氣」對文，與十二經之義不合也。衝脈者，與腦同爲髓海。爲十二經之海，衝主外腎，一名膽。膽爲奇恒之府，與十一藏取決於膽之類同也。其輸上在於大杼，下出於巨虚之上下廉。《靈樞識》：張云：此即血海也。衝脈起於胞中，其前行者並少陰之經，俠臍上行，至胸中而散；其後行者，上循背裏，爲經絡之海；其上行者，出於頏顙；下行者，出於足。故其輸上在於足太陽之大杼，下在於足陽明之巨虚、上下廉。〇督任居中，本合爲一，分則爲二。此篇四海不詳血海。髓海爲督，十二經之海則爲任衝，舊以衝、任爲血海者非。督衝，即所謂兩少陰也。

俞案：巨虚穴在三里下足外脛，其上廉大腸，下廉小腸。

《靈樞・逆順肥瘦篇》云：夫衝脈者，五藏六府之海也，十一經皆取決。五藏六府皆稟焉。以之爲倉廩之官。其上者出於頏顙，滲諸陽，灌諸精；其下者，注少陰之大絡，出於氣街，循陰股内廉，入膕中，伏行骭骨内，下至内踝之後屬而别；其下者，並於少陰之經，滲三陰。其脈深，故曰伏衝，深不可見，寓之於少陰。凡診少陰皆診衝。

俞案：此證《骨空論》少陰之義。

又云：其前者，伏行出跗屬，下循跗，入大指間，滲諸絡而温肌肉。已詳楊注。

《素問・骨空論》云：衝脈者，起於氣街，《素問識》：楊玄操云：「衝者通也，言此脈下至於足，上至於頭，通受十二經之氣血，故曰衝焉。」虞庶云：「《素問》曰衝脈起於氣街，《難經》曰起於氣衝，又《鍼經》穴中兩存其名，衝、街之義俱且通也。」李時珍云：「衝脈起於會陰，俠臍而行，直衝於上，爲諸脈之衝要，故曰十二經脈之海。」並少陰之經，《素問識》：張云：「衝脈起於氣街，並足少陰之經，會於横骨、大赫等十一穴，俠臍上行，至胸中而散。此言衝脈之前行者也。然少陰之脈上股内後廉，貫脊屬腎；衝脈亦入脊内，爲伏衝之脈。然則衝脈之後行者，當亦並少陰無疑也。《逆順肥瘦篇》曰：『衝脈者，五藏六府之海也。其下者，注少陰之大絡，出於氣街。』又云：『其下者，並於少陰之經，滲三陰。』《動輸篇》云：『衝脈者，十二經之海也，與少陰之大絡起於腎下，出於氣街。』」簡按虞庶云：《素問》曰「並足少陰之經」，《難經》卻言「並足陽明之經」，況少陰之經俠齊左右各五分，陽明之經俠齊左右各二寸，氣衝又是陽明脈氣所發，如此推之，則衝脈自氣衝起，在陽明、少陰二經之内，俠齊上行，其理明矣！李時珍云：「足陽明去腹中行二寸，少陰去腹中五分」，衝脈行於二經之間也。俠齊上行，至胸中而散。

俞案：氣街亦作氣衝，即挾①橫骨寸一是也。督、任、衝爲表裏，督脈起橫骨也。氣街上無少陰經，故《難經》云「並足陽明」，然胃經由腹至氣街，非由氣街上行。詳求經義，「起於氣街，並少陰之經」是一句，言腎脈之下行者，是衝脈也；「俠齊上行，至胸中而散」是一句，言衝脈爲腹脈，法合任脈也。則《難經》爲專改古籍。《脈經》言：「衝脈者，起於關元，循腹裏直上，至咽喉中。任脈者，起於胞門子户，俠齊行，至胸中。」亦違古法。

《素問・水熱穴論》云：踝上各一行，行六《素問識》：志云：「謂照海、水泉、大鍾、大谿、然谷、湧泉六穴也。」高云：「謂三陰交、漏谷、商丘、公孫、太白、大都六穴。」者，此腎脈之下行也，名曰太衝。《素問識》：志云：「夫聖人南面而立，前曰廣明，後曰大衝。大衝之地，名曰少陰。少陰根起於湧泉，是泉在地之下，從至陰而湧出，故曰腎在至陰也。」〇當作伏衝。

俞案：以上證《骨空論》起氣街，並少陰之經，衝脈所以附腎也。

《痿病論》云：衝脈者，經脈之海也。主滲灌谿谷，與陽明合於宗筋，陰陽總宗筋之會，會於氣街，而陽明爲之長，皆屬於帶脈，而絡於督脈。

---

① 挾：原作「至」，據俞正燮《癸巳類稿》卷四《持素脈篇》改。

衝脈病狀門

《靈樞・百病始生篇》云：虛邪之中人也，始於皮膚，皮膚緩則腠理開，開則邪從毛髮入，入則抵深，深則毛髮立，毛髮立則洒然，故皮膚痛。《靈樞識》：《甲乙》「抵」作「稍」。張云：此下言陽邪傳舍之次也。邪之中人必由表入裏，始於皮膚。表虛則皮膚緩，故邪得乘之。邪在表，則毛髮竪立，因而淅然；寒邪傷衛，則血氣凝滯，故皮膚爲痛。凡寒邪所襲之處，必多酸痛，察係何經，則在陰在陽、或深或淺，從可知矣。診表證者，當先乎此也。此下《百病始生》之義，與《皮部論》大同。留而不去①，則傳舍於絡脈；在絡之時，痛於肌肉；其痛之時息，大經乃代。《靈樞識》：《甲乙》「其痛之時息」作「其病時痛時息」。張云：「邪在皮毛，當治於外。留而不去，其入漸深，則傳舍於絡脈，絡淺於經，故痛於肌肉之間；若肌肉之痛，時漸止息，是邪將去絡而深，大經代受之矣。」簡案：馬以「代」爲脈代中止之義，非也。志云：「大經者，經隧也。經隧者，五藏六府之大絡也。」蓋大經即經脈，對絡而謂之大經。志注恐誤。留而不去，傳舍於經；在經之時，洒淅喜驚。《靈樞識》：張云：絡浮而淺，經隱而深，邪氣自絡入經，猶爲在表，故洒淅惡寒；然經氣連藏，故又喜驚也。留而不去，傳舍於輸；在輸之時，六經不通四肢，則肢節痛，腰脊乃强。《靈樞識》：《甲乙》「四肢則肢節痛」作「四節即痛」四字。張云：凡諸輸穴，皆經氣聚會之處。其所留止，必在關節谿谷之間，故邪氣自經傳舍於輸，則六經爲之不通，而肢節腰脊爲痛爲强也。留而不去，傳舍於伏衝之脈；在伏衝之時，體重身痛。《靈樞識》：張云：「伏衝之脈，即衝脈之在脊者，以其最深，故曰伏衝，《歲露篇》曰『入脊内注於伏衝之脈』是也。邪自經輸，留而不去，深入於此，故爲體重身痛等病。」簡案：伏衝之脈，即《瘧論》伏膂之

① 留而不去：四字原脱，據《靈樞・衛氣》補。

脈，馬以伏膂之脈爲下文所謂膂筋，誤。留而不去，傳舍於腸胃；在腸胃之時，賁響腹脹，多寒則腸鳴，飧泄，食不化；多熱則溏出麋。《靈樞識》：張云：「邪氣自經入藏，則傳舍於腸胃，而爲賁響腹脹之病。寒則澄澈清冷，水穀不分，故爲腸鳴、飧泄、食不化；熱則溺垢下注，故爲溏、爲麋，以麋穢如泥也。」簡案：麋、糜古通用，乃糜爛也。溏出麋，蓋謂腸垢赤白滯下之屬，張注似爲麋鹿之屎，恐非也。馬則云麋者穀之不化也，志同，則與上文「飧泄」何別？誤尤甚。留而不去，傳舍於腸胃之外、募原之間；留着於脈，稽留而不去，息而成積。《靈樞識》：馬云：「募原之間者，即皮裏膜外也。」張云：「腸胃之外、募原之間。謂皮裏膜外也，是皆隱蔽曲折之所，氣血不易流通。若邪氣流著於中，則止息成積，如瘧痁之屬也。」志云：「募原者，腸胃外之膏膜。」樓氏《綱目》從「是故虛邪之中人也」至「舍於腸胃之外、募原之間」爲一節，注云：「已上數端，皆邪氣襲虛，留而不解去，以次相傳，未曾留著，無有定所；若留著而有定所，則不能傳矣。所謂留著者，當如下文法云。」或着孫脈，或着絡脈，或着經脈，或着輸脈，或着於伏衝之脈，或着於膂筋，或着於腸胃之募原，上連於緩筋，邪氣淫泆，不可勝論。《靈樞識》：《甲乙》「孫脈」作「孫絡」。志云：「伏衝者，伏行於腹之衝脈。募原者，腸胃之脂脈也。膂筋者，附於脊膂之筋。緩筋者，循於腹內之筋也。此數者在於腸胃之前後左右，邪隨著而爲積，邪之淫佚不可勝數也。」簡案：張云募原如手太陰中府爲募、太淵爲原之類也，緩筋，支別之柔筋也，此說不可從，志注爲是。蓋緩筋即宗筋也，王氏《痿論》注云：「橫骨上下、齊兩傍竪筋，正宗筋也」，此可以證。下文云「其著於緩筋也，似陽明之積」，乃與《痿論》「衝脈者，經脈之海也，主滲灌谿谷，與陽明合於宗筋」相符。又云：其着於伏衝之脈者，揣之應手而動，發手則熱氣下於兩股，如湯沃之狀。《靈樞識》：張云：「伏衝義如前。其上行者循背裏絡於督脈，其下行者注少陰之大絡，出於氣街，循陰股內廉入膕中，故揣按於腹則應手而動，若起其手，則熱氣下行於兩股間。此邪者著伏衝之驗也。」馬云：「以手揣摸，其積應手而動，舉手則熱氣下於兩股間。」簡案《舉痛論》曰：「寒氣客於衝脈，則脈不通，則氣因之，故喘動應手矣。」乃此之義也。

《靈樞・歲露論》云：衛氣之行風府，日下一節，二十一日，下至尾骶，二十二日，入脊內，注於伏衝之脈，其行九日，出於缺盆之中，其氣上行，故其病稍益。《靈樞識》：《甲乙》「至」作「早」，諸本「宴」作「晏」，當改。馬云：「案此節當與《素問・瘧論》第三節參看。」張云：「《瘧論》云二十五日下至骶骨，二十六日入於脊內，與此不同。蓋彼兼項骨爲言，此則單言脊椎也。伏衝之脈，彼作『伏膂之脈』。『至』字誤，《瘧論》云益蚤者是。」簡案：馬以「至」字按下節，非。

《類經圖翼・經絡六①・任脈穴篇》云：衝脈生病，從少腹衝心而痛，不得小便，疝痛，陰汗，濕癢，奔豚，腰膝拘攣；婦人月事不調，崩中帶下，陰癢，產後惡露不止，繞臍冷痛。

《素問・骨空論》云：衝脈爲病，逆氣裏急。《素問識》：張云：「衝脈俠齊上行，至於胸中，故其氣不順則隔塞逆氣，血不和則胸腹裏急也。」簡按：丁德用注「二十九難」云：逆氣，腹逆也。裏急，腹痛也。《巢氏病源》云：裏急，腹裏拘急也。

衝脈診候門

《靈樞・逆順肥瘦篇》云：故別絡結則跗上不動，不動則厥，厥則寒矣。

《靈樞・動輸篇》云：注諸絡以温足脛，此脈之常動者也。《靈樞識》：《甲乙》「入足」下無「入」字，「入踝」下有「內」字；温足脛，「脛」作「跗」。張云：「足少陰之脈動者，以衝脈與之並行也。衝脈亦十二經之海，與少陰之絡

① 類經圖翼經絡六：原作「類經經穴」，據中醫藥出版社《張景岳醫學全書》本《類經圖翼》卷八改。

同起於腎，下出於足陽明之氣衝，循陰股、膕中、內踝等處以入足下；其別者，邪出屬跗上，注諸絡以溫足脛。此太谿等脈所以常動不已也。」汪云：「按諸篇俱言衝脈上衝，惟此篇及《順逆肥瘦論》言衝脈並腎脈下行。」簡案：仲景取寸口、跗陽、大谿，即手太陰、足陽明、足少陰之脈也。

任脈考

中醫詳於十二經，任督則從略，猶政治之詳於畿外而略於京師，失本末輕重之要。惟丹訣乃詳任督中宮，亦如泰西詳內奇經而略外十二經，中醫詳外十二經而略於內奇經。此當互相補足，交相爲用。今故別立診任、衝、督、帶，詳論其經絡病狀，以補舊說之所未備。

《靈樞·本輸篇》云：缺盆之中，任脈也，名曰天突。《靈樞識》：馬云：「此舉諸經，有列其行次而言者，有指其穴所而言者，皆示人以覓穴之法也。腹部中行係任脈經，然在缺盆之中間，是爲任脈，其穴曰天突，在頸前結喉下四寸宛宛中，乃腹中央第一行次之脈也。一次《靈樞識》：馬云：「『次』字下，據下文當有一『脈』字，猶言脈之一行也。下仿此。」張云：「一次者，次於中脈一行，足陽明也。」簡案：今從張注。任脈側之動脈，足陽明也，名曰天迎。

《靈樞·經脈篇》云：任脈之別，名曰尾翳，下鳩尾，散於腹。《靈樞識》：志云：「案任脈起於中極之下，以上毛際，循腹裏，上關元，至咽喉，上頤，循面入目。所謂尾翳者，即鳩尾之上。蓋脈之別絡，出於下極，並經而上，復下於鳩尾，以散於腹絡。氣實則腸皮急，虛則癢搔，當取之所別絡也。」簡案：《甲乙》云鳩尾一名尾翳，一名髑骬，在臆前蔽骨下五分，任脈之別。由此考之，尾翳即蔽骨，猶髑骬即蔽骨，而又爲鳩尾一名也。張改屏翳爲會陰穴，非也。

俞案《明史·滑壽傳》云：「任督二脈包乎腹背，有專穴，諸經滿而溢者，此則受之，宜與十二經並論。」其言「溢」、「受」，語爲可采；云宜與並論，不知《靈樞·脈度》任、督與蹻，本見氣口呼吸數也。

《素問·氣府論》云：任脈之氣所發者二十八穴：喉中央二，膺中骨陷中各一，鳩尾，胃脘，《素問識》①：馬云：「言鳩尾下一寸曰巨闕，又下一寸半曰上脘，今曰三寸者，正以鳩尾上之蔽骨數起也。鳩尾下三寸半爲胃之中脘，今五寸者，字之訛也。」張云：「鳩尾，心前蔽骨也。胃脘，言上脘也，自臍上至上脘五寸，故又曰五寸胃脘。以下注云鳩尾下三寸，自鳩尾之下有巨闕、上脘、中脘三穴，當三寸也；胃脘五寸，自上脘至臍中，有中脘、建里、下脘、水分、臍中五穴，當五寸也。胃脘以下，指臍中也。志注義同。」至横骨，腹脈法也。《素問識》：馬云：「言自中脘以下，有建里、下脘、水分、神闕、陰交、氣海、石門、關元、中極、曲骨等穴，共計一十三寸。今曰六寸半，一者疑當爲二；六寸半者，二則爲十三寸也。」張云：「《骨度篇》曰：髃骬以下至天樞長八寸，天樞以下至横骨長六寸半。正合此數。一謂一寸當有一穴，此上下共十四寸半，故亦有十四穴，自鳩尾至曲骨是也。」高云：「自胃脘以下之臍中，由中極至兩傍横骨，有陰交、氣海、石門、關元、中極五穴，五寸。中極至横骨約寸半，餘當六寸半一分也。自鳩尾至兩横骨。凡十五穴，此任脈任於前，而爲中行腹脈之法。」簡案：從「鳩尾下三寸」至「於此」，諸注未清晰，今姑仍張義。吴改作「鳩尾下三寸胃脘，四寸胃脘，八寸齊中，以下至横骨五寸，十四俞，腹脈法也」。蓋舊經文當如此，然竟不免爲肆臆矣。下陰别一，《素問識》：吴云：「陰别，任脈至陰而支别也。」張云：「至曲骨之下，别絡兩陰之間，爲衝、督之會，故曰陰别。」高云：「下陰，下於陰前會陰穴也。别一，上文横骨不通會陰，别從曲骨至會陰之一穴。」簡案：下陰别，蓋會陰一名，高注恐非。目下各一，下脣一，齗交一。《素問識》：志云：「齦交穴一，在脣内齒下齗縫中。蓋上古以齦交有二：督脈之齦交入上齒，任脈之齦交入下齒也。以上下之

---

① 素問識：原作「靈樞識」，所引文字見《素問識》卷七，因改。

齦齒相交，故名齦交。」高云：「齒縫任督之交，故曰齦交。」簡案：齦交有二，其説難依據。考上文諸穴，則其誤自明。

《素問·骨空論》云：任脈者，起於中極之下，《素問識》：張云：「以下任、衝、督脈，皆奇經也。起，言外脈之所起，非發源之謂也。下放此。」簡案：楊玄操「二十八難」云：「任者，姙也。此是人之生養之本，故曰位中極之下，長强之上。」李時珍云：「任脈起於會陰，循腹而行於身之前，爲陰脈之承任，故曰陰脈之海。」以上毛際，循腹裏，上關元，至咽喉，上頤，循面入目。《素問識》：吴云：《難經》、《甲乙》無此六字，蓋略之也。○《甲乙》、《難經》同。

俞案：《難經》「二十八難」，宋本無「上頤循面入目」而有絡舌①，其語不倫。《甲乙經》「至咽喉」而止，或是脱誤。

任脈病狀門

《素問·骨空論》云：任脈爲病，男子内結七疝，《素問識》：馬云：「内者，腹也。腹之中行，乃任脈所行之脈路，則宜其爲病若是。《難經》『二十九難』云：其内苦結，男子爲七疝，女子爲瘕聚。七疝乃五藏疝及狐疝、㿗疝也。」吴云：「七疝，寒、水、筋、血、氣、狐、㿗也。」張注《四時刺逆從篇》云：「七疝者，乃總諸病爲言，如本篇所言者六也，《邪氣藏府病形篇》所言者一也。蓋以諸經之疝所屬有七，故云七疝。若狐、㿗、衝、厥之類，亦不過爲七疝之别名耳。後世如《巢氏》所敘七疝，則曰厥、症、寒、氣、盤、肘、狼，至張子和非之，曰此下工所立謬名也，於是亦立七疝之名，曰寒、水、筋、血、氣、狐、

① 宋本無上頤循面入目而有絡舌：原作「入目下有絡舌」，據《癸巳類稿·持素脈篇》改。

癩。學者當以經旨爲宗。」簡按七疝，考經文，其目未明顯，姑從馬、張之義。王永輔《惠濟方》以石、血、陰、氣、妒、肌疝、癖①爲七疝，亦未知何據。李中梓《必讀》別立七疝之名，分癀與癩，誤甚。女子帶下瘕聚。《素問識》：吴云：「帶下，白赤帶下也。瘕聚，氣痛不常之名。」馬云：「瘕聚者，乃積聚也，《大奇論》曰三陽急爲瘕。按後世有八瘕者，亦因七疝名，而遂有八瘕名色，即蛇瘕、脂瘕、青瘕、黄瘕、燥瘕、血瘕、狐瘕、鱉瘕是也，《内經》無之。」志云：「瘕者，假血液而時下汁沫。聚者，氣逆滯而爲聚積也。」高云：「帶下，濕濁下淫也。瘕聚②，血液内瘀也。」簡按：赤白帶下，昉見於《病源》；而古所謂帶下，乃腰帶以下之義，疾係於月經者，總稱帶下。《史記》扁鵲爲帶下醫，《金匱》有帶下三十六病之目，可以見也。虞庶注「二十九難」云：「瘕者，謂假於物形」，是也。○凡分男女，皆屬衝、任。

下部少陰脈表《人迎寸口診》已表人、寸二經，故此但詳少陰。○此表與診任衝同，可參看。

《内經》少陰診法

《靈樞・經脈篇》云：腎足少陰之脈，起於小指之下，邪趨足心，出然谷之下，循内踝之後，別入跟中，以上腨内，出膕内廉，上股内後廉，貫脊屬腎絡膀胱。其直者，從腎上貫肝隔，入肺中，循喉嚨，挾舌本；其支者，從肺出絡心，注胸中。是動則病飢不欲食，面如漆柴，欬唾則有血，喝喝而喘，坐而欲起，目䀮䀮如無所見，心如懸，若飢狀，氣不足，則善

① 癖：此字原缺作墨釘，據《素問識》卷七「内結七疝」條「簡按」補。

② 聚：原作「積」，據《素問識》改。

恐，心惕惕如人將捕之，是爲骨厥。是主腎所生病者，口熱舌乾，咽腫上氣，嗌乾及痛，煩心心痛，黄疸腸澼，脊股内後廉痛，痿厥嗜卧，足下熱而痛。爲此諸病，盛則瀉之，虚則補之，熱則疾之，寒則留之，陷下則灸之，不盛不虚，以經取之。灸則强食生肉，緩帶，披髮，大杖，重履而步。盛者寸口大再倍於人迎，虚者寸口反小於人迎也。

《靈樞·動輸篇》云：足少陰因何而動？岐伯曰：衝脈者，十二經之海也，與少陰之大絡起於腎也，出於氣街，循陰股，邪入膕中，循脛骨内廉，并少陰之經，下入内踝之後，入足下。其别者邪入踝，出屬跗上，入大指間，注諸絡以温足脛。此脈之常動者也。

《黄帝内經太素》少陰診法

《經脈病解篇》云：内奪而厥，則爲瘖痱①，此腎虚也，少陰不至。少陰不至者，厥也。

《衝脈論》篇云：少陰脈獨下，何也？岐伯曰：夫衝脈者，十二經之海也，五藏六府皆稟焉。其上出於頏顙，滲諸陽，貫諸精；其下者，注少陰之大絡，出之氣街，循陰股内廉，入膕中，伏行胻骨内下，至内踝之屬而别；其下者，並於少陰之經，滲三陰；其前者，

---

①　痱：原脱，據《黄帝内經太素》補。

伏行出跗屬，下循跗入大指間，滲諸絡而温肌肉。故別絡結則跗不動，不動則厥，厥則寒矣。

《氣穴論》云：伏菟上各①二行行五者，此腎之所衝也，三陰之所交結於腳者也。踝上各一行行六者，此腎脈之下行者也，名曰太衝。

《經脈病解篇》云：内奪而厥，則爲瘖痱，此腎虚也，少陰不至。少陰不至者，厥也②。

《尺寸診篇》：女子少陰脈動甚者，有子也。

仲景少陰診法

《厥陰篇》云：少陰負趺陽者，順也。

《金匱·中風歷節病脈證治篇》云：少陰脈浮而弱，弱則爲血不足，浮則爲風。

《水氣病脈證治篇》：少陰脈緊而沉，緊則爲痛，沉則爲水，小便即難。

又：少陰脈細，男子則小便不利，婦人經水不通。

---

① 各：原脱，據《黄帝内經太素》補。

② 此條重出，似當删。

《婦人雜病篇》云：少陰脈滑而數者，陰中即生瘡。

少陰脈不出，其陰腫大而痛也。以下三條出《平脈篇》。

少陰脈弱而澀，弱者微煩，澀者厥逆。

少陰脈不至，腎氣微，少精血，奔氣促迫，上入胸膈，宗氣反聚，血結心下，陽氣退下，熱歸陰股，與陰相動，令身不仁，此爲尸厥，當刺期門、巨闕。

《脈經真本》少陰診法

《平水氣病脈篇》云：少陰脈細，男子則小便不利，婦人則陰中生瘡。

又：少陰脈緊而沉，緊則爲痛，沉則爲水，小便即難。

《平消渴小便不利篇》云：少陰脈數，婦人則陰中生瘡，男子則氣淋。

《平中風歷節病篇》云：少陰脈浮而弱，弱則爲血不足，浮則爲風。

《平娠娠胎動篇》云：少陰脈沉而滑，沉則在裏，滑則爲實，沉實相搏，血結胞門，其藏不瀉，經絡不通，名曰血分。

又：少陰脈浮而緊，緊則寒疝，腹中痛，半産而墜傷，浮則亡血絶産。

《平婦人帶下絶産篇》云：少陰脈微而遲，微則無精，遲則陰中寒，澀則血不來。

《平婦人陰中寒轉胞陰吹生瘡篇》云：少陰脈弱而微，微則亡血，弱則生風。

又：少陰脈滑而數者，陰中即生瘡。

又：少陰數則氣淋，陰中生瘡。

《甲乙經》少陰診法

《十二經脈絡脈支別第一篇》云：足少陰何因而動？曰：衝脈者，十二經脈之海也，與少陰之絡起於腎下，出於氣街，循陰股内廉，斜入膕中，循胻骨内廉，並少陰之經，下入内踝之後，入①足下；其別者，斜入踝内，出屬跗上，入大指之間，以注諸絡，以温足跗。此脈之常動者也。

《十二經標本第四篇》云：足少陰之本，在内踝下上三寸中，標在背腧與舌下兩脈。

又云：少陰根於湧泉，結於廉泉。

《十二經脈絡脈支別篇》云：足少陰氣絶，則骨枯。少陰者，冬脈也，伏行而濡骨髓者也。故骨不濡，則肉不能著骨也，骨肉不相親，則肉濡而卻，肉濡而卻，故齒長而垢，髮

① 入：原脱，據《針灸甲乙經》卷二補。

無①潤澤。髮②無潤澤者，骨先死，戊篤己死，土勝水也。

《千金》少陰診法

《腎藏脈論》云：冬水腎脈，色黑，主足少陰脈也。少陰何以主腎？曰：腎者主陰。陰，水也，皆生於腎。此脈名曰太衝，凡五十七穴，冬取其井、榮。冬者水始治，腎方閉，陽氣衰少，陰氣堅盛，太陽氣伏沉，陽脈乃去，故取井以下陰氣，逆取榮以通陽氣。其脈本在内踝下二寸，應舌下兩脈，其脈根於湧泉。

《妊娠惡阻篇》云：妊娠九月，足少陰脈養，不可針灸其經。

《外臺》少陰診法

治肺癰方云：少陰脈緊微，則爲血虛；緊則爲微寒，此爲鼠乳，其病屬③肺也。

---

① 無：原脱，據《針灸甲乙經》補。
② 髮：原脱，據《針灸甲乙經》補。
③ 屬：原脱，據人民衛生出版社影印本《外臺秘要》卷一〇補。

《陰證略例》少陰診法

若面紅或赤，或紅赤俱見，脈浮沉不一，細而微者，傷在少陰腎之經也。

少陰腎之經，主脈微細，心煩，但欲寐，或自利而渴。

少陰證，口燥舌乾而渴者，須急下之，不可緩也。〇若脈沉而遲者，須溫之。

少陰病，若惡寒而倦，時時自煩，不欲厚衣者，大柴胡下之。

少陰病始得之，反發熱，脈沉者，麻黄附子細辛湯微汗之。

楊注《太素》九候篇診法補證

隋　楊上善撰注
井研　廖平補證

《素問・三部九候論》：按舊説，於十二經中擇取九藏爲九候，諸家①取舍，各不相同。今定胃、肺、少陰爲三部，用《動輸篇》之義，於三部之外別取九藏，以爲九候。今訂爲神藏四：心，心主，肝，脾；府藏五：三焦，大腸，小腸，膀胱，外腎。三大九小，合爲十二經。如三公九卿、三科九旨，以大統小，則十二經皆有診候，不似舊説之必取銷三藏也。少陰本屬衝、任，心督則爲腦髓，火南水北，上炎下流，肺合心爲氣海，肝合膽爲血海。黄帝問曰：余聞九鍼於夫子，衆多博大，不可勝數。余願②聞要道，以屬子孫，俟後。傳之後世，多爲平治説，不專醫術。著之骨髓，藏之肝肺，《大學》「如見其肺肝」。二藏包心、膽。西學説詳肺而略肝，非也。歃血而受，不敢妄泄，令合天道，天學。必有終始。上應天光移光定位。星辰曆紀，《洪範》五紀例。下副四時五行，貴賤更立③，以上皆

① 諸家：原作「請家各」，據文意改。
② 願：原脱，據《素問》補。
③ 立：原作「互」，據上海科學技術出版社影印本《素問》改。

治平法天學説。冬陰夏陽，以人應之以人應天。奈何？願聞其方。岐伯對曰：妙乎哉問也！此天地之至數。三才，天學。帝曰：願聞天地之至數，合於人善言天者，必驗於人。形血氣，通決死生，爲之奈何？岐伯曰：天地之至數，始於一，終於九焉。一者天，人迎。按《本輸篇》喉肩脈七，以天名者五，二經獨異，人迎當作「天迎」，扶突當作「天突」。二者地，少陰。三者人，太陰。○於一天之外加地，天地之外加人。因而三之，上三不在内。三三者九，另有九。以應九野。九天。故人有三部，《動輸篇》三動脈，仲景曰「三部不參」。亦作「三處」。部部爲首領。有三候，候爲統屬。上中下各有四經，以三輔一，如三科之外别有九旨。以決死生，以處百病，《難經》「脈有三部，部有四經」。以調虚實而除邪疾。帝曰：何謂三部？專論三部，如《動輸篇》。岐伯曰：有下部，《脈要精微論》先詳下附下，少陰至衝脈。有中部，《脈要精微》中附中，《動輸篇》寸口。有上部。《動輸篇》人迎動脈，《脈要精微》上附上。部各有三候。一部四經，立其大者爲部，各統三候，共合爲九藏。三候者，專就一部言。有天、有地、有人也，必指而導之，乃以爲真。以上中下爲次，天、人終於地，順序而推，故「故」以下爲解釋上文之詞。下部之天以候肝，解厥陰。地以候腎，此解少陰。人以候脾胃之氣，此解趺陽。○與《脈要精微論》不同，《精微》以四計，此以三計。帝曰：《經》中凡解説，同有黄帝問答。中部之候奈何？專問中，上下則文略。岐伯曰：亦有天，亦有地，亦有人。於一部中三分之，如前法。天以候肺，三焦。當爲「天以候脾上中」。地以候胸胸當爲「腹」。中之氣，大腸爲中下。人當爲「天」。以候心。心，中。帝曰：上部以何候之？岐伯曰：亦有天，亦有地，亦有人。天以候頭角之氣，膽。地以候齒口之氣，人以候耳目之氣。三部者，各有天，各有地，各有人。三而成天，三而成地，三而成人。三而三之，合則爲九，九分爲九野，在天成象，九天爲九野。九野爲九藏。三部之外，别有九候。故神藏五，神藏：心、脾、肝、包絡，爲四神藏。形藏四，三焦、膽、膀胱、大腸、小腸，合爲五形藏。四、五二字當互易①。合爲九藏。此合形神言之。鄭君《周禮》注「九藏」正藏五，形藏四，與此同誤。五藏已敗，此專言神藏。其色必夭，詳《五色篇》。夭必死矣。帝曰：以候奈何？岐伯曰：必先度其形之肥瘦，以調其氣之虚實，實則寫之，虚則補之。必先去其血脈，而後調之，無問其病，數。以平爲期。帝曰：決死生奈何？岐伯曰：形盛脈經脈。細，少氣不足以息者，危；形强氣弱。形瘦脈大，宜脈小。胸中多氣者，死；楊注以上從《素問·三部九候論》補入。○氣盛形弱。形氣相得形、氣强弱同。者，生；楊注：形盛氣盛、形瘦氣細者得生，三也。參伍不調者，此皆偏診而調之。病；楊注：謂其人形氣有時相得，有時不相得，參類品伍不能調者，其人有病，四也。以三部九候皆相失者，彼此相失。死；楊注：三部九候不得齊一，各各不同，相失故死，五也。上下專以上下比較。左右之脈亦診左右。相應參舂者，彼此參差。病甚；楊注：三部九候之脈，動若引繩□□前後也。今三部在頭爲上，三部在足爲下，左手三部②爲左，右手三部爲右，脈之相應參動，上下左右，更起更息，氣有

---

① 易：原作「異」，兹據文意改。

② 左手三部：原作「左手中部」，據《黄帝内經太素校注》卷一四《診候之一》楊注改。下「右手三部」之「三」同。

去來，如碓舂不得齊一（又舂，其脈上下參動也），所以病甚，六也。○危。上下左右相失此指二三關而言。不可數者，自亂其例。死；楊注：上下左右脈動各無次第，數脈動不可得者，脈亂故死，七也。中部之候雖獨調，以中爲主。與諸藏相失者，乃與上下二部反。死；楊注：肺心胸中以爲中部，診手太陰、手少陰、手陽明，呼吸三脈調和，與上下部諸藏之脈不相得者爲死，八也。中部之候相減者，死；楊注：中部手太陰、手陽明、手少陰三脈動數一多一少，不相得者爲死，九也。目内陷者，死。楊注：五藏之精皆在於目，故五藏敗者爲目先陷，爲死也。以上十候，決死生也。帝曰：何以知病之所在？楊注：病之所在，在於死生，與決死生，亦不易也，但決有多端，故復問。○五藏十二經，如疾病諸篇。岐伯曰：察其九候，各診動脈。獨小者病，與別經比較。獨大者病，小大比較。獨疾者病，獨遲者病，診經脈法。獨熱者病，獨寒者病，診皮法。脈獨陷者病。楊注：以次復有一十八候，獨小大等即爲七也。九候之脈，上下左右均調若一，故偏獨者爲病也。○診絡法。以左手上去踝五寸而按之，右手當踝而彈之，其應過五寸以上蠕然者，不病；楊注：脈和調也。人當内踝之上足太陰脈見。上行至内踝上八寸，交出厥陰之後，其脈行胃氣於五藏，故於踝上五寸，以左手按之，右手當踝彈之，左手下蠕調動。其人不病，爲候八也。蠕蠕，動不盛也；蠕，而免反。○平脈。其應疾，與遲對。中手渾渾然者，病；楊注：彈之，左手之下渾渾動而不調者病，其候九也。中手徐徐然者，病；遲疾皆失平。其應上不能至五寸者，彈之不應者，死。楊注：足太陰血氣微弱，彈之徐徐者有病；不至五寸，不應其手者爲死，十也。○候氣診法。以上見七「死」字，即所謂七診也。脱肉身不去者，死；楊注：去者，行也。脱肉羸瘦，身弱不能行者爲死，十一也。中部此詳中部，與前上下合爲三部。乍疏乍數者，同在中部，此相反。死；楊注：中部謂手太陰、手陽明、手少陰，乍有疏數爲死，十二也。其脈指絡言。代而勾者，病在絡脈。楊注：中部之脈手太陰，秋脈也；手少陰，夏脈也。秋脈王時得於脾脈，土來乘金，名曰虚邪，故爲病也；夏脈王時得脾脈者，土來乘火，名曰實邪，故爲病也。夏脈其病皆在絡脈，可刺去血，爲病十三也。○絡有鈎狀，經則無。九候之相應也，上下若一，包「中」在内。不得相失。一候後則病，一藏病。二候後則病甚，二藏病。三候後則病危。三藏俱病。所謂後者，應不俱也。察其病藏，寸、人。以知死生之期。楊注：九候上下動脈相應若一，不得相失。忽然八候相應俱動，一候在後，即有一失，故病；二候在後，不與七候俱動，即爲二失，故病甚也；三候在後，不與六候俱動，即爲三失，故病危也。三候在後爲病，宜各察之是何藏之候，候之，即知所候之藏病有間甚、生死之期。三候在後爲病有三失，爲十六也。必先知經脈，分方分體，由病脈以求未病之脈。然後知病脈。學者且先考未病之平脈，然後能知病脈；若無病之人脈各不同，不究平脈，則以不病爲病，以病爲不病。真藏脈見真藏脈爲察色法，非診經脈名詞。勝者死；楊注：欲依九候察病，定須先知十二經脈及諸絡脈行所在，然後取於九候，候諸病脈。有真藏脈見，胃氣之柔獨勝，必當有死，爲十七也。○以受先。足太陽氣絶者，其足不可屈伸，死必戴眼。楊注：足太陽脈從目絡頭至足，故其脈絶，足不屈伸，戴目而死，爲十八也。帝曰：冬陰夏陽奈何？楊注：九候之脈並沉細絶微，爲陰也，然極於冬分，故曰冬陰；九候之脈盛躁喘數，故爲陽也，極於夏分，故曰夏陽。請陳其理也。○定死期，冬夏晝夜。岐伯曰：九候之脈，皆沉細懸絶者不止一候。爲陰，主冬，故以夜半死；楊注：深按得之曰沉，動猶引線曰細，來如斷繩，故曰懸絶。九候之脈皆如此者，陰氣勝。陽氣外絶，陰氣獨行，有裏無表，死之於冬，陰極時也。夜半死者，陰極時也。此一診也。盛躁而喘數者爲陽，主夏，以日中死。

是故寒熱病者，不分陽證。以平旦死；楊注：其氣洪大曰盛，去來動疾曰躁，因喘數而疾，故曰喘數。九候皆如此者，皆陽氣盛。陰氣内絶，陽氣獨行，有表無裏，死之於夏，陽極時也。日中死者，陽極時也。此爲二診。是故寒熱者以平旦死，脾病寒熱，死於平旦。平旦木也，木剋於土，故脾病至平旦死。此爲三診也。熱中及熱病，以日中死；楊注：肺中熱，傷寒，熱病，皆是陽病，故死於日中。日中，陽極也。此爲四診也。〇爲陽極。風病者，以日夕死；楊注：風爲肝病，酉爲金時，金剋於木，故日夕死。此爲五診也。〇與平旦對。病水者，以夜半死；楊注：水病，陰病也。夜半子時，陰極死也。此爲六診。其脈乍疏乍數，乍遲乍疾，上居中御外，熱各有象。以日乘四季死。楊注：脾者土也，王於四季。平和時，脈在中宫，静而不見；有病見時，乍疏乍數，故以日乘四季時死也。〇爲脾病。形肉已脱，肌肉大脱。九候雖調，脈不病。猶死。楊注：土爲肉也，肉爲身主，故脈雖調，肉脱故死。此爲七診也。七診以上七「死」字之證。雖見，九候皆順者不死。病有死證，脈不病，外證。所言不死者，七診舊有二説，然皆以爲平常診脈之法，據專言死證，知即數上七「死」字。又七診之文，别無所見，知承上文七死證而言。風氣之病外感。及經間之病，似七診之病形似死證。而非也，似是而非。故言不死；若有七診之病，其脈候亦敗者，死矣，證微脈敗。必發噦噫。楊注：雖有七診死徵，九候之脈順四時者，謂之不死。言七診見脈順生者，謂風及氣並經脈間有輕之病，見徵似於七診，非真七診，所以脈順得生。若有七診，其脈復敗，不可得生。五藏先壞，其人必發噦而死也①。必審問問法。其故，所始、所病本證。與今之所方病，楊注：候病之要，凡有四種：一者望色而知，謂之神也；二者

① 也：原作「以」，據《黄帝内經太素校注·診候之一》楊注改。

聽聲而知，謂之明也；三者尋問而知，謂之工也；四者切脈而知，謂之巧也。此問有三：一問得病元始，謂問四時何時而得，飲食男女因何病等；二問所病，謂問寒熱、痛熱、痛癢諸苦等；三問方病，謂問今時病方作種種異也。○變證。而後切循其脈，楊注：先問病之所由，然後切循其脈，以取其審。切謂切割，以手按脈，分別吉凶；循謂以手切脈，以心循歷脈動所由，故曰切循其脈也。○先問後切。視其經絡浮沉，楊注：經，謂十二經並八奇經；絡，謂十五大絡及諸孫絡。切循之道，視其經脈浮沉，絡脈浮沉。沉者爲陰，浮者爲陽，以知病之寒温也。○診經診絡。以上下逆順循之，診脈手法。其脈疾者不病，其脈遲者病，脈不往來者死，鍼刺候氣法。皮膚著者死。楊注：上謂上部，下謂下部，亦上謂咽之左右，下謂手之左右。寸口脈從藏起，下向四支者，名之爲順；脈從四支向上藏者，稱之爲逆。切循上下順逆之脈，疾行應數，謂之不病；上下有失，遲不應數，謂之病也。手之三陰爲往，三陽爲來；足之三陽爲往，三陰爲來，皆不往來，謂之死也。人之氣和，皮肉相離；絶勁强相著者，死也。○診皮。帝曰：其可治者奈何？楊注：前帝所言多有死候，故問有病可療者，三也。岐伯曰：經病者治其經，經云以取之。孫絡病者治其孫絡，楊注：以下言有可療病也。邪在經者取其經，邪在孫絡取孫絡也。○診絡。血病①身有痛者而治其經絡。楊注：大經大絡共爲血病，身體痛者，經與大絡皆治之也。真病者在奇邪，奇邪之脈診絡。則繆刺之；楊注：真，正也。當藏自受邪，病不從轉來，故曰正病。奇邪，謂是大經之上奇大絡也。宜行繆刺，左右平取也。○詳《繆刺篇》。留瘦不移，節而刺。楊注：留，久也。久瘦有病之人，不可頓刺，可節量刺之。○正刺法。上實下虚者，切順之，索其經絡

① 病：原作「痛」，據《黄帝内經太素校注·診候之一》楊注改。

脈，刺出其血熱結，絡紅脹。以通之。楊注：上實下虚，可循其經絡之脈，血之盛者，皆刺去其血，通而平之。○刺絡之法。瞳子高者太陽不足，戴眼者太陽絶，此決死生之要，不可不察也。楊注：太陽之脈爲目上綱，故太陽脈足，則目本視也；其氣不足，急引其精，故瞳子高也；其脈若絶，瞼睛瘻下，故戴目也。此等皆是決生死之大要，不可不察也。手指及手外踝上五寸指間留鍼。楊注：前太陽不足及足太陽絶者，足太陽脈也；此療乃是手太陽脈者，以手之太陽上下接於目之内眥，故取手之太陽療目高、戴也，取手小指端及手外踝上五寸小指之間也。上部一部。天，兩額之動脈也；膽位在中，爲上中。上部地，兩頰之動脈也；足太陽膀胱，位在下，爲上下。上部人，耳前之動脈也。楊注：上部之天，兩額足少陽、陽明二脈之動，候頭角氣；上部之地，兩頰足陽明在大迎中動，候口齒氣；上部之人，目後耳前，手太陽、手少陽、足少陽三脈在和窌中動，候耳目之氣也。○三焦位在上，爲上上。中部天，手手當爲「足」。太陰也；《熱病論》：四日太陰受之，太陰脈布胃中，絡於嗌，故腹滿而嗌乾。○《外臺》云：傷寒四日，太陰受病。太陰者，脾之經也，爲三陰之首。是知三日以前，陽受病訖，傳之於陰，而太陰受病焉。其脈絡於脾。主於喉嗌，故得病四日，則腹滿而嗌乾，其病胸膈也，故可吐而愈。○脾胃在中，爲中上也。中部地，手陽明也；合谷大腸，位在下，爲中下。中部人，手少陰心。也。楊注：中部之天，手太陰脈動在中府、天府、俠白、尺澤四處，以候肺氣；中部之地，手陽明脈，檢經無動處以爲候者，候大腸氣；中部之人，手少陰動在極泉、少海二處，以候心氣也。○神明少陰在中，爲中中。下部四經，下附下。天，足厥陰肝。也；《熱病論》：六日厥陰受之，厥陰脈循陰器而絡於肝，故煩滿囊縮。○《外臺》：傷寒六日，厥陰受病。厥陰者，肝之經也。其脈循陰器絡於肝，故得病六日，煩滿而囊縮之。此則陰陽俱受病，毒氣在胸，故可下而愈。○肝在上，爲下上。下部地，足少陰①腎當爲手太陽。也；位居下，爲下下。下部人，足太手厥。陰當爲手厥陰。也。楊注：下部之天，足厥陰脈動在曲骨、行間、衝門三處，以候肝氣；下部之地，足少陰脈動在大谿一處，以候腎氣；下部之人，足太陰脈動在中府、箕門、五里、陰廣、衝門、雲門六處，以候脾氣。十二經脈，手心主無别心藏，不入九候。手太陽、手少陽、足太陽、足少陽、足陽明，此五皆是五藏表經，候藏知表，故不入越於九候也。○包絡位在中，爲中下。

大腸手陽明之脈，手陽明脈，起手之指端上行，下屬大腸，通行大腸血氣，故曰大腸手陽明脈也。此下皆楊氏《太素》注②。起於大指次指之端，手陽明與手太陰合。手太陰從中焦至手大指次指之端，陰極即變爲陽。如此陰極陽起，陽極陰起，行手頭及足，如環無端也。循指上廉，出合谷兩骨之間，掌骨及大指本節，表兩骨之間也。上入兩筋之中，循臂上廉，入肘外廉，上臑外前廉，手三陰行臑内，手三陽行臑外，陽明行臑外前楞也。上臂肩，出髃前廉，髃音隅，角也，兩肩端高骨，即肩角也。又五口反。上出於柱骨之會上，下入缺盆，柱骨，謂缺盆骨上極高處也。與諸脈會入缺盆之處，名曰會也。手陽明脈上至柱骨之上，復出柱骨之下，入缺盆也。絡肺，下鬲，屬大腸；府氣通藏，故絡藏屬府也。其支者，從缺盆上頸，貫頰，入下齒中，還出俠口，交人中，左之右，

① 此下原有「手太陽」三字，以爲「楊注」語，然楊注無之，亦未合文例，兹删。

② 此下皆楊氏《太素》注：「此下」原作「北藏」，據文意改。按：本條注語原置段末「虚者則人迎反小於寸口」之下（「北藏」或原當作「此上」），而下段之注文仍出楊氏，因移於此。

右之左，上俠鼻孔。頞，項前也。交謂相交，不相會入也。是動則病齒痛頔腫。齒痛，謂下齒痛也。頔，謂面顴秀高骨也，專劣反。是主津所生病者，《八十一難》云：邪在血，血①爲所生病也，血主濡之也。是爲血及精液皆爲濡也。津，汗也。以下所生之病，皆是血之津液所生病也。目黄口乾，鼽衄喉痺，肩前臑痛，大指次指痛不用。手陽明經是府陽脈，多爲熱痛，故循經所生七種病也。鼻孔引氣，故爲鼽也，鼻形爲鼽也。有説鼽是鼻病者，非也。氣盛有餘，則當脈所過者熱腫；是動、所生之病，有盛有虚。盛者，此脈所過之處熱及腫也。虚則寒慄不復。陽虚陰并，故寒慄也。不復，不得復於平和也。爲此諸病，盛則寫之，虚則補之，熱則疾之，寒則留之，陷下則灸之，不盛不虚，以經取之。盛者則人迎大三倍於寸口。虚者則人迎反小於寸口。

脾足太陰之脈，足太陰脈，起於足大指端，上行屬脾，通行脾之血氣，故曰脾足太陰脈者也。起於大指之端，循指内側白肉際，過覈骨後，覈，胡革反。人足大指本節後骨，名爲覈骨也。上内踝前廉，十二經脈皆行筋肉骨間，唯此足太陰經，上於内踝薄肉之處，脈得見者也。上腨内，循脛骨後，交出厥陰之前，内踝直上名爲内，外踝直上名爲外，脛後腓腸名爲腨。太陰從②内踝上行八寸，當脛骨後，交出厥陰之前上行之。上循膝股内前廉，入腹，屬脾，絡胃，膝内之股，近膝名膝股，近陰處爲陰股也。上鬲俠咽，連舌本，散舌下；其支者，復從胃

---

① 血：原脱，據《黄帝内經太素校注》卷八《經脈連環》楊注補。

② 從：原作「後」，據《黄帝内經太素校注》卷八《經脈連環》楊注改。

別上鬲，注心中。舌下散脈，是脾脈也。是動則病舌强，食則嘔，胃脘痛，脘，胃府也。脘，音管也①。腹脹善噫，得後出餘氣，則快然如衰，寒氣客胃，厥逆從下上散，散已復上出胃，故爲噫也。穀入胃已，其氣上爲營、衛及膻中氣，後有下行與糟粕俱下者，名曰餘氣。餘氣不與糟粕俱下，壅而爲脹，今得之洩之，故快然腹減也。身體皆重。身及四支，皆是足太陰脈行胃氣營之。若脾病，脈即不營，故皆重也。是主脾所生病者，舌本痛，脾所生病，太陰脈行至舌下，故舌本痛也。體不能動摇，脾不營也。食不下，煩心，心下急痛，脾脈注心中，故脾生病，煩心、心急痛也。溏、瘕、洩，溏，食消，利也。瘕，食不消，瘕而爲積病也。洩，食不消，飡洩也。水閉，脾所生病，不營膀胱，故小便不利也。黄癉，不能卧，强欠，内熱身黄病也。脾胃中熱，故不得卧也。將欠不得欠，名曰强欠。股膝内腫厥，大指不用。或痺不仁，不能用也。爲此諸病，盛則寫之，虚則補之，熱則疾之，寒則留之，陷下則灸之，不盛不虚，以經取之。盛者則寸口大三倍於人迎，虚者則寸口反小於人迎。

心手少陰之脈，起於心中，出屬心系，下膈絡小腸；十二經脈之中。餘十一經脈及手太陽經皆起於別處，來入藏府。此少陰經起自心中，何以然者？以其心神是五神之主，能自生脈，不因餘處生脈來入，故自出經②也。肺下懸心之系，名曰心系。餘經起於餘處，來屬藏府；此經起自心中，還屬心系，由是心神最爲長也。問曰：《九卷》心有二經，謂手少陰，心主，手少陰經不得有輸，手少陰外經受病，亦有療處，其内心藏不得受邪，受邪即死。又《九卷·本輸》之中，手少陰經及輸並皆不言。今此《十二經脈》及《明堂流注》，少陰經脈及輸皆有，若爲通精？答曰：經言心者，五藏六府之大

---

① 脘音管也：原作「是脾脈也」，據《黄帝内經太素校注》卷八《經脈連環》楊注改。

② 出經：原作「經出」，據《黄帝内經太素校注·經脈連環》楊注改。

主，精神之舍，其藏堅固，邪不能客，客之則心傷，心傷則神去，神去即死。故諸邪之在於心者，皆在心之包絡，包絡心主脈也，故有脈不得有輸也。手少陰外經有病者，可療之於手掌兑骨之端。又恐經脈受邪傷藏，故《本輸》之中，輸並手少陰經亦復去之。今此《十二經脈》手少陰經是動、所生皆有諸病，俱言盛衰，並行補寫；及《明堂流注》具有五輸者，以其心藏不得多受外間邪。其於飲食湯藥，内資心藏，有損有益，不可無也。故好食好藥資心，心即調適；若惡食惡藥資心，心即爲病。是以心不受邪者，不可受邪也。言手少陰是動、所生致病，及①《明堂》有五輸療者，據受内資、受外邪也。言手少陰是受邪，故有病也。其支者，從心系上俠咽，繫目系；筋、骨、血、氣四種之精與脈合爲目系，心脈係於目系，故心病閉目也。其直者，復從心系卻上肺，上出腋下。下循臑内後廉，行太陰心主之後，下肘内，循臂内後廉，抵掌後兑骨之端，其小指掌後尖骨，謂之兑骨也。入掌内後廉，循小指之内出其端。掌外將側，名曰外廉；次掌内將側，名内廉也。是動則病嗌乾，心痛，渴而欲飲，爲臂厥。心經病，心而多熱，故渴而欲飲。其脈循臂，故是動爲臂厥之病也。是主心所生病者，目黄，脇痛，臑臂内後②廉痛厥，掌中熱痛也。是脈上腋近脇，故脇痛也。臑臂内後廉，脈所行之處，痛及厥也。厥，氣失③逆也。爲此諸病，盛則寫之，虚則補之，熱則疾之，寒則留之，陷下則灸之，不盛不虚，以經取之。盛者則寸口大再倍於人迎，虚者則寸口反小於人迎。

① 及：原作「又」，據《黄帝内經太素校注·經脈連環》楊注改。
② 後：原脱，據《黄帝内經太素校注·經脈連環》補。
③ 失：原作「大」，據《黄帝内經太素校注·經脈連環》楊注改。

小腸手太陽之脈，手太陽脈，起於手指，上行入缺盆，下屬小腸，通小腸血氣，故曰小腸手太陽脈也。起於小指之端，循手外側上腕，出踝中人之垂手，大指著身之側，名手内側；小指之後，名手外側。足脛骨與足腕骨相屬之處，著脛骨端内外高骨，名曰内外踝。手之臂骨之端内外高骨，亦名爲踝也。手太陽脈貫踝也。直上，循臂下骨下廉，臂有二骨，垂手之時，内箱前骨名爲上骨，外箱後骨名爲下骨。手太陽脈行下骨下將側之際，故曰下廉也。出肘内側兩骨之間，上循臑外後廉，手陽明上臑外前廉，手少陽循臑外，此手太陽循臑外後廉。手三陰脈行於臑内，手三陽脈行於臑外，此爲異也。出肩解，肩、臂二骨相接之處，名爲肩解。繞肩甲，交肩上，入缺盆，肩，兩肩也。甲，兩甲也。兩箱之脈，各於兩箱繞肩甲已，會於大椎，還入缺盆，此爲正也。有説兩箱脈來交大椎上，會大椎穴以爲交者。經不言交，不可用也。絡心，循咽下鬲抵胃，屬小腸；其支者，從缺盆循頸上頰，至目兑眥，卻入耳中；其支者，别頰上䪼抵鼻，至目内眥。脈絡心，循咽而下，抵著胃下，屬於小腸，上至顴䪼，傍抵鼻孔，至目内眥。目眥有三①：目之内角爲内眥，外角爲兑眥，崖上爲上眥也。是動則病嗌痛頷腫，不可以顧，肩似拔，臑似折。臂臑痛若折者也。是主液所生病者，耳聾，目黄，頰腫，頸頷肩臑肘臂外後廉痛。兩大骨相接之處，有穀精汁，補益腦髓，皮膚潤澤，謂之爲液，手太陽主之。邪氣病液，遂循脈生諸病也。爲此諸病，盛則寫之，虚則補之，熱則疾之，寒則留之，陷下則灸之，不盛不虚，以經取之。盛者則人迎大再倍於寸口，虚者則人迎反小於寸口。

---

① 三：原作「有二」，據《黄帝内經太素校注・經脈連環》楊注改。

膀胱足太陽之脈，足太陽脈起目内眥，上頭下項俠脊屬膀胱，通膀胱血氣，故曰膀胱足太陽脈也。起於目内眥，上額交顛上；其支者，從顛至耳上角；其直者，從顛入絡腦，還出別下項，循肩髆内俠脊抵腰中，入循膂，絡腎屬膀胱；其支者，從腰中下貫臀，入膕中；顛，項也。項上有骨空，太陽入骨空，絡腦還出也。髆音博。臀音屯，尻之厚肉也。其支者，從髆内左右別下貫胂，過髀樞，胂，俠脊肉也，似真反。髀樞，謂髀骨尻骨相抵相入轉動處也①。循髀外後廉，下合膕中，以下貫腨，出外踝之後，循京骨至小指外側。京骨，謂外踝下近前高骨也。京，高大也。是動則病衝頭痛，目似脱，項似拔，脊痛，腰似折，髀不可以迴，膕如結，腨如裂，是爲踝厥。膕腨之病者，皆是太陽行踝之後，爲厥失逆病也。結，謂束縛也。是主筋所生病者，痔，瘧，狂，顛疾，頭亞項痛，目黄淚出，鼽衄，項背腰尻膕腨腳皆痛，小指不用。足太陽水，生木②筋也，故足太陽脈主筋者也。所以邪傷於筋，因而飽食，筋脈横解，腸游爲痔也。爲此諸病，盛則寫之，虚則補之，熱則疾之，寒則留之，陷下則灸之，不盛不虚，以經取之。盛者則人迎大再倍於寸口，虚者則人迎反小於寸口。

心主手厥陰心包之脈，心神爲五藏六府之主，故曰心主。厥陰之脈行至於足，名足厥陰；行至於手，名手厥

---

① 髀骨尻骨相抵相入轉動處也：「髀骨」之「髀」字原脱，「相抵」之「相」字原脱，均據《黄帝内經太素校注・經脈連環》補。

② 木：原作「木也」，據《黄帝内經太素校注・經脈連環》楊注改。

陰。以陰氣交盡，故曰厥陰。心外有指，包裹其心，名曰心包。脈起胸中，入此包中，名手厥陰。故心有兩經也：心中起者，名手少陰；屬於心包，名手厥陰。有脈别行，無别藏形，三焦有氣有脈，亦無别形，故手厥陰與手少陽以爲表裏也。起於胸中，出屬心包，下鬲，歷絡三焦；自有經歷而不絡著，手厥陰既是心藏之府，三焦府合，故屬心包，經歷三焦，仍絡著也。三焦雖復無形，有氣故得絡也。其支者，循胸出脇，下腋三寸，上抵腋下，下循臑内，行太陰、少陰之間，入肘中，下臂行兩筋之前，入掌中，循中指出其端；其支者，别掌中，循小指、次指出其端。循胸出脇之處，當腋下三寸，然後上行，抵腋下方，下循臂也。太陰、少陰既在前後，故心主厥陰行中間也。是動則病手熱，肘攣、腋腫，甚則胸中滿，心澹澹大動，面赤目黄。澹，徒濫反，水揺；又，動也。是心主脈所生病者，煩心心痛，掌中熱。心包既病，故令煩心心痛。爲此諸病，盛則寫之，虚則補之，熱則疾之，寒則留之，陷下則灸之，不盛不虚，以經取之。盛者則寸口大一倍於人迎，虚者則寸口反小於人迎。

三焦手少陽之脈，上焦在心下，下膈在胃上口，主納而①不出，其理在膻中。中焦在胃中口，不上不下，主腐熟②水穀，其理在臍傍。下焦在臍下，當膀胱上口，主分别清濁，主出而不納，其理在臍下一寸。上焦之氣如雲霧在天，中焦之氣如漚雨在空，下焦之氣如溝瀆流地也。手少陽脈是三焦經隧，通行三焦之血氣，故曰三焦手少陽脈也。起於小指次指

---

① 而：原脱，據《黄帝内經太素校注·經脈連環》楊注補。

② 熟：原作「熱」，據《黄帝内經太素校注·經脈連環》楊注改。

之端，上出兩指之間，循手表，出臂外兩骨之間，上貫肘，循臑外上①肩，而交出足少陽之後，入缺盆，上肩交少陽，行出足少陽之後，方入缺盆也。布膻中，散絡心包，下鬲，偏屬三焦；偏，甫見反。散布膻中也。有本「布」作「交」者，檢非也。三焦是氣，血脈是形，而言屬者，謂脈氣相入也。其支者，從膻中上出缺盆，上項，係耳後直上，出耳上角以屈，下頰至䪼；其支者，從耳後入耳中，出走耳前，過客主人前，交頰，至目兑眥。係，古帝反，有本作「俠」也。是動則病耳聾，渾渾淳淳，嗌腫喉痹。渾渾淳淳，耳聾聲也。是主氣所生病者，汗出，目兑眥痛，頰痛，耳後肩臑肘臂外皆痛，小指次指不用。氣謂三焦氣液。爲此諸病，盛則寫之，虚則補之，熱則疾之，寒則留之，陷下則灸之，不盛不虚，以經取之。盛者則人迎大一倍於寸口，虚者則人迎反小於寸口。

膽足少陽之脈，足少陽脈，起目兑眥，下行絡肝屬膽②，下行至足大指三毛，通行膽之血氣，故曰膽足少陽脈也。起於目兑眥，上抵角。下耳後，循頸行③手少陽之前，至肩上，卻交出手少陽之後，入缺盆；角，謂額角也。項前曰頸。足少陽脈，從耳後下頸，向前至缺盆，屈迴向肩，至肩曲向後，復迴向頸，至頸始入缺盆，是則手少陽上肩向入缺盆，肩上自然交足少陽也。足少陽從頸前下至缺盆向肩，即是行手少陽前也；至肩交手少陽已④，向後迴入

① 上：原作「出」，據《黄帝内經太素校注·經脈連環》改。

② 屬膽：二字原脱，據《黄帝内經太素校注·經脈連環》楊注補。

③ 頸行：原作「行頸」，據《黄帝内經太素校注·經脈連環》乙。

④ 已：原作「也」，據《黄帝内經太素校注·經脈連環》楊注改。

缺盆，即是行手少陽之後也。其支者，從耳後入耳中，出走耳前，至目兑眥後；其支者，别目兑眥，下大迎，合手少陽於䪼，下加頰車，下頸，合缺盆，以下胸中，貫鬲絡肝屬膽，大迎，在曲頷前一寸二分骨陷者中。足少陽至大迎已，向䪼，與手少陽合已，卻邪下向頰車，加頰車已，然後下頸至缺盆，與前直者合。頰車，在大迎上曲頰端。有本云：别目兑眥，迎手少陽於䪼，無「大合」二字。以義置之，二脈雙下，不得稱迎也。循脇裏，出氣街，繞毛際。横入髀厭中；街，衢道也。足陽明脈及足少陽脈氣所行之道，故曰氣街。股外髀樞，名曰髀厭也。其直者，從缺盆下腋，循胸過季脇，下合髀厭中，脇有前後，最近下後者爲季脇。有本作「肋」。以下循髀太陽，出膝外廉，下外輔骨之前，直下抵絶骨之端，下出外踝之前，循足跗上，入小指次指之間；膀胱足太陽脈，從髀外下足，因名髀太陽。輔骨絶骨窮也，外踝上陽輔穴也。其支者，别跗上，入大指之間，循大指歧内出其端，還貫爪甲，出三毛。其足少陽脈，出大指端，還出迴貫甲，復出三毛。一名藂毛，在上節後毛中也。是動則病口苦，善太息，心脇痛，不能反側，膽熱，苦汁循脈入頰，故口苦，名曰膽痺。脈循胸脇，喜太息，及心脇皆痛也。甚則面塵，體無膏澤，足少陽反熱，是爲陽厥。甚，謂①陽厥熱甚也。足少陽起面，熱甚②則頭顱前熱，故面塵色也。陽厥，少陽厥也。是主骨所生病者，頭角顱痛，目兑眥痛，水以主骨，骨生足少陽，故足

---

① 謂：原作「則爲」，據《黄帝内經太素校注·經脈連環》楊注改。

② 甚：原脱，據《黄帝内經太素校注·經脈連環》楊注補。

少陽痛病還主骨也。額角。在髮際也。頭角，謂項兩箱額角後高骨角也。顑，謂牙①車骨，上抵顱以下者，名爲顑骨。缺盆中腫痛，腋下腫，馬刀俠嬰，汗出振寒瘧，脈從缺盆下腋，故腋下腫。復從頰車下頸，故病馬刀俠嬰也。馬刀，謂癧而無膿者是也。汗出、振寒、瘧等皆寒熱病，是骨之血氣所生病也。胸脇肋髀膝外至脛②絶骨外踝前及諸節皆痛，小指次指不用。足少陽脈主骨，絡於諸節，故病諸節痛也。爲此諸病。盛則寫之，虚則補之，熱則疾之，寒則留之，陷下則灸之，不盛不虚，以經取之。盛者則人迎大一倍於寸口，虚者則人迎反小於③寸口。

肝足厥陰之脈，足厥陰脈，從足指上行，環陰器，絡膽屬肝，通行肝之血氣，故曰肝足厥陰脈也。起於大指藂毛之上，循足跗上廉，去内踝一寸，上踝八寸，交出太陰之後，上膕内廉，循陰股入毛中，環陰器，抵少腹，俠胃，屬肝絡膽，上貫鬲，布脇肋，髀内近陰之股，名曰陰股。循陰器一周，名環也。循喉嚨之後，上入頏顙，連目系，上出額，與督脈會於④顛；喉嚨上孔名頏顙。督脈出兩目上顛，故與厥陰相會也。其支者，從目系下頰裏，環脣内；其支者，復從肝别貫鬲，上注肺。肺脈手太陰從中焦起，以次四藏六

① 牙：原作「口」，據《黄帝内經太素校注·經脈連環》楊注改。
② 脛：原作「經」，據《黄帝内經太素校注·經脈連環》改。
③ 於：原脱，據《黄帝内經太素校注·經脈連環》補。
④ 於：原作「之」，據《黄帝内經太素校注·經脈連環》改。

府之脈皆相接而起，唯足厥陰脈還迴，從肝注於肺中，不接手太陰脈。何也？但脈之所生，禀於血氣，血氣所生，起中焦倉廪，故手太陰脈從於中焦，受血氣已，注諸經脈。中焦乃是手太陰受血氣處，非是脈次相接之處，故脈環周至足厥陰注入脈中，與手太陰相接而行，不入中焦也。是動則病腰痛不可以俛仰，丈夫頹疝，婦人少腹腫、腰痛，甚則嗌乾面塵。肝合足少陽，陽盛并陰，故面塵色也。是主肝所生病者，胸滿，嘔逆，飧①洩，狐疝，遺溺，閉癃。脈抵少腹俠胃，故生飧洩也。狐夜不得尿，至明始得，人病與狐相似，目曰狐疝。有本作頹疝，謂偏頹病也。癃，篆文「麻」②字，此經淋病也，音隆。爲此諸病。盛則寫之，虛則補之，熱則疾之，寒則留之，陷下則灸之，不盛不虛，以經取之。盛者則寸口大一倍於人迎，虛者則寸口反小於人迎。

上工救其萌芽，必先見三部九候之氣，盡調不敗而救之，故曰上工。下工救其已成，救其已敗。救其所成者，言不知三部九候之相失，因病而敗之也。知其所在者，知診三部九候之病脈處而治之，故曰「守其門户焉，莫知其情而見邪形也」。《素問・八正神明論》。

三部九候爲之原，《九鍼》之論，不必存也。同上。

經之動脈，其至也亦時隴起，其行於脈中循循然。其至寸口中手也，時大時小，大則邪至，小則平。其形無常處，在陰與陽，不可爲度。從而察之，三部九候；卒然逢之，早遏其路。

① 飧：原作「飡」，據《黄帝内經太素校注・經脈連環》楊注改。下注文「飧」字同。

② 麻：當作「痳」。《黄帝内經太素校注》卷三〇《厥死》楊注「癃，痳也」，可參證。

《素問·離合真邪論》。

帝曰：真邪以合，波隴不起，候之奈何？岐伯曰：審捫循三部九候之盛虚而調之，察其左右上下相失及相減者，審其病藏以期之。不知三部者，陰陽不别，天地不分。地以候地，天以候天，人以候人，調之中府，以定三部。故曰：刺不知三部九候病脈之處，雖有大過且至，工不能盡也。誅罰無過，命曰大惑；反亂大經，真不可復。用實爲虚，以邪爲真，用鍼無義，反爲氣賊，奪人正氣；以從爲逆，營、衛散亂，真氣已失，邪獨内著。絶人長命，予人夭殃。不知三部九候，故不能久長。同上①。

《素問·六節藏象論》：夫自古通天者，生之本，本於陰陽。其氣九州、九竅，皆通乎天氣。故其生五，其氣三，三而成天，三而成地，三而成人。三而三之，合則爲九。九分爲九野，九野爲九藏。故形藏四，神藏五，合爲九藏，以應之也。

以上五條，乃《三部九候篇》之散見者，附録於此。

① 同上：二字原無，兹依文例補。

十二經動脈表《類經圖翼》①。

三部動脈表

中 在兩手，爲中。

手太陰肺六。

中府一名膺中俞。　在雲門下一寸，去任脈中行六寸，乳上三肋間，陷中動脈應手，仰而取之。

雲門　在巨骨下，夾氣户旁二寸，去中行六寸，陷中動脈應手，舉臂取之。

天府　在臂臑内廉，腋下三寸動脈陷中，以鼻取之。

俠白　在天府下，去肘上五寸動脈中。

尺澤　在肘中約文上，屈肘横文筋骨罅中動脈。此診《本經》。

太淵　《神應經》曰：在掌後内側横文頭動脈。據《經穴纂要》添入。〇此爲部首。

上 在喉頸，爲上。

---

① 類經圖翼：原作「類經」，而以下内容則出自《類經圖翼》，因改。

足陽明胃七。

地倉一名會維。 夾口吻旁四分，外如近下，微有動脈。若久患風，其脈亦有不動者。《纂要》「地倉」非動脈。

大迎一名髓①孔。 在曲頷頷，腮下也。前一寸三分，骨陷中動脈。

下關 在客主人下，耳前動脈下廉，合口有空，開口則閉。側卧閉口取之②。

人迎一名天五會。 在頸下夾結喉旁一寸五分，大動脈動而加大，出《明堂經》。應手。仰而取之此爲部首。

氣衝一名氣街。 在歸來下，鼠谿上一寸，動脈應手宛宛中，去中行二寸。《骨空論》王氏注曰：在毛際兩傍，鼠谿上一寸，脈動處③也。

三里即下陵，出《本輸篇》。 在膝眼下三寸，胻骨外廉，筋内宛宛中，坐而豎膝，低跗取之，極重按之，則跗上動脈止矣。

衝陽一名會原，即後人所謂趺陽也。 在足跗上五寸高骨間動脈，去陷谷二寸。此診《本經》。

---

① 髓：原作「隨」，據《張景岳醫學全書》本《類經圖翼》卷六「經絡四」改。

② 之：原脱，據《類經圖翼》卷六「經絡四」補。

③ 動處：原作「應手是」，據《類經圖翼》卷六「經絡四」改。

下在足，爲下部。○據《人寸診法》，藏府已全，少陰屬藏，不應重出。《太素》以少陰爲診衝、任，是也。藏府又以衝、任爲主。

足少陰腎三。○《内經》以心爲腦，以腎爲衝、任，則合心、腎於肺、肝。所謂心腎，謂腎任衝帶耳，非果心腎也。

太谿一名吕細。　在足内踝後五分，跟骨上動脈陷中。

復溜　足内踝上二寸，動脈陷中。

陰谷　《入門》曰：膝内附骨後，大筋下小筋上動脈，屈膝取之。此二穴據《纂要》加入。

九候動脈表

上三候

上上

手少陽三焦一。

和髎　耳後兑髮下横動脈。

上下

足太陽膀胱二。

委中一名血郄。　在膕中央約文動脈陷中，伏卧屈足取之。

崑崙　在足外踝後五分，跟骨上陷中，細動脈應手。

上中

足少陽膽三。

聽會一名聽河，一名後關。　在耳前陷中，客主人下一寸動脈宛宛中，去耳珠下，開口有空，側卧張口取之。

懸鐘一名絶骨。　在足外踝上三寸，當骨尖前動脈中，尋按取之。

客主人　耳前起骨上廉，開口有空，動脈宛宛中。據《纂要》添入。

中三候

中上

手少陰心一。

極泉　在臂内，腋下筋間動脈，入胸中。舊説有神門。

中中

足太陰脾二。

箕門　在魚腹上，越兩筋間陰股内廉，動脈應手。一云：股上起筋間。

衝門一名慈宫。　上去大横五寸，在府舍下，横骨兩端約文中動脈，去腹中行三寸半。

中下

手陽明大腸六。

合谷一名虎口。　在大指歧骨間。

二間一名間谷。　在手大指次指本節前内陷中。

商陽一名絶陽。　在手大指次指内側，去爪甲角如韭葉。

陽谿一名中魁。　在腕中上側兩筋陷中。

曲池　在腕外，輔骨、曲骨之中。

三間一名少谷。　在手大指次指本節後内側陷中。

下三候

下上

足厥陰肝三。

行間　在足大指間動脈應手陷中。一云：在足大指次指歧骨間。上下有筋，前後有小骨尖，其穴正居陷中，有動脈應手。

太衝　在足大指本節後二寸一云一寸五分。内間陷中，動脈應手。一云：在足大指本節後，行間上二寸，内間有絡亘連至地五會二寸骨罅間，動脈應手陷中。

五里　在氣街下三寸陰股中，動脈應手。《千金翼》曰：在陰廉下二寸。王注云：男子取五里，女子取太衝。

下中

手厥陰包絡二。

曲澤　在肘内廉横文陷中，筋内側動脈，屈肘得之。

勞宫一名五里，一名掌中。　在掌中央動脈，屈無名指取之。

下下

手太陽小腸一。

天窗一名窗籠。　在頸大筋前，曲頰下扶突後動脈①應手陷中。

《脈要精微》三部十二經表

三部		
肺上附上。	胃中附中。	腎下附下。附任衝。
九候		
心	脾中	大腸中
膻中	膽下	小腸下
胸中	膽上	膀胱上

---

① 動脈：原作「脈動」，據《類經圖翼》卷六「經絡四」乙。

《五色篇》三部九候十二經表

三部

肺闕上者，肺也。　胃方上者，胃也。　腎夾大腸者，腎也。

九候

心中極者，心也。　脾下者，脾也。　膀胱面王以下，膀胱也。

心包咽喉。　膽直下者，膽也。　大腸挾腎中央者，大腸也。

三焦首面。　膽肝左者，膽也。　小腸面王以上者，小腸也。

《周禮·疾醫》：兩之以九竅之變，參之以九藏之動。鄭注：兩參之者，以觀其死生之驗。竅之變，謂開閉非①常。陽竅七，陰竅二。藏之動，謂脈至與不至也。正②，藏五又有胃、膀胱、大小腸。脈之大候③，要在陽明、寸口，能專是者，其④惟秦和乎！岐伯、俞

---

①非：原作「飛」，據《周禮注疏》卷五《天官冢宰下》鄭注改。

②正：原作「五」，據《周禮注疏》卷五《天官冢宰下》鄭注改。

③候：原脱，據《周禮注疏》卷五《天官冢宰下》鄭注補。

④其：原脱，據《周禮注疏》卷五《天官冢宰下》鄭注補。

跗，則兼彼①數術者。無三焦、膽、包絡。高同。

《太素》楊注：上部之天，兩額足少陽、膽。陽明胃。二脈之動，候頭角氣；上部之地，兩頰足陽明衍。在大迎中動，候口齒氣；上部之人，目後耳前，手太陽、小腸。手少陽、三焦。足少陽衍。三脈在和窌中動，候耳目之氣也。中部之天，手太陰脈動，在中府、天府、俠白、尺澤四處②，以候肺氣；中部之地，手陽明脈，檢經無動處，以爲候者，候大腸氣也；中部之人，手少陰脈動，在極泉、少海二處，以候心氣也。下部之天，足厥陰脈動，在曲骨、行間、衝門三處，以候肝氣；下部之地，足少陰脈動，在太谿一處，以候腎氣；下部之人，足太陰脈動，在中府、箕門、陰廣、衝門、雲門六處，以候脾氣。十二經脈，手心主無別心藏，不入九候。手太陽、手少陽、足太陽、足少陽、足陽明，此五皆是五藏表經，候藏知表③，故不入越於九候也。無膀胱、包絡。

---

① 彼：原脱，據《周禮注疏》卷五《天官冢宰下》鄭注補。

② 處：原作「更」，據《黄帝内經太素校注》卷一四《診候之一》楊注改。

③ 表：原脱，據《黄帝内經太素校注》卷一四《診候之一》楊注補。

《千金方·論診候第四》云：何謂三部？寸、關、尺也。以下爲後人所改。上部爲天，肺也；中部爲人，脾也；下部爲地，腎也。何謂九候？部各有三，合爲九候。上部天，兩額之動脈，主頭角之氣也；上部地，兩頰之動脈，主口齒之氣也；上部人，耳前之動脈，主耳目之氣也。中部天，手太陰，肺之氣也；中部地，手陽明，胸中之氣也；中部人，手少陰，心之氣也。下部天，足厥陰，肝之氣也；下部地。足少陰，腎之氣也；下部人，足太陰，脾之氣也。合爲九候。按三部九候説，注釋者十數家，惟於形藏之説，稍各有異同，而並無寸、關、尺分三部之説。惟《難經》云：「何謂三部？寸、關、尺也。何謂九候？浮中沉也。」而此段「何謂九候」以下，又係《内經》原文；若三部從《難經》，九候從《内經》，則牛頭馬身，豈非怪物！孫氏斷不至若是之糊涂。幸改孫氏文者，庸愚無識，不工作僞，致疵病百出，僞跡昭顯。真所謂無知妄作，誣衊前賢，罪何可逭！

《素問》王注：上部天，兩額之動脈，「在額兩傍，動應於手，足少陽膽。脈氣所行也」；上部地，兩頰之動脈，「在鼻孔下兩傍、近於巨髎之分，動應於手，足陽明胃。脈氣所行也」；上部人，耳前之動脈。「在耳前陷者中，動應於手，手少陽三焦。脈氣之所行也」。中部天，手太陰也，「謂肺脈，在掌後寸口中，是謂經渠，動應於手」；中部地，手陽明也，「謂大腸脈在手大指、次指歧骨間，合骨之分，動應於手也」；中部人，手少陰也。「謂心脈，在掌後兑骨之端，神門之分，動應於手也。《靈樞經·持針縱捨論》：『問曰：少陰無輸，心不病乎？對曰：其外經病而藏不病，故獨取其經於掌後鋭骨之端』，正謂此也」。下部天，足厥陰也，「謂肝脈，在毛際外羊矢下一寸半陷中，五里之分，卧而取之，動應於手也；女子取太衝，在足大指本節後二寸陷中是」；下部地，足少陰也，「謂腎脈，在足内踝後跟骨上陷中，太谿之分，動應手」；下部人，足太陰也。「謂脾脈也，在魚腹上趨筋間直五里下，箕門之分。寬鞏足，單衣，沉取乃得之，而動應於手也。候胃氣，此當取足跗上衝陽之分，穴中脈動乃應手也」。無膀胱、包絡、小腸，與馬、張及《四診心法》同。

馬注：此詳論人必有三部，各部有三候①，而合爲九藏，應於九野，所以爲天地②之至數也。上部有天、有地、有人：天者，兩額之動脈，即下文天以候頭角之氣，此脈在額兩傍瞳子髎、聽會等處，動應於指，足少陽膽。脈氣所行；地者，兩頰③之動脈，即下文地以候口齒之氣，此脈在鼻孔下兩傍，近於巨髎之分，動應於指，足陽明胃。脈氣所行也；人者，耳前之動脈，即下文人以候耳目之氣，此脈在耳前陷者中絲竹空、和髎等處，動應

① 候：原作「部」，據人民衛生出版社本《黄帝内經靈樞注證發微》卷三《三部九候論》馬蒔注改。
② 天地：下原衍一「人」字，據《黄帝内經靈樞注證發微》卷三《三部九候論》馬注删。
③ 頰：原作「額」，據《黄帝内經靈樞注證發微》卷三《三部九候論》馬注改。

於指，手少陽三焦。脈氣所行也。凡此者，皆所①以候之於頭面，故謂之上部也。中部有天、有地、有人：天者，手太陰肺經也，即下文天以候肺之氣，此脈在掌後寸口中，是謂經渠，動應於指，即手太陰脈氣所行也；地者，手陽明大腸經也，即下文地以候胸中之氣，此脈在手大指次指②歧骨間合骨之分，動應於指，手陽明脈氣所行也；人者，手少陰心經也，即下文人以候心之謂，此脈在掌後鋭骨之端神門之分，動應於指，即手少陰脈氣所行也。凡此者，皆所以候之於手，故謂之中部也。下部有天、有地、有人：天者，足厥陰肝經也，即下文下部之天以候肝，此脈在毛際外羊矢下一寸半五里之分，卧而取之，動應於指，即足厥陰脈氣所行也；女子取太衝。原注：在足大指本節二寸陷中③。地者④，

①所：原脱，據《黄帝内經靈樞注證發微》卷三《三部九候論》馬注補。
②指：原作「子」，據《黄帝内經靈樞注證發微》卷三《三部九候論》馬注改。
③陷中：原作「陷地中」，據《黄帝内經靈樞注證發微》卷三《三部九候論》馬注改。又，此句原入正文，然本係馬氏解説其「發微」之語，即注中之注，故改作小字；「原注」二字亦校點者擬補，以免與廖氏之説混淆。
④地者：「地」字原在上句「陷」字之下，乃錯簡所致，今改。

足少陰腎經①也，即下文地以候腎，此脈在足内踝後跟骨上陷中，太谿之分，動應於指，即足少陰脈氣所行也；人者，足太陰脾經也，即下文人以候脾胃之氣，此脈在魚腹上越②筋間，直五里下箕門之分，動應於指，即足太陰脈氣所行也。凡此者，皆以候之於足，故謂之下部也。頭手足分上中下，爲三部矣；而三部之中，又各有天地人，合則爲九，所以應九野，而九野正合於吾身之九藏。故神藏五：以肝藏魂，心藏神，脾藏意，肺藏魄，腎藏志也；形藏四：即上文頭角，耳目，口齒，胸中也。合爲九藏。人有九藏，地有九野，乃天地之至數有如此者。五藏已敗，則其色夭，夭者，異於常候也，其人死矣。無膀胱、小腸、心包絡。《類》注、《四診心法》同。

《類》注：上部天，兩額之動脈，「額傍動脈，當頷厭之分，足少陽膽。脈氣所行也」；上部地，兩頰之動脈，「兩頰③動脈，即地倉、大迎之分。足陽明胃。脈氣所行也」；上部人，耳前之動脈，「耳前動脈，即和髎之分，手少陽三焦。脈氣所行也」。中部天，手太陰也，「掌後寸口動脈，經渠之次，肺經脈氣所行也」；中部地，手陽明也，「手大指次指歧

---

① 經：原脱，據《靈樞注證發微・三部九候論》馬蒔注補。

② 越：前文所録《素問》王注作「趨」。

③ 兩頰：原作「耳前」，以涉下文而誤，茲據人民衛生出版社本張介賓《類經》卷五《三部九候》改。

骨間動脈，合骨之次，大腸經脈氣所行也」；中部人，手少陰也，「掌後鋭骨下動脈，神門之次，心經脈氣所行也」。下部天，足厥陰也，「氣衝下三寸動脈，五里之分，肝脈經氣所行也。卧而取之。女子取太衝，在足大指本節後二寸陷中」；下部地，足少陰也，「内踝後跟骨傍動脈，太谿之分，腎經脈氣所行也」；下部人，足太陰也，「魚腹上越筋間動脈，直五里下，箕門之分，沉取乃得之，脾經脈氣所行也；若候胃氣者，當取趺上之衝陽」。「九藏，即上文九候之謂，神藏五：以肝藏魂，心藏神，肺藏魄，脾藏意，腎藏志也；形藏四：即頭角，耳目，口齒，胸中。共爲九藏。此言人之九藏，正應地之九野，乃合於天地之至數」。「按：三部九候，本經明指人身上中下動脈。蓋上古診法，於人身三部九候之脈各有所候，以診諸藏之氣，而針除邪氣，非獨以寸口爲言也。如仲景脈法上取寸口，下取趺陽，是亦此意。觀『十八難』曰：『三部者，寸、關、尺也；九候者，浮中沉也』，乃單以寸口而分三部九候之診，後世言脈者皆宗之。雖亦診家捷法，然非軒、岐本旨，學者當並詳其義」。無膀胱、小腸、包絡。

《素問》高氏世栻注：上部天，兩額之動脈，故天以候頭角之氣；上部地，兩頰之動脈，故地以候口齒之氣；上部人，耳前之動脈，故人以候耳目之氣。由此觀之，則頭面爲上部，胸膈爲中部，脇腹爲下部也。上文三部者，各有天，各有地，各有人，乃三而成天，三而成地，三而成人。一部三候，三而三之，合則爲九。以至數而合於天地，則九分爲九野；以天地而合於人形，則爲九藏。九藏者，肝、肺、心、脾、腎，藏魂、魄、神、意、志，故神藏五；大腸、小腸、胃與膀胱，藏水穀糟粕，故形藏四。合神藏、形藏，而爲九藏。若五藏之神氣已敗，不榮於外，則色必夭，夭必死矣。無三焦、膽、包絡，與鄭同。

方氏《物理小識》「三部九候」云：兩額動脈太陽所行，以候頭角氣，上部天也；頭上三部，未分手足。不知去取，大致與高、鄭同。兩頰動脈，鼻孔兩傍，近巨髎，陽明所行，以候口齒，上部地也；耳前動脈陷中，少陽所行，以候耳目之氣，上部人也。手太陰經渠，以候肺，中部天也；手陽明大腸合骨，以候胸中之氣，中部地也；手少陰神門，以候心，中部人也。毛際外羊矢下寸半陷中五里分，臥取以候肝，下部天也；太谿以候腎，下部地也；魚腹上直五里下箕門分，沉取以候脾；跗上衝陽之分，穴以候胃，下部人也。此説以足趺上衝陽一穴以候胃，爲下部人。三而三之，合則爲九，九分九野爲九藏，神藏五、形藏四也。《内經》順三才以表，舉其實，人皆在①中。

又「十二動脈」云：此十二動脈穴，與《經穴纂要》無少異。太淵在寸，手太陰肺也。陽谿在手

① 皆在：原作「在其」，據商務印書館萬有文庫本方以智《物理小識》卷三《人身類》改。

合骨上，手陽明大腸也。衝陽在跗，足陽明胃也。衝門在腹下前股溝縫，足太陰脾也。陰郄①在神門内，手少陰心也。天窗在喉旁，手太陽小腸也。委中在膕宛，足太陽膀胱也。太谿在踝裏旁，足少陰腎也。勞宫在掌中，手厥陰心包絡也。和髎在耳與目之間，手少陰三焦也。懸鍾在外廉踝之上，足少陽膽也。太衝在足大指上趺，足厥陰肝也。肝經一穴，上條候於五里，此條則候太衝。方氏一人之書，何其説不一？考王、馬、張、高及《四診心法》皆候五里；而楊氏則云肝經動在曲骨、行間、衝門三處，而無診五里之説。考衝門穴，方氏及《經穴纂要》皆云爲脾經動脈，何楊氏之説不同也？

《醫宗金鑑·四診心法》云：又有三部，曰天地人，部各有三，九候名焉。額頰耳前，寸口歧鋭，下足三陰，肝腎脾胃。注云：此遵《内經·三部九候》十二經中皆有動脈之診法也。「三部」，謂上中下也。「曰天地人」，謂上中下三部有天地人之名也。「部各有三，九候名焉」，謂三部九候天地人，三而三之，合爲九候之名也。「額頰耳前」，謂兩額、兩頰，耳前也。上部天，兩額之動脈，當頷厭之分，足少陽膽。脈氣所行，以候頭角之氣也；上部地，兩頰之動脈，即地倉、人迎之分，足陽明胃。脈氣所行，以候口齒者也；上部人，耳前之動脈，即和髎之分，手少陽三焦。脈氣所行，以候耳目之氣也。「寸口歧鋭」，謂寸

① 郄：原作「郗」，據《經穴纂要》卷五改。

口、歧骨、鋭骨也。中部天，乃掌後經渠之次，寸口之動脈，手太陰脈氣所行，以候肺者也；中部地，乃手大指次指歧骨間，合谷之動脈，手陽明大腸脈氣所行，以候胸中者也；中部人，乃掌後鋭骨下神門之動脈，手少陰脈氣所行，以候心者也。「下足三陰」，謂五里、太谿、箕門，肝、腎、脾、胃也。下部天，乃氣街下三寸，五里之動脈，足厥陰脈氣所行，以候肝者也；下部地，乃内踝後跟骨傍，太谿之動脈，足少陰脈氣所行，以候腎者也；下部人，乃魚腹上越筋間，箕門之動脈，足太陰脈氣所行，以候脾胃者也。無小腸、膀胱、包絡。

《經穴纂要·十二經①動脈》

《人鏡經》曰：十二經動脈，或時動時止而不常，惟手太陰爲五藏之主，人迎爲六府之原，足少陰起於衝脈，爲十二經之海，故常動不休。手太陰肺經，動脈太淵；手陽明大腸經，動脈陽谿；足陽明胃經，動脈衝陽；足太陰脾經，動脈衝門；手少陰心經，動脈陰郄②；手太陽小腸經，動脈天窻；足太陽膀胱經，動脈委中；足少陰腎經，動脈太谿；手厥陰心包經，動脈勞宫；手少陽三焦經，動脈③和髎；足少陽膽經，動脈懸鍾；足厥陰肝經，動脈太沖。明李氏有一條，見《人寸比類》中。

舊説皆混三部於九候之中，於是於十二經中但取其九，有三藏在取銷之列。自隋楊氏《太素》無膀胱、包絡，王注、馬與景岳同無手足太陽、手厥陰，方以智。、張隱菴。、高世栻。無手少

---

① 經：原脱，據人民衛生出版社《皇漢醫學叢書》小坂元祐《經穴纂要》卷五補。

② 郄：原作「郗」，據《經穴纂要》卷五改。

③ 動脈：二字原脱，據《經穴纂要》卷五補。

陽、厥陰、足少陽，其差異姑不具論，文已前見。凡經脈、經絡、經筋皆統言十二經，且兼言奇經，此不應於十二經中去其三藏不用。十二經必取銷三藏，獨診九藏，此萬不能解決者也。考《公羊》三科九旨，九旨在三科之外，共爲十二門；經云人有三部，部各有三候，明知天子有三公，一公各有三卿，以三輔一，合爲十二，九卿不合三公兼數在內，則三部九候之共爲十二經無疑矣。或曰：經有「九藏神藏五形藏四」明文，鄭注《周禮》亦單舉九藏，故前賢就經文立説，分爲十二經。案：此讀鄭注不熟之故。按鄭注既詳九藏，又別「脈之大要在寸口陽明」，寸口陽明即人寸比類之説也。三部爲綱，故曰大要，動輔全舉。三部有少陰，康成但舉人、寸，合之仲景，其法同也。考《脈要精微論》與《五色》，皆以十二經分三部，每部各統三經；《難經》所謂「人有三部，部有四經」，兼部位數者則爲四，本經單數，則爲一部三候，而不言四，説者遂以九藏盡十二經，於中四分必去其一，過矣！考十二經六藏六府，三部之肺胃腎一府二藏，除去三綱，正得四藏五府，不過文有顛倒耳。

「十八難」曰：脈有三部，部有四經。此二句爲古説。四三共十二經，如下表。手有太陰、陽明，足有太陽、少陰，爲上下部，何謂也？以下爲誤説。然。手太陰，陽明金也，足少陰，太陽水也；金生水，水流下行，而不能上，故在下部也。足厥陰少陽木也，生手太陽少陰火，火炎上行，而不能下，故爲上部。手心主少陽火，生足太陰陽明土，土主中宮，故在中部也。此皆五行子母更相生養者也。脈有三部九候，各何所主之？然。三部者，寸、關、尺也。九候者，浮中沉也。

上部法天，主胸以上至頭有疾也；中部法人，主膈以下至臍之有疾也；下部法地，主臍以下至足之有疾也。審而制之者。駁已別見。

藏俞五十穴《國風》十五之舊説：人學四，二《南》、《檜》、《曹》，三十三篇；五運五詩各十篇，合爲五十穴；六氣六詩，合爲七十二穴。天數六，地數五。《國風》二《南》、《檜》、《曹》，合四詩三十三篇，五運五詩，屬日，六氣六詩，屬月。

柏舟合陰陵泉	淇澳合尺澤	黍離合曲泉	宛丘合曲泉	車鄰合陰谷
墻有茨經商丘	考槃經往渠	君子于役經中封	東門之枌經間使	駟驖經復溜
君子偕老俞大白	碩人俞大淵	君子陽陽俞太衝	衡門俞大陵	小戎俞大谿
采唐滎大都	氓滎魚際	揚之水滎行間	東門之池滎滎宫	蒹葭滎然谷
鶉之奔奔井隱白	竹竿井少商	中谷有蓷井大敦	東門之楊井中衝	終南井湧泉

鄘申己化土，衛乙庚化金，王丁壬化木，陳戊癸化火，秦丙辛化水

定之方中井隱白	芄蘭井少商	兔爰大敦	墓門井中衝	黄鳥井湧泉
蝃蝀滎大都	河廣蒙魚際	葛藟行間	防有鵲巢滎滎官	晨風滎然谷
相鼠俞大白	伯兮俞大淵	采葛俞太衝	月出俞大陵	無衣俞大谿

干旄經商丘	有狐經往渠	大車經中封	株林經簡使	渭陽經復溜
載馳合陰陵泉	木瓜合尺澤	丘中有麻合曲泉	澤陂合曲泉	權輿合陰谷

府俞七十二穴

谷風 俞臨泣	羔裘 井厲兑		杕杜 合少海	葛屨 合天井	七月 合委中
雄雉 蒙俠谿	遵大路 滎内庭		綢繆 經陽谿	終風 經支溝	清人 經崑崙
匏有苦葉 井竅陰	女曰鷄鳴		椒聊 原腕骨	日居月諸 原陽池	太叔于田 原京骨
凱風 合陽陵泉	有女同車 俞陷谷	東方之日 井商陽	揚之水 俞後谿	燕燕 俞中諸	叔于田 俞東骨
爰居 經陽輔	山有扶蘇 原衝陽	東方未明 滎一間	山有樞 滎前穀	緑衣 滎液門	將仲子 滎通谷
擊鼓 原丘虛	籜兮 經解谿	南山 俞三間原合谷	蟋蟀 井少澤	柏舟 井關衝	緇衣 井巨陰
邶厥陰	狡童	甫田 經陽谿合曲池	唐少陽	魏陽明	豳太陽

己亥之紀	式徵 榮竅陰	旄丘 榮俠谿	西方 俞臨泣	泉水 原丘虛	北門 經陽輔	北風 合陽陵泉			
子午之紀	褰裳 合三里	鄭 少陰	豐 井厲兌	東門之墠 井厲兌	風雨 榮内庭	子衿 俞陷谷	揚之水 原衝陽	出其東門 經解谿	野有蔓草
丑未之紀	齊 太陰	盧令 井商陽榮二間	敝笱 俞三間	載驅 原合谷經陽谿	猗嗟 合曲池				溱洧 合三里
寅申之紀	采苓 井少澤	葛生 榮前谷	有杕之杜 俞後谿	無衣 原腕骨	鴇羽 經陽谷	羔裘 合少海			
卯酉之紀	汾沮洳 井關衝	園有桃 榮液門	陟岵 俞中渚	十畝之間 原陽池	伐檀 經支溝	碩鼠 合天井	微者其紀七，分按十二月，甚者大過五篇。	微者不足七篇，平均合十二月之數。	
辰戌之紀	鳲鳩 井至陰	東山 榮通谷	破斧 俞束骨	伐柯 原京骨	九罭 經崑崙	狼跋 合委中			

邶二十篇	鄭二十一篇				
唐十二篇	魏豳各七篇				

取有餘，補不足。《邶》首五篇取《魏》不足，取《鄭》首五篇補《豳》之不足，七五合爲十二，兩得其平，合爲兩年二十四月。《齊》詩八篇，《鄭》詩十六篇，三八二十四月，合兩年之數。《唐》詩應十二月，此爲正例；《邶》、《鄭》、《齊》、《唐》、《魏》、《豳》，此六氣，每年十二月，六年應七十月，合數。

營衛運行楊注補證

廖平 撰
邱進之 校點

校點説明

廖平力主恢復古診法，以《内經》每以皮（腠理）、絡（一作「内分」）、經（三部九候診經脈）、筋、骨（筋骨亦作藏府）淺深層次，分屬藏府及邪風傳移，最關緊要，故次第成《診皮》、《診絡》、《三部九候》、《診筋》、《診骨》（以上亦名五診法）及《人迎脈口診》、《分方異宜》、《内經平脈》、《營衛運行》各篇，名《古經診法九種》。《營衛運行論》爲九種之一。據《年譜》，民國三年甲寅（一九一四），廖平撰成《診絡篇補證》二卷、《分方異治篇》一卷、《營衛運行補證》一卷。三書皆引楊上善注，補以己言，《營衛運行》並引日本丹波元堅《醫賸》、董仲舒《春秋繁露·陰陽出入篇》、馬玄臺注。有民國三年（一九一四）四川存古書局刊本，收入《六譯館叢書》。

目録

《靈樞·脈度篇》

黄帝曰：願聞脈度。楊注：先言骨度及腸胃度大小長短於前，次當依□以論諸脈長短，故須問之也。岐伯答曰：手之六陽，從手至頭此衛氣順行上營，逆行反此。五今本五上有「長」字。尺，手陽明，大腸脈也；手太陽，小腸脈；手少陽，三焦脈也。三脈分在兩手，故有六脈。餘仿此。各依營行次第。手之三陰，足之三陽，皆從内起向於手足；手之三陽，足之三陰，皆從外起向於頭項。此數手足之脈長短，故皆從手足向内數，與手□□□脈十二經流注入身數亦同也。五六三丈。計手六陽從指端至目，循骨度直行，得有五尺，不取循繞並下入缺盆、屬腸胃者，循骨度爲數，直而在外者。去其覆迴迂曲。行者及與支別，不數絡。故有三丈也。手有三陽，以左右言之，則爲六陽，凡後六陰及足之六陰六陽皆仿此。手太陽起小指少澤，至頭之聽宫；手陽明起次指商陽，至頭之迎香；手少陽起四指關衝，至頭之絲竹空。六經各長五尺，五六共長三丈。手之六陰，從手至胸中逆行上。○按經言手之三陰從胸去手，此乃云從手至胸中者，此用《根結篇》說，以四肢爲根，頭胸爲結，一爲順行，一爲逆行，所以不同。三尺五寸，三六今本「六」下有「一」字。丈八尺，五六三尺，手太陰，肺脈也；手少陰，心脈也；手心主，心包絡脈也。手之三陰，皆亦直循骨度，從手至胸三尺五寸，不取下入屬藏絡府之者。少陰從心系上係目系及①支别者亦不取。凡今本作「合」字。二丈一尺。手太陰起大指少商，至胸中中府；手少陰起小指少衝，至胸中極泉；手厥陰起中指中衝，至胸中天池；各長三尺五寸，六陰經共長二丈一尺。○按手足十二經脈，手之三陰從藏走手，手之三陽從手走頭，足之三陽從頭走足，足之三陰從足走腹，此其起止之度。今云手之六陰從手至胸中，蓋手三陰營氣逆行則從手走胸。經以四末爲根，一順一逆互文見義，後仿此。足之六陽，從足上至頂今本作「頭」字。此營氣逆行。順行由肺起第一輪，肺、大腸、胃、脾；第二輪，心、小腸、膀胱、腎；第三輪，包絡、三焦、膽、肝，終於肝。逆行則由肝起，第一輪，肝、膽、三焦、包絡；第二輪，腎、膀胱、心；第三輪，脾、胃、大腸、肺。周而復始，與衛相反。八尺，六八四丈八尺。足陽明，胃脈也；足太陽，膀胱脈也；足少陽，膽脈也。計人骨度，從地至頂七尺五寸，所謂八尺者何？以其足六陽脈從足指端當至踝五寸，故有八尺也，亦不取府藏及支别矣。足太陽起小指至陰，至頭之睛明；足陽明起次指屬兑，至頭之頭維；足少陽起四指竅陰，至頭之瞳子髎；各長八尺，六八共長四丈八尺。足之六陰，奇經脈多在腹中，十二經則循行於外者，其内外相通，則經言「出入」是也。從足至胸中此衛氣順行，營逆行反此。六尺五寸，六六三丈六尺，五六三尺，□□□□□□②足少陰，腎脈也，足厥陰，肝

---

① 及：原作「其」，據人民衛生出版社本《黄帝内經太素校注》卷一三《脈度》楊注改。

② □□□□□□：以下「足少陰」至「足六陰脈」五句，原作「足少陰，腎脈也，足厥陰，肝脈，足太陰，脾脈也，六陰」，或據清光緒間通隱堂所刊袁昶抄本（簡稱「袁刻」）。此據《黄帝内經太素校注・脈度》楊注改。又，據《太素校注》本蕭延平按，云袁刻頗「與原鈔不合」，並擬句首六缺字作「足太陰脾脈也」。體例所限，玆不復贅，詳參上引《太素校注》及學苑出版社本《黄帝内經太素新校正》。

脈也，足六陰脈，從足至胸中六尺五寸，太陰、少陰俱至舌下，厥陰至頂及入藏府□□□□□數之也①。凡今本作「合」字。三丈九尺。足太陰起大指隱白，至胸中大包；足少陰起足心湧泉，至胸中俞府；足厥陰起大指大敦，至胸中期門；各長六尺五寸，六陰經共長三丈九尺。蹻脈營衛之行必由兩蹻、任督，而後及十二經。兩蹻、任、督之説久微，故晚醫但言十二經順逆而已。從足至目七尺五寸，二七今本「七」下有「一」字。丈四尺，二五一尺，蹻，陰陽二蹻也。起處、終處、長短是同□□□□也②。按陰蹻由腹至目，陽蹻由背至目，長短不同。亦如任③督，截長補短，合而數之，非尺寸本同。按中人長七尺五寸，□□□□□二蹻脈皆起□跟中，上□□七尺五寸，若爲合數？然二蹻至目内眥④與足太陽合，上行絡左右頞角，故得⑤合數。檢少陽筋即知也。凡今本作「合」字。一丈五尺。蹻脈者，足少陰、太陽之别，從足至目内眥，各長七尺五寸，左右共長一丈五尺。○玄臺馬氏曰：按蹻脈有陰蹻、陽蹻，陽蹻自足申脈行於目，陰蹻自足照海行於目，然陽蹻左右相同，陰蹻亦左右相同，則蹻脈宜乎有四。今曰二七一丈四尺，二五一尺，則止於二脈者，何也？觀本篇末云：「蹻脈有陰陽，何脈當其數？

---

① □□□□□數之也：此八字原無，據《黄帝内經太素校注·脈度》楊注補。所缺五字，蕭延平「按」擬作「與支别亦不」。

② 是同□□□□也：原作「是同□□也」，據《黄帝内經太素校注·脈度》楊注補。

③ 任：原作「在」，據文意改。

④ 眥：原脱，據《黄帝内經太素校注·脈度》楊注補。

⑤ 得：原作「爲」，據《黄帝内經太素校注·脈度》楊注改。

岐伯答曰：男子數其陽，女子數其陰。」則知男子之所數者，左右陰蹻也，當數者爲經，不當數者爲絡。○按二蹻在腹内爲奇經，即西人所謂氣管、血管，在腹内止二管，上行頭手，下行兩足，乃分爲四。經有左右四脈之明文，計長則合爲二者，據腹中言之。○又，男女陰陽經絡之分，當爲記傳解説。二蹻不言絡，以經絡仍爲一也。督脈、西書所謂「神經」。任脈西書所謂「淋巴管」。各四尺五寸，此指正行之脈。二四八尺，二五一尺。督脈上行至頭，任脈唯至兩目之下，督脈上行至目，復上□□極□行所，其長與任脈不同。楊注以督、任長短不同，其説是也，特二蹻一當同此，有長短之别。若爲皆有四尺五寸？然任脈□□外循腹上行而絡脣口者，督脈取其起於下極之□□□□於脊，脊上至風府者，以充四尺五寸之數，餘不入數。今本有「合九尺」三字。○按督脈長，任脈短，陽蹻行背長，陰蹻行腹短。經以督、陽蹻爲長數，任、陰蹻爲短數，得數相同，故折合數之耳。凡①都合一十六丈二尺，此氣之大經隧也。督行於背，任行於腹，各長四尺五寸，共長九尺。右連前共二十八脈，通長一十六丈二尺，此周身經隧之總數也。

---

① 凡：原作「九凡」，據《黄帝内經靈樞》卷四《脈度》改。

《靈樞①·衛氣行篇》

黄帝問於伯高今本作「岐伯」。曰：願聞衛氣之行，衛如北斗順行。出入之合，讀作「會」，即生會之「會」。何如？伯高答曰：歲有十二月，日有十二辰，辰即爲時。○十二辰即十二支也，在月爲建，在日爲時。子午爲經，卯酉爲緯，天象直者爲經，横者爲緯。子、午當南北，二極居其所而不移，故爲經；卯、酉横度如緯，故爲緯。天周二十八宿，而今本「而」下有「一」字。面七星，四七二十八星，天分四面，曰東西南北。一面七星，如角、亢、氐、房、心、尾、箕，東方七宿也；斗、牛、女、虚、危、室、壁，北方七宿也；奎、婁、胃、昴、畢、觜、参，西方七宿也；井、鬼、柳、星、張、翼、軫，南方七宿也；是爲四七二十八星。房、昴爲緯，虚、張爲經。楊注：經云「虚張爲經」者，錯矣，南方七宿星爲中也。房在卯中，昴在酉中，故爲緯；虚在子中，星在午中，故爲經。是故房至畢爲陽，衛氣左行。昴至尾今本作「心」。爲陰，經云昴至尾爲陰，便漏心宿也。亦左行。陽主晝，陰主夜，自房至畢，其位在卯、辰、巳、午、未、申，故屬陽而主晝；自昴至尾，其位在酉、戌、亥、子、丑、寅，故屬陰而主夜。故衛氣之行，一日一夜《靈樞》有《順氣一日分爲四時篇》。五十周於身，此日夜分數，合則百周。晝日行於陽二十五周，夜行於陰二十五周日又分平旦、日中；夜又分日入、雞鳴，四分各得二十五周。於今本「於」字上尚有一「周」字。五藏。

① 靈樞：二字原無，據文例補。後文有如此類者徑補，不再出校。

經云：晝行手足三陽，終而復始，二十五周；夜行五藏，終而復始，二十五周也。衞氣之行於身者，一日一夜凡百周於身。天之陽主晝，陰主夜；人之衞主陽，營主陰，故衞氣晝則行於陽分五十周，夜則行於陰分五十周。是故平旦陰盡，五十周畢。陽氣出於目，陽蹻盛。目張則氣上行於頭，循項由陽蹻走頭項，接足太陽。下足太陽，順行之序以《五十營》爲詳，由手太陰始。循背下此爲順行。至小指之耑；行於五藏，陰氣盡也；衞氣出目，循足太陽，氣出於目也。小指之耑，足小指外側耑也。循行十二經，如環無端。此言六陽經而略六陰，互文見義。○太陽始於睛明，故出於目。然目者宗脈之所聚，凡五藏六府之精，陽氣皆上走於目而爲睛，故平旦陰盡則陽氣至目而目張，目張則衞氣由睛明穴上頭，循項下足太陽經之分，循背下行，以至足小指耑之至陰穴也。其散者，别於目兑今本作「鋭」。眥，順行先手後足，逆行先足後手。下手太陽，逆行。順、逆，手足太陽均在第二輪。下至今本此下有「手」字。小指之耑今本作「間」。外側；散者，散行者也。衞氣之行不循經相傳，故始自目鋭①眥而下於足太陽。其散者自目鋭眥而行於手太陽也，下至手小指之間，外側少澤穴也。其散者，由太陽至少陽，中當行足手二陰。别目兑今本作「鋭」。眥，手、足少陽，順行在第三輪，逆行在第一輪。下足少陽，注小指次指之間；此自太陽行於足手少陽也。目鋭眥，足少陽瞳子髎也。足小指次指之間，竅陰穴也。以上循手少陽先足後手，逆行。之分，今本此下有「側」字。下至小指次指今本無「次指」二字。之間：「分側」當作「外側」，「小指」下當有「次指」二字，謂手少陽關衝穴

① 鋭：原無，依文意補。

也。別者今本此下有「以上」二字至耳前，由少陽至陽明，中當更行二陰。合於頷脈，注足陽明，與太陰合。下行至跗上，入足今本無此「足」字。五指之間；此自少陽而行於手足陽明也。合於頷脈，謂由承泣、頰車之分下在此陽明經，五指當作「中指」，謂厲兑穴也。其散者，從耳下下逆。手陽明，手足陽明，順行在第一輪，逆行在第三輪。入大指之間，入掌中；眥，才脂反。目崖，一曰目匡。此楊注之釋文，當輯出別爲一卷。散者，衛之悍氣，循足太陰脈而有餘別，故曰散者。別目兑眥，目外決眥也。目之兑眥有手太陽，無足太陽，今言別者，足太陽脈係於目系，其氣至於兑眥，故衛氣別目兑眥，下手太陽，至小指之耑外側也。行此手足太陽，一刻時也。四分，一刻之初。衛之悍氣別者，循足少陽至小指次指之間，別者循手少陽至於小指次指之間。二刻時也。同是一刻行三輪，尚有二蹻、任、督不在數內，十二經外更有四經，注共十六經。一刻四分之，此爲刻之第二分。衛之悍氣別者，合於頷脈，謂足陽明也。入五指間者，謂足陽明絡散入①十指間，故刺瘧者，先刺足陽明十指間也。手陽明偏歷大絡，斜肩髃上曲頰偏齒；其別者從齒入耳，故衛別於耳下下手陽明，至大指間。入掌中者，手陽明脈不入掌中，而言入者，手陽明脈氣雖不至掌中，衛之悍氣循手陽明絡至掌中，三刻時也。一刻一周，百刻百周，今以爲三刻一周，則日夜且不及五十周，《類經》以爲二十五周，是也，此爲誤説。其至於足也，入足心，出內踝，下行陰分復合於目，爲一周。衛之悍氣，晝日行手足三陽已，從於足心，循足少陰脈上，復合於目，以爲行陽一周。如是，晝日行二十五周也。手陽明之別者入耳，故從耳中行本經。大指下當有「次指」二字，謂商

---

① 入：原作「入於」，據《黃帝內經太素校注·衛五十周》楊注改。

陽穴也。其至於足也，足少陰逆行，從胸走足。入足心，出内踝下，行經詳三陽六經，其於陰經止一見，腎爲舉一以示例。陰分，下行三陽，一見陰分，與此同。復合於目，故爲一周。此當指五十營大周而言，復合則有寤寐之不同。○此自陽明入足心出内踝者，由足少陰腎經以下行陰分也。少陰之别爲蹻脈，蹻脈屬於目内眥，故復合於目，交於足太陽之睛明穴。此衛氣晝行之序耳。足、手六陽而終於足少陰經，乃爲一周之數也。是故日行一舍，人氣行一當作「三」。周於身與十當作「七分之四」。分身之八；以下①俱言行陽二十五周，人氣行身一周。復行第二周内十分中之八分，即日行之一舍也。下經云「迴行一舍，水下三刻與七分刻之四」，下「水下四刻」，是天周二十八舍而一日一周，人之衛氣，晝夜凡行百周爲實，而用二十八除之，則日行一舍，衛氣當行三周與七分身之四。○舍即「宿」也，按太史《律書》及《天官》等書，俱以二十八宿作二十八舍。曰舍者，爲七政之所舍也。日行二舍，人氣行三當作「六」。周於身與十分身之六；下云「水下八刻」。云十分身之六者，有奇分也，後仿此。日行三舍，人氣行於身五當作「十五」。周與十分身之四；下「水下十二刻」。日行四舍，人氣行於身七十八。周與十分身之二；下「水下十六刻」。日行五舍，人氣行於身九周；下「水下二十刻」。日行六舍，人氣行於身十周下「水下二十四刻」。與十分身之八；人氣當行十周與十分身之七分一釐四毫有奇，爲正數，餘者爲奇分。日行七舍，人氣行於身十二周當作「二十五」。於身與十分身之六；人氣當行十二周與十分身之四分九釐有奇，爲正數，餘者爲奇分。此一面七星之數也。日行十四舍，人氣二十五當作「五十」。周於身有奇分五十周。與十分身之

① 下：原作「上」，據《黃帝内經太素校注・衛五十周》楊注改。

四；人氣晝日行陽，二十五周於身有奇分十分身之二。言「四」，誤也。合行並數，當照楊注加一倍。陽盡而陰受氣矣。日行七舍爲半，日行十四舍，則自房至畢爲一周。人氣當行五十周，則爲正數。今凡日行一舍，人氣行三周與七分刻之八。其始入於陰，常從足少厥。陰陽言三陽，陰詳五藏。注於腎，當作心主，由肝至心主。腎注於心，衛之陽氣，晝日行三陽二十五周已，至夜行於五藏二十五周。腎脈支者①從肺出絡心，故衛氣循之注心者也。衛氣夜行五藏，皆從能尅注於所尅之藏，以爲次也。由心主至腎。《五十營篇》詳言十二經順行之序，此篇前詳陽，此言陰，陰終於肺，與衛氣順行者適相反。心注於肺，心脈直者手少陰復從心系卻上肺，故衛氣循心注肺者也。由腎至手少陰心。肺注於肝，肝脈支者復從肝別貫膈上注肺，故衛氣循肺注肝者也。肝注於脾，肝脈俠胃，胃脈絡脾，故得肝脈注於脾也。由心至足太陰脾。脾復注於腎由肝至於腎。爲周。脾脈足太陰從下入少腹，氣生於腎，故衛氣循之注骨者也。此言營氣夜行陰分，始於足厥。是故夜行一舍，人氣行於陰藏一周三周。與十分藏之八，當作「七分刻之四」。亦如陽行之二十五周當作「五十」。而復合於目。前行陽中，日行一舍，人氣行身一周，復行後周十分身之八分。此夜行一舍，人氣行陰藏一周，復行後周十分藏之八，與前行陽二十五周數同，亦有二十五周，合五十周復合於目。終而復始也。衛氣行於陰分，五十周則夜盡，夜盡則陰盡，陰盡則人氣復出於目之睛明穴，而行於陽分。是爲晝夜百周之度。陰陽一日一夜，合有奇分十分身之二，今本作「四」。與十分藏之二，行陽奇分十分身之二，行陰奇分亦有十分藏之二，其

① 者：原脱，據《黄帝内經太素校注·衛五十周》楊注補。

數同也。是故人之所以卧起之時有早晏，奇分不盡故也。前日行十四舍人氣行五十周爲一日，故此一晝一夜日行二十八舍，人氣行百周。所謂奇分者，言氣有過度不盡也。故人之起卧亦有早晏不同耳。黄帝曰：衛氣之在於身也，上下往來衛氣行，手陰下陽上，足陽下陰上，營反此。不以期，候氣而刺之奈何？不以期，謂或上或下、或陰或陽，而期有不同也。伯高曰：分有多少，日有長短，春秋冬夏，各有分理，然後常以平旦爲紀，以夜盡爲始。四時分、至晝夜雖各有長短不同，然候氣之法必以平旦爲紀，蓋陰陽所交之候也。是故一日一夜，水下百刻，氣亦行百周。二十五刻者，半日之度也，晝分爲二，故二十五周。常如是毋已。日入而止，又二十五。隨日之長短，四時各照《日出日入表》以爲準。二分平，日長陽盛多，行夏至爲極；日短陰盛多，行冬至爲極。詳《大會表》。各以爲紀而刺之。一晝一夜凡百刻，司天者紀以漏水，故曰「水下百刻」。二十五刻得百刻四分之一，是爲半日之度。分一日爲二，則爲晝夜；分一日爲四時，則朝爲春，日中爲夏，日入爲秋，夜半爲冬。故當以平旦爲陽始，日入爲陽止，各隨日之長短以察其陰陽之紀，而刺之也。謹候其時，病可與期，此候氣法。以時定其大小會所在而刺，一日一夜之中，大會二，小會九十八，大會如地球公轉，小會如地球私轉。失時反候者，此針灸候氣法。百病不治。失時反候，謂不知四時之氣候、陰陽之盛衰，而誤施其治也。故曰：刺實者，刺其來也；診經脈不能言來去，惟候氣法乃有之。刺虚者，刺其去也。邪盛者爲實，氣衰者爲虚。刺實者刺其來，謂迎其氣至而奪之；刺虚者刺其去，謂隨其氣去而補之也。此言氣存亡之時，以候實虚而刺之。刺實等，衛氣來而實者，可刺而寫之；衛氣去而虚者，可刺而補之。是故謹候氣之所在而刺之，是謂逢時。經中所云來、去、至、止，多爲針灸候氣法。《難經》以爲診寸口，大誤。病今本無此「病」字。在三陽，必候其氣之加今本無此二字。在於陽分今本無此「分」字。而刺之；刺陽在晝。病在三陰，必候其氣之加今本無此二字。在於陰分刺陰在夜。而刺之。病在手足三陽刺之，可以用療陽病之道也；病在三陰刺之，可以取療陰病之道也。此刺衛氣之道，是謂逢時。逢時者，逢合陰陽之氣候也。水下一刻，一刻人氣行一周，爲正例。以下乃互文見義。人氣在太陽；在太陽者，在手足太陽也。一周。水下二刻，人氣在少陽；在少陽者，謂是手足少陽。二周。水下三刻，人氣在陽明；在陽明者，謂是手足陽明也。三周。水下四刻，以四刻爲一舍。六言之。人氣在陰分。言三陽，則有三陰可知。按半日行七舍，每舍占三刻與七分刻之四，故經以四爲舍；三陽各占一刻，陰分占七分刻之四，則爲一舍。水下五刻，五周。人氣在太陽；水下六刻，六周。人氣在少陽；水下七刻，七周。人氣在陽明；水下八刻，八周。人氣在陰分。此行二舍矣。水下九刻，九周。人氣在太陽；水下十刻，十周。人氣在少陽；水下十一刻，十一周。人氣在陽明；水下十二刻，十二周。人氣在陰分。三陽之後一見陰，此爲三舍。水下十三刻。十三周。人氣在太陽；水下十四刻，十四周。人氣在少陽；水下十五刻，十五周。人氣在陽明；水下十六刻，十六周。人氣在陰分。此爲四舍。水下十七刻，十七周。人氣在太陽；水下十八刻，人氣在少陽；水下十九刻，人氣在陽明；水下二十刻，人氣在陰分。此爲五舍。水下二十一刻，人氣在太陽；水下二十二刻，人氣在少陽；水下二十三刻，人氣在陽明；水下二十四刻，人氣在陰分。此陽氣行於陰分。六舍也。水下二十五刻，二十五周。人氣在太陽，日行七舍矣。數有零奇，故七舍只見一刻。此半日一日分爲四時，寅、卯、辰爲半日。之度也。日行七舍，水下二十五刻，凡二十五周於身。此日行七舍，則半日之度也。從①房至畢十四舍，水下五十刻，日行半度，從房至畢十四舍爲陽，主一晝之度，水下當五十刻；從昴至心十四舍爲陰，主一夜之度，亦水下五十刻。晝夜百刻，日行共少天一度；故此一晝五十刻，日行於天者，半度也。迴行一舍，水下三刻上文三陽。與七分刻之二。迴行一舍，水下三刻與七分刻之四，言七分刻之二者錯矣。置五十刻，以十四舍除之，得三刻十四分之八，法實俱半之，得七分之四也。上文陰分，此言日度。迴行一舍，則漏水當下三刻與七分刻之四。若以二十八歸除分百刻之數，則每舍當得三刻與十分刻之五分七釐一毫四絲有奇，亦止分七分刻之四毫，思無差也。此節乃約言二十八舍之總數，故不論宿度之有多寡也。《大要》曰：常以日之加於宿上也。人氣在太陽，衛氣行三陽上於目者，從足心循足少陰脈上至目，以爲一刻。若至於夜便②入腎，常③從腎注於肺，晝夜行藏二十五周，明至於目④，合五十周，終而復始，以此爲準，不煩注解也。是故日行一舍，人氣行三陽上文爲一舍之法，此解甚明，景岳乃以一舍爲一周，其誤甚矣。與陰分，按此明上文四刻爲一舍之數，或乃以爲一周，誤矣。常如是無已，與天地同紀，以日行之數加之於數度之上，則天運人氣皆可知矣。此總結上文，而言人與天地同其紀也。紛紛盼盼⑤，終而復始，

---

① 從：原脱，據《靈樞》卷一一《衛氣行》補。

② 便：原作「分」，據《黄帝内經太素校注·衛五十周》楊注改。

③ 常：原脱，據《黄帝内經太素校注·衛五十周》楊注補。

④ 目：原作「日」，據《黄帝内經太素校注·衛五十周》楊注改。

⑤ 盼盼：原作「盼盼」，據《靈樞·衛氣行》改。

一日一夜，下水今本作「水下」。百刻而盡矣。紛，孚①云反。盼，普患反。謂衛氣行身不息，紛紛盼盼，無有窮期②也。紛紛盼盼，言於紛紜叢雜之中而條理不亂也，故終而復始，晝夜循環，無窮盡矣。

《醫賸上·息數不同》：經云人一日一夜，凡一萬三千五百息，方以智云：「窮之蓋洛書之數也。」而考諸書，其數不一：張杲③《醫説》一萬三千五百二十息，《小學紺珠》引胡氏《易》説一萬三千六百餘息，朝鮮金悦卿《梅月堂集》云：人一日有一萬三千六百呼吸，一呼吸爲一息，一息之間，潛奪天運三萬三千五百年之數。一年三百六十日，四百八十六萬息。《天經或問》二萬五千二百息。吕藍衍《言鯖》云：一氣之運行出入於身中，一時凡一千一百四十五息，一晝夜計一萬三千七百四十息。《釋氏六帖》引《罟意經》云：一日有三萬六千五百息也。何夢瑶《醫碥》云：「《内經》曰脈一日一夜五十營，營，運也，經謂人周身上下、左右前後，凡二十八脈，共長一十六丈二尺，五十運計長八百一十丈。呼吸定息，脈行六寸，一日夜行八百一十丈，計一萬三千五百息。按此僞説也，人一日夜豈止一萬三千五百息哉！」據何之言、佛説、西説，並多於一萬三千五百，未知以何爲實④數也。

---

① 孚：原作「字」，據《黄帝内經太素校注·衛五十周》楊注改。

② 期：原作「之」，據《黄帝内經太素校注·衛五十周》楊注改。

③ 張杲：原誤作「張景」。按，南宋張杲字季明，著有《醫説》十卷，因據改。

④ 實：原作「質」，據人民衛生出版社《皇漢醫學叢書》本櫟蔭拙者《醫賸》改。

《靈樞·邪客篇》楊本在《營衛氣行篇》。

黄帝問於伯高曰：夫邪氣之客於今本無「於」字。人也，或令人目不瞑不卧出者，何氣使然？楊注：厥邪客人爲病，目開不得合，卧起□□①起也。伯高答曰：五穀入於胃也，其糟粕、下。津液、上。宗氣中。分爲三隧。宗，總也。隧，道也。糟粕、津液、總氣分爲三隧。上中下三焦。故今本無「故」字。宗氣積於胸即元氣。乳下動振衣，爲宗氣泄。中，居中不行。出於喉嚨，以貫心脈而行呼吸焉。糟粕、津液、濁穢下流以爲溲便。其清者宗氣，積於膻中，名曰氣海，其氣貫於心肺，合二藏爲一。出入喉嚨之中而行呼吸，一也。中，脾胃主之。營氣者，下，肝膽主之。泌其津液，水穀所化之氣。注之於脈，營行脈中。化而今本作「以」。爲血，血由氣化，同實異名。以營今本作「榮」。四末，在外。内注五藏六府，内。以應刻數焉。營氣起於中焦，泌五穀津液，注於肺脈手太陰中，化而爲血，循脈營於手足，迴五藏六府之中，旋還②以應刻數，二也。陰常逆行。衛氣者，上，肺心主之。出其悍氣之慓疾，内。而先行四末、分肉、皮膚之間衛不由隧道。而不休者也，不止。陽常順行不止。晝日行陰陽同。於陽，房至畢。夜行於陰，畢至房。其

---

① □□：原作「方日」，據《黄帝内經太素校注》卷一二《營衛氣行》楊注改。

② 還：原作「轉」，據《黄帝内經太素校注》卷一二《營衛氣行》楊注改。

入於陰也，今本無此句。常其入於陰也。從足少讀作「厥」。陰之分間，肝。行於五藏六府。衛氣起於上焦，上行至目，行手足三陽已，夜從足少陰分上行五藏，至晝還行三陽，如是行五藏。行六府者，夜行五藏之時，藏脈絡府，故兼行也，以府在内故，三也。陰走足少陰腎。今厥氣客於藏府，則衛氣獨衛其外，行於陽，不得入於陰，衛其外，則陽氣瞋，瞋則陰蹻陷，少陽氣滿，目以陽故不得瞑。○昴爲閉門，氣行於陰矣。行於陽則陽氣盛，陽氣盛則陽蹻滿①，陽蹻由足至睛明，循腹入肺藏；魄氣順行十二經，由任、督、二蹻復至睛明，爲瘖。不得入於陰，陰虚，故目不得瞑。厥氣，邪氣也。邪氣客於内藏府中，則令衛氣不得入於藏府，衛氣唯得衛外，則爲盛陽。瞋，張盛也。藏府内氣不行，則内氣益少。陽蹻之脈在外營目，今陽蹻盛溢，故目不得合也。瞑，音眠。黄帝曰：病而不得卧，當作「瞑」。何②氣使然？岐伯曰：衛氣不得入於陰，大會後北行。常留於陽，日中離方。留於陽則陽氣滿，陽氣滿則陽蹻盛，陽蹻由足至睛明，循背行，入肺。順行十二經，由任、督、二蹻復至睛明，爲瘖。不得入於陰則陰氣虚，故目不瞑矣。黄帝曰：病目而不得視③者，何氣使然？岐伯曰：衛氣留於陰，大會後南行。不得行於陽，卯爲開門不得出。留於陰則陰

① 滿：原作「陷」，據人民衛生出版社本《針灸甲乙經校釋》卷一二《目不得眠不得視及多卧卧不安不得偃卧肉苛諸息有音及喘》改。
② 何：原作「有何」，據《黄帝内經靈樞》卷一二《大惑論》改。
③ 視：原作「瞑」，據《黄帝内經靈樞》卷一二《大惑論》改。

氣盛，陰氣盛則陰蹻滿，陰蹻由睛明至足，循背下行入肝，逆行十二經。由任、督、二蹻復至睛明爲寐。不得入①於陽，則陽氣虛，故目閉也。黄帝曰：人之多寐者，何氣使然？岐伯曰：此人腸胃大而皮膚澀，而分肉不解焉。腸胃大則衛氣留久，皮膚澀則分肉不解，其行遲。夫衛氣者，晝日平旦、日中，分爲二。常行於陽，夜日夕、夜半，分爲二。行於陰，故陽氣盡則卧，陰氣盡則寤。故腸胃大則衛氣行留久，皮膚澀、分肉不解，則行遲。留於陰也久，其氣不精，瞑。則欲瞑，故多卧矣。此天性多眠之人。其腸胃小，皮膚滑以緩，分肉解利，衛氣之留於陽也久，故少瞑焉。此天性多醒之人。黄帝曰：其非常經也，卒然多卧者，何氣使然？岐伯曰：邪氣留於上膲，上膲閉而不通，已食若飲湯，衛氣留久於陰而不行，故卒然多卧焉。

《董子·陰陽出入篇》：天道大數，相反之物也，不得俱出，陰陽是也。春出陽陽，天盤星辰；陰，地盤地形。〇斗指東。而入陰，日纏在西，陰旋從乾爲②反離，故曰「入」。秋出陰斗指西，陰從巽起。一爲出於外。而入陽，日纏在東，陽從離起，亦北行還坎，爲入。夏夏至以後。右陽斗從午指未。而左陰，陰從午至巳。冬冬至局。右陰乾六至九。而左陽，坎一至四。陰出陰生數。陰由離起一，逆行一二三四，爲「出」。則陽入，陽成數。夏至後陽行七八九歸北，爲「入」。〇坎陽始，離陰始，故陽以北爲家，陰以南方爲家。陽

---

① 入：原作「出」，據《黄帝内經靈樞》卷一二《大惑論》改。

② 爲：此字疑爲衍文。

出陽生數。○冬至局，陽南行一二三四，爲「出」。則陰入，陰成數。○陰從乾起行六七八九至離，爲其地位相同，而或出或入之情則相反。陰右則陽左，陰左則陽右。是故春春分，卯。俱南，秋秋分，酉。俱北，而不同道；夏五十合，中。交於前，冬交於後，而不同理；並行一出一入。而不相亂，澆滑而各持分，此之謂天之意。而何以從事？天之道，初薄大冬，專就玄武起例。陰陽各從一方來，而移讀作「居」。於後，坎。陰由東方來西，逆行，生數。陽由①西方來東，慢行一周，日纏。至於仲冬之月，相遇北方，合而爲一，五十。謂之曰至。玄空冬至。別而相去，所謂南還。陰適右，乾六逆行。陽適左。坎一順行。適左者其道順，北斗月建，陽順從左。適右者其道逆。日纏六合，陰逆從右。逆氣左上，冬至，玄空陰氣盛。順氣右下，陽氣伏藏。故下暖而上寒。猶言内暖外寒。陰陽並路，分上下。以此見天之冬陽氣潛藏，故在下。冬至局，今之洛書是也。右陰乾六至九。而左陽坎一至四。也，上所右冬至陰行上，逆。而下所左也。陽氣潛藏，故在下。冬月盡，而陰陽俱南還，陽南還出於寅，陰南還入於戌，乾六。此陰陽所始寅爲木火之始。出地寅生。入地戌庫。之見處也。寅與亥合，卯與戌合，陰陽相見兩爲難。至於仲春之月，陽在正東，斗指卯。陰在正西，卯、戌合。謂之春分。春分者，陰陽相半也，故晝夜均而寒暑平。陰日損而隨陽，入者損一。陽日益出者益二。而鴻，辟卦成乾。故爲暖熱。初得大當作「中」。夏之月，相遇南方，五十入，中。合而爲一，謂之

① 陽由：二字原脱，據《春秋繁露》補。

日至。朱雀，夏至。别而相去，由此北還。陽適右，由離起六。陰適左，由巽起一。適左由下，有二道。適右由上，天運斗柄。上暑而下寒，以此見天之夏右陽離六兑八。而左陰也。巽一震二。上其所右，陽斗行上道。下其所左。日纏行下道。夏月盡，而陰陽俱北還，陽北還而入於申，陽至陰地。陰北還而出於辰，陰至陽位。此陰陽之所始申爲金水之始。出地申，生。入地辰，庫。之見處也。至於中秋之月，陽在正西，斗指西。陰在正東，陰如日纏。謂之秋分。秋分者，陰陽相半也，故晝夜均而寒暑平。陽日損而隨陰，陰日益而鴻，故至於季秋而始霜，至於孟冬而始寒，小雪而物咸成，大寒而物畢藏，天地之功終矣。

《靈樞·營氣篇》此篇專論營血運行，故名篇。

黃帝曰：營氣之道，内穀爲寶，穀入於胃，乃傳之肺，順行之序。流以上楊本。溢於中，腹中。布散於外，楊注：穀入胃已，精濁下流，清精注肺，肺得其氣，流溢五藏，布散六府也。皮膚。精專者指血。行①於經隧，衛不循經隧。常營無已，終而復始，是謂天地之紀。精專血氣，常營無已，名曰營氣也。故氣此衛氣順。從太陰肺由胃氣助之行。出，注於今本作「手」字②。陽明，走手。上行走頭。注足陽明，下行從頭走足。至跗上，注大指間，走足。與太陰合。以下言營行十二經脈也。氣，營氣也，營氣起於中焦，並胃口出上焦之後，注手太陰、手陽明，乃之足陽明也。足脾走手。上行抵髀，從足走胸。從髀注心今本作「胸」。中，一輪。○下心外散於胸中，此亦當是胸，從足走胸是也。循手少陰第二輪。出腋下臂，注小指之端，今本無此二字。○走手。合手太陽，上行乘腋出䪼内，注目内眥，上顛走頭。下項，合足太陽，循脊下尻，行注小指之端，足太陰脈注心中，從心中循手少陰脈行也。合者，合二手小指端也；上顛下項者，十二經中手太陽脈支者，別頰上䪼抵鼻，至目内眥，手太陽脈起目内眥。此言上顛者，循手太陽氣至

① 行：原作「行傳」，據《黃帝内經靈樞》卷四《營氣》改。

② 今本於作手字：原作「今本作爲手字」，據《黃帝内經靈樞》卷四《營氣》改。

目内眥，合足太陽之氣，與之共行，上顛下項，然後稱合，理亦無違也。循足心注足少陰，上行注腎，從腎注心，腹内之脈，不可見。外在外者。散於胸中，走胸，二輪。循心主第三輪。脈出腋下手厥陰。臂，入今本作「出」。兩筋之間，入掌中，出中指之端，走手。還注小指次指之端，合手少陽，上行注膻中，走頤。〇膻中，當指腦户而言。心主心包絡之「心」當作「囟」，與心别爲一「囟」，經文每同用一「心」字，當分别觀之。散於三焦，心主與三焦爲表裏。從三焦今本無此三字。注膽指外腎言。出脇，注足少陽，下行至跗上，走足。復從跗注大指間，合足厥陰上行至肝，肺始肝止。〇走胸，三輪。從肝上注肺，逆行，與上全反。上循喉嚨，此逆行，督脈、任脈之序。入頏顙之竅，究於畜門。其别者，上額循顛下項中，循脊入骶，是督脈也，胃先行督，由督乃達肺。絡陰器，上過毛中，入臍中，上循腹裏，入缺盆，是任脈也。下注肺中，由任注肺①。復出太陰。脾在中，爲足太陰經。此營氣之行，順行之次最詳。逆順之常也。問曰：肝脈足厥陰，上貫膈，布脇肋，循喉嚨之後，上入頏顙，連目系，上出額，與督脈會於顛。此言足厥陰脈循喉嚨究於畜門，循顛入骶等是督脈者，未知督脈與足厥陰脈同異何如？答曰：足厥陰脈從肝上注肺，上循喉嚨，上至於顛，與督脈會。督脈自從畜門上額至顛，下項入骶，與厥陰不同。此言别者上額循顛之言，乃是營氣行足厥陰至畜門，别於厥陰之脈。循督脈上額至顛，下項入骶絡陰器，上循腹裏入缺盆，復别於督脈，注於肺中，復出手太陰之脈，此是營氣循列度數常行之道，與足厥陰及督脈各異也。頏顙，當會厭上雙孔。畜門，

① 肺：原作「脈」，據文意擬改。

鼻孔也。逆順者，在手循陰而出，循陽而入；在足循陰而入，循陽而出，此爲營氣行逆順常也。陽衛順行，陰營逆行。經詳順略逆，由此顛倒之，即得。

營氣者，陰氣也。陽中有陰者，隨中焦之氣以降於下焦，而生此陰氣，故謂之清者爲營。然此營氣者，必成於水穀所化精微之氣，故曰營氣之道，穀氣爲寶，非穀氣不能生此營血也。道者，脈氣所由行之經隧也。正以穀入於胃，傳肺經之中府，以上雲門而行手太陰走手。肺經，遂①行陰陽合。手陽明走頭。大腸合。經、足手、足同。陽明胃經、足大陰二足，走二。脾經、手少陰心經、手太陽小腸經、足太陽膀胱經、足少陰腎經、手厥陰走足。心包絡經、手少陽走。三焦經、足少陽膽經、足厥陰肝經，此順行十二經，爲晝循於陽，夜行於陰，則從肝逆數到肺經。言十二經每從四末數起，《根結》標本目諸篇是也。從四末起者，半順半逆，《經别篇》以正爲順行，别爲逆行。流溢於藏衛府②之中，布散於經脈之外。此營氣者，必陰性精專，以運行於經隧之中，始於手太陰肺經，終於足厥陰肝經，由任督周行。終而復始，是謂天地之紀。氣從太陰走手，肺經。出注手陽明，大腸經。上行走頭。注足陽明，膽，胃經。下行至跗足面爲跗，即衝陽、陷谷、内庭③、厲兑等處，皆胃經穴。上，跗上爲句，由頭走足。注大指間，隱白，脾經穴。與太陰合，即足太陰脾

---

① 遂：原作「逆」，據人民衛生出版社本馬蒔《黄帝内經靈樞注證發微》改。

② 藏衛府：馬氏《靈樞注證發微》作「藏府」。

③ 庭：原作「處」，據《靈樞注證發微》改。

經。上行抵髀，即陰靈泉、血海、箕門等穴，俱在脾之內廉，屬脾經穴。注胸中，心經。雙足走胸，一輪。循手少陰，出腋下臂，即極泉、青靈等處，皆屬手少陰心經。注小指，走手。○少澤穴，屬心經。合手太陽，即小指外側，屬小腸經。上行乘腋，臑俞等處，小腸經穴。出䪼，目下爲䪼，顴髎等處，小腸經穴。內注目內眥，睛明，足太陽膀胱經穴。上巔，走頭。○曲差、五處、通天、絡卻等處，足太陽膀胱經穴。下項，天柱、大杼等穴，亦膀胱經穴。合足太陽，膀胱經。循脊自背中脊開一寸五分，有大杼至八髎等穴；開三寸，有附分至秩邊等穴，皆有足太陽膀胱經。下尻，下行注足小指之端，走足。○即膀胱經至陰穴。循足心斜趨足心之湧泉穴，屬足少陰腎經。注足少陰，即腎經。上行注腎，從腎注心，即手厥陰心包絡。外散於胸中，走胸。循心主脈即心包絡經。出腋，天池、天水等穴，屬心包經。下臂，曲澤、郄門、間使、內關等穴，屬心包經。出兩筋之間，大陵穴，屬心包經。入掌中，勞宮。出中指之端，走手。○中衝穴，亦屬心包經。還注手小指次指之端，即四指端關衝穴，屬手少陽三焦經。合手少陽此手少陽三焦經，乃手厥陰心包絡經之府，與右腎爲合者。上行至膻中，走頭。散於三焦，《經脈篇》云：「循臑外上肩，交出足少陽之後，入缺盆，交膻中，散絡心包，下膈，循屬三焦。」此三焦乃前三焦，非上文手少陽之三焦，即《營衛生會篇》所謂「宗氣出於上焦，營氣出於中焦，衛氣出於下焦」之三焦也。從此三焦注於膽經，出脇，注足少陽，京門、帶脈、五樞等處。下行至跗，丘墟、臨泣、地五會等處，皆膽經穴。復從跗上注大指間，合足厥陰，大指大敦穴。上行至肝，從肝上注肺，復行肺經。上循喉嚨，入頏顙之後，究於畜門。其支別者，上額，督脈經，神庭處。循巔，上星、顖會、前頂①、百會、後②頂等處。下項中，由强間、腦户下風府、瘂門等處。循脊入骶，由大椎③至長强。是督脈也。又絡前之陰器，上過毛中，入臍中，任脈經，自會陰至神闕。上循腹裏至缺盆，自水分至天突。皆任脈也。下注肺中，復出於手太陰肺經，此營氣之所行，或逆數或順數皆合常脈，其運行之次無相失也。參馬注。

① 頂：原作「項」，據《黄帝内經靈樞注證發微》改。
② 後：原作「從」，據《黄帝内經靈樞注證發微》改。
③ 椎：原作「堆」，據《黄帝内經靈樞注證發微》改。

《靈樞·營衛生會篇》

黄帝問於岐伯曰：人焉受氣？陰陽焉會？日中夜半大會。何氣爲營？何氣爲衛？營安從生？衛於焉會？互文見義。生、會之所以得名。老壯不同氣，老多不瞑。陰陽異使，順逆不同。願聞其會。岐伯答曰：人受氣於穀，穀入於胃，以傳與肺，由衛行兩蹻、任、督而至手太陰。五藏六府必先由兩蹻、任、督而後至肺始。皆以受氣。胃，水穀之氣。其清者爲營，化而爲血。濁者爲衛，蒸氣。營在脈中，脈管血。衛回血管。在脈外，氣蒸無所不在，故初不入經隧，久乃入絡，由經化血。營周不休，順逆行。五十而復大會。子午，日中、夜中大會，如奇門陰陽，五、十入中宫。陰營。陽衛。相貫，如環無端。此與堪輿同。衛氣絡衛氣。行於陰二十五度，四分之一。行於陽二十五度，半日。分爲晝夜，各五十營。故氣至陽晝。而起，寤。至陰夜。而止，寐。○一日五十營。故曰：日中午。而陽隴，隴，方以智曰「橋起也」。猶言墳起爲隴，過此漸平迤也。爲重陽，二十五。夜半子。而陰隴，爲重陰。二十五。故太當作「厥」。陰肝。主内，肺營，陰逆。太陽當作「陰」。主外，肺衛，陽順。各行二十五度，合爲五十，此一半。分爲晝夜。説詳《一日分爲四時篇》。夜半爲陰隴，夜半後而爲陰衰，平旦陰盡，陰行五十度。而陽受氣矣；寤。日中而陽隴，二十五度。日西而陽衰，二十五度。日入而陽盡，順行五十營畢。而陰受氣矣。陰盛，寐。夜半而大會，重陰。○凡言會①者皆順逆行，若同道則不得言會。萬民皆卧，寐。○《詩》之「夜寐」爲夢。命曰合陰，平旦陰盡而陽受氣，寤。○《詩》之「夙興」爲覺。如是無已，順逆循環。與天地同紀。説詳《董子·陰陽出入》。

黄帝曰：老人之不夜瞑者，多寤少寐。何氣使然？不爲病。少壯之人不晝瞑者，何氣使然？岐伯曰：壯者之氣血盛，其肌肉滑，滑，非診脈。氣道通，營衛之行如斗建與月將。不分晝夜，五十營。失其常，五十動而不一止。故晝精寤。而夜瞑。平分。○夙夜寤寐，人天。老者之氣血衰，其肌肉枯，氣道澀，肺診肺爲②。五藏之氣相搏，其營氣衰少而衛氣内伐，故晝不精，晝反卧。夜不瞑。不及五十動，或四十、三十、二十，皆以寤寐分。

黄帝曰：願聞營衛「氣」「血」二字。之所行，當作「坐」。皆何道從行？岐伯答曰：營出於中讀作「下」。焦，在下受血。○以三隧分，則氣海在上，血海在下，宗氣居中。此一説。今以營出中焦，則不數宗氣，加以水道之膀胱，故有差池。衛出於上今本「上」作「下」，張隱菴云：當作「上」，與此同。《決氣》③、《五味》二篇皆作「上」。焦。夫三焦者，上焦在胃上口，主内而不出，其理在膻中；中焦在胃中口，不上不下，主腐熟水穀，以宗氣主中焦。其理在臍旁；下焦在臍下，營爲血海，主肝，當在下。當膀胱上口，主分別清濁，主出而不内，其理在臍下一

① 會：原作「皆」，據文意改。
② 肺診肺爲：此文義未具，當有脱訛。
③ 決氣：原作「決無」，據《靈樞》改。

寸。營出中焦者，出胃中口也；營主肝，不在胃。衛出上焦者，出胃上口也。在上受氣。黄帝曰：願聞三焦之所出。前問營衛二氣所出，出於三焦，未知上焦衛氣出於何處，故致斯問。岐伯曰：上焦肺氣。出於胃上口，并咽以上此上頭一支。貫膈，布胸中，氣行穴。○上倉。走腋，走手。循太陰横行出於表。之分而行，至手大指。還注陽明，由太陰至手陽明，二次。上至舌，咽胃之際，名胃上口。胃之上口出氣，即循咽上布於胸中，從①胸中之腋，循肺脈手太陰行至大指次指之端，注手陽明脈，循指上廉上至下齒中，氣到於舌，故曰上至舌也。此則上焦所出與衛氣同，所行之道與營共行也。而順逆陽明。下上行頭。足陽明，其脈還出俠口，夾人中，左之右，右之左，上俠鼻孔，與足陽明合。足陽明下行至足太陰等。與營氣俱行也。府氣。常以營俱行必資胃氣。房至畢。於陽二十五度，當作「五十」。行於陰畢至房。亦二十五度，一周也，五十營爲半周。故五十度而復大會大會有二。言大會則有小會，百刻百周，當有百會，大會二，小會有九十八也。○《淮南》「合子謀行」，「合午謀德」②。從子、午入中宫，爲五、十同途。於手太陰。營氣行晝，故即行陽也；行夜，故即行陰也。其氣循二十八脈十六丈二尺，晝行二十五周，夜行二十五周，故一日一夜行五十周，平旦會手太陰脈也。此手太陰指胸中肺言，不謂兩寸；後人因此誤以爲肺朝百脈、會於寸口，皆誤。一度有一周，五十周爲日夜一大周矣。上焦衛氣循營氣行，終而復始，常行無已也。

---

① 從：原作「循」，據《黄帝内經太素校注》卷一二《榮衛氣别》楊注改。

② 「合子謀行」，「合午謀德」：按《淮南·天文訓》作「合子謀德」、「合午謀刑」。

黄帝曰：人有熱飲食下胃，水穀之海。其氣未定，未化。汗汗爲血所化。則出，由胃化。或出於面，上行。或出於背，包背腹，如督、任。或出於身半，腰以上天，背以下地。右有左無，左有右無。其不循營衛之道而出，何也？不依經隧之次。岐伯曰：此外傷於風，風傷衛。内開腠理，毛蒸理洩，腠理不密。衛氣走之，此衛氣之散渙者。固不得循其道，風傷衛，故多汗。此氣慓悍滑疾，見開而出，如風水之狀①。故不得從其道，故曰衛行脈外。故命②曰漏洩。蒸，之冰反，火氣上行也。衛氣在於脈外分肉之間，腠理傷風，因熱飲食，毛蒸理洩，腠理内開。慓，芳昭反，急也。悍，胡旦反，勇也。言衛氣勇急，遂不循其道，即出其汗，謂之漏洩風也。下焦不隨經隧。

黄帝曰：願聞其中焦之所出。營血。岐伯曰：中焦亦並胃中③出上焦之後，謂與上焦氣相對爲血海，不以部位言。此所謂受氣者，泌④糟粕，承今本作「蒸」。精液，化其精微，上注於肺脈，今本無此「脈」字。○氣。乃化而爲血，今本此下有「氣化爲水」四字。○營。以奉生身，泌，音必。中焦在胃中口，中焦之氣從胃中口出已，並胃上口，出上焦之後，□五穀之氣也，泌去糟粕，承□精液之汁，化其精微者，注入手太陰脈中，變赤稱血，以奉生身。莫貴於此，故得獨與衛不同。行於經隧，血必有管，不得如衛之有漏洩。命曰營氣。人眼受血，

---

① 狀：原無，兹據文意擬補。

② 命：原脱，據《黄帝内經靈樞》卷四《營衛生會》補。

③ 胃中：《黄帝内經太素校注·榮衛氣别》作「胃口」。

④ 泌：原作「必」，據《黄帝内經靈樞·營衛生會》改。

所以能視，手之受血，所以能握，足之受血，所以能步。身之所貴，莫先於血，故得行於十二經絡之道，以營於身，故曰營氣也。隧，道也，故中焦□□營氣也。

黄帝曰：夫血之與氣，血爲氣所化，如蒸氣水。異名分爲氣、血。同類，同爲胃氣。何也？同實則不必異名。岐伯答曰：營衍文。衛者，肺在上，合心爲一藏。精氣也，蒸化爲氣。血者，肝在下，合膽爲一藏。神氣也，由氣乃變赤爲血。故血之與氣，異名同類焉。實本一物，因有氣、汁之分。故奪血者汗，氣所化，與血同。毋汗，奪氣今本作「汗」，大汗。者毋血，下血之劑。故人生有兩死，有少氣少血之分。而毋兩生。營衛者，人之至精之氣，然精非氣也；血者，神明之氣，而神非血也。故比之□①水氣無異也。毋血亦死，毋氣亦死，故有兩死也。有血亦生，有氣亦生，隨有二即生，故毋兩生也。氣絶、血厥有異名，分言者爲兩死。血由氣化，同類，故無兩生。

黄帝曰：願聞下焦之所出。水道。岐伯答曰：下焦者，別迴腸，注於膀胱而滲入焉。膀胱與肝膽同在下焦，經不詳中焦、宗氣，故以肝屬中焦，別以大腸膀胱爲下焦。水穀者常并居於胃中，成糟粕，精華已化氣血。而俱下於大腸，而成下焦，大腸下實物。滲而俱下，濟泌別汁，非。循下焦而滲入膀胱焉。迴腸，大腸也。下焦在臍下，當膀胱上口，主分別清濁而不内，此下焦處也。濟泌別汁，循下焦滲入膀胱，此下焦氣液也。膀胱，尿脬也。下焦專主。

① □：原作「□□」，據《黄帝内經太素校注·榮衛氣別》楊注改。

黄帝曰：人飲酒亦入胃，先已食。穀未熟食物未化食。而小便飲。獨先下，何也？酒氣已下行，與上飲食汗出同。岐伯答曰：酒者，熟穀之液也，其氣悍與衛悍疾同。以滑，似人之血。故後穀入而先穀出焉。其氣悍者，酒爲熟穀之氣，又①熱，故氣悍□□□②。以汗、便辨其異。黄帝曰：善。余聞上焦氣海。如霧，氣天。○氣上蒸如霧，與雲氣同。中焦血海。如漚，血水。○由氣化水，如蒸氣水，又如雨。下焦如瀆，糟粕二便。此之謂也。上焦之氣，如霧在天，霧含水氣，謂如雲霧也。漚，屋豆反，久漬也。中焦血氣在脈中，潤一頃，謂之漚也。下焦之氣溲液等，如溝瀆流在地也。《白虎通》引《禮運》「記」云：「三焦者，包絡府也。水穀之道路，氣之所終始也。故上焦如竅，中焦如編，下焦如瀆。」

① 又：原脱，據《黄帝内經太素校注·榮衛氣别》楊注補。

② □□□：原脱，據《黄帝内經太素校注·榮衛氣别》楊注補。

《靈樞·根結篇》

曰：一日一夜五十營，各五十營，合爲百營。以營五藏之精，不應數者，謂不卧與多卧。名曰狂生。寤、寐當各半。所謂五十營者，如《五十營篇》。○即俗説脈五十動而不一止。五藏皆受氣也。營氣一日一夜，周身五十，營并行合數爲百。於身者也，經營五藏精氣，以奉生身。若其不至五十營者，五藏無精，雖生不久，故曰狂生。氣五十周於身，借以比五藏，非以十營配藏。○如《難經》誤説。持其脈口，借動脈爲診，非實診動脈。數其至也，此以寤、寐平均言之。五十動而不一代者，謂之數寤寐，各六時。五藏皆受氣矣；脈口，寸口，亦曰氣口。動脈皆曰氣口。五十動者，腎藏第一，肝藏第二，脾藏第三，心藏第四，肺藏第五，五藏各爲十動，故曰從脈十動，以下次第至腎。以上《難經》誤説，爲後人所補。滿五十動，即五藏皆受於氣也。持脈數法，先持不病人之脈口以取定數，然後按於病人脈口，勘知病人脈數多少。謂從平旦陰氣未散，陽氣未行，按於脈口，以取定數也。寤、寐各十二小時。四十動而一代者，寤、寐各十點鐘。一藏無氣矣；其脈得四十動已，至四十一動已去，有一代者，即五十數少，故第一腎藏無氣也。謂其精力衰。借五藏以配五十營，不可拘泥。三十動而一代者，寤、寐各八點鐘。二藏無氣矣；其脈得三十動已，至三十一動已去，有一代者，即四十數少①，故第二肝藏無氣。以二配三十。二十動而一代者，寤、寐各六點鐘。三藏無氣矣；其脈得二十動已，至二十一動已去，有一代者，即三十數少，故第三脾②藏無氣。以三配，三十一動已去，有一③代者，即三十數少。十動而一代者，寤、寐各四點鐘。四藏無氣矣；其脈得十動已，至十一動已去，有一代者，即二十數少，故第四心藏無氣。以四配二。不滿十動而一代者，寤、寐各一點鐘。五藏無氣矣，其脈不滿十數，有一代者，即十數少，故第五肺藏無氣。以五配一。予之短期。肺主五藏之氣，肺氣既無，所以五藏氣皆不至，故與之短期也。《五十營篇》：「故五十營備，得盡天地之壽矣。」要在終始，順由肺至肝，逆由肝至肺。所謂五十動而不一代者，以爲常也，五十動而不一代者，蓋是五藏終始，常道之要也。以知五藏之期也。今本無此二句。○所謂「五十動而不一代者以爲常也」，晝瞋夜瞑，以知五藏之期也。予之短期者，乍數乍疏也。與短期者，謂五藏脈乍疏乍數，不合五十之數，故可與之死期也。《營衛生會》：「老人之不夜瞑者，何氣使然？少壯之人不晝瞑者，何氣使然？岐伯答曰：壯者之氣血盛，其肌肉滑，氣道通，營衛之行不失其常，故晝晴而夜瞑；老者之氣血衰，肌肉枯，氣道澀，五藏之氣相搏，其營氣衰少，衛氣內伐，故晝不晴夜不瞑。」按以此老衰之徵，不必死證，後人誤讀此篇爲診脈之法，致滋流弊。

---

① 少：原脱，據《黄帝内經太素校注》卷一四《人迎寸口脈診》楊注補。

② 脾：原作「肺」，據《黄帝内經太素校注》卷一四《人迎寸口脈診》楊注改。

③ 一：原作「廿」，據《黄帝内經太素校注》卷一四《人迎寸口脈診》楊注改。

《靈樞・五十營篇》

營者，運也。脈之運營，行有五十度，故名篇。

黄帝曰：余願聞五十營。今本「營」下有「奈何」二字。岐伯答曰：天周二十八宿，宿三十六分，此據大率言耳，其實弱三十六分。人氣行一周，謂晝夜周。一千八分，其實千分耳，據三十六全數臆之，故臆八分也。宿各三十五分七分分之五，則千分也。知必然者，下云氣行一周，日行二十分，氣行再周，日行三十分，人晝夜五十周，故知一千分也。日行二十八分。今本作「宿」。人經脈上下上下，順逆兩行。左右前後二十八脈，周身十六丈二尺，日行二十分，人經脈一周，言八分者，誤也，以上下文會之可知也。折半，得八丈一尺。以應二十八宿，漏水下百刻，以分晝夜。以二十八脈氣之周身，上應二十八宿，漏水之數，晝夜之分，俱周遍。故人一呼，脈再動，氣行三寸，一吸，脈亦再動，氣行三寸，呼吸定息，氣行六寸。一息之間，日行未一分，故不言日行之數。十息，氣行六尺，日行二分。一息六寸，十息故六尺也。二分，謂二十七分分之四分也。人氣十息，行亦未一分也，十三息半，則一分也。二百七十息，氣行十六丈二尺，此以循行計之。爲左右分行，則止得八丈一尺。前所計算五十營，當爲百營。氣行交通於中，督、任。一周於身，并行則二周。下水二刻，日行二十分。十息六尺，故二百七十息氣行一百六十二尺。又日行二十分者，十息得二十七分之二十，百息得二百，二百息得四百，二百七十息得五百四十分，以二十七除之，則爲二十分矣。五百四十息，氣行再周於身，四周。下水四刻，日行四十分。

倍一周身之數。二千七百息，氣行十周於身，二十周。下水二十刻，日行五宿二十分。十倍十周，故日行二百分也。宿各三十六分，故當五宿二十分也。由此言之，故知五十周以一千分爲實也。一萬三千五百息，氣行五十營於身，五十營即百營，晝夜各五十。水下百刻，日行二十八宿，漏水皆盡，脈終矣。此人晝夜之息數，氣行二十八脈之一終，與宿漏相畢。所謂交通者，并行一數，唐、宋以下，皆不知此句之義。蓋合左右數，共爲十六丈四寸，左右之行同，則折半算，爲八丈二寸，故五十營滿數，折半則爲百營矣。謂二手足脈氣並行，而以一數之，即氣行三寸者，兩氣各三寸也。左右并數之，非由左至右。而二氣之行相交於中，故曰交通。上有交通之文，故云所謂也。左右分行，前後亦然，故五十營即百營。然則一刻一周非由左至右，各有分行也。故五十營備，得盡天地之壽矣，壽，即終之義也，天地以二十八宿下水百刻爲一終也。氣今本無此「氣」字。凡行八百一今本作「二」。十丈。即二十八脈相續五十周之數也。

馬注：此篇詳言經脈之行，晝夜有百度①之數也。五十營者，謂五十度也，經脈之行於晝者五十度②，行於夜者五十度，故曰五十營。伯言人身經脈之行，上合於天星之度，下合於漏水之下者也。天周二十八宿，即角亢氐房心尾箕、斗牛女虛危室壁、奎婁胃

---

① 百度：《黃帝内經靈樞注證發微》作「五十度」。

② 五十度：《黃帝内經靈樞注證發微》作「二十五度」。下「行於夜者五十度」之「五十度」同。

昴畢觜參、井鬼柳星張翼軫也。按本經《衛氣行篇》①云：歲有十二月，日②有十二辰，子、午爲經，卯、酉爲緯。天周二十八宿，而一面七星，四七二十八宿，房、昴爲緯，虚、張爲經，是故房至畢爲陽，昴至心爲陰，陽主晝，陰主夜者是也。每宿析爲三十六分，積而推之，十宿得三百六十分，二十宿得七百二十分；八宿，三八③得二百四十分，六八得四十八分，共得一千八分。人之脈氣，其晝夜一周，亦合此一千八分之數，而日之所行者，已周二十八宿，義詳下文。正以人十四經脈上下升降，凡左右前後共二十八脈。蓋十二經加任、督、兩蹻爲十四脈，四脈在中，二十四脈在左右，共爲二十八脈。其脈總計長短之數，凡手之三陰三陽、足之三陰三陽、兩蹻、督、任，周身共有一十六丈二尺，見《脈度篇》。上應天之二十八宿，下應漏水百刻，以分爲晝夜運行之度也。故人一呼脈再動，其脈氣行三寸，一吸脈亦再動，其脈氣行三寸，呼吸總爲一息，則其脈氣④行六寸，積至十息，則其脈氣行六尺，而天之日，其行爲七釐五毫，由是而悉推之，則一百三十五息，脈行八丈一尺。下水一刻，日行十分六釐，

① 衛氣行篇：「衛氣」下原衍一「氣」字，兹删。
② 日：原作「月」，據《靈樞》改。
③ 八：原作「分」，據文意改。
④ 氣：原脱，據《靈樞注證發微》補。

二百七十息，脈行十六丈二尺。氣行交通於中，而一周於身；其下水計二刻，日行二十分一釐二毫，五百四十息，其脈氣當再周於身；下水四刻，日行四十分二釐二毫，二千七百息，其脈氣十周於身；下水二十刻，日行五宿二十一分六釐。自此以下，當云五千四百息，氣行二十周於身；下水四十刻，日行十一宿七分二釐，又當云八千一百息，氣行三十周於身；下水六十刻，日行十六宿二十八分八釐。又當云一萬八百息，氣行四十周於身：下水八十刻，日行二十二宿一十四分四釐，積至一萬三千五百息。氣行百周營於身；下水百刻，日又行五宿二十一分六釐，則共行二十八宿，其漏水皆盡，而脈氣終矣。吾前所謂氣行交通於中、一周於身者，左右并行而一數之，故十六丈二尺止作八丈一尺。故五十營備者必無病，而得以盡天地之壽矣；否，則如《根結篇》之所謂不應數者，名曰狂生也。

《太素·陰陽蹻脈篇》《靈樞·脈度篇》、《素問·繆刺論》。

黄帝問曰：蹻脈安起安止？何氣營此？

楊注：蹻一作「蹻①」，皆疾健皃，人行健疾，此脈所能，故因名也。蹻，高也。此脈從足而出，以上於頭，故曰蹻脈。問其終始之處，及問此脈何藏之氣也。

岐伯對曰：蹻脈者，少陰之别，《靈樞識》：樓氏云：「蹻脈始終獨言陰蹻，而不及陽蹻者，有脱簡。」張云：「《繆刺論》曰：『邪客於足陽蹻之脈，刺外踝之下半寸所』，蓋陽蹻爲太陽之别，故『二十八難』曰：『陽蹻脈②者，起於跟中，循外踝上行入③風池。陰蹻脈者，亦起於跟中，循内踝上腹，行至咽喉，交貫衝脈。』故陰蹻爲足少陰之别，起於照海；陽蹻爲足太陽之别，起於申脈，庶得其詳也。」起於然骨之後，上内踝之上。

《九卷》經云：「蹻脈從足至目，各長七尺五寸，總二蹻當一丈五尺」，則知陰陽二蹻俱起於跟，皆至目内眥。别少陰於然骨之後，行於跟中，至於照海，上行至目内眥者，名

---

① 蹻：原作「蹻」。「蹻」，《集韻》「足不前也」，殊無「疾健」義，因改。

② 脈：原脱，據《靈樞識》卷三補。

③ 上行入：原作「上背行於」，據上海科學技術出版社本丹波元簡《靈樞識》卷三改。

曰陰蹻；起於跟中，至於申脈，上行至目内眥者，名曰陽蹻。故《八十一難》曰：「陰、陽二蹻皆起跟中上行」。陰蹻至咽①，交灌衝脈，陽蹻入於風池，皆起跟中上行，是同入目内眥，至咽中與衝脈交。此猶②言二脈行處，不言二脈終處，上行終於目内眥，以爲極也。然骨之後③，即跟中也。《九卷》與《八十一難》雖④左右並具，兩蹻丈尺，義皆同也⑤。○按以上皆宋《新校正》語，與《甲乙》同，非楊注原文。□□□□□□是足少陰別脈也，然骨跟中之下少前大起骨也。

直上循陰股入陰，上循胸裏入缺盆，上出人迎之前，入䪼屬目内眥，合於太陽陽蹻而上行。

入陰者，陰蹻脈入陰器也，此是足少陰之別，陰蹻爲足少陰之別，行腹。名爲陰蹻，入缺盆

---

① 陰蹻至咽：上原有「是同」二字，當係涉下文衍，兹據《黄帝内經太素校注》卷一〇《陰陽喬脈》楊注删。

② 此猶：原作「皆獨」，據《黄帝内經太素校注》楊注改。

③ 然骨之後：此下原衍「即跟然骨之後」六字，據《黄帝内經太素校注》楊注删。

④ 雖：原脱，學苑出版社本《黄帝内經太素新校正》據仁和寺鈔本補，因從之。

⑤ 「故《八十一難》」至「義皆同也」：據《黄帝内經太素》，此十七句亦皆楊上善注之文，下廖平「按」以爲「非楊注原文」，「皆宋《新校正》語」，未審何據。

上行。陽蹻從風池、腦空至口邊，會地倉、承泣，與陰蹻於①目兑眥相交已，别出②入鼽，至目内眥，陰蹻與太陽、陽蹻爲太陽之别，行背。陽蹻三脈合，而上行之也③。氣并相還，則爲濡目；《靈樞識》：張云：陰蹻陽蹻之氣并行迴還，而濡潤於目，若蹻氣不榮，則目不能合。故《寒熱病篇》曰：「陰蹻陽蹻陰陽相交，陽入陰，陰出陽，交於目兑眥，陽氣盛則瞋目，陰氣盛則瞑目。」此所以目之瞑與不瞑，皆蹻脈爲之主也。氣不營，則目不合。陽蹻滿，陰蹻陷則寐。

陰陽二氣相并相還，陰盛，故目中淚出濡濕也。若二氣不相營者，是則不和，陽盛，故目不合也。

黄帝問曰：氣獨行五藏，不營六府，何也？肝、肺起止皆屬藏，不見府，故以爲問。

帝問陰藏，少陰别者陰蹻脈所營，謂陽氣不營六府，故致斯問也。陽蹻爲太陽之别。

岐伯曰：氣之不得無行也，周行二十八脈，藏、府所同。

陰陽二氣相注如環，故不得無行也。藏、府相間而行，如前表式。如水之流，如日月之行不休，一順一逆。故陰脈營其藏，陽脈營其府，此以陰陽分别言之，實則順

---

① 於：原作「會於」，據《黄帝内經太素校注・陰陽喬脈》楊注改。

② 出：原作「行」，據《黄帝内經太素校注》楊注改。

③ 而上行之也：原作「而上行睛明之上也」，據《黄帝内經太素校注》楊注改。

行周循十二經，逆行亦同，非陰不循府，陽不循藏。如環之無端，莫知其紀，終而復始。二者皆同，如《董子·陰陽出入》，與太乙月將同。

水之東流，迴環天地，故行不休也。日月起於星紀，丑爲星紀。終而復始，故行不止也。三陰之脈，營藏注陽，注謂間於其間。三陽之脈，營府注陰，分別賓、主，實則相同。陰陽相注如環，比水之流，日月之行，終而復始，莫知其紀也。「陽從左邊團團轉，陰從右路轉相通」，非半順半逆。

其流溢之氣，内溉藏府，外濡腠理。泰西所謂氣管血管之説。

此謂二蹻之氣①。

黄帝問曰：蹻脈陰陽，蹻脈上頭下足皆分爲二，陰陽共有四脈，今《脈度》言七尺五寸，合四脈當爲三丈，經止以二脈言，共一丈五寸，是據二蹻在腹中止一脈，不分爲四，故止一丈五寸。若就四脈言，是數其半而遺其半。何者當數？據上下四脈，以二脈言，必有取舍。岐伯答曰：男子數其陽，以陽蹻爲經，則以陰蹻爲絡，經、絡止一數也。女子數其陰。以陰爲經，則以陽爲絡。當數者爲經，其不當數者爲絡。爲此説以調濟之。黄帝曰：善。

男子以陽蹻爲經，以陰蹻爲絡；女子以陰蹻爲經，以陽蹻爲絡也。就經絡言亦可通，然非實理也。

---

① 此謂二蹻之氣：此句原作經文，實爲《黄帝内經太素校注·陰陽喬脈》楊注，兹據改。

陰蹻陽蹻，陰陽相交，晝夜寤寐之所由分。陽入陰，陰出陽，交於目兑眥。以卯酉二時爲界，詩夙起夜寐以此爲準。陽氣盛則瞋①目，陽生於子，由子至卯爲平旦，陽盛則寤，目瞋，爲不能瞑。陰氣盛則瞑目。陰生於午，由午至酉爲夕②，陰盛則寐，目瞑，爲不能瞋。

二蹻交於目兑眥，此寤、寐之所以分。陽循背陰循腹，一短一長，合爲一丈五尺。陽蹻之氣從外入內，陰蹻之氣從內出外。陽蹻脈盛，目瞋不合；陰蹻脈盛，則目瞑不開矣。

邪客於足陽蹻，《素問識》：馬本無「足」字。高云：「《脈度篇》云蹻脈從足至目，屬目內眥，故邪客於足陽蹻之脈，令人目痛，從內眥始。」令人目痛。從內眥始。一背一腹如任督，乃會於睛明。

二蹻交於目兑眥□③，俱至目內眥，故邪客痛從是④內眥起也。

---

① 瞋：原作「瞑」，據《黄帝内經太素校注・陰陽喬脈》改。

② 夕：疑作「日夕」，與上句「平旦」相對成文。

③ □：原脱，據《黄帝内經太素校注・陰陽喬脈》楊注補，「平按」云「應作『已』字」。

④ 是：原脱，據《黄帝内經太素校注・陰陽喬脈》楊注補。

《靈樞·衛氣篇》

黄帝曰：五藏者，所以藏精神魂魄也。楊注：腎藏精也，心藏神也，肝藏魂也，肺藏魄也，脾藏意也①，爲五藏本，所以不論也。六府者，所以受水穀而行化物者也。膽之府，唯受所化木精汁三合，不能化物也，今就多者以爲言耳。其氣内入於五藏，而外絡支節。六府穀氣化爲血氣，内即入於五藏，資其血氣，外則行於分肉，經絡支節也。其浮氣之不循經者，爲衛氣；其精氣之行於經者，爲營氣。六府所受水穀，變化爲氣，凡有二别：起胃上口，其悍氣浮而行者，不入經脈之中，晝從於目，行於四支分肉之間二十五周，夜行五藏二十五周，一日一夜行五十周，以衛於身，故曰衛氣；其穀之精氣起於中焦，亦並胃上口，行於脈中，一日一夜亦五十周，以營於身，故曰營氣也。陰陽相隨，外内相貫，如環之無端，混乎孰能窮之！浮氣爲陽爲衛，隨陰從外貫内；精氣爲陰爲營，隨陽從内貫外也。陰陽相貫成和，莫知終始，故如環無端也。然其分别陰陽，皆有標本、虚實、所離之處。夫陰陽之氣在於身也，即有標有本，有虚有實，有所歷之處也。能别陰陽十二經者，知病之所生。十二經脈有陰有陽，能知十二經脈標本所在，則知邪入病生所由也。知候虚實之所在者，能得病之高下。十二經脈，上實下虚

---

① 也：《黄帝内經太素校注》卷一〇《經脈標本》楊注作「智」。

病在下，下實上虛病在上。虛實爲病，高下可知也。知六①府之氣街者，能解經結挈紹於門户。街，六府氣行要道也。門户，輸穴也。六府，陽也。能知六府氣行要道，即能挈繼輸穴門户解結者也。紹，繼也。能知虛實之堅耎者，知補寫之所在。知虛爲耎，知實爲堅，即能寫堅補耎也。耎，而免反，柔也。能知六經標本者，可以無惑於天下。三陰三陽，故曰六經也。標本則根條，知六經脈根條，則天下皆同，所以不惑者也。岐伯曰：博哉聖帝之論！臣請盡意悉言之。讚帝所知極物之理也。盡意，欲窮所知也；悉言，欲極其理也。足太陽之本，在跟以上五寸中，標在兩緩命門，命門者，目也。血氣所出，皆從藏府而起，今六經之本皆在四支，其標在腋肝輸以上，何也？然氣生雖從府藏爲根，末在四支，比天生物，流氣從天，根成地也。跟上五寸，當承筋下，足跟上，是足太陽脈爲根之處也。其末行於天柱，至二目内眥，以爲標末也。腎爲命門，上通太陽於目。故目爲命門。緩，大也，命門爲大故也。足少陽之本，在竅陰之間，標在窗籠之前。窗籠者，耳也。足少陽脈爲根，在竅陰。其末上出天窗，支入耳中，出走耳前，即在窗籠之前也。以耳爲身窗舍，籠音聾，故曰窗籠也。足陽明之本，在厲兑，標在人迎頰下，上俠頏顙。足陽明之爲根厲兑，其末上至人迎頰下也。足太陰之本，在中封前上四寸之中，標在背輸與舌本。足太陰脈出足大指端内側，行於内踝下微前商丘，上於内踝近於中封，中封雖是厥陰所行，太陰爲根，此中封之前四寸之中也。末在背第十一椎兩箱一寸半脾輸，及連舌本、散在舌下也。

① 六：原脱，據《黄帝内經太素校注》卷一〇《陰陽標本》補。

足少陰之本，在内踝下二寸中，標在背輸與舌下兩脈。足少陰脈起小指下，邪起趣足心，至内踝下二寸爲根也。末在背第四椎兩箱一尺半腎輸，及循喉嚨，俠舌本也。足厥陰之本，在行間上五寸所，標在背輸。足厥陰脈起於大指蘩毛之上，行大指歧内行間上五寸之中爲根也。末在背第九椎兩箱一寸半肝輸也。手太陽之本，在外踝之後，標在命門之上三寸。手太陽脈起於小指之端，循手外側上腕，出外踝之後爲根也。手腕之處，當大指者爲内踝，當小指者爲外踝。其末在目上三寸也。手少陽之本，在小指次指之間上二寸，標在耳後上角下外眥。手少陽脈起於小指次指之端，上在兩指間上二寸之中爲根也。末在耳後完骨、枕骨下髮際上，出耳上角，下至外眥也。手陽明之本，在肘骨中上至别陽，標在頰下合於鉗上。手陽明脈起大指次指之端，循指上廉至肘外廉骨中①，上至背臑。背臑，手陽明絡，名曰别陽，以下至肘骨中，爲手陽明本也。末在頰下一寸，人迎後扶突上，名爲鉗，鉗，頸鐵也，當此鐵處，名爲鉗上。渠廉反。手太陰之本，在寸口之中，標在腋内動脈。手太陰之脈出大指次指之端，上至寸口爲根也。末在腋下天府動脈也。手少陰之本，在兑骨之端，標在背輸。手少陰脈出於手小指之端，上至腕後兑骨之端神門穴爲根也。末在背第五椎下兩傍一寸半心輸。問曰：少陰無輸，何以此中有輸？答曰：少陰無②輸，謂無五行五輸，不言無背輸也，故此中有背輸也。若依《明堂》，少陰有五輸，

① 中：原脱，據《黄帝内經太素校注》卷一〇《經脈標本》楊注補。

② 無：原作「天」，據《黄帝内經太素校注》卷一〇《經脈標本》楊注改。

如別所解也。手心主之本，在掌後兩筋之間二寸中，標在腋下三寸。手心主脈出中指之端，上行至於掌後兩筋之間，間使上下二寸之中爲根也。末在腋下三寸天池也。凡候此者，下虛則厥，下盛則熱痛，上虛則眩，上盛則熱痛。此，謂本標也，下則本也，標即上也。諸本陽虛者，手足皆冷爲寒厥；諸本陽盛，則手足熱痛爲熱厥也。諸標陰虛，則爲眩冒；諸標陰盛，則頭項熱痛也。故實者絶而止之，虛者引而起之。陰陽盛實，絶寫止其盛也。陰陽虛者，引氣而補起也。請言氣街。街，道也。補寫之法須依血氣之道，故請言之也。胸氣有街，腹氣有街，頭氣有街，胻氣有街。胸、腹、頭、胻四種，身之要也。四處氣行之道，謂之街也。故氣在頭者，止之於腦；腦爲頭氣之街，故頭有氣，止百會也。氣在胸者，止之膺與背輸；膺中肺輸，爲胸氣之街，故胸中有氣，取此二輸也。氣在腹者，止之於背輸與衝脈於臍左右之動者；脾輸及臍左右衝脈，以爲腹氣之街，若腹中有氣，取此二輸也。氣在胻者，止之於氣街與承山踝上下。三陰氣街並與承山至踝上下，以爲胻氣之街。若胻有氣，取此三處之穴也。取此者用豪鍼，取此四時之氣。宜用第七豪鍼也。必先按而在久，應於手，乃刺而予之。刺氣街法也，皆須按之良久，或手①下痛，或手下動脈應手，知已然後，予行補寫之。所治者，謂頭痛眩仆，腹中痛滿暴脹，頭痛眩仆，可止之於腦，頭氣街也。腹中痛等，取之於胸及腹氣街也。及有新積痛可移者，易已也；積不痛者，難已也。胸腹之中有積病而可移者，易已；積而不痛、不可移者，難已也。按《董子》有數

① 手：原脱，據《黄帝内經太素校注》卷一〇《經脈標本》楊注補。

篇直與《内經》相同，使首尾加入黄帝問答，則可以亂真。竊嘗以此推之，如戴《記》長篇學者苦難讀，《家語》每段加以孔子諸賢問答，頓覺改規，易記難忘。又考繙譯佛經，其開宗之科判皆譯者所加，原書無有也。《靈》、《素》古本當如戴《記》，無問答之長篇，後來學者苦其難讀，乃分析篇章，加以問答，託之黄帝、岐伯；亦如《家語》之分析古書，加以問答，新立篇名，遂成今有問答之本。然尚有十數篇無問答者，則原書體裁，猶可考見。即如《繁露》諸篇，未加黄帝問答之《靈》、《素》；《靈》、《素》者，已加黄帝之《繁露》。即如《内經》，原文有經有傳有解，作者即非一人，又出有先後，今本則無論經傳，即解亦加黄帝問答。子書中有解者如《管子》、《韓非子》，蓋惟《孟子》乃惟自著書，其餘皆多古籍，爲七十弟子所貽留；西漢藏在内府，文義複雜，劉子政校正，乃以類相從，其無名目可考，則附於後。如《荀子》、《管子》、《韓非子》，不必皆其所手著，故有彼此出入及一事歧出，此古書通例也。

《靈樞・口問篇》

黄帝曰：人之欠者，何氣使然？岐伯答曰：衛氣晝日行於陽，夜半則行於陰，陰者主夜，夜者主①卧。陽者主上，陰者主下，故陰氣積於下，陽氣未盡，陽引而上，陰引而下，陰陽相引，故數欠。陽氣盡而②陰氣盛，則目瞑；陰氣盡而陽氣盛，則寤矣。陽氣主晝在上，陰氣主夜在下，陰氣盡陽氣盛則寤，陽氣盡陰氣盛則瞑。今陽氣未盡，故引陰而上，陰氣已起，則引陽而下，陰陽相引上下，故數欠也。寫足少陰，補足太陽。寫於腎脈足少陰實，補於膀胱脈足太陽虚，令陰陽氣和，故欠愈也。有本作「足太陰」。

① 主：原脱，據《靈樞》卷五補。

② 而：原脱，據《黄帝内經太素校注》卷二七《十二邪》補。

附表圖

二十八脈任、督與兩蹻合，十二經二十四脈，共爲二十八脈。

十六經十二經兼任、督、蹻。分爲二十八，任、督兼二蹻數之。二蹻上下分爲二，在腹中則一，如西人血管、回血管，腹内合爲一，上行頭手，下行兩分，爲二也。

《脈度》任脈同四尺五寸。任短督長，此專指任言，督同蹻長。

二蹻同七尺五寸。陽短陰長，此專指陽蹻，陰蹻同任脈。

二蹻

陰蹻陽蹻，陰陽相交，陽入陰，陰出陽，交於目鋭眥。陽氣盛則瞋目，陰氣盛則瞑目。

陽蹻由足至睛明，循背上行由督、任。入肺，藏魄氣。順行十六經，十二經外加任、督、兩蹻。復至睛明，爲寤。

陰蹻由睛明至足，循腹下行由任、督。入肝，藏魂。血歸肝。逆行十二經，復至睛明，爲寐。

太陰首由太陰、少陰至厥陰。順行次序

肺、手太陰，手大指。大腸、手陽明，手次指。胃、足陽明，足次指。脾、足太陰，足大指。心、手少陰，手四指。

小腸、手太陽，手四指。膀胱、足太陽，足四指。腎、足少陰，足中指。心主、手厥陰，手小指内。三焦、手少陽，手小指外。膽、足少陽，足小指外。肝足厥陰，足小指內。

厥陰首由厥陰、少陰至太陰。逆行次序

肝、卧血歸肝，足小指內側。膽、足小指外側。三焦、手小指外側。包絡、手小指內側。腎、足中指。膀胱、足四指。小腸、手四指。心、手中指。由少而太而陰。脾、足大指。胃、足次指。大腸、手次指。肺。手大指。

按：營衛之行始於手足大指，終於小指，及其終也，又由小指以及大指。兩少陰居中，一手心勞宮，一足心湧泉。兩兩比對，周而更。舊本經文不無字誤，今據營衛運行第一一正之。

營衛由督任行十二經

《靈·營氣篇》：上循喉嚨，入頏顙之竅，究於畜門；其支①別者，上額循顛下項中，循脊入骶，是督脈也。此說失傳。

絡陰器，上過毛中，入臍中，上循腹裏，入缺盆，是任脈也。下注肺中，從肺起。復出太陰。一周之後復會於肺。此營氣之所行也②，逆順楊注：陽脈順行，陰脈逆行。之常也。從肺起肝止，爲順行十二經；

① 支：原脱，據《靈樞》卷四補。

② 所行也：「所」、「也」二字原脱，據《靈樞》卷四補。

由肝起肺止，爲逆行十二經。

《五十營》：氣行交通於中，一周於身。

衛晝夜順上行，起於肺；營晝夜逆下行，起於肝。晝大會於午，夜大會於子，一刻一小會，共有九十八小會。《甲乙》：人病目閉不得視者，衛氣留於陰，不得行於陽。留於陰則陰氣甚盛，陰氣盛則陰蹻滿，不得入於陽則陽氣虛，故目瞑也。

夜行於陰，常從足少當爲「厥」。陰分間行於五藏六府。

今厥氣客於五藏六府，則衛氣獨衛其外。

行於陽則陽氣盛，陽氣盛則陽蹻陷，楊氏《太素》本作「滿」。氣不得入於陰則陰氣虛，故目不瞑也。

衝脈起於太衝，衝道爲通，故曰太衝。多卧者，腸胃大而皮膚澀，衛氣行遲故也。

《素・水熱穴論》：三陰之交結於腳也，踝上各有可行者，此腎脈之下行也，名曰太衝。

《靈・逆順肥瘦①篇》：少陰指衝脈言，由衝至厥陰。之脈獨下行，衝循獨任，止在上中，今至足下，非任、督之分。何也？瘖由肺上行，瘃由肝下行。岐伯曰：不然。夫衝脈，五藏六府之海也，其上者順行。出於頏顙，滲諸陽，貫諸精；瘖。其下者逆行。注於少陰②之大絡，起於腎，下注於太衝，入足

① 逆順肥瘦：原作「五閱五使」，按引文見《靈樞》卷六《逆順肥瘦篇》，因據改。

② 少陰：原作「少陽」，據《靈樞》卷六《逆順肥瘦》改。

下。其别者，并於少陰，滲三陰，斜入踝，伏行出①屬跗，當作「跗」。滲諸絡而温肌肉②。

營氣與衛氣分合

《經脈别論》食氣入胃，下行。散精血。於肝。氣淫於精。食氣入胃，上行。濁氣歸心，肝氣。淫精於脈。脈氣流經③，經氣歸於肺。順行楊氏《太素》《動輸篇》「下焉伏」句注：「從肺下至手指而屈，伏，屈也。肺氣循手太陰脈道下手，至手指端」，此爲順行。經云「手三陰從胸④走手」，爲晝精順行之法。

五十營楊注：寸口脈從藏下向四支爲順脈，從四支上向藏者稱之爲逆。又，手之三陰爲往，三陽爲來；足之三陽爲往，三陰爲來。此爲正。

手三陰從胸走手。手三陽從手走頭。任足三陽從頭走足。足三陰從足走胸。此爲正。

手太陰肺。〇《動輸篇》：岐伯曰：「氣之離於藏也，卒然於弓弩之發，如水之下崖。」《太素》注：「氣，手太陰肺氣也，手太陰肺氣從胃中焦經文「藏」字指胃氣。下腋向手上魚，至少商之時，以乘藏府盛氣，如弓弩之發機，比⑤湍流之下崖，言其

① 出：原作「之」，據《靈樞》卷六《逆順肥瘦》改。

② 肌肉：原作「足」，據《靈樞》卷六《逆順肥瘦》改。

③ 經：原作「行」，據《素問》卷七《經脈别論》改。

④ 胸：《靈樞》卷六《逆順肥瘦》作「藏」，似當從。

⑤ 比：原作「此」，據《黄帝内經太素校注》卷九《脈行同異》楊注改。

盛也。」按，此爲晝診之法。

手少陰心。任手陽明大腸。○陽明之正，從手上行。足陽明胃。足太陰脾。走陰蹻。

手厥陰包絡，内腎。手太陽小腸。○太陽之正，從首至肩。督任督少陰腎。○當爲膽。

手少陽三焦。○少陽之正。任足少陽膽。○當作「外腎」。足厥陰肝。走陰蹻。

逆行「上焉息」注：「氣謂手太陰肺氣，從手寸口上入肺而息。」○按上謂由手走胸，此謂逆行，乃夜瞑行營之法。○「還肺之時，爲從本脈而還？爲别有脈①道還也？吾②不知端極之也。」

五十營丹訣所謂神仙逆行者如此。此爲别。

足三陰從胸走足。足三陽從足走頭。手三陽從頭走手。手三陰從手走胸。足厥陰肝。○合手少陽，逆。足少陽膽。○當爲外腎。合手少陽，逆。手少陽三焦。手厥陰包絡，内腎。○手心主之别，由手上行。由陰蹻走厥陰。

足少陰腎。任當指膽。合手太陽，逆，别從足走頭。足太陽膀胱。○合手太陽，逆。手太陽小腸。○合手少陰，逆。督手少陰心。○手少陰之别，由手走胸。

足太陰脾。○合足陽明，逆。手陽明大腸。手太陰肺。○手太陰之别，由手走胸。○《動輸篇》：「上於魚以

① 脈：原作「肺」，據《黄帝内經太素校注》卷九《脈行同異》楊注改。

② 吾：原脱，據《黄帝内經太素校注》卷九《脈行同異》楊注補。

反衰，其餘氣衰散以逆上，故其行微。」《太素》注：「從少商反迴，逆上向肺①，雖從本脈而還，以去藏府漸遠，其藏府餘氣衰散，故其行遲微也。」〇按：營衛周行，晝則從手太陰起，行十二經，終於肝；夜則由足厥陰起，行十二經，止於肺。起初行由胸走手，得胃氣之盛，故其脈盛。太陰脈逆行由肝起，肝得胃氣之盛，逆行十二經至肺，由手走胸，去胃氣甚遠，故其行微。

走蹻。

《標本篇》、《根結篇》根本在四末

手三陰從手走胸。爲逆，從胸走手。爲順。

手三陽從手走頭。爲順，從頭走手。爲逆。

足三陽從足走頭。爲逆，從頭走足。爲順。

足三陰從足走頭。爲順，從頭走足。爲逆。

《經別篇》

足六經逆行《靈·脹論②篇》岐伯曰：衛氣之在身也，常并脈循分肉③，行有順逆，陰陽相隨，乃得天和。楊注：

① 肺：原脱，據《黄帝内經太素校注》卷九《脈行同異》楊注補。
② 論：原脱，據《靈樞》卷六補。
③ 肉：原脱，據《靈樞》卷六《脹論》補。

衛氣並脈循於分。肉，有逆有順，從目循足三陽下爲順，從目循手三陽下爲逆，以衛行有逆順，故陰陽氣得和而順①。

手六經順行

督任上下行爲衝帶。子會於任，一上一下。午會於督，一上一下。

離則各有經隧，合則同行一管。分行十二經，合則由蹻循任督。○合於二蹻、睛明，然後行十二經。

陰蹻主睛明，瞑氣由此入。

陽蹻主睛明，瞋氣由此入。

宋《新校正》引經：「左右者，陰陽之道路也。」楊注：陰氣右行，陽氣左行。○今本佚。

營逆行十二宫一周圖共十二宫，二十八宿。生數一二三四爲出，成數六七八九爲入。

---

①「肉」至「得和而順」：此三十七字原錯簡置於下「手六經順行」條之下，茲據《黄帝内經太素校注》卷二九《脹論》楊注改。

百刻公轉再大會，一刻一小會私轉。

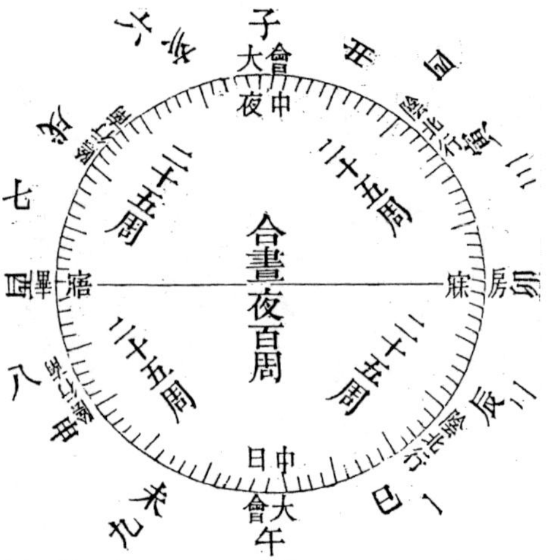

每日百刻，營行一百周，則一刻一周於身，以十二宫分之，一宫八刻，子午交會之地十刻一時。八刻八周於身，中分之，則一小時四刻爲六十分，營氣每十五分鐘行一周也。

衛順行十二次二十八宿圖

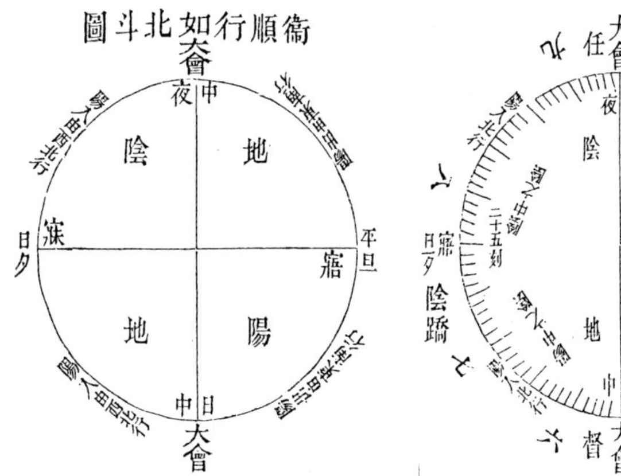

營逆行如月將圖

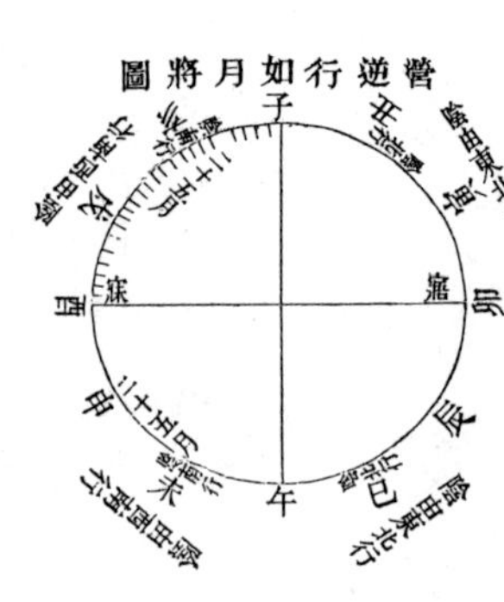

營脈中衛脈外順逆並行圖

營血爲陰，衛氣爲陽，陽順陰逆。

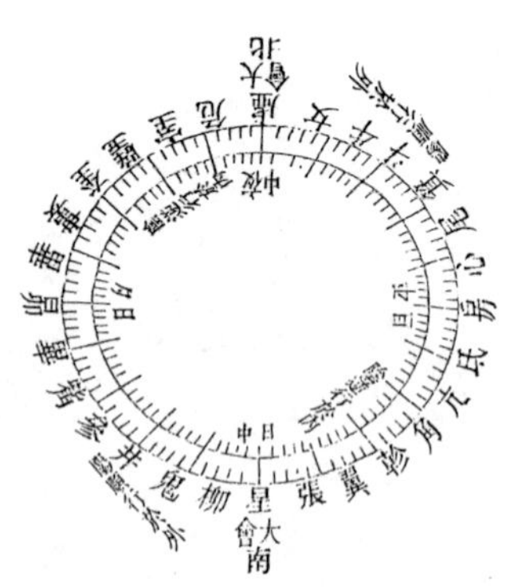

《董子·陰陽出入篇》詳矣，以衛爲陽，以營爲陰，陽順陰逆。

按《靈樞》以漏分百刻計日，營衛陰陽一刻一小會，五十而復大會，二十五而分晝夜，陰陽相貫，如環無端，與天地同紀，故《素問》有生氣通天之説。此圖衛氣在外順行，如《青囊序》「陽從左邊團團轉」，營血在内逆行，如《青囊序》「陰從右路轉相通」；其在於天，即斗建、月厭之分行左右也。斗建順行十二月，月厭逆行十二次，無一息之停滯，人之氣血運行於身，亦無一息不流通。蓋人受天地之中以生，爲兩間氣化所陶鑄，故人之氣血常與天地陰陽之理相符。能持其和而不衰，則保生之道矣。

四益先生命繪此圖，因贅數語以報。黄鎔謹識。

五藏 心腦爲元首。藏神，《素・靈蘭祕典篇》：「心主之官，神明出焉。」不指附肺之心。腎外腎、女子胞，屬衝、任。藏精，北。肝左，木。藏魂，肺藏魄右，金。

案：左、右無異説，心、腎則經不一其説，以二者多同名異實也。

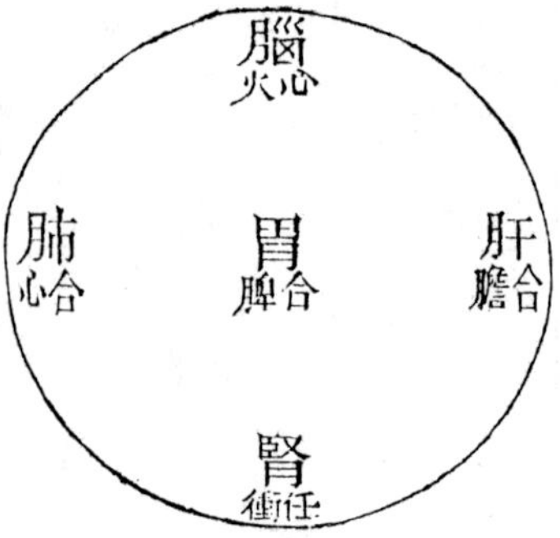

四海篇 腦爲髓海，南。衝屬任、腎。爲五藏六府之海，北。○相法同，以爲上火下水。肺合心。爲氣海，右心合肺乃爲一藏。○秋氣金。肝合膽。爲血海，經文省此句，據《太素》補。胃合脾。爲水穀之海。《内經》重督任，凡十二以下配法，心皆爲腦督，膽皆爲任衝，惟奇經分配二十，合肺下之心與肝附之膽，分爲二藏牝牡之説。

案：此爲五藏正説。舊誤舍腦、外腎、督、任，而別指附屬之心、膽；以十二經絡言之，則有兩旁無中央，有臣無君，失所統馭，丹家乃得挾督任之説以敖我。上南下北、左木右金，五行藝術家之所同。取十二經以配十二月，則任、督有穴而無動脈；兩少陰、任可以代督、任，不必分肺、分心。肝分膽。爲四藏也。至於二十一州之象，内九外十二，則藏、府不足相配，乃不得不分肺之心以爲火，分肝之膽以爲水，或以爲木。此乃後起之義，專用於二十一州之説，餘無所施。故以後起名詞言之，腦爲心，肺所附屬之心亦爲心；外腎爲膽，附肝之膽亦爲膽。以附肺之心主神明，以附肝之膽藏精氣，久爲外人所駁，不足爲據。拘此一偏之小名，忘佚全身之正義，唐、宋以下，其誤已久，是當逐條釐正者。又，《甲乙新校正》於五藏所藏及聲、味，經文互有不同者當各有所指，名同實異，非有差池。《靈蘭祕典》之心固爲腦矣，《本藏篇》以髃骬候心，後人指髃骬爲胸下蔽骨，按心附於肺而爲肺所包，不能别立部位也。經於候肺條，有反膺、背厚、合腋①、張脇、脇偏之文，餘見「膺」字者三，「背」字者三；候肺而及肩、背，其理不可通，蓋皆「膺」之字誤。後人以心、肺同候，心既主胸下蔽骨，故候肺於肩背，不知心主腦言，髃骬爲頭骨，以測髓之高下堅脆大小偏正，相書猶存其説。以腦爲心，則不候附心之心，以與肺同候於胸膺，因髃骬蔽胸爲心所占，後人乃誤以膺胸爲肩背耳。又，以候腎高下堅脆偏正六者皆以耳，考少陰經，與耳無關者；腎者，指膽經少陽，少陽經循前後，故候少陽於耳，此又不指少陰之腎。諸如此類，當循名核實，不可望文生訓。

① 腋：原作「蔽」，據《靈樞》卷七《本藏》改。

《醫門法律》駁議

一明營衛之法律二條①

營衛論　喻氏號爲大師，其言營衛，乃違經反傳，至於如此！附於篇末，以見古法失傳之久。

喻昌曰：營衛之義，聖神所首重也。《靈樞》謂宗氣積於[上]中焦，水穀之海。營氣出於[中]②下焦，血海主肝，在下。衛氣出於[下]上焦，氣海主肺，在上。○喻氏所據，誤本也，據《太素》楊注本改正。謂其所從出之根柢也。此句誤，此言部位，若以根柢言，則以水穀中焦爲根本，上出化氣，下降流質，爲血海，《内經》云氣血同實異名。衛氣根於下焦，「下」字當作「中」，氣血由水穀而出。陰中之微陽，行至中焦，血不須言「至中焦」。從中焦之有陰有陽者，不必再言陰陽。升於上焦，以獨生陽氣，經云水穀化氣，何等明瞭。是衛氣本清陽之氣，豈血是濁陰耶？以其出於下焦之濁陰，血爲濁陰，奇。氣出於下焦，尤奇。故謂濁者爲衛

---

① 律二條：原作標題正文，兹據上海科學技術出版社本喻昌《醫門法律》卷一改爲標題附注。

② 中：原作「上」，據《醫門法律》卷一改。

也。更不通。人身至平旦，陰盡而陽獨治，目開則其氣上行於頭，出於足太陽膀胱經之睛明穴，未細讀經文，故所引皆誤。故衛氣晝日外行於足手太陽經①。全不知營衛運行之陰陽相通。所謂陽氣者，一日而主外，循太陽之經穴上出爲行次，又謂太陽主外也，衛氣剽悍，不隨上焦之宗氣同行經隧，而自行各經皮膚分肉之間。胡言亂道，可謂目不識丁矣。故衛行脈外，温肉分而充皮膚，肥腠理而司開闔也。營氣根於中焦，陽中之陰，喻氏蓋誤用，以命門之説以下焦爲命門，故有差迕。行至上焦，血乃由中至上耶？隨上焦之宗氣降於下焦，以生陰氣，是營氣本濁陰之氣，以其出於上焦之清陽，故謂清者爲營也。考本經文、楊注，其誤自見。營氣静專，必隨上焦之宗氣同行經隧，始於手太陰肺經大淵穴，遺去督、任、二蹻，大誤。而行手陽明大腸經，陰陽間行未嘗不知。足太陽膀胱經，足少陰腎經，手厥陰心包絡，手少陽三焦經，足少陽膽經，足厥陰肝經，此衛順行之次，不説營之逆行，不可也。而又始於手太陰肺經。如何能承接？不幾如飛宫法耶！故謂太陰主内，此别一説。營行脈中也。衛氣晝行於陽二十五度，當作五十度。當其王，即自外而入交於營；單行耶？營氣夜行於陰二十五度，當其王　即自内而出交於衛。其往來貫注，並行不悖。如此不得爲並行矣。無時或息，營中有衛，衛中有營，設分之爲二，安所語同條共貫之妙耶？信口開河，不顧經文，何也？營衛之有偏勝，其患

① 足手太陽經：原作「手足六陽經」，據《醫門法律》卷一改。

即不可勝言。衛偏①勝則身熱，熱則腠理開，熱乃腠理閉，太怪。喘麤爲之俛仰，汗不出，齒乾②煩冤；顛倒陰陽。營偏勝則身寒，寒則腠理③汗出，改「偏勝」爲「受邪」，則少通。身常輕，數慄而厥。衛偏衰則身寒，營偏衰則身熱，雖亦如之，然必有間矣。若夫營衛之氣不行，必死不行，不行故死。此下所言不足論。則水漿不入，形體不仁；營衛之氣泣除，則精氣弛壞，神去而不可復收。是以聖人陳陰陽筋脈和同，骨髓堅固，氣血皆從，如是則内外調和，邪不能害，耳目聰明，氣立如故。可見調營衛之義，爲人身之先務矣。深唯其機，覺衛氣尤在所先焉。衛即是營，營即是衛，强爲差别，誤。經謂陽氣破④散，陰氣乃消亡，各有所指。讀《内經》最忌十八扯。是衛氣者，保護營氣之金湯也；謂審察衛氣，爲百病母，是衛氣者，出納病邪之喉舌也。《易》云：一陰一陽之謂道。乃其扶陽抑陰，無所不至，仙道亦然。噫嘻！鼻氣通於天者也，口氣通於地者也。怪誕。人但知以口之氣養營，惟知道者以鼻之氣養衛。養營者，不免縱口傷生，養衛者，服天氣而通神明，兩者之月異而歲不同也，豈顧問哉？説仙可也，以營衛分人、天，豈非夢中又夢乎？

① 偏：原脱，據《醫門法律》卷一補。

② 乾：原脱，據《醫門法律》卷一補。

③ 腠理：《醫門法律》卷一無此二字。

④ 破：原脱，據《醫門法律》卷一補。

附答營衛五問

問：衛氣晝行陽二十五度，豈至夜而伏耶？營氣夜行陰二十五度，豈至晝而伏耶？經云晝行於陽夜行於陰，陰陽以部分言，故以氐房昴畢言；乃以爲陰陽分行，大奇。曰：人身晝夜循環不息，只一氣耳。從陰陽而分言二氣，晝爲陽，則衛氣主之；夜爲陰，則營氣主之。衛氣夜行於陰，營氣晝行於陽，不當其王，則不得而主之耳。譬如日月之行，原無分於晝夜，而其經天之度，則各有分矣。全失經旨。細考原文，自知其誤。

問：營行脈中，衛行脈外，果熟爲之分限耶？曰：此義前論中已明之矣。更推其説，天包地，陽包陰，氣包血，自然之理也。營衛同行以營衛合爲一物，如男女、兵帥，真屬奇談。何以又曰同行？何以又言順逆？直是全未繙檢《内經》。馬、二張解《靈》、《素》者，斷不敢作此等語。經脈中，陰自在内，爲陽之守，陽自在外，爲陰之護，所謂並行不悖也。兵家安營，將帥自然居中，士卒自然衛外；男女居室，男自正位乎外，女自正位乎内。聖神亦只道其常耳。全不知經。不必加駁，閲者當自得之。

問：「二十二難」謂：「經言脈有是動、有所生病，一脈變爲二病」，其義至今未解。曰：此正①論營衛主病先後也。《難經》分主氣血，前人駁之者多矣。一脈變爲二病者，同一經脈，病則變

① 正：原作「證」，據《醫門法律》卷一改。

爲二，深淺不同也。我則以是①動爲診絡，所生爲診經，不必言同一脈也。邪入之淺，氣留而不行，所以衛先病也。如是，則諸病全歸營衛矣，又何以分？及入漸深，而血壅不濡，其營乃病，則營病在衛病後矣。如傷寒，定謂傷寒在中風後，可乎？〇《經脈篇》有氣所生病，是血所生病與筋骨同，則又何以解之？使衛不先爲是動，而營何自後所生耶？是二事，不可合爲一。《經脈篇》別有氣所生病、血所生病，與筋骨脈同，則又何以解之？至仲景《傷寒論》，太陽經一日而主外，分風傷衛、寒傷營、風寒兩傷營衛，而出脈證及治，百種之變，精義入神，功在軒、岐之上。此等説真同兒戲，試問仲景敢當此否？

問：居常調衛之法若何？詳見經文，所説皆誤。

曰：每至日西入，身中陽氣之門乃閉，衛又如何可代「氣」字？若如所言，營衛二字可以不立矣。即當加意謹護，勿反開之。但詳謹夜是只養營，與先衛之説不矛盾耶？經謂暮而收拒，總之，不離十八扯。毋擾筋骨，勿見霧露，隱括調衛之義已悉。收者，收藏神氣於内也；拒者，拒捍邪氣於外也。如晨門者昏閉明②啓，尚何暴客之虞哉！即使逢年之虛，遇月之空，身中之氣自固，虛邪亦何能中人耶？《内經》言攝生之道詳矣，此不過太倉之一粟。

問：奇經之病，亦關營衛否？全不解二蹻之義。曰：奇經所主，雖不同正經之病，其關於營

---

① 是：原脱，據文意補。

② 明：原作「門」，據《醫門法律》卷一改。

衛則一也。任、督、二蹻爲營衛運行之地，合爲十六經、二維、衝帶，乃分别言之，可也？其陰不能維於陰，悵然自失志者，營氣弱也；陽不能維於陽，溶溶不能自收持者，衛氣衰也。陽維爲病，苦寒熱者，邪入衛而主氣也；陰維爲病，苦心痛者，邪入營而主血也。經所謂肺衛心營者是也。以上二維。陰蹻爲病，陽緩而①，陰急陽病而陰不病也；陽蹻爲病，陰緩而陽急②，陰病而陽不病也。此等病多於正病中兼見之，惟識其爲③營衛之所受也，則了無疑惑矣。以上④二蹻。蓋人身一氣周流，無往不貫，十二經脈有營衛，奇經八脈亦有營衛，有四脈在，四脈不在。奇經附屬於正經界中者，得以同時並注也。全不讀經，望空臆斷。由陽維、陰維、陽蹻、陰蹻推之，衝脈之縱行也，帶脈之横行也，任脈之前行也，督脈之後行也，孰非一氣所流行耶？一氣流行⑤，即得分陰分陽矣，營衛之義，亦何往而不貫哉？

---

① 而：原作「爲」，據《醫門法律》卷一改。
② 陰緩而陽急：原作「陽緩而陰急」，據《醫門法律》卷一改。
③ 爲：原脱，據《醫門法律》卷一補。
④ 上：原作「下」，兹據文意改。
⑤ 一氣流行：此句原脱，據《醫門法律》卷一補。

律二條

凡營病治衛，衛病治營，營衛同實異名，言分則分爲二，合則合爲一，且有相通，繆治法。與夫真邪不別，輕病重治，重病輕治，顛倒誤人，此三句則與營衛無干。醫之罪也。門面語。不知營衛之真象，於經文既未全讀，實義更無論矣。

凡醫不能察識營衛受病淺深，虛實寒熱先後之變，白首有如童稚，不足數也。此公乃不識營衛之義，虛立此律，實在無所分別。

靈素五解篇

廖平　撰
邱進之　校點

校點説明

《靈素五解篇》一卷，廖平撰，廖宗澤疏述。民國四年（一九一五），廖平命孫宗澤將《靈素以解名篇考》匯輯爲《靈素五解篇》一卷。民國四年乙卯黄鎔序稱：「《靈樞》、《素問》分政治、醫診二大派，天道人事，異轍殊趨，釐定部居，剖析涇渭，庶政學收功於大統，醫術不遁於虛玄。」「考《素》以『問』稱，與《服問》、《三年問》、《曾子問》同例。《靈》、《素》篇以『解』名，亦訓釋之取義。」又云：「《内經》本爲皇帝外史所掌，旁涉於醫，其書實出自孔子之徒，人各一藝，殊途同歸，七十、三千，不張異幟。《帝德》爲《堯典》之傳，《月令》釋《皇篇》之文，離之兩傷，不如合爲完璧也。」是書「援以經證經之例，取《靈素五解篇》，植綱張目，如磁引鍼。其餘鍼刺、脈法類之零散各篇，互相爲解者，並以附後」。有民國十年（一九二一）四川存古書局刊本，收入《六譯館叢書》。今以此本爲底本進行點校。

目録

靈素五解篇序

樂山黃鎔

《靈樞》、《素問》分政治、醫診二大派，天道人事，異轍殊趨，釐定部居，剖析涇渭，庶政學收功於大統，醫術不遁於虚玄。乃諸家注説，舉干支運氣，概收納於人身藏府，致脈診病評，不啻星士談命，炎炎大言，其失也誕。故《靈》、《素》有醫診專篇，不宜牽混政治學説，而專篇又互相訓解，無俟煩言；若舍本逐末，雕繪枝葉，曰若稽古，説至萬言，奚中肯綮哉！伊古作家創始，具理幽玄，深恐後人眯昧，必示以嚮往之方針，《王制》指《春秋》之迷，《周禮》導《尚書》之路，《詩》以《楚詞》爲階梯，《易》於《山海》見神異；一經一傳，遺餉來兹。或猶以另本單行，失其繩墨，古聖慮周思遠，特於本經立義，互起言詮。如《十翼》附於卦、爻，二《雅》根於《周》、《召》，禹州推大於《洪範》，禪讓再見於《金縢》，尹氏武氏，乃譏世卿之連文，滕子薛伯，即紀子伯之比例；經中要義微言，不乏彼此互證之處。至於傳記，則小、大《戴》既多犯複；《公》、《穀》、《左》不厭求詳，輾轉推勘，駕輕就熟，正欲人易於通解耳。《内經》、《靈》、《素》，亦猶是也。考《素》以「問」稱，與《服問》、《三年問》、《曾子問》同例；《靈》、《素》篇以「解」名，亦訓釋之取義。故《小鍼解》、《鍼解》即解《九鍼十二原篇》，《八正神明論》即解《官鍼篇》，《陽明脈解》即解《經脈》陽明病狀，《脈解》亦解《經脈》足六經病狀。其他散見之文，足以互相證明者，尤爲繁夥；惟此數篇，綱領明著，歷來解家未能合之以成兩美，大抵分篇作注，不免支解全牛。豈知獲麟屬詞，要貴比事；撼龍尋脈，須識分宗。《靈》、《素》五《解》之相得益章，同聲同氣，實出一原，歧而視之，非所宜也。《内經》本爲皇帝外史所掌，旁涉於醫，其書實出自孔子之徒；人各一藝，殊途同歸，七十、三千，不張異幟。《帝德》爲《堯典》之傳，《月令》釋《皇篇》之文，離之兩傷，不如合爲完璧也。今廖生宗澤者，井研先生次孫也，明達貽謀，幼聰繩武，孔孟既獲淵源，岐黄又承祖烈。邇入醫會，領講大有啓悟，援以經證經之例，取《靈》、《素》五《解》篇，植綱張目，如磁引針；其餘鍼刺、脈法類之零散各篇，互相爲解者，并以附後。殆於《靈》、《素》獨得真詮，亦於先生醫學叢書之中，丕振家法。子思克闡乎天命，小同僅肖其手文。得此岐嶷，誦揚先芬，來景方長，造究曷極。予既勸付剞劂，因志崖略如此。民國乙卯秋初，黄鎔序。

靈素五解篇

《靈·九鍼十二原篇》：小鍼之要①，易陳而難入。

《靈·小鍼解》云：下同。所謂易陳者，易言也；難入者，難著於人也。

麤守形，上守神，神乎神，客在門，

粗守形者，守刺法也。上守神者，守人之血氣有餘不足，可補寫也。神客者，正邪共②會也。神者，正氣也。客者，邪氣也。在門者，邪循正氣之所出入也。

未覩其疾，惡知其原。刺之微，在數遲，

未覩其疾者，先知邪正何經之疾也。惡知其原者，先知③何經之疾所取之處也。刺之微在數遲者，徐疾之意也。

麤守關，上守機，機之動，不離其空。

---

① 要：原作「道」，據《靈樞》改。

② 共：原作「其」，據《靈樞》改。

③ 知：原作「取」，據《靈樞》改。

麤守關者，守四支而不知血氣正邪之往來也①。上守機者，知守氣也。機之動不離其空中者，知氣之虚實，用鍼之徐疾也。

空中之機，清静而微，其來不可逢，其往不可追。

空中之機，清静以微者，鍼以得氣，密意守氣勿失也。其來不可逢者，氣盛不可補也。其往不可追者，氣虚不可寫也。

知機之道者，不可掛以髮。不知機道，叩之不發。

不可掛以髮者，言氣易失也。扣之不發者，言不知補寫之意也。血氣已盡，而氣不下也。

知其往來，要與之期，粗之闇乎？妙哉！工獨有之。

知其往來者，知氣之逆順盛虚②也。要與之期者，知氣之可取之時也。粗之闇者，冥冥不知氣之微密也。妙哉！工獨有之者，盡知鍼意也。

往者爲逆，來者爲順，明知逆順，正行無問③。

---

① 守四支而不知血氣正邪之往來也：「四支」原作「血氣」，「正邪」原作「四時」，均據《靈樞》改。

② 逆順盛虚：原作「逆盛順虚」，據《靈樞》改。

③ 問：原作「間」，據《靈樞》改。下文「正行無問」同。

往者爲逆者，言氣之虚而小，小者逆也。來者爲順者，言形氣之平，平者順也。明知逆順正行無問者，言知所取之處也。

迎而奪之，惡得無虚？追而濟之，惡得無實？迎之隨之，以意和之①，鍼道畢矣

迎而奪之者，寫也。虚而濟之者，補也。

凡用鍼者，虚則實之，滿則泄之，宛陳則除之，邪勝②則虚之。

所謂虚則實之者，氣口虚而當補之也。滿則泄之者，氣口盛而當寫之也。宛陳則除之者，去血脈也。邪勝則虚之者，言諸經有盛者，皆寫其邪也。

《素問・鍼解篇》：黄帝曰：願聞九鍼之解，虚實之道。岐伯對曰：刺虚則實之者，鍼下熱也，氣實乃熱也，滿而泄之者，鍼下寒也，氣虚乃寒也。宛陳則除之者，出惡血也。邪勝③則虚之者，出鍼勿按。

《大要》曰：徐而疾則實，疾而徐則虚。

《小鍼解》：徐而疾則實者，言徐内而疾出也。疾而徐則虚者，言疾内而徐出也。

---

① 迎之隨之，以意和之：原作「迎之和之，以意隨之」，據《靈樞》改。
② 邪勝：原作「大要」，據《靈樞》改。
③ 勝：原作「盛」，據《素問》改。

《鍼解》：徐而疾則實者，徐出鍼而疾按之。疾而徐則虛者，疾出鍼而徐按之。

言實與虛，若有若無。察後與先，若存若亡。爲虛與實，若得若失。

《小鍼解》：言實與虛①若有若無者，言實者有氣，虛者無氣也。察後與先若存若亡者，言氣之虛實、補寫之先後也，察其氣之已下與常存也。爲虛與實若得若失者，言補者佖然若有得也，寫者②怳然若有失也。

《鍼解》：言實與虛者，寒温氣多少也。若有若無者，疾不可知也。察後與先者，知病先後也。爲虛與實者，工勿失其法。若得若失者，離其法也。

虛實之要，九鍼最妙。補寫之時，以鍼爲之。九鍼之名，各不同形。

《鍼解篇》：虛實之要，九鍼最妙者，爲其各有所宜也。補寫之時，與氣開闔相合也③。九鍼之名，各不同形者，鍼窮其所當補寫也。

又曰：夫氣之在脈也，邪氣在上，濁氣在中，清氣在下。

《小鍼解》：夫氣之在脈也，邪氣在上者，言邪氣之中人也高，故邪氣在上也。濁氣在

---

① 實與虛：原作「虛與實」，據《靈樞》改。

② 者：原作「則」，據《靈樞》改。

③ 與氣開闔相合也：原作「與氣相開闔」，據《素問》改。

中者，言水穀皆入於胃，其精氣上注於肺，濁溜於腸胃，言寒温不適，飲食不節，而病生於腸胃，故命曰濁氣在中也。清氣在下者，言清濕地氣之中人也，必從足始，故曰清氣在下也。

故鍼陷脈則邪氣出，鍼中脈則濁氣出，鍼太深則邪氣反沉，病益。

《小鍼解》：鍼陷脈則邪氣出者，取之上。鍼中脈則濁氣出者，取之陽明合也。鍼太深則邪氣反沉者，言淺浮之病不欲深刺也。深則邪氣從之入，故曰反沉也。

故曰：皮肉筋脈各有所處，病各有所宜，各不同形，各以任其所宜。無實無虚，損不足而益有餘，是謂甚病，病益甚。

《小鍼解》：皮肉筋脈各有所處者，言經絡各有所主也。

取五脈者死，取三脈者恇；奪陰者死，奪陽者狂。鍼害畢矣。

《小鍼解》：取五脈者死，言病在中，氣不足，但用鍼盡大寫其諸陰之脈也。取三陽之脈者，唯言盡寫三陽之氣，令病人恇然不復也；奪陰者死，言取尺小。之五里五往者也。奪陽者狂，正言也。

覩其色①，察其目，知其散復②；一其形，聽其動静，知其邪正。

《小鍼解》云：覩其色，察其目，知其散復，一其形，聽其動静者，言上工知相五色於目，有知調尺人。寸小大、緩急、滑澀以言所病也。知其邪正者，知論虚邪與正邪之風也。右主推之，左持而御之③，氣至而去之。

《小鍼解》：右主推之左持而御之者，言持鍼而出入也。氣至而去之者，言補寫氣調而去之也。調氣在於終始一者，持心也。

又云：凡將用鍼，必先診脈，視氣之劇易，乃可以治也。五藏之氣已絶於内，而用鍼者反實其外，是謂重竭。重竭必死，其死也静。治之者，輒反其氣，取腋與膺；

《小鍼解》：所謂五藏之氣已絶於内者，脈口氣内絶不至，反取其外之病處與陽經之合，有留鍼以致陽氣，陽氣至則内重竭，重竭則死矣。其死也，無氣以動，故静。五藏之氣已絶於外，而用鍼者反實其内，是謂逆厥，逆厥則必死。其死也燥，治之者反取

① 覩其色：原作「觀其色」，上海科學技術出版社《中國醫學大成續集》王冰次注本《黄帝靈樞經》作「覩其色」，下《小鍼解篇》亦作「覩其色」，故從之。

② 知其散復：「復」字原脱，據《靈樞》改。下《小鍼解篇》「知其散復」同。

③ 左持而御之：「御」原作「禦」，據《靈樞》改。下《小鍼解篇》「左持而御之」同。

四末刺之。

《小鍼解》：所謂五藏之氣已絶於外者，脈口氣外絶不至，反取其四末之輸，又留鍼以致其陰氣，陰氣至則陽氣反入，入則逆，逆則死矣。其死也，陰氣有餘，故燥。

又云：節之交，三百六十五會。所言節者，神氣之所游行出入也，非皮肉筋骨也。

《小鍼解》：節之交三百六十五會者，絡脈之滲灌諸節者也。

《寶命全形篇》《素問》。云：帝曰：何如而虚，何如而實？岐伯曰：刺虚者須其實，刺實者須其虚。

《鍼解》云：刺實須其虚①者，留鍼陰氣隆至，鍼下寒②，乃去鍼也。刺虚須其實者，陽氣隆至，鍼下熱，乃去鍼也。

經氣已至，慎守勿失。深淺在志，遠近如一。

《鍼解》云：經氣已至，慎守勿失者，勿變更也。深淺在志者，知病之内外也。遠近如一者，深淺③其候等也。

---

① 虚：原作「實」，據《素問》改。

② 鍼下寒：《素問》經文無此三字。

③ 淺：原作「遠」，據《素問》改。

如臨深淵，手如握虎，神無營於衆物，義無邪下，必正其神。

《鍼解》云：如臨深淵者，不敢墮也。手如握虎者，欲其壯也。神無營於衆物者，静志觀病人，無左右視也。義無邪下者，欲端以正也。必正其神者，欲瞻病人目，制其神，令氣易行也。

《靈・本輸篇》：下三里三寸，爲巨虚上廉；復下上廉三寸，爲巨虚下廉也。

《鍼解》云：所謂三里者，下膝三寸也。巨虚者，蹻足骱①獨陷者。下廉者，陷下者也。

又云：衝陽，足跗上五寸陷中，爲原。

《鍼解》云：所謂跗上者，舉膝分易見也。

《靈・九鍼論》曰：九鍼者，天地之大數也，始於一而終於九。故曰一以法天，二以法地，三以法人，四時法時，五以法音，六以法律，七以法星，八以法風，九以法野。一者天也，天者陽也，五藏之應天者肺，肺者五藏六府之蓋也，皮者肺之合也，人之陽也；二者地也，人之所以應土者，肉也；三者人也，人之所以成生者，血脈也；四者時也，時者，四時八風之客於經

①　骱：原作「胻」，據《素問》改。

絡之中，爲瘤①病者也；五者音也，音者，冬夏之分，分於子午，陰與陽别，寒與熱争，兩氣相搏②，合爲癰膿者也；六者律也，律者，調陰陽四時而合十二經脈，虚邪客於經絡而爲暴痺者也；七者星也，星者人之七竅，邪之所客於經，而爲痛痺，舍於經絡者也；八者風也，風者人之股肱八節也，八正之虚風，八風傷人，内舍於骨解、腰脊、關節、腠理之間，爲深痺也；九者野也，野者，人之節解皮膚之間也，淫邪流溢於身，如風水之狀，而溜不能過於機關大節者也。

《鍼解篇》：帝曰：余聞九鍼上應天地、四時、陰陽，願聞其方。岐伯曰：一天、二地、三人、四時、五音、六律、七星、八風、九野，身形亦應之，鍼各有所宜，故曰九鍼。人皮應天，人肉應地，人脈應人，人筋應時，人聲應音，人陰陽合氣應律，人齒面目應星，人出入氣應風，人九竅三百六十五絡應野。

《鍼解篇》：一鍼皮，二鍼肉，三鍼脈，四鍼經，五鍼骨，六鍼調陰陽，七鍼益精，八鍼除風，九鍼通九竅，除三百六十五③節氣，此之謂各有所主也。

---

① 瘤：原作「痼」，據《靈樞》改。

② 搏：原作「摶」，王冰次注本《黄帝靈樞經》作「摶」；按《内經》「摶」「搏」二字往往交見錯出，是輾轉傳抄所致也，然此處作「搏」字義勝，因據改。

③ 五：原作「三」，據《素問》改。

《靈樞·官能①篇》：用鍼之服，必有法則，上視天光，下司八正，以辟奇邪，而觀百姓②，審於虛實，無犯其邪。是得天之露，遇歲之虛，救而不勝，反受其殃。故曰：必知天忌，乃言鍼意。

《素問·八正神明論》云：黄帝問曰：用鍼之服，必有法則焉，今何法何則？岐伯對曰：法天則地，合以天光。帝曰：願卒聞之。岐伯曰：凡刺之法，必候日月星辰、四時八正之氣，氣定乃刺之。

《八正神明篇》：星辰者，所以制日月之行也。八正者，所以候八風之虛邪以時至者也。四時者，所以分春夏秋冬之氣所在，以時調之，候③八正之虛邪，而避之勿犯也。以身之虛而逢天之虛，兩虛相感，其氣至骨，入則傷五藏，工候救之，弗能傷也。故曰：天忌不可不知也。

《靈樞·歲露篇》云：乘年之衰，逢月之空，失時之和，因爲賊風所傷，是謂三虛。又云：風雨從南來爲虛風，以晝至，則萬民皆中虛風，多病。虛邪入客於骨而不發，立春之

---

① 能：原作「鍼」，據《靈樞》改。
② 姓：原作「病」，據《靈樞》改。
③ 候：原脱，據《素問》補。

日，風從西方來，萬民又皆中於虚風，兩邪相摶，經氣結代，故諸逢其風而遇其雨者，命曰遇歲露焉。

法於往古，驗於來今，

《八正神明篇》：法乎往古者，先知《鍼經》也。驗乎來今者，先知日之寒温，月之虚盛，以候氣之浮沉，而調之於身，觀其立有驗也。

觀於窈冥①，通於無窮。

《八正神明篇》：觀其冥冥者，言形氣營衛之不形於外，而工獨知之。以日之寒温，月之虚盛，四時氣之浮沉，參伍相合而調之，工常先見之，然而不形於外②，故曰觀於冥冥焉。通於無窮者，可以傳於後世也。

粗之所不見，良工之所貴，莫知其形，若神髣髴。

《八正神明篇》：是故工之所以異也，然而不形見於外，故俱不能見也③。視之無形，

① 窈冥：原作「冥冥」，據《素問》改。

② 工常先見之然而不形於外：原作「然而不形於外，俱不能見也，工常先見之」，據《素問》改。

③ 然而不形見於外，故俱不能見也：此二句原脱，據《素問》補。

嘗之無味，故謂冥冥，若神髣髴①。

虛邪之中人也，洒淅惡寒②。正邪之中人也微，先見於色，不知於其身若有若無，若亡若存③，有形無形，莫知其情。

《八正神明篇》：虛邪者，八正之虛邪氣也。正邪者，身形若用力，汗出腠理開。逢虛風，其中人也微，故④莫知其情，莫見其形。

是故上工之取氣，乃救其萌芽。下工守其已成，因敗其形。知氣之所在，而守其門户，

《八正神明篇》：上工救其萌芽，必先見三部九候之氣，盡調不敗而救之，故曰上工。下工救其已成，救其⑤已敗。救其已成者，言不知三部九候⑥之相失，因病而敗之也。知其所在者，知診三部九候病脈之處而治之，故曰守其門户焉。三部九候爲之原，九鍼之

---

① 故謂冥冥，若神髣髴：此二句原作「若神髣髴，故謂冥冥」，據《素問》乙。
② 虛邪之中人也，洒淅惡寒：《靈樞·官能》作「邪氣之中人也，洒淅動形」，當從。
③ 若亡若存：原作「若存若亡」，據《靈樞》乙。
④ 故：原脱，據《素問》補。
⑤ 其：原作「者」，據《素問》改。
⑥ 候：原作「鍼」，據《素問》改。

論不必存也。

明於調氣，補寫所在，徐疾之意，所取之處。寫必用圓，切而轉之，其氣乃行。疾而徐出，邪氣乃出，伸而迎之，摇大其穴，氣出乃疾。

《八正神明篇》：寫必用方。方者，以氣方盛也，以月方滿也，以日方温也，以身方定也，以息方吸而内鍼，乃復候其方吸而轉鍼，乃復候其方呼而徐引鍼，故曰寫必用方，其氣易行①焉。

補必用方，外引其皮，令當其門。左引其樞，右推其膚，微旋而徐推之，必端以正，安以静，堅心無解，欲微以溜，氣下而疾出之。推其皮，蓋其外門，真氣乃存。用鍼之要，無忘其神。

《八正神明篇》：補必用員。員者，行也。行者，移也。刺必中其營，復以吸排鍼也。員與方，非真也。故養神者，必知形之肥瘦，營衛、血氣之盛衰。血氣者，人之神，不可不謹養。

《九鍼十二原篇》：粗守形，上守神。神乎神，客在門。

《八正神明篇》：帝曰：夫子數言形與神，何謂形？何謂神？岐伯曰：請言形：形乎

① 易行：《素問》作「而行」，《太素》作「乃行」。

形，目冥冥，問其所病，索之於經，慧然在前，按之不得，不知其情，故曰形。帝曰：何謂神？岐伯曰：請言神：神乎神，耳不聞。目明心開而志先，慧然獨悟，口弗能言，俱視獨見，適若昏，昭然獨明，若風吹雲，故曰神。

〔附〕散解 凡鍼刺之散見諸篇，有一二段遥解他篇數句者附此。但多遺失，録以待補。

《九鍼十二原》云：其來不可逢，其往不可追。

《素問·離合真邪論》：帝曰：候氣奈何？岐伯曰：夫邪去絡入於經也，舍於血脈之中，其寒温未相得，如湧波之起也，時來時去，故不常在。方其來也，必按而止之，止而取之，無逢其衝而寫之，故曰其來不可逢，此之謂也。候邪不審，大氣已過，寫之則真氣脱。真氣者，經氣也，脱則不復。經氣太虚，邪氣復至，而病益蓄。故曰其往不可追，此之謂也。

知機之道者，不可掛以髮；不知機道，叩之不發。

《離合真邪論》：知其可取如發機，不知其取如叩椎。故曰知機道者不可掛以髮，不知機者叩之不發，此之謂也。不可掛以髮者，待邪之至時而發鍼寫矣。叩之不發者，血氣已盡，其病不可下也。

《離合真邪論》：帝曰：真邪以合，波隴不起，候之奈何？岐伯曰：審捫循三部九候之盛虛①而調之，察其左右上下相失及相減者，審其病藏以期之。

《三部九候論》：三部九候皆相失者，死。上下左右相失不可數者，死。中部之候相減者，死。

《素問·診要經終論②》：春刺散俞，夏刺絡俞，秋刺皮膚，冬刺俞竅。

《素問·四時刺逆從論》：春氣在經脈，夏氣在孫絡，秋氣在皮膚，冬氣在骨髓。

又云：凡刺胸腹，必避五藏。中心者環死，中脾者五日死，中腎者七日死，中肺者五日死③。

《四時④刺逆從論》：刺五藏，中心一日死，其動爲噫；中肝五日死，其動爲語；中肺三日死，其動爲欬⑤；中腎六日死，其動爲嚏欠；中脾十日死，其動爲吞。《刺禁論》同，惟多

---

① 虛：原作「衰」，據《素問》改。
② 診要經終論：原作「刺法論」，據《素問》改。
③ 「中脾者五日死」三句：原作「中肝者五日死，中腎者六日死，中肺者三日死，中脾者十日死」，據《素問·診要經終論》改。
④ 四時：二字原無，據《素問》補。
⑤ 「中肺三日死」二句：原在「中腎六日死」二句下，據《素問》改。

「刺中膽①一日半死，其動爲嘔」十一字。

《靈・官鍼篇》：五曰揚刺②。揚刺者，正内一，傍内四，而浮之，以治寒氣之博大者也。

《素問・長刺節論》：陰刺③，入一旁四處，治寒熱。深專者，刺大藏。迫藏刺背，背俞也。刺之迫藏④，藏會，腹中寒熱去而止⑤。與刺之要，發鍼而淺出血。

《九鍼十二原篇》：追而濟之，惡得無實⑥？

《素問・調經論》云：持鍼勿置，以定其意。候呼内鍼，氣出鍼入。鍼空四塞，精無從去。方實而疾出鍼，氣入鍼出⑦，熱不得還。閉塞其門，邪氣布散，精氣乃得存。動氣候時⑧，近氣不失，遠氣乃來，是謂追之。

---

① 膽：原作「胃」，據《素問》改。

② 揚刺：原作「陽刺」，據《靈樞》改。下「揚刺」同。

③ 陰刺：原作「陽刺」，據《素問》改。

④ 刺之迫藏：原作「迫藏刺之」，據《素問》改。

⑤ 腹中寒熱去而止：此句原錯置最末，據《素問》改。

⑥ 無實：原作「其實」，據《靈樞》改。

⑦ 氣入鍼出：此句原錯置「熱不得還」句下，據《素問》乙。

⑧ 動氣候時：此句原錯置「遠氣乃來」句下，據《素問》乙。

《調經論》：痛在於左而右脈病者①，巨刺之。

《素·繆刺論》：邪客於經，左盛則右病，右盛則左病。亦有移易者，左痛未已而右脈先病。如此者，必巨刺之。

《終始篇》：太陽之脈，其終也，戴眼，反折，瘈瘲。其色白，絶皮乃絶汗，絶汗則終矣②。少陽終者，耳聾，百節盡縱，目系絶。目系絶，一日半則死矣。其死也，色先青，白乃死。陽明終者，口目動作，喜驚，妄言，色黄，其上下之經盛而不行，則終矣。少陰終者，面黑，齒長而垢，腹脹閉塞，上下不通而終矣。厥陰終者，中熱嗌乾，喜溺，心煩，甚則舌卷，卵上縮而終矣。太陰終者，腹脹閉不得息，氣噫，善嘔，嘔則逆，逆則面赤，不逆則上下不通，上下不通則面黑③、皮毛焦而終矣。

《素問·診要經終論》云：太陽之脈，其終也，戴眼，反折，瘈瘲，其色白，絶汗乃出，出則死矣。少陽終者，耳聾，百節皆縱，目睘絶系，絶系一日半死。其死也，色先青，白乃死

---

① 者：原作「則」，據《素問》改。

② 絶皮乃絶汗，絶汗則終矣：此二句原作「絶汗乃出，出則終矣」，據《靈樞》改。

③ 面黑：原作「皮黑」，據《靈樞》改。

矣。陽明終者，口目①動作，喜驚，妄言，色黄，其上下之經盛，不仁②，則終矣。少陰終者，面黑，齒長而垢，腹脹閉，上下不通而終矣。太陰終者，腹脹閉不得息，善噫，善嘔，嘔則逆，逆則面赤，不逆則上下不通，不通則面黑，皮毛焦而終矣。厥陰終者，中熱嗌乾，善溺，心煩，甚則舌卷，卵上縮而終矣。此十二經之所敗也。

① 目：原作「耳」，據《素問》改。

② 不仁：原作「而不行」，據《素問》改。

脈

《靈樞·經脈篇》云：足太陽之脈，是動則病脊痛，要似折，項如拔①，腰、尻膕、踹、腳皆痛。○《素問·六元正紀大論》：太陰②終之氣，則病腰脽痛。

《素問·脈解篇》：太陽所謂腫，腰脽痛者，正月太陽寅，寅，太陽也。正月陽氣出在上，而陰氣盛，陽未得自次也，故腫，腰脽痛也。

又云：髀不可以曲，膕如結，踹如裂，是謂踝厥。○《素問·大奇論》云：腎壅則髀骭大跛，易偏枯。

《脈解篇》：病③偏虚爲跛者，正月陽氣凍解，地氣而出也。所謂④偏虚者，冬寒頗有不足者，故偏虚爲跛也。

---

① 如拔：原作「伯」，據《靈樞》改。

② 太陰：原作「太陽」，據《素問》改。

③ 病：上原有「所謂」二字，據《素問》删。

④ 所謂：二字原脱，據《素問》補。

又云：病衝頭痛，項、背、腰、尻皆痛。○《素問・熱論》云：傷寒一日，巨陽受之，頭項痛，要脊强。

《脈解篇》：所謂强上引背者，陽氣大上而争，故强上也。

又云：足太陽所生病者，狂、癲、疾。

《脈解》云：所謂甚則狂、癲、疾者，陽盡在上而陰氣從下，下虚上實，故狂、癲、疾也。

又云：手太陽之脈，耳聾，目黄，頰腫。○《靈樞・經筋》云：手太陽之筋，其病應耳中鳴。

《脈解》云：所謂耳鳴者，陽氣萬物盛上而躍，故耳鳴也。所謂浮爲聾者，皆在氣也。

又云：所謂盛則躍者，九月萬物盡衰，草木畢落而墜，則氣去陽而之陰，氣盛而陽之下長，故謂躍。

《素問・腹中論》云：陽氣入陰，入則瘖。

《脈解》云：所謂入中爲瘖者，陽盛已衰，故爲瘖也。内奪而厥，則爲瘖俳，此腎虚也，少陰不至者厥也。

《經脈》云：足少陽之脈，是動則病心脅痛，不能轉側。

《脈解》云：少陽所謂心脅痛者，言少陽盛也。盛者，心之所表也，九月陽氣盡而陰氣盛，故心脅痛也。所謂不可反①側者，陰氣藏物也，物藏則不動，故不可反側也。

又云：足陽明之脈，是動則病，洒洒振寒。

《脈解》云：陽明所謂洒洒振寒者②，陽明者午也，五月盛陽之陰也，陽盛而陰氣加之，故洒洒振寒也。

大腹水腫，膝臏腫痛，循膺乳、氣街、股、伏兔，皆痛。○《經筋》云：足陽明之筋，其病支脛轉筋，髀前踵，筋弛縱緩，不勝收。

《脈解》云：所謂脛腫而股不收者，是五月勝陽之陰也。陽者衰於五月，而一陰氣上與陽始争，故脛腫而股不收也。

又云：大腹、水腫。○《素問·逆調論》：卧則喘者，是水氣之客也。

《脈解》云：所謂上喘而爲水者，陰氣下而復上，上則邪客於藏府間，故爲水也。

又云：膺、乳、氣街皆痛，氣不足，則身以前皆寒。

《脈解》云：所謂胸痛少氣者，水氣在藏府也。水者，陰氣也，陰氣在中，故胸痛少氣也。胸痛少氣，經中多各言之，此則合舉之也。

---

① 反：原作「轉」，據《素問》改。

② 陽明所謂洒洒振寒者：原作「其病支脛轉者」，當爲他篇錯簡，據《素問》改。

又云：足陽明病至則惡人與火，聞木音則惕然而驚，賁響腹脹，是謂骭厥。

《脈解》云：所謂甚則厥、惡人與火、聞木音則惕然而驚者，陽氣與陰氣相薄，水火相惡，故惕然而驚也。

《素問·陽明脈解》云：黄帝問曰：足陽明之脈病，惡人與火，聞木音則惕然而驚，鐘鼓不動，聞木音而驚，何也？願聞其故。岐伯對曰：陽明者，胃脈也。胃者土也，故聞木音而驚者，土惡木也。帝曰：善。其惡火何也？岐伯曰：陽明主肉，其脈血氣盛，邪客之則熱，熱甚則惡火。帝曰：其惡人何也？岐伯曰：陽明厥則喘而惋①，惋則惡人。帝曰：或喘而死者，或喘而生者，何也？岐伯曰：厥逆連藏則死，連經則生。帝曰：善。

又云：欲獨閉户牖而處，

《脈解》云：所謂欲獨閉户牖而處者，陰陽相薄也，陽盡而陰盛，故欲獨閉户牖而居也。

甚則欲登高而歌，棄衣而走。

《脈解》云：所謂病至則欲乘高而歌、棄衣而走者，陰陽復争而外并於陽，故使之棄衣而走也。

《素問·陽明脈解》云：帝曰：病甚則棄衣而走，登高而歌，或至數日不食，踰垣上屋，

---

① 惋：原作「啘」，據《靈樞》改。下「惋」字同。

所上之處，皆非其素所能也。病反能者，何也？岐伯曰：四支者，諸陽之本也，陽盛則四支實，實則能登高也。帝曰：其棄衣而走者，何也？岐伯曰：熱盛於身，故棄衣而走也。○帝曰：其妄言駡詈、不避親疏而歌者，何也？岐伯曰：陽盛則使人妄言駡詈，不避親疏，而不欲食，不欲食，故妄走也。

《脈解》云：所謂客孫脈則頭痛、鼽衄、腹腫者，陽明并於上，上者，則其孫絡太陰也。故頭痛、鼽衄、腹腫也。

汗出，鼽衄，大腹，水腫。

又云：足太陰之脈，是動則病，腹脹，善噫，食則嘔。

《脈解》云：太陰所謂病脹者，太陰，子也，十一月萬物氣皆藏於中，故曰病脹。所謂上走心爲噫者，陰盛而上走於陽明，陽明絡屬心，故曰上走心爲噫也。所謂食則嘔者，物盛滿而上溢，故嘔也。

得後與氣，則快然如衰。

《脈解》云：所謂得後與氣則快然如衰者，十二月陰氣下衰而陽氣且出，故曰得後與氣則快然如衰也。

又云：足少陰之脈，是動則病，脊股内後廉痛。○足少陰之别曰大鍾，虚則要痛。

《脈解》云：少陰所謂腰痛者，少陰者腎也，十月萬物陽氣皆傷，故腰痛也。

又云：手太陰脈病則欬、上氣、喘渴。又足少陰病欬唾有血，喝喝而喘，上氣，嗌乾及痛。

《脈解》云：所謂嘔、欬、上氣、喘者，陰氣在下，陽氣在上，諸陽氣浮，無所依從，故嘔、欬、上氣、喘也。

坐而欲起，目䀮䀮如無所見。

《脈解》云：所謂邑邑不能久立久坐，起則目䀮䀮無所見者，萬物陰陽不定，未①有主也。秋氣始至，微霜始下，而方殺萬物，陰陽内奪，故目䀮䀮無所見。

心如懸，若飢狀，氣不足，則善恐。

《脈解》云：所謂少氣善怒者，陽氣不治②；陽氣不治，則陽氣不得出，肝氣當治而未得，故善怒。善怒者，名曰煎厥。

心惕惕如人將捕之。

《脈解》云：所謂恐如人將捕之者，秋氣萬物未有畢去，陰氣少，陽氣入，陰陽相摶③，故恐也。

---

① 未：原作「謂」，據《素問》改。

② 治：原作「至」，據《素問》改。下「陽氣不治」之「治」同。

③ 摶：《素問》作「薄」，當從。

飢不欲食，面如漆柴。

《脈解》云：所謂惡聞食臭者，胃無氣，故惡聞食臭也。所謂面黑如地色者，秋氣内奪，故變於①色也。

欬唾則有血，喝喝而喘。

《脈解》云：所謂欬則有血者，陽脈傷也。陽氣未盛於上而脈滿，滿則欬，故血見於鼻也。

又云：足厥陰之脈，是動則病，丈夫㿗疝，婦人少腹腫，要痛，不可以俛仰。○胸滿、嘔逆、飧泄、狐疝、遺溺、閉癃。

《脈解》云：厥陰所謂㿗疝、婦人少腹腫者，厥陰者辰也，三月陽中之陰，邪在中，故曰㿗疝、少腹腫也。所謂腰脊痛不可以俛仰者，三月一振榮華，萬物一俛而不仰也。所謂㿗癃疝膚脹者，曰陰亦盛而脈脹不通，故曰㿗癃疝也。

甚則嗌乾。

《脈解》云：所謂甚則嗌乾、熱中者，陰陽相薄而熱，故嗌乾也。

---

①　於：原脱，據《素問》補。

〔附〕散解

凡脈法之散見諸篇，有一二段遥解他篇者，附此。

《靈樞·本神篇》：脾藏營，營舍意，脾氣①虚則四支不用。

《素問·太陰陽明論》云：帝曰：脾病而四支不用，何也？岐伯曰：四支皆禀氣於胃，而不得至經，必因於脾乃得禀也。今脾病，不能爲胃行其津液，四支不得②禀水穀氣，氣日以衰，脈道不利，筋骨肌肉皆無氣以生，故不用焉。

又曰：帝曰：脾與胃以膜相連耳，而能爲之行其津液，何也？岐伯曰：足太陰者，三陰也，其脈貫胃，屬脾，絡嗌，故太陰爲之行氣於三陰。陽明者表也，五藏六府之海也，亦爲之行氣於三陽。藏府各因其經而受氣於陽明，故爲胃行其津液。四支不得禀水穀氣，日以益衰，陰道不利，筋骨肌肉無氣以生，故不用焉。

---

① 脾氣：二字原脱，據《靈樞》補。

② 得：原作「能」，據《素問》改。

病本篇

《靈樞》：先病而後逆者，治其本。先逆而後病者，治其本。

《素問》：先病而後逆者，治其本。先逆而後病者，治其本。

《靈樞》：先寒而後生病者，治其本。先病而後生寒者，治其本。

《素問》：先寒而後生病者，治其本。先病而後生寒者，治其本。

《靈樞》：先熱而後生病者，治其本。先泄而後生他病①者，治其本，必且調之，乃治其他病。

《素問》：先熱而後生病者，治其本。先泄而後生他病者，治其本，必且調之，乃治其他病。

《靈樞》：先病而後中滿者，治其標。先病後泄者，治其本。先中滿而後煩心者，治其本。

《素問》：先熱而後生中滿者，治其標。先病而後泄者，治其本。先病而後生中滿者，治其標。先中滿而後煩心者，治其本。

① 他病：原作「痛病」，據《靈樞》改。

《靈樞》：有客氣，有同氣。大小便不利，治其標。大小便利，治其本。

《素問》：人有客氣，有同氣。小大①不利，治其標。小大利，治其本。

《靈樞》：病發而有餘，本而標之，先治其本，後治其標。病發而不足，標而本之，先治其標，後治其本。

《素問》：病發而有餘，本而標之，先治其本，後治其標。病發而不足，標而本之，先治其標，後治其本。

《靈樞》：謹詳察閒甚，以意調之，閒者并行，甚爲獨行。先小大便不利，而後生他病者，治其本也。

《素問》：謹察閒甚，以意調之；閒者并行，甚者獨行。先小大不利，而後生病者，治其本。

① 小大：原作「大小」，據《素問·標本病傳論》改。下句「小大」同。

病傳篇

《靈樞》：黄帝曰：大氣入藏，奈何？岐伯曰：病先發於心，一日而之肺，三日①而之肝，五日而之脾，三日不已，死。冬夜半，夏日中。

《素問》：夫病傳者，心病先心痛，一日而欬，三日脅支痛，五日閉塞不通，身痛體重，三日不已，死。冬夜半，夏日中。

《靈樞》：病先發於肺，三日而之肝，一日而之脾，五日而之胃，十日不已，死。冬日入，夏日出。

《素問》：肺病喘欬，三日而脅支滿痛，一日身重體痛，五日而脹，十日不已，死。冬日入，夏日出。

《靈樞》：病先發於肝，三日而之脾，五日而之胃，三日而之腎，三日不已，死。冬日入，夏蚤食。

《素問》：肝病頭目眩，脅支滿，三日體重身痛，五日而脹，三日腰、脊、少腹痛、脛痠，三

① 三日：原作「二日」，據《靈樞》改。

日不已，死。冬日入，夏早食。

《靈樞》：病先發於脾，一日而之胃，二日而之腎，三日而之膂、膀胱，十日不已，死。冬人定，夏晏食。

《素問》：脾病身痛體重，一日而脹，二日少腹、腰脊痛、脛痠，三日背䏶筋痛，小便閉，十日不已，死。冬人定，夏晏食。

《靈樞》：病先發於胃，五日而之腎，三日而之膂、膀胱，五日而上之心，二日不已，死。冬夜半，夏日昳。

《素問》：胃病脹滿五日，少腹、腰脊痛、胻痠，三日背䏶筋痛，小便閉，五日身體重，六日不已，死。冬夜半後，夏日昳。

《靈樞》：病先發於腎，三日而之膂、膀胱，三日而上之心，三日而之小腸，三日不已，死，冬大晨，夏晏晡。

《素問》：腎病少腹、腰脊痛、胻痠，三日背䏶筋痛，小便閉，三日腹脹，三日兩脅支痛，三日不已，死，冬大晨，夏晏晡。

《靈樞》：病先發於膀胱，五日而之腎，一日而之小腸，一日而之心，二日不已，死，冬雞鳴，夏下晡。

《素問》：膀胱病小便閉，五日少腹脹、腰脊痛、胻痠，一日腹脹，一日身體痛，二日不已，死。冬雞鳴，夏下晡。

《靈樞》：諸病以次相傳，如是者，皆有死期，不可刺也；間一藏及二三四藏者，乃可刺也。

《素問》：諸病以次是相傳，如是者，皆有死期，不可刺。間一藏止，及至三四藏者，乃可刺也。

瘧解補證

廖平 撰
邱進之 校點

校點説明

廖平認爲瘧亦爲四時病，與傷寒同類，不純爲雜病。故隋、唐言傷寒者多及瘧，當與《傷寒》參考。《瘧解補證》就《素問·瘧論》作補證，引用日本丹波元簡《素問識》較多。載民國六年（一九一七）《國學薈編》第三期。四川存古書局刊行，收入《六譯館叢書》，附於《靈素五解篇》後。今以此本爲底本進行點校。

目録

瘧解補證《素問・瘧論》。○瘧亦爲四時病，與傷寒同類，不純爲雜病。故隋、唐言傷寒者多及瘧，故當與《傷寒》參考。

井研廖平撰

黄帝問於岐伯曰：夫㾏今本作「痎」。瘧《素問識》：《甲乙》、《千金》無「痎」字。馬云：「痎音皆，後世從㾏，誤也。痎瘧者，瘧之總稱也，王注以爲老瘧，不必然。痎瘧皆生於風，則皆之一字，凡寒虐温瘧瘴瘧、不分每日間日三日，皆可稱爲痎瘧也。」簡按《廣雅》云：「痎、痁，瘧也。」《説文》云：「痎，二日一發瘧也。」蓋瘧多二日一發者，因爲之總稱耳。王以爲老瘧者，其説蓋出於張文仲，《外臺》獺肝等八味方，「傳屍病亦名痎瘧，遁疰①、骨蒸、伏連、殗殜」是。而其原因誤讀「五十六難」云「欬逆㾏瘧連歲不已」爾。吴云：「痎亦瘧也，夜病者謂之痎，晝病者謂之瘧。《方言書》夜市謂之痎市，本乎此也。」《方言書》未知何等書，閲《青箱雜記》、《豫章漫録》、《五雜俎》等，云蜀有痎市，而間日②一集，如痎瘧之一發，則其俗又以冷熱發歇爲市喻也。夜市之説無所考。張云：「痎，皆也。瘧，殘虐之謂。瘧證雖多，皆謂之虐，故曰痎瘧。」李云：「凡秋瘧皆名痎，即其皆生於風，皆字知諸瘧之通稱也。」《醫宗必讀》不載秋瘧之説，則云凡瘧皆名痎。昔人之解非。志與吴同，而解《生氣通天論》則云「陰瘧也」。高云：「痎，陰瘧也，瘧，陽瘧也。」以上數説，俱無稽之言，不可從。孔穎達《左傳正義》云痎是小瘧、痁是大瘧，亦非本經之義。

---

① 遁疰：原作「遁法」，人民衛生出版社本丹波元簡《素問識》誤作「遁注」，兹據《外臺秘要》卷一三《傳屍方》改。

② 日：原作「月」，據《素問識》卷四改。

者，皆生於風，其畜作《素問識》：趙府本「畜」作「蓄」，《歲露篇》作「稸」。馬云：「蓋稸即積之義，故其旁皆從禾。不發之謂畜，發時之謂作。」有時，何也？楊注：痎者，二日一發名痎瘧。此經但夏傷於①暑至秋爲病，或云痎瘧，或但云瘧，不必日發間日以定痎也，俱應四時，其形有異，以爲痎耳。因腠理開發，風入不洩，藏蓄合於四時，而發日之辰又異，其故何也？岐伯曰：瘧之始發，先起於毫毛，伸欠《素問識》：張云：「伸者，伸其四體，邪動於經也。欠，呵欠也，陰陽爭引而然。」簡案《曲禮》「侍坐於君子，君子欠伸，撰杖屨，視日蚤莫」，鄭注：「以君子有倦意也。」班書《翼奉傳》：「體病則欠伸動於貌。」馬云「伸當作呻，呻爲腎之聲」，誤，此論瘧之形狀，專指寒瘧。乃作②，寒慄鼓頷，《素問識》：汪云：「愚謂此節論瘧之形狀。」張云：「鼓者，振悚之謂。」腰脊痛，寒去則外内皆熱，頭痛如破，渴欲冷飲③。寒瘧發狀，凡有七別：一起豪毛謂毛立，二爲伸欠，三爲寒慄，四腰脊痛，五内外熱，六頭痛甚，七渴飲水。寒瘧之狀，有斯七別也。黄帝曰：何氣使然？願聞其道。岐伯曰：陰陽上下交争，虚實更作，陰陽相移也。《素問識》：汪云：此節論瘧之所以發寒熱也，又爲一章之大旨，下發明此節也。陽并於陰，則陰實而陽虚④，《素問識》：高云：相移者，相并之義，如陽氣相移而并於陰，則陰實而陽虚；須

① 於：原作「寒」，據人民衛生出版社本《黄帝内經太素校注》卷二五《瘧解》楊注改。
② 作：下原有「寒慄」二字，蓋涉下文衍，兹據《素問・瘧論》删（按《太素》「寒慄」二字重）。
③ 冷：原脱，《太素》同。據《素問》補。
④ 陽虚：《太素》作「陽明虚」。

陰氣相移而并於陽，則陽實而陰虛。不言者，省文也。陽明虛①實則與此相反。故凡一經之證，皆分虛實，故《傷寒》「陽明之爲病」有虛實二義。則寒慄鼓頷，此爲陽明經證，當據以補《傷寒》。巨陽虛太陽表證，與《傷寒》同。則腰脊頭項痛，《素問識》：張云：「陰勝則陽氣不行，血脈凝滯，故骨寒而痛。」滑云：此下當有少陽虛一節。三陽俱虛，陰氣勝，陰氣勝則骨寒而痛，《終始篇》曰：病痛者，陰也。」寒生於內，故中外皆寒。寒氣藏於腸胃之外，皮膚之內，舍於營氣，至於春時，陰陽交爭，更勝更衰，故虛實相移也。三陽俱并②於陰，則三陽皆虛，虛爲陰乘，故外寒，陰氣强盛，故內寒。內外俱寒，則湯火不能温也。陽盛則外熱，陰虛則內熱，外內皆熱，則喘而渴欲飲。陰極則陽盛，陽盛則外熱；陽極則陰虛，陰虛則陽乘，故內熱。外內俱熱，甚於栗炭，冰水不能凉，故渴而欲飲也。此得之夏傷於暑，熱氣盛，藏之於皮膚之內，此五診法。腸胃之外，不入藏爲一定之法。此營氣之所舍也。此言其日作之所由也。皮膚之內，腸胃之外，脈中營氣，是邪之舍也。《素問識》：張云：「皮膚之內腸胃之外，蓋即經脈間耳。營行脈中，故曰此營氣之所舍也。」志云：「舍即經隧所歷之界分，每有界分，必有其舍，如行人之有傳舍也。」此令人汗出今本無「此」字。空疏，《素問識》：吴云：「此字指暑氣言，蓋陽氣主疎泄萬物故也。」盧氏云：「暑令人汗空疏，腠理開者，以暑性喧發，致腠理但開不能旋闔耳。不即病者，時

---

① 陽明虛：此三字上原重「陽并於陰則陰實而陽明虛」一句，姑删。（按：「陽并於陰則陰實而陽虛」與「陽并於陰則陰實而陽明虛」，二者當必有一衍。）據篇題廖注，此篇引經當以《素問》之文爲本，實則不然，出《太素》者亦往往而有。

② 俱并：原作「并注」，據《太素·瘧解》楊注改。

值夏出之，從內而外，衛氣仗此，猶可捍禦。」高云：「暑熱傷榮，則肌表不和，此令人汗孔疏而腠理開也。空、孔同。」腠理開，因得秋氣，汗出遇風，及得之以浴，水氣舍於皮膚之內，《素問識》：諸注「浴」下句。吴云：「夏傷於暑，陽邪也，秋氣，水氣，陰邪也。陰陽相薄，寒熱相移，是以瘧作。」馬云：「夫暑熱伏於營而風寒居於衛，營專在內，無自而發，衛行於外，二邪隨之以出入焉。」志、高「浴」「水氣」連讀，非是。與衛氣并居。《素問識》：滑云：「言衛氣與營氣并合也。」汪云：「從『夏傷於暑』至此，原所以致瘧之故也。」張云：「新邪與衛氣並居，則內合伏暑，故陰陽相薄，而瘧作矣。」高云：「風水之氣舍於皮膚之內，則與衛氣并居也。」簡案：滑注誤。衛氣者，晝日行陽，此氣得陽而今本此下有「外」字。出，得陰而內薄，《素問識》：滑云：「此氣，指瘧。」馬云：「衛氣者，晝行於足手六陽經二十五度，此邪氣者得陽而外出，瘧之所以發也；夜行於足手六陰經二十五度，此邪氣者得陰而內入，瘧之所以蓄也。內外相薄。隨衛而行，是以一日一作也。病之始末，至是而備矣。」高云：「瘧之發也，必衛氣應乃作，此衛氣得日陽而外出，得夜陰而內薄，內外相薄，遇邪則發，是以日作。」簡案：「此氣」滑、馬爲瘧邪之氣，高爲衛氣，未知孰是。得陽之陽，得陰之陰，馬不解釋，高則爲日陽夜陰之義，果然，則瘧疾宜無夜發者，此可疑焉；滑以得陽之陽爲榮中之陽，以得陰之陰爲榮中之陰，說不可從①。是以日作。邪客營氣之中，令人汗出，開其腠理，因得秋氣，復藏皮膚之內，與衛氣居。衛晝行於陽，夜行於陰，邪氣與衛俱行，以日日而作也。黄帝曰：其間日而作何也？岐伯曰：其氣之舍寫，內薄於陰，陽

① 以得陰之陰爲榮中之陰，說不可從：此二句，《素問識》卷四作「以得陰之陰爲榮，其說糊塗，不可從」。

氣獨發，陰邪内著，陰與陽争不得出，是以間日而作。其邪氣因衛入内，内①薄於陰，共陽交争，不得出，不得日日與衛外出之陽，故間日而作也。黄帝曰：善。其作日晏與其日蚤，何氣使然？岐伯曰：邪氣客於風府，循𦙶今本作「膂」。而下，《素問識》：張云：「膂、吕同，脊骨曰吕，象形也。一曰夾脊兩旁之肉曰膂。下者，下行至尾骶也。」簡案：《説文》「吕，脊骨也」，《廣雅》「膂肉也」，前説本於《説文》，後説及王、馬注原於《廣雅》。據「循膂而下」語，其爲脊骨者，於義爲當。衛氣一日一夜大會當作「復大會」，説詳《營衛運行篇》。舊説多誤。於風府，《素問識》：王注《熱論》云「風府入髮際，同身寸之一寸」，此云二寸，考《甲乙》、《千金》等，作二寸者誤。其明日日下一節，故其作也晏，此先客於脊背也。每至於風府則腠理開，開則邪入，邪入則病作，以此日作稍益晏者也。其出於風府，日下一椎②，二十一今本作「五」。日《素問識》：《靈樞》、《甲乙》、《太素》、全元起、《巢源》作二十一日，二十六日作二十二日。馬云：「此曰二十五日者，連風府之項骨三椎而言；彼曰二十一者，除項骨言，自大椎而始也。故二十六日與二十二日亦不同。」吴同。張云：「項骨三節，脊骨二十一節，共二十四節，邪氣自風府日下一節，故於二十五日下至尾骶，復自後而前，故於二十六日入脊内。」簡按：志、高二十五日作二十一日，二十六日作二十二日，據《靈樞》等也。自風府始，則不除項骨者似爲有理，而考諸書作二十五日二十六日者，王所改正。〇《外臺》亦作「五」，「六」宋人所改。今從志、高。徐廷璋《活人鍼經》云：案《甲乙經》云大椎至尾骶共二十一顀，此中只長三尺，以三尺内折量，取背上俞穴，一法用繩墨取穴，繩有舒縮不同，取穴無準，今以薄竹片點量取穴，治病有準。今精考二十一顀

---

① 内：原脱，據《太素·瘧解》楊注補。

② 一椎：「一」字原脱，據《素問·瘧解》補。按「一椎」《素問》作「一節」。

骨，不至尾骶盡，只至腰余穴盡已。腰余穴，第二十一顀下是腰余穴，穴旁分開一寸五分，是自環俞穴，穴下更有上髎、次髎、中髎、下髎，會陽五穴，皆在二十一顀下。直至會陽穴，其穴交郄①，在尾骶骨兩傍，則知二十一顀骨至腰余而盡。今經二十一顀骨至尾骶骨而盡，甚非也。言長三尺，此法亦不可準用。今詳二十一顀下有四骨空在下相連，直至尾骶盡，以二十一顀又增四骨，骨空共二十五。據《内經·瘧論》篇云：瘧邪初出於風府，在顀骨上，其邪大椎爲始，日下一節，二十五日尾骶盡處，二十六日入於脊内。據此經云，即是二十一日，下二十一節而盡，自二十二日即下四骨空間，至二十五日，諸顀及骨空傳盡，即入脊中。以此論之，其理甚明，則知《甲乙經》云二十一顀至尾骶骨，甚非也。○案：此説太異，蓋未考及《靈樞》，漫爾立論，而楊繼《鍼灸大成》背部圖亦載此論，不知其出於何人也。下至骶骨，因衛氣從風府日下，故作也晏，晚也。骶，丁禮反，尾窮骨也。《素問識》：《歲露篇》作「尾底」。簡按：知是骶即底，會意。二十二日入於脊内，注於②今本此下有「伏」字。膐今本作膂。之脈，《素問識》：《歲露篇》、《病源》作伏衝，《甲乙》作太衝。簡案：《天真論》「太衝之脈盛」，《甲乙》、《太素》作伏衝，知是太衝、伏衝、伏膂皆一脈耳。膂即吕，脊骨。王謂「膂筋之間」，恐非；上文「日下一節」，王云「節謂脊骨之節」，若以膂爲筋，則義相乖。其氣上行九日，出於缺盆之中，《素問識》：吴云：「氣上行無關節之窒，故九日出於缺盆。」簡按：缺盆非陽明胃經之缺盆。《骨度篇》云：「結喉以下至缺盆中，長四寸，缺盆以下至髑骬，長九寸」，《骨空論》云：「治其喉中央在缺盆中者」，《本輸篇》云：「缺盆之中，任脈也，名曰天突」，俱非胃經之缺盆，乃指任脈天突而言耳。其氣日高，故日益早。邪與衛氣下二十一③椎，日日作晚，至二十二日，邪與衛氣注於

① 郄：原作「郗」，據《素問識》卷四改。
② 於：原脱，據《素問·瘧解》補。
③ 二十一：原作「其二」，或「廿一」之誤，據《太素·瘧解》楊注改。

督脈上行，氣上高行，故其作也早①。其内薄於五藏，横連募原也，《素問識》：簡案：《舉痛論》及全本、《太素》、《巢源》作「膜原」。《舉痛論》王注云：「膜，謂膈間之膜；原，謂膈肓之原」，義未甚明，此云膈募之原系，乃覺勝於彼注。蓋膜本取義於帷幕之幕，膜間薄皮，遮隔濁氣者，猶幕之在上，故謂之幕。因從肉，作膜，其作「募」者，「幕」之訛耳。《太陰陽明論》「脾與胃以膜相連爾」，《太素》「膜」作「募」，知此募、幕互誤。熊、張並音「暮」。張云：「諸經募原之氣，内連五藏，邪在陰分，故道遠行遲。」志云：「募原者，横連藏府之膏膜，即《金匱》所謂皮膚藏府之文理，乃衛氣遊行之腠理也。」二家之説，並不允當，姑從王義。當與《舉痛論》「小腸膜原」注參看。其道遠，其氣深，其行遲，不能與衛氣俱行《素問識》：《甲乙》衛氣作「營氣」，非也。偕出，今本作「不得皆出」。故間日乃作。偕，俱也。募原，五藏皆有募原，其邪氣内著五藏之中，横連五藏募原之輸，不能與衛氣日夜俱行陰陽，隔日一至②，故間日作也。《素問識》：「乃」上《病源》、《外臺》有「蓄積」二字。黄帝曰：夫子言衛氣每至於風府，腠理乃發，發則邪入，邪入則病作。今衛氣日下一節，其氣之發也不當風府，其日作奈何？項髮際上風府之空，衛氣之行日日而至，若下二十一節③，覆上方會風府，日作則不相當，通之奈何也？岐伯曰：風無常府，衛氣之所發也，必開其腠理，氣之所舍，即其府高已。黄帝曰：善哉。無常府者，言衛氣發於腠理，邪氣舍之，

① 早：原脱，據《太素·瘧解》楊注補。
② 至：原作「交」，據《太素·瘧解》楊注改。
③ 下二十一節：原作「其下一節」，據《太素·瘧解》楊注改。

即高同①風府，不必常以項髮際上以爲府也。故衛氣發腠理，邪舍之處，其病日作也。黄帝曰：夫風之與瘧也，相似《素問識》：《靈樞》、《病源》「似」作「與」。同類，而風獨常在，而瘧得有休者②，何也？因腠理開，風入藏内，至時而發，名之爲瘧。然則風之與瘧異名同類，其瘧日有休時，風府③常在未愈常在未愈，其意何也？岐伯曰：經留其處，衛氣相順，經絡沉以内薄，故衛氣乃作④。經絡停留之處，衛氣過之，經脈與衛氣⑤相順，故經脈内薄停處，衛氣亦留，衛氣與風留處發動爲瘧，所以其風常在，瘧有休作也。

三瘧《素問·瘧論》。

黄帝曰：瘧先寒後熱，何也？岐伯曰：夏傷於大暑，當爲「熱」，與長夏不同。汗⑥大出，腠理開發，與中風同，以春、夏同爲陽，主發散。因遇夏氣凄滄之小今本作「水」。寒，《素問識》：滑云：「水一作

① 同：原脱，據《太素·瘧解》楊注補。
② 休者：《素問》作「有時而休者」。
③ 府：原脱，據《太素·瘧解》楊注補。
④ 「經留其處」至「乃作」四句，《素問》作「風氣留其處，故常在；瘧氣隨經絡沉以内薄，故衛氣應乃作」。
⑤ 氣：原脱，據《太素·瘧解》楊注補。
⑥ 汗：《素問》作「其汗」。

『小』」。馬云：「當作『小寒』。吴本作『小寒』。」志云：「風寒曰凄，水寒曰滄。」簡案：凄、滄不必分風、水。《靈・師傳篇》云：「寒無凄滄，暑無出汗。」寒迫之①，藏於腠理皮膚之中，秋傷於風，四時皆有風，故秋亦有風，因風乃名風瘧。病盛矣②。《素問識》：《生氣通天論》云：「夏傷於暑，秋爲痎瘧。」《金匱真言論》云：「秋善病風瘧。」《陰陽應象大論》云：「夏傷於暑，秋必痎瘧。」《靈・論疾診尺篇》同。《周禮》「疾醫」職：「秋時有瘧寒疾。」《左傳・定四年》荀寅云：「水潦方降，疾瘧方起。」○今本「盛」作「成」。夫寒者，陰氣也；傷寒無汗，皮緊。風者，陽氣也。中風自汗，皮緩。先傷於寒而後傷於風，故先寒而後熱。今本此下有「病以時作，名曰寒瘧」八字。夏遇小寒，藏於腠理皮膚之中，至秋復傷於風。先遇於寒，故先寒也；後傷於風，故後熱。此爲寒瘧也。《素問識》：張云：「先受陰邪，後受陽邪，故先寒後熱。人之患瘧者，多屬此證。」簡案：上文云「瘧之始發也，先起於毫毛，伸欠乃作，寒慄鼓頷，腰脊俱痛，寒去則内外皆熱」，此乃瘧之正證也。李云：「温瘧、癉瘧皆非真瘧也。」知是寒瘧，特真瘧耳。

以上先寒後熱。

黄帝曰：先熱而後寒，何也？岐伯曰：此先傷於風，而後傷於寒，故先熱而後寒，亦以時作，名曰温瘧。《素問識》：馬云：「據後第十三節，以冬中於風而發於春者爲温瘧，則温瘧非夏感於暑而發於秋者比也。故今秋時之瘧，惟先寒而後熱者最多，要知温瘧原非秋時有也。」

以上先熱後寒。

---

① 寒迫之：《素問》無此三字。

② 病盛矣：《素問》作「則病成矣」。

其但熱而不寒，陰氣絶，陽氣獨發，則少氣煩悗，《素問識》：《千金》作「煩悶」。〇今本作「冤悗」。手足熱而欲歐，名曰癉瘧。此二種瘧，略示所由，廣解在下。《素問識》：志云：「癉，單也。謂單發於陽而病熱也。」《聖濟總録》云：「單陽爲癉。」萬氏《育嬰家秘》云：「經中只言癉，俗稱爲疸。癉者，單也。謂單陽而無陰也。」簡案：「單陽」之義，在癉瘧則可，至脾癉、膽癉、消癉及「癉成爲消中」等則不通焉。王注爲「熱」，最爲明確，蓋癉乃「燀」之從疒者。燀，《説文》「炊也」，《廣韻》「火起貌」。《國語・周語》「火無災①燀」，癉之爲熱，其在於此耶？《金匱》温瘧主白虎加桂枝湯，即本節癉瘧。當並考。

以上癉瘧。

黄帝曰：黄帝自引經耶？《内經》凡經、傳、記、解、評，歷世相傳，同稱黄帝。夫經言《素問識》：出《靈・逆順第五十五篇》，下同。有餘者寫之，不足者補之。今熱爲有餘，寒爲不足。夫瘧之寒也②，湯火不能温也，及其熱也，冰水不能寒也，此皆有餘不足之類也。當是時③，良工不能止也，必須其時④自衰，乃刺之，其故何也？願聞其説。岐伯曰：弟子著書，亦託黄帝。經言經，多出《靈樞》，無刺熇熇之氣，無刺渾渾之脈，《素問識》：渾渾，與《脈要精微論》「渾渾」同義，謂脈盛也。《七發》注：「渾渾，波相隨貌。」無

---

① 災：原作「炎」，據《國語・周語下》改。
② 瘧之寒也：《素問》作「夫瘧者之寒」。
③ 當是時：《素問》作「當此之時」。
④ 其時：《素問》無「時」字，義較長。

刺漉漉之汗，故其爲病逆不可治①，此言病發盛時，不可取也。夫瘧之始發也，陽氣并於陰，當是之時，陽虚而陰盛，外無氣，故先寒慄。陰氣逆極，則復出之陽，陽與陰復并於外，則陰虚而陽實，故今本有「先」字。熱而渴。《素問識》：吳改「先」作「後」。簡案：今驗「先熱而汗出，尋而發渴」，乃作「先」者是。夫瘧氣者，并於陽而陽勝，并於陰則陰勝，陰勝則寒，陽勝則熱。瘧，風寒氣也，不常，病極則復。至《素問識》：王以「至」字連下句，吳、張同，馬、志、高並據《甲乙》、全本、《太素》接上句。汪昂云：「『至』字有連上句讀者，言寒熱復至，今從王氏。」病之發也如火熱，風雨不可當也。故經言曰：方其盛時，勿敢②必毁；《素問識》：《靈・逆順篇》云：「方其盛也，勿敢毁傷。」當從《太素》文。因其衰也，事必大昌。此之謂也。此③言取其衰時有益者也。夫瘧之未發也，陰未并陽，陽未并陰，因而調之，真氣得安，邪氣乃亡。故工不能治其已發，爲其氣逆也。此④言取其未病之病，未盛之時也。《素問識》：馬云：「按後人用藥，必當在瘧氣未發之前，方爲有效，不但用鍼爲然。若瘧發而用藥，則寒藥助寒，熱藥助熱，反無益而增其病勢矣。此義當與《靈樞・逆順篇》參看。」簡案：上文云病逆，此云氣逆，其義則一也。祝茹穹《心醫集》云：「瘧疾每日如期而至，名曰瘧

---

① 故其爲病逆不可治：《素問》作「故爲其病逆，未可治也」。

② 勿敢：《素問》無此二字。

③ 此：原脱，據《黄帝内經太素校注》卷二五《三瘧》楊注補。

④ 此：原脱，據《黄帝内經太素校注》卷二五《三瘧》楊注補。

信，此當原症發散①，未可直攻，未可截也；或前或後，此正氣漸旺，邪將不容，名曰邪衰，方可截之。」正本節之理也。黄帝曰：善。攻之奈何？早晏何如？晏，晚也。療瘧之要，取之早晚何如也。岐伯曰：瘧之且發，《素問識》：志云：「且者，未定之辭。」言瘧之將發，陰陽之將移，必從四末始。陰陽之且移也，必從四末始，陽以傷，陰從之，故先其時堅束其處。《素問識》：志云：「堅束其四末，令邪在此②經者不得入於彼經，彼經之經氣不得出而并於此經。」簡案：志注爲允當③。《千金》作「故④氣未并，先其時一食頃，用細布索堅束其手足十指，令邪氣不得入，陰氣不得出，過時乃解」，此亦一法。令邪氣不得入，陰氣不得出，審候⑤見之在孫絡，盛堅而血者皆取之。《素問識》：吴云：「取血之法，今北人行之。」張云：「今北人多行此法，砭出其血，謂之放寒。」此直今本作「真」。往《素問識》：《太素》作「直往」，似⑥是。而取，未得并者也。此言療之在早，不在於晚也。夫瘧之作也，必内陰外陽，相入相并相移乃作。四支爲陽，藏府爲陰。瘧之將作，陽從四支而入，陰從藏府而出，二氣交争，陰勝爲寒，陽勝爲熱。療之二氣未并之前，以繩堅束四支病所來處，使二氣不得相通，必邪見孫絡，皆

---

① 發散：原作「未發」，據《素問識》卷四改。
② 此：原脱，據《素問識》卷四補。
③ 當：原脱，據《素問識》卷四補。
④ 千金作故：四字原脱，據《素問識》卷四補。
⑤ 候：原作「侯」，《太素》作「後」。據《素問》改。
⑥ 似：原脱，據《素問識》卷四補。

刺去血，此爲要道也。此爲刺絡血法。陽以傷者，陽虛也；陰從之者，陰并也。黃帝曰：瘧不發，其應何如？瘧病有休有作，其應何氣也？今本作「其應如何」。岐伯曰：瘧氣者，《素問識》：《甲乙》「氣」字無。必更盛更虛，隨氣所在。病在陽則熱，脈躁；在陰則寒，脈靜；極則陰陽俱衰，衛氣相離，故病得休；衛氣集，則復病。瘧氣不與衛氣聚，故得休止。若瘧氣居衛，與衛氣聚者，則其病復作。故病不發者，不與陰陽相并故也。黃帝曰：時有間二日或至數日發，或渴或不渴，其故何也？夫瘧之作，遲數不同，或不間日，謂一日一發也；或有①間日，隔日而發也；或間二日，三日一發也；或至數日一發，四日以去有一發也。諸間二日以去溫瘧，人多不識，不以爲瘧，宜審察之，以行補寫也。岐伯曰：其間日者，邪氣與衛氣客於六丹波疑作「風」。府，《素問識》：李云：「客，猶會也。邪在六府，則氣遠會希，故間二日，或休數日也。」志云：「六府者，謂六府之膜原也，藏之膜原而間日發者，乃胸中之膈膜，其道近，六府之膜原更下而遠，故有間二日，或至於數日也。」簡案：考上文並無客於六府之説，疑是「風府」之訛。而時相失，不能相得，故休數日乃作。瘧氣衛氣俱行，行至六府，當作「風府」。穀氣有時盛衰，致令二氣相失，數日乃得一集，集時即發，故至數日乃作也。瘧者，陰陽更勝，或甚或不甚，故或渴或不渴。陰勝寒甚不渴，陽勝熱甚故渴也。

以上論刺法。

黃帝曰：論言經言與論言有別，論如記、傳，故《內經》篇目無「論」字者多爲經。夏傷於暑，秋必病瘧。出

---

① 或有：原作「有或」，據《黃帝內經太素・三瘧》楊注改。

《陰陽應象大論》。今瘧不必應，何也？夏傷於暑，秋必病瘧。今瘧之發，不必應在秋時，四時皆發，其故何也？岐伯曰：此應四時者也。《素問識》：張云：夏傷於暑，秋必病瘧，此應四時者也。其病異形者，反四時者也。或夏傷於暑，或冬傷於寒，以爲瘧者，至其發時，皆應四時，但病形異也。《素問識》：吴云：「謂春時應暖，而反大涼，夏時應熱，而反大寒，秋時應涼，而反大温，冬時應寒，而反大熱，瘧病異形，職由此也。」志云：「非留畜之邪，乃感四時之氣而爲病也。」其俱以秋病者寒甚，《素問識》：張云：「秋以盛熱之後而新涼束之，陰陽相激，故病爲寒甚。」高云：「秋傷於溼，人氣始收，故寒甚。」以冬病者寒不甚，以春病者惡風，以夏病者多汗。惡，於路反，畏惡也。言同傷寒暑，俱以四時爲瘧也。秋三月時，陰氣得勝，故熱少寒甚也；冬三月時，陽生陰衰，故熱多寒少也；春三月時風甚，故惡風也；夏三月時温熱甚，故多汗也。

以上論四時。

黄帝曰：夫温瘧與寒瘧各安舍，舍何藏？問寒、温二瘧所居之藏也。岐伯曰：温瘧者，得之冬中風，寒氣藏於骨髓之中，下「此病藏於骨」，誤作「腎」。至春則陽氣大發，邪《素問識》：邪，《甲乙》作「寒」。氣不得今本作「能」。出，今本作「邪氣不能自出」。因遇大暑，腦髓鑠，下文「骨」字由此而出。肌肉銷澤，腠理發洩，因有所用力，邪氣與汗偕出，此病藏於腎，當作「骨」。喻誤據此，以爲藏病。其氣先從内出之於外，由骨出外，仍屬五診法，非藏。如是則陰虚而陽盛，則熱矣。衰則氣復反入，《素問識》：張云：陽極而衰，故復入於陰分。入則陽虚，陽虚則寒矣。故先熱而後寒，名曰温瘧。此言温瘧所舍之藏。謂冬三月時，因腠理開，得大寒氣深入，至於骨髓，藏於腎當作「骨」。中，至春陽氣雖發，亦不能出，在内銷於腦髓，銷澤脈肉，發洩腠理，有因用力汗出，其寒氣從内與汗俱出，是則陰虛，陰虛陽乘，内盛爲熱，故先熱也；熱極復衰，反入於内，外陽復虛，陽虛陰乘爲寒，所以後寒。故曰温瘧也。《素問識》：張云：「按此以冬中於寒而發爲温瘧，即傷寒之屬，故《傷寒論》有温瘧一證，蓋本諸此。張兆璜云：『故先熱而後寒者，名曰温瘧。其但熱而不寒者，名曰癉瘧矣。』『故』字宜著眼。」高云：「上文因寒瘧而及温瘧，故寒瘧詳而温瘧略；此問温瘧而兼寒瘧，故下文但論温瘧而不復言寒瘧也。」

以上詳温瘧。

黄帝曰：癉瘧者何如？岐伯曰：癉瘧者，肺讀作「胸」。之素有熱氣盛於身，厥逆上衝①，中氣實而不外洩，因有所用力，腠理開，風寒舍於皮膚之内、分肉之間而發，發則陽氣盛，氣盛而不衰，則病矣。癉，熱也。素，先也。人之肺讀作「胸」。中先有熱氣，發於内熱，内熱盛而不衰，以成癉瘧之病也。其氣不反今本作「及」。之陰，《素問識》：高注云：上文温瘧氣復反入，故先熱後寒；癉瘧其氣不反於陰，故但熱而不寒。故但熱不寒，寒氣内藏於心，當作「胸」。而外舍分肉之間，令人銷鑠脱肉，故命曰癉瘧。黄帝曰：善哉。爲寒氣所發熱氣，不反之陰，故但熱不寒，神引寒氣藏心當作胸。而舍分肉之間，故能銷鑠脱肉，令人瘦瘠。然則無寒獨熱，故曰癉瘧也。

以上詳癉瘧。

---

① 上衝：《黄帝内經太素·三瘧》作「上」。

脈學輯要評

〔日本〕丹波元簡撰　廖　平　評
邱進之　校點

校點説明

據《六譯先生年譜》，廖平於民國二年（一九一三）於上海得日本丹波氏《聿修堂叢書》，其中有丹波元簡《脈學輯要》一卷，不以左右手分配藏府，用隨診一手，不言寸、關、尺三部，不以脈象言病。廖平以其書於部位之誤一掃而空，爲唐以後未有之作；惟囿於《難經》僞法，以二十七名詞全歸兩寸，則立脈名之誤全在。乃因俞理初（正燮）比附《靈》、《素》原文，創立各種診法，以二十七脈分隸診經、人寸比類、診皮、診絡、診筋、四方異證、評脈、經脈變象八門，將丹波原書加以評語，證其名詞之參迕，議論之附會。《脈學輯要評》創始本年冬，成於民國三年甲寅（一九一四）。其中各以滑、濇、緩、急爲診皮，促、結爲診筋，虚、實、微、弱爲評脈名詞，經脈只浮、沉、遲、數四名已足。余雲岫著《皇漢醫學批評》，多用其説。《脈學輯要評》曾連載於《四川國學雜誌》一九一三年第十一、十二期，《國學薈編》一九一四年第一、二、三期。民國三年成都存古書局刊行，收入《六譯館叢書》。今以此本爲底本進行點校。

目録

脈法縮三部於兩寸，於女子纏足，大有關係。《續小學》載一旗婦，不肯醫持手診脈，寧病而死。故俗有牽絲診脈之説。仲景、叔和，婦女皆診喉足，齊梁俗醫，乃改古法。婦女自難診喉足，弓鞋窄側，其風漸甚，診足之法不能行，醫者從俗，婦女但診兩手。一時利其巧便，因推其法於男子，久之而《難經》、《脈訣》出焉。推其原理，當由纏足階之厲也。今欲張明舊法，當仿外國女醫，以女診女，則無所嫌疑，古法可興。女子學堂，添設醫學一科，壽世活人之法，無以踰此矣。

脈學輯要原序

夫判陰陽表裏於點按，斷寒熱虛實於分寸，專診寸口之誤說。洵方技之切要，最所爲難焉。故曰：脈者，醫之大業也。今夫醫士，孰不日診百病，月處千方？而方其診病者，訊其脈象如何，浮、沉、數、遲、大、小之外，鮮識别者，況於洪、大、軟、弱、牢、革之差，茫不能答，或一狀而衆醫異名，或殊形而混爲同候；所列多方，徒亂人意。今故專以四大脈爲診經脈之法。此其故何也？蓋嘗究之：從前脈書，叔和當作「《難經》」。而降，支離散漫，殆無統紀，如元、明數家，乃不過因循陳編，綴緝成語一二，稽駁僞訣之誤也。寸、關、尺三部，配五藏六府，《内經》、仲景未有明文，考《脈經》，真本五卷與仲景同，其僞之五卷全同《難經》。倉公雖間及此，此皆後人羼改。其言曖昧，所攻之法全出僞本《難經》，叔和《脈經》真僞參半。爲《難經》諱，獨攻叔和，顛倒是非。特「十八難」所論三部九候，誠診家之大經大法也。專診寸口，蒙混經文，診家之大魔。然迨至叔和，始立左心、小腸、肝、膽、腎，右肺、大腸、脾、胃、命門之説，王太僕、楊玄操遂奉之以釋經文。其實王、楊之説與今所行不盡同。由此以還，部位配當之論，各家異義，共有二十家異同，説詳《診法彙考》中。是非掊擊，動輒累數百言，可謂蛋中尋骨矣。以上攻左右手分配藏府之誤。如其遲脈爲腹痛，爲嘔吐，微脈爲白帶、淋瀝之類，靡不書而載。此皆不徒無益於診法，抑乖聖①迷人之甚也。何則？已有此證，當診其脈，以察其陰陽表裏虛實熱寒，而爲之處措，安可以萬變之證，預隸之於脈乎？以上攻以脈定證之誤。嗚呼！謬悠迂拘之説，未有能排斥而甄綜者，宜世醫之不講斯學也。簡不猜譾陋②，竊原本聖賢之遠旨，纂輯諸家之要言，家庭所受，膚見所得，係之於後，編爲是書，名曰《脈學輯要》。首以總説，次以各脈形象，又次以婦人、小兒及怪脈，以昭於及門。芟蕓爛之蕪，彙衆説之粹，雖未能如秦醫之診晉侯，淳于之察才人，於心中指下之玄理，或有攸發悟也。則判陰陽表裏、斷寒熱虚實者，正在於斯耶？許參軍有言曰：「脈之候，幽而難明。」心之所得，口不能述，其以難爲易，固存乎其人哉！寬政七年，乙卯歲，春正月二十有七日，丹波元簡書。

是書已將《難經》兩手部位之誤一切删除，故論脈不分左右，不拘寸尺，直用一指診之。即是不必三指矣，而不言一指者，恐駭衆耳；由寸口推之人迎少陰，更推之九候動脈，皆可用，以其原無左右部分矣。言脈之書多矣，今獨批此書者，齊變至魯，魯變至道，是書雖未至道，較於齊繼長增高，至道不遠。或以爲崇奉外人，則非也。季平識。

①　聖：上海中醫學院出版社重印本《脈學輯要》作「理」。

②　陋：《脈學輯要》作「劣」。

脈學輯要評序

予觀古今論脈之書，其不背古而最適用者，惟日本《脈學輯要》乎！其書用二十七脈舊名，專診寸口，雖沿《難經》、僞《脈經》之誤，然不分兩手，不以寸、關、尺分三部，則鐵中錚錚。自唐以後，無此作矣！予力復古診法，以祛晚近之誤。他脈書程度太淺，不足以勞筆墨，惟此編不以脈定病，與兩手分六藏府之診，上海曾有翻板，風行一時，故就而評之。而於二十七門分部類居，不用原目序次，學者先讀此編，則可徐進於古矣。癸丑冬至，四譯主人自序。

新訂原本二十七脈分類次第目：

診經四門三部九候十二經同法。

浮原一。　沉原九。　遲原二十二。　數原二。附疾。　附二　伏原十。　代原二十四。

人寸比類二門附二。

大洪。原四。　小細。原十六。　附　躁　靜

診皮八門附四。

滑原三。　澀原十五①。　緩原二十一。附「散」，原十七。　緊原五。　軟原十四。　革原八。附「牢」，原十二。附寒熱粗緻

診絡三門

動原二十五。　長原二十三。　短原二十七。

診筋四門

促原六。　結原二十。附緩　急

四方異診一門附七。

弦原七。規。附鈎矩。　毛權。　石衡。

評脈二大門二小名，附六名。

實原十三。附强　盛

虛原十九。　微原十四。　芤原十六。　弱原十八。附懸

經脈變象

伏原十。　代原二十四。

---

① 十五：下原衍「一」字，據文意刪。

按：今就二十七脈分隸診經、人寸比類、診皮、診絡、診筋、四方異診、評脈、經脈變①象，共八門，皆據《靈》、《素》原文定其名義，各有依據，不相蒙混。考《經》本依類定名，而後來脈書，全以二十七部同診兩手，如動、緩、滑、澀、弦等字，不顧名義違反，悍然歸之經脈寸口，百思不得其解；繼乃知《難經》全廢古法，獨診兩寸，使但用浮、沈、遲、速四大名詞，其餘名目皆將起而與之爲難，不得不作此一網打盡之伎倆，遂以各類名詞全歸兩手。古法既已全廢，名詞亦自應歸統一，故雖運氣、候氣之諸如字，用鍼候氣之來至去止，亦同編立名詞，歸入診經；王濬所謂「風利不得泊」，有迫之使然者。考僞立脈名，《脈經》與《千金》有專門篇目，《千金・指下形狀》及《脈經・脈形狀指下秘旨》兩篇用二十四名，即《脈訣》之七表八裏九道，合爲二十四；《傷寒・辨脈》則隨文散見，其高、章、卑、惵、損五名，既不見於《内經》，又不見於仲景，真所謂無知妄作，肆無忌憚者矣。考後世僞法，自《難經》「二十九難」以前，專論診脈。創立新法，别爲一書外，其以成篇竄入古書者，如《傷寒》之《平脈》、《辨脈》二篇，《千金方》之《平脈篇》，《千金翼》之《色脈篇》，《脈經》之一、二、四、十四卷，共八篇；此八篇，於原書如冰炭水火之相反，苟一推求，罅漏自見。考八篇中，有采取扁鵲，及依附《内經》、仲景而小小變易，無足深究，其罪魁禍首，則專爲

① 變：原作「怪」，據原目録改。

排部位、立脈名。其言部位者，如《千金・平脈》《五藏脈所屬篇》、《三關主對①篇》、《診三部脈虚實決死生篇》，《千金翼・色脈》《診脈大意篇》、《診寸口關上尺中篇》，《脈經》《平三關陰陽二十四氣篇》、《平人迎氣口神門前後脈》，共七篇。其改定脈名者，如《傷寒》《平脈》、《辨脈》二篇，《脈經》《脈形狀指下秘旨篇》、《千金》《指下形狀》共二篇，此當抽出急爲焚毁者也。其零星改竄者，如《傷寒》《金匱》中之「關」、「尺」字，共十五條。《千金》五藏六府每門皆全用《内經》、仲景原文，乃其中雜有《脈經》《三關陰陽二十四氣》及《人迎氣口神門前後》二篇全文，與全書診法不合；查日本翻印宋西蜀進呈本目録，所羼《脈經》每條有「附」字，則二篇全文爲後人所附無疑。又考《傷寒》《平脈》首段二百七十餘字人皆以爲仲景原文，初疑其文氣卑弱，且全係四字句，不類東漢文格，及考宋本《千金方》稱爲《脈法贊》，每句脱空排寫，初不以爲仲景書也；再考《千金翼》《平脈》又重載此文，惟末多「爲子條記傳與賢人」八字，孫氏一人之書兩載此文，已屬可怪，《傷寒・辨脈》竟直以爲仲景之書，則爲怪之尤者矣。初疑《千金・平脈篇》、《翼・色脈篇》爲後人所羼，及考孫氏全書診法，無一與二篇相同者；卷首醫學九論，論診候在第四，是孫氏論診詳於卷首，無庸復出二卷。且醫書體例，論脈必在首卷，乃《千金》三十卷，《平脈》在廿

---

① 主對：原作「對主」，據人民衛生出版社本《備急千金要方校釋》改。

八，《翼》三十卷，《平脈》在廿五，明係僞羼不敢列卷首，故退藏於末。又，《千金》第四論診候，首段三部九候全引《内經》原文。今本作「何謂三部？寸、關、尺、也。上部爲天，肺也；中部爲人，脾也；下部爲地，腎也。何謂九候」，以下皆《内經》原文。考《難經》，「何謂三部？寸、關、尺也。何謂九候，浮、中、沉也」，欲改孫氏原書，則當全改三部九候，若三部從《難經》，九候從《内經》，牛頭馬身，豈非怪物？「上部爲天，肺也；中部爲人，脾也；下部爲地，腎也」十八字，尤爲不通。肺、脾、腎既與下文九部重出，以《難經》法推之，又有右手而無左手，真屬不識文義者所爲，可謂荒謬絶倫矣！今擬别撰《診法删僞》一書，專篇列爲一類，零星羼改列爲一類，必使《傷寒》、《金匱》、《甲乙》、《脈經》、《千金》、《外臺》全祖《内經》，道一風同，不參《難經》一字一句。醫道重光，先由診始，再求推合中外，分别人天，庶乎其有合乎！至於各部名詞實用，皆詳見八門專篇中，陸續刊印，故於此本不再詳焉。甲寅五月，校畢識此。井研廖平。

此書於部位之誤一掃而空，惟立脈名之誤全在。大抵所論皆爲立脈名之僞説，故不免附會影響。評此書，全在攻立脈①之一部分，識者鑒之！季平又識。

① 攻立脈：據前後文意，「脈」下當補「名」字。

脈學輯要評卷上

總説

朱奉議曰：凡初下指，先以中指端按關位，掌後高骨爲關，乃齊下前後二指，爲三部脈。前指寸口也①，後指尺部也。若人臂長，乃疏下指；臂短，則密下指。《活人書》。○古法診脈，只用一指，或用全手，如捫循。凡用三指者，皆僞法。

汪石山曰：揣得高骨，厭中指於高骨，以定關位，然後下前後兩指，以定尺寸，不必拘一寸九分之説也。《脈訣刊誤附録》。○案：二説原於《脈經·分别三關境界脈候篇》。此書既不用三部説，一指可也，既不分左右男女，各診一手可也。有此思想，然後可徐引之於道。

楊仁齋曰：凡三部之脈，大約一寸九分，人之長者僅加之，而中人以下，多不及此分寸也。究其精微，關之部位，其肌肉隱隱而高，中取其關，而上下分之，則人雖長短不侔，而三部之分亦隨其長短而自定矣。是必先按寸口，次及於關，又次及尺。每部下指，初則浮按消息

① 也：原脱，據《脈學輯要》補。

之，次則中按消息之，又次則沉按消息之；浮以診其府，中以診其胃氣，沉以診其藏。於是舉指而上，復隱指而下，又復拶相進退而消息之。心領意會，十得八九，然後三指齊按，候其前後往來、接續間斷何如耳。《察脈真經》。○既不用兩手三部之法，則如人迎少陰，一指診之足矣，何以仍采三指三部之説耶？

徐春甫曰：脈有三部，曰寸，曰關，人迎。曰尺。少陰。寸部法天，關部人迎。法人，尺部少陰。法地。寸部候上，自胸、心、肺、咽喉、頭、目之有疾也；關中。部候中，自胸膈以下至小腹之有疾也，脾、胃、肝、膽，皆在中也；尺下。部候下，自小腹、腰、腎、膝、胻、足之有疾也，大腸、小腸、膀胱皆在下也。皆《内經》所謂上以候上，下以候下，别有訂正新法，詳《三部九候》中。而理勢之所不容間也，其候豈不易驗哉！《古今醫統》。○此祖《脈要精微論》。然《論》乃十二部診法，寸口特其十二部中之一診，取其一，舍其十一，古書之所以難讀也。

案：此「十八難」三部上中下診候之法也。蓋考《内經》有寸口氣口之名，而無並關、尺爲三部之義，《難經》昉立關、尺之目，而無左右府藏分配之説，《難經》、《脈訣》如出一手僞造，以其誤託越人，遂爲之諱，非也。其有左右府藏分配之説，始於王叔和焉①。高陽生。《隋書・經籍志》叔和後，以《脈經》名書者共七家，今本《脈經》大抵參補後人之説，其叔和原文不過得半。「十八難」所謂三部

① 焉：原脱，據《脈學輯要》補。

四經，未必以左右定十二經之謂，只其言太簡，不可解了。三部寸、關、尺，早見卷端。診兩手而諸法絶，昉自《難經》，此曲爲之諱耳。然紹翁不信三部分配之説，最爲卓見。故左右部位挨配之説，諸家紛然，今可考者約十餘家。互爲詆訟，要之鑿空耳。三焦者有名無狀，所隸甚廣，豈有以①一寸部候之之理乎？小腸居下焦，假令與心爲表裏，豈有屬諸寸位、候於上部之理乎？皆舊説。三部四經，全可解了，其言如此，不可以爲準也。駁部位始於明人，幾無信用者。《脈要精微論》「尺内兩②傍季脇也」一節，案：「尺」乃「足」字剥文，讀作尺，非也。乃循尺膚之法，③注家遂取《難經》寸、關、尺之部位，及三部四經之義，并用叔和④《脈訣》。左右分配之説以解釋之，後賢奉爲診家之樞要，次注以下，其誤同。亦何不思之甚也！《脈要精微》分上、中、下三部，每部分前後、左右、四傍，乃十二診法。今本文有脱誤，前人誤以配《難經》。矧左爲人迎、右爲氣口之類，作俑《難》。卒皆無稽之談，楊上善《太素注》云寸口在手、人迎在喉，近人乃有左人迎右寸口之説。按左人右寸之説，隋時乃有之，今本《脈贊》有其文，當屬後人羼補。《人寸比類篇》駁之甚詳，可參看。不可憑也。詳《傷寒論》，言脈

---

① 以：原脱，據《脈學輯要》補。

② 兩：原脱，《脈學輯要》及《内經》俱作「兩傍」，因據補。

③ 乃循尺膚之法：原脱，據《脈學輯要》補。

④ 叔和：二字原脱，據《脈學輯要》補。

者曰三部，曰寸口、曰關上、趺陽。曰尺中、少陰。曰尺人。寸、曰陰陽，未有言左右者，今本實亦有之。乃與《難經》三部上中下診候之法符矣。趺陽、少陰合寸口爲三部，仲景之文詳矣。關上、尺中，乃後人識記之文。以仲景同《難經》，豈不冤哉！夫仲景爲醫家萬世之師表，孰不遵依其訓乎？至叔和①此《脈經》中之僞卷，非叔和原文。於《分別三關境界脈候篇》則云「寸主射上焦，出頭及皮毛竟手；關主射中焦，腹及腰；尺主射下焦，少腹及足」，此叔和别發一義者，乃「十八難」三部診法，而仲景所主也。今診病者，上部有病，應見於寸口；中部有疾，應見於關上；趺陽。下部有疾，應見於尺中，少陰。此其最的實明驗者，以仲景爲專診寸口、分浮中沉爲九候，最爲冤枉。不讀仲景，不讀《内經》，並不讀《脈經》，乃爲是顛倒，況三部九候《内經》有明文，以浮中沉代九藏，真屬迷罔！春甫之言，信爲不誣焉，鶴皋吴氏《脈語》亦揭此診法云。正與《素問》以脈之上中下三部，其書之殺人放火，贓真證確，强欲爲之解脱，徒費詞耳。診人身之上中下三部，其理若合符節然②。如王莽之學周公。學者其可離經以徇俗乎哉？可以爲知言而已。《經》上、中、下三部各有天、地、人。○《難經》爲醫學天魔，此書所攻僞法無一不出《難經》，反爲之回護，豈真以爲越人書哉！

① 至叔和：《脈學輯要》作「王叔和」。

② 然：原脱，據《脈學輯要》補。

王子亨①曰：診②脈之法，其要有三：一③曰人迎，在結喉兩傍，取之應指而動，此部法天。人。二曰三部，謂④寸、關、尺，在腕上側有骨稍高，曰高骨，先以中指按骨，搭指面落處謂之關，前指爲寸部，後指爲尺部；尺、寸以分陰陽，陽降陰升⑤，通度由關以出入，故謂之關，此部法人。天。三曰趺陽，當作少陰。在足面繫鞋之所，當作太谿穴。按之應指而動者是也，此部法地。三者皆氣之出入要會，三部，出《動輸篇》，仲景之所守也。上下均用一指，獨寸口分三部，何耶？所以能決吉凶生死。凡三處大小遲速相應齊等，則爲無病之人。故曰：人迎、趺陽，趺陽乃人迎異名，同屬陽明。三部不參。動發數息，不滿五十，謂趺陽即人迎耳，胃不應見二部，少陰寸口合人迎，乃謂三部。未知生死，所以三者決死生之要也。《全生指迷方》。

案：此三部診法，本於仲景《序》語所立，以經文爲主。《序》語一見人迎，無少陰，何得據之？爲

---

① 王子亨：原作「王士亨」，《脈學輯要》同。按《直齋書録解題》：「《指迷方》三卷，考城王貺子亨撰。」因據改。後有作「王士亨」或「士亨」者徑改，不復出校。

② 診：原作「説」，據人民衛生出版社本《全生指迷方》卷一《辨人迎三部趺陽九候五藏六府脈法》改。

③ 一：原脱，據《全生指迷方》補。

④ 「謂」：上原衍一「吋」字，據《全生指迷方》删。

⑤ 陽降陰升：原作「陰陽降升」，據《全生指迷方》改。

診家之章程矣。嘗驗人迎脈，恒大於兩手寸口脈數倍，陽脈以大爲本，陰反是。未見相應齊等者。陰以小爲大。何夢瑶曰：人迎脈恒大於兩手寸脈，從無寸口反大於人迎者。《靈》、《素》無趺陽，仲景除《序》以外無人迎。《經》所謂齊等者，非謂大小同，謂就平人先診兩部大小，定爲公式，合公式爲齊等，不合公式謂病脈，非拘定大小同一也。是言信然。

滑伯仁曰：凡診脈之道，先須調平自己氣息，男左女右，先以中指定得關位，卻齊下前後二指，初輕按以消息之，次中按消息之，再重按消息之①，然後自寸關至尺，逐部尋究。一呼一吸之間，要以脈行四至爲率。閏以太息，脈五至，爲平脈也。其有太過不及，則爲病脈。看在何部，則以其脈斷之。《診家樞要》。

又曰：三部之内，大小、浮沉、遲數同等，尺寸、頭、足。陰陽、高下相符，男女、左右，弱强相應，四時之脈不相戾，命曰平人。其或一部之内，獨大獨小，偏遲②偏疾，左右强弱之③相反，四時男女之相背，皆病脈也。凡病脈之見，在上曰上病，在下曰下病，左曰左病，右曰右病也。誤説。○《九候篇》云「獨大、獨小、獨徐、獨疾者病」，謂遍診九穴，其穴異常，即爲病脈；乃與別部比較，非於一部之

---

① 再重按消息之：原脱，據中醫古籍出版社本《脈學名著十二種·診家樞要》補。

② 偏遲：二字原脱，據《脈學名著十二種·診家樞要》及《脈學輯要》補。

③ 之：原脱，據《脈學輯要》補。

中强立名號。

又曰：持脈之要有三：曰舉、曰按、曰尋。輕手循之曰舉，重手取之曰按，不輕不重，委曲求之曰尋。初持脈，輕手候之，脈見皮膚之間者，陽也，府也，亦心肺之應也；重手得之，脈附於肉下者，陰也，藏也，亦肝腎之應也；不輕不重①，中而取之，其脈應於血肉之間者，陰陽相適，中和之應，脾胃之候也。若沉中浮之不見，則委曲而求之，若隱若見，則陰陽伏匿之脈也，三部皆然②。於寸口一部，以浮沉分府藏，又以浮中沉分占五藏，位次全出《難經》，皆爲魔語。

汪石山曰：按消息，謂詳細審察也；推，謂以指挪移於部之上下而診之，以脈有長短之類也；又以指挪移於部之内外而診之。以脈有雙弦單弦之類也；又以指推開其筋而診之，以脈有沉伏止絶之類也。《四診心法》云，脈只有一條。弦之名詞已屬誤解，更造單雙弦之説，使人迷罔，真以魔術魘人。

案《脈經》云「以意消息進退舉按之」，《脈要精微》云「推而外之」云云，石山釋消息及推字者，本此也。脈説紛亂如此，俞曲園所以有廢脈之説也。

---

① 不輕不重：四字原脱，據《脈學輯要》補。

② 三部皆然：四字原脱，據《脈學輯要》補。

吴山甫云：東垣著《此事難知》①，謂②脈貴有神。有神者，有力也。以下爲診法要訣。雖六數、七極、三遲、二敗，猶生。此得診家精一之旨也。節菴辨《傷寒》脈法，以脈來有力爲陽證，沉微無力爲陰證。此發傷寒家之矇瞽也。杜清碧《診論》曰：浮而有力者爲風，無力爲虚；沉而有力爲積，無力爲氣；遲而有力爲痛，無力爲冷；數而有力爲熱，無力爲瘡。各於其部見之。此得診家之領要也。多屬誤解，難以細駁，心知大原，則徐悟其非。今日讀之，正如《四書味根録》。

孫光裕曰：愚按，有力亦不足以狀其神。夫所謂神，滋生胃氣之神也。於浮沉遲數之中，有一段沖和神③氣，不疾不徐，此又以「神」代和緩字。雖病無虞，以百病四時皆以胃氣爲本，是也。此説只可以論常脈，不可以論病脈。蔡氏曰：凡脈不大不小，不長不短，不浮不沉，不澀不滑，應手中和，意思欣欣，難以名狀者，爲胃氣。《素問》曰：「得神者昌，失神者亡。」唐、宋以下，引《内經》立説多失本旨，亦如《詩》之斷章取義，如此類是也。以此。《太初脈辨》。

滑伯仁曰：察脈須識上下《經》中上下乃順逆行之法。以手太陰言，由手走胸，逆行爲上，由胸走手，順行爲

① 東垣著《此事難知》：按《此事難知》爲王好古所編，非其師李杲（東垣）手著。

② 謂：原作「惟」，據《脈學輯要》改。

③ 神：原脱，據《脈學輯要》補。

下。來去至止六字①，自欺欺人，迷罔後學。來去、至止，有候運氣之法，有用鍼候氣之法，若診經脈，四字如何可分？不明此六字，則陰陽虚實不别也。上者爲陽，誤解「上」字。來者爲陽，鍼法氣來。至者爲陽；此似朱子注經之説。下者爲陰，診經脈如何能分上下？去者爲陰，鍼法氣去。止者爲陰也。上者，自尺部上於寸口，陽生於陰也。下者，自寸口下於尺部，陰生於陽也。如何可診？此言營衛順逆行之法。來者，自骨肉之分，而出於皮膚之際，氣之升也。脈之氣可以横出耶？去者，自皮膚之際，而還於骨肉之分，氣之降也。又可横入耶？應曰至，息曰止也。來即去，去即來，有何徐疾之可分？自謂鍼家候氣耳。若診經脈以動爲候，有何出入升降之可分？多立名目，正如葬師之談穴。

又曰：診脈須要先識時脈、時脈乃四方分方異宜之法，不指一人四時。胃脈、與府藏平脈，然後及於病脈。時脈，謂②春三月，六部中帶弦；人不因四時而脈迴異。春，指東極之人；弦，實，物弦直，與鉤曲相反。夏三月，南極之人。六部中③俱帶洪；改「鉤」作「洪」。秋三月，西極之人。俱帶浮；毛。冬三月，北極之人。俱帶沉。石。胃脈，謂中按之得和緩。府藏平脈，中央之極。心脈浮大而散，肺脈濇而短，肝脈弦而長，脾脈緩而大，腎脈沉而軟滑。此皆用鍼候氣法。凡人府藏脈既平，胃脈和，又應

---

① 六字：二字原脱，據《診家樞要》及《脈學輯要》補。

② 謂：原脱，據《脈學輯要》補。

③ 六部中：《脈學輯要》無此三字。

時脈，乃無病者也。反此爲病。全祖《難經》。人脈不因四時而變，弦、鈎、毛、石亦非診法定名，不過取直、曲、輕、重相反四名詞，以示四方之脈相反不同耳，舊説皆誤。

案：府藏平脈①非指下可辨。蓋胃者，五藏六府之大源也，胃脈和平，正知府藏之和平，即是應手中和者，不必逐部尋究也。《難經》説不可行，乃爲是説以調和之。分九候九穴以求之，則不俟煩言耳。凡欲診專脈，則須求專穴，三部九候十二診法是也。

陳遠公曰：看脈須看有神無神，實是秘訣。而有神、無神，何以別之？無論浮沉遲數、滑澀大小之各脈，按指之下若有條理，先後秩然不亂者，此有神之至也；若按指而充然有力者，此有神之次也②；其餘按指而微微鼓動者，亦謂有神。倘按之而散亂者，或有或無者，或來有力而去無力者，或輕按有而重按絶無者，或時而續時而斷者，或欲續而不能，或欲按而不得，或沉細之中倏有依稀之狀，或洪大之内忽有飄渺之形，皆是無神之脈。脈至無神，即爲可畏，當用大補之劑急救之。倘因循等待，必變爲死脈而後救之，晚矣！《辨證録》。○《石室秘錄》託於神示，然東洋甚重其書。

又曰：平脈者，言各脈之得其平也。正可藉以説三部九候。如浮不甚浮、沉不甚沉、遲不甚

① 平脈：原作「脈平」，據《脈學輯要》改。

② 若按指而充然有力者，此有神之次也：二句原脱，據《脈學輯要》補。

遲、數不甚數耳。人現平脈，多是胃氣①之全也。胃氣無傷，又寧有疾病哉？此脈之所以貴得平耳。同上。

王子亨曰：人生所禀氣血有變，故脈亦異常：此言人之特脈，如五行之人與四極不同，又同地同形而有時異者。有偏大偏小者，或一部之位無脈者，或轉移在他處者，其形或如蛇行雀啄亂絲、如轉旋於指下者，或有受氣自然者，或有因驚恐大病憂恚、精神離散，遂致②轉移而不守也。此陰陽變化不測，不可以理推，若不因是而得此脈者，非壽脈也。

何夢瑶曰：四時之升降動静、發斂伸縮，相爲對待者也，極於二至，平於二分；故脈子月極沉，午月極浮，至卯、酉而平。觀經文謂③秋脈中衡，權衡規矩，經又以當四時，與弦鈎毛石同意，爲分方異宜之説。若竟以衡爲脈名，則大誤矣。又謂夏脈在膚，秋脈下膚，冬脈在骨，則秋之不當以浮言可知也；特以肺位至高④焉，其脈浮，秋金配肺，故亦⑤言浮耳。秋、冬相連，秋浮冬沉，何以遽然相反？夫

---

① 氣：原作「脈」，據《脈學輯要》改。

② 致：原作「至」，據《脈學輯要》改。又，據《脈學輯要》，此條下原有「祝茹穹曰」一條。

③ 謂：原作「爲」，據《脈學輯要》改。

④ 高：原作「焉」，據《脈學輯要》改。

⑤ 亦：《脈學輯要》作「示」。

秋初之脈仍帶夏象，言浮猶可，若於酉、戌之月仍求浮脈，不亦惑乎？夫於春言長滑，則於秋言短澀可知；於冬言沉實，則於夏言浮虚可知。書不盡言，言不盡意，是在讀者之領會耳。

按：平脈不一。所謂不緩不急、不澀不滑、不長不短、不低不昂、不縱不横，此形象之平也；緩與低、昂、縱、横字，皆誤下。一息五至，息數之平也；弦洪毛石，非真脈象。四時之平也；而人之稟賦不同，脈亦不一其①形，此乃稟受②之平也。吾家君有《平脈考》一書，嘗詳及此云。

董西園曰：脈者，血之府也。血充脈中，緣氣流行，肢體百骸，無所不到。言營衛運行足矣。故爲血氣之先機，憑此可以察③氣血之盛衰。疾病未形，脈先昭著，故云先機。所謂脈者，即經脈也。十二經脈爲經，與皮絡筋骨對稱。若專以經爲脈，則反遺言氣血，但言血則遺氣④，但言氣則

① 其：原脱，據《脈學輯要》補。
② 受：原作「賦」，據《脈學輯要》改。
③ 察：原作「知」，據《脈學輯要》改。
④ 則反遺言氣血，但言血則遺氣：此二句原作「則反遺氣血」，據《脈學輯要》改。

遺血，故以脈明之。凡邪正寒熱虚實①，憑此可推而得焉。《醫級》②。○《内經》脈學有指經者，有指絡者，有指皮肉者，全以爲經動脈，誤。

又曰：瘦者肌肉薄，其脈輕手可得，應如浮狀；肥者肌肉豐，其脈重按乃見，當如沉類。反者必病。浮大動數滑，陽也，人無疾病，六部見此，謂之六陽脈，非病脈也，其人禀氣必厚；多陽少陰，病則多火。沉弱澀弦弦爲陰。脈之「弦」當作「懸」。微，陰也，人無所苦，六部皆然，謂之六陰脈，其人禀氣清平；多陰少陽，病則多寒。但六陰六陽之脈不多見，偏見而不全見者多有之。因人而異，經所謂五態之人。

吴幼清曰：五藏六府之經，分布於手足③，凡十二脈。魚際下寸内九分、尺内七分者，手太陰肺經之一脈也。醫者於左右寸、關、尺，輒名之曰此心脈，此脾脈，此肝脈，此腎脈，非也，駁兩寸部位，爲此書所祖。手三部皆肺藏，而分其部位，以候他藏之氣焉耳。惟「人寸比較」有此説。其説見於《素問·脈要精微論》，誤解。而其所以然之故，則秦越人《八十一難》之首章發明至矣。更誤。是何也？脈者血之流派，氣使然也。肺居五藏之上，氣所出入之門户也，誤説。脈行始

① 寒熱虚實：《脈學輯要》作「虚實寒熱」。
② 醫級：原脱，據《脈學輯要》補。
③ 於手足：《脈學輯要》作「手與足」。

肺終肝，而後會於肺，陽順陰逆，逆行則始肝終肺。故其經穴名曰氣口，凡十二經動脈皆名氣口，非獨手太陰肺。而爲脈之大會，一身之氣，必於是占焉。《吴文定公集·贈邵志可序》。○吴草廬駁分配十二經於兩手，是也。然不分部位，以脈定藏府，仍主《難經》迷罔之説。考經文人寸比較，以寸口診藏三陰，以人迎診府三陽，彼此比較，而定手足六經之脈。至於九候九藏之診法，則先定部位而後言脈象，人、寸則先言脈象，而後定爲何經之病。彼此相反者，以診法各别也。

何夢瑶曰：脈之形體長而圓，何又有短名？如以水貫葱葉中，有長有短，診絡動乃有長短，經脈則無此名。有大有小，人寸比較名詞。有虚有實，評脈名。有緩有急。診皮定名。脈之行動，如以氣鼓葱葉中之水，使之流動也①，有浮有沉，有遲有數，四名足矣。有澀有滑。診皮定名。

柳貫曰：古以動數候脈，是喫緊語，須候五十動，誤解經文。乃知五藏缺失，診法無驗。今人指到腕骨，即云見了。夫五十動，《内經》之「五十營不止」别是一法，非如俗説。豈彈指間事耶？候至百動亦無益。故學者當診脈問證，聽聲觀色，斯備四診而無失。《道傳集》。○《瀕湖脈學》引。○此五十動，舊説皆誤。五十動謂五十營動，指氣行十二經一周而言，不謂經脈之動。一動，謂營衛運行一周，夜五十營陰盡而寤，晝五十營陽盡而寐。陰陽平和，爲平人。

汪石山曰：《脈經》云：浮爲風、爲虚、爲氣、爲嘔、爲痞、爲厥、爲脹、爲滿不食、爲熱、爲内結等類，所主不一，數十餘病。假使診得浮脈，彼將斷其爲何病耶？苟不兼之以望、聞、問，

---

① 流動：原作「行動」，據《脈學輯要》改。

而欲的指其爲①何病，吾謂戛戛乎其難矣！古人以切居望聞問之後，則是望聞問之間已得其病情，不過再診其脈，看病應與不應也；若病與脈應，則吉而易醫；病與脈反，則凶而難治。以脈參病，意蓋如此，曷嘗以診脈知病爲貴哉！夫《脈經》一書，拳拳示人以診法。而開卷入首，便言觀形察色，彼此參伍，以決死生；可見望聞問切，醫之不可缺一也，豈得而偏廢乎？經言證皆分經，如《經脈篇》十二經病是也，凡證皆有五藏六府之異同，如熱瘧是也。〇在諸家原文，多有左右寸尺明文。如《脈經》之一、二、四、十爲僞《脈經》，是書引之，皆删汰其文，並不見左右關、尺字樣。如《脈經》之三、五、六、七、八、九卷，爲真《脈經》。

張景岳曰：脈者，血氣之神，邪正之鑑也。有諸中，必形諸外，故血氣盛者脈必盛，血氣衰者脈必衰；無病者脈必正，有病者脈必乖。矧人之疾病，無過表、裏、寒、熱、虚、實，只此六字，業已盡之，然六者之中，又以虚實二字爲最要。蓋凡以表證、裏證、寒證、熱證，無不皆有虚、實，既能知表裏寒熱，而復能以虚、實二字決之，虚實二字，評脈總名。則千病萬病可以一貫矣。且治病之法，無踰攻補；用攻用補，無踰虚實；欲察虚實，無踰脈息。雖脈有二十四名，主病各異。兵多則亂。診經但用四大脈，足矣。然一脈能兼諸病，一病亦能兼諸脈，其中隱微，大有玄秘，正以諸脈中，亦皆虚、實之變耳。診後再加評語。〇今故以虚實爲評診總名詞，如五實、五虚，勿實實勿虚虚

① 爲：原脱，據《脈學輯要》補。

之類，以統諸評脈辭。言脈至此，有神存矣。所言多迷罔，不能明白顯易。倘不知要，而泛焉求跡，則毫釐千里，必多迷誤，舊説徒爲迷罔，能辨毫釐①？所謂吞刀吐火，久而各刱一解，非正法也。故予特表此義。有如洪濤巨浪中，則在乎牢執柁幹，而病值危難處，則在乎專辨虛實。虛實得真，則標本陰陽，萬無一失。人寸比較，爲分陰陽、虛實之古法。其或脈有疑似，又必兼證兼理，以察其孰客孰主，孰緩孰急。能知本末先後，是即神之至也矣。《脈神草》。○名醫非不能診寸口辨證，特皆熟極生巧，祇能心悟，不能教人診脈。必明白淺易，老嫗可解，初學能行，掃除一切悠謬迷罔之言，非彰明古法，簡而能博，易記難忘，不足以明經立教。

又曰：據脈法所言，凡浮爲在表，沉爲在裏，數爲多熱，遲爲多寒，弦强爲實，以「强」解「弦」，蓋「弦」爲「强」之字誤。微細爲虛，是固然矣。然疑似中尤有真辨，此其關係非小，不可不察也。如浮雖屬表，而凡陰虛血弱②、中氣虧損者，必浮而無力，「浮」爲定名，「無力」，評語。是浮不可以概言表。浮、沉、遲、數爲診法之四大定名，而虛、實又別爲四大脈之總考語。四脈爲定名，各有評語，故虛實及諸評脈語不可與脈法混同一視。沉雖屬裏，而凡表邪初感之深者，寒束皮毛，脈當作「汗」。不能達，亦必沉沉，言脈。緊，言皮。是沉不可以概言裏。寒在表，脈遂沉。俟考。數爲熱，而真熱者未必數，凡虛損之證，陰陽俱困，氣血張皇，虛甚者數必甚，是數不可以概言熱。遲雖爲寒，凡傷寒初退，餘熱未清，脈

① 能辨毫釐：此句疑有脱字，據文意，似當作「焉能辨毫釐」或「豈能辨毫釐」。

② 弱：《脈學輯要》及《景岳全書》作「少」。

多遲脈。滑，皮。是遲不可以概言寒。表裏寒熱亦同以虛、實爲評語。弦、强類實，而真陰胃氣大虧，及陰陽關格等證，脈必豁大而强健，是强不可以概言實。弦非脈名，徑以「强」字代之可也。脈本直行，弦何待言？名以弦而實指强，不如徑以「强」字易之。微細類虛，而凡痛極氣閉、營衛壅滯不通者，脈必伏匿，是伏不可以概言虛。由此推之，則不止是也，凡諸脈中，皆有疑似，皆有真僞①。診能及此，其必得鳶魚之學者乎？不易言也②。一脈難辨，以人寸比較則易辨。

又曰：治病之法，有當舍證從脈者，有當舍脈從證者，何也？蓋證有真假，脈亦有真假，凡見脈、證有不相合者，則必有一真一假隱乎其中矣。故有以陰證見陽脈者，有以陽證見陰脈者，有以虛證見實脈者，有以實證見虛脈者，此陰彼陽，此虛彼實，將何從乎？脈最難真。病而遇此，最難下手，最易差錯，不有真見，必致殺人。矧今人只知見在，不識隱微，凡遇證之實而脈之虛者，必直攻其證，而忘其脈之真③虛也；或遇脈之弦强。大而證之虛者，亦必直攻其脈，而忘其證之無實也。此其故，正以似虛似實，疑本難明，當舍當從，孰知其要。醫有迷途，莫此爲甚。皆專診兩寸之誤説，古法則只用一指，專診各穴。如以人寸少陰三部言，三部形狀迥然不同，比較自易，兩寸

---

① 僞：《脈學輯要》作「辨」，似當從。
② 不易言也：四字原脱，據《脈學輯要》補。《景岳全書》作「不易言也，不易言也」。
③ 真：原脱，據《脈學輯要》補。

同爲太陰脈，既不言左右，又不分關、尺，一指診之，何等簡易！今於一脈之中强分左右，又分三部，一部之中又分藏府，下指莫不迷罔，學者苟不自欺，則莫不以診脈爲苦。余嘗熟察之矣，大抵證實脈虚者，必其證爲假實也；脈實證虚者，必其脈爲假實也，有假實，無假虚。俟考。何以見之？如外雖煩熱而脈見微弱者，必火虚也；腹雖脹滿而脈見微弱者，必胃虚也。虚火虚脹，其堪攻乎？此宜從脈之虚，不從證之實也①。其有本無煩熱而脈見洪數者，非火邪也；本無脹滯，而脈見弦强者，非内實也。無熱無脹，其堪瀉乎？此宜從證之虚，不從脈之實也。凡此之類，但言假實，不言假虚，果何意也？蓋實有假實，而虚無假虚，假實者病多變幻，此其所以有假也。假虚者虧損既露，所以無假也。大凡脈證不合者，中必有奸，必先察其虚，以求根本，庶乎無誤。此誠不易之要法也。

又曰：真實假虚之候，非曰必無。如寒邪内傷或食停氣滯，而心腹急痛，以致脈道沉伏、或促或結一證，此以邪閉經絡而然，脈雖若虚，而必有痛脹等證②可據者，是必假虚之脈，本非虚也。以停滯急痛脈見沉伏，此非真沉真伏；别爲一例立論，當就真沉真伏而言，如所説，仍不爲假虚。又若四肢厥逆或惡風怯寒而脈見滑數一證，此由熱極生寒，外雖若虚，而内有便結煩熱等證可據者，是

---

① 不從證之實：「不」下原衍「宜」字，據《脈學輯要》删。下文「不從脈之實」同。
② 證：原脱，據《脈學輯要》補。

誠假虛之病，本非虛也。大抵假虛之證，只①此二條，武斷。若有是實脈，而無是實證，即假實脈也；有是實證，而無是實脈，即假實證也。知假知真②，即知所從舍矣。真、假以脈爲主，不論證。

又曰：又有從脈從證之法，乃以病有輕重言也。如病本輕淺、別無危候者，因見在以治其標，自無不可，此從證也；若病關藏氣，稍見疑難，則必③須詳辨虛實，憑脈下藥，方爲切當。所以輕者從證，十惟一二；重者從脈，十當八九。此脈之關係非淺也。雖曰脈有真假，而實由人見之不真耳，脈亦何從假哉！

陳士鐸曰：脈有陰陽之不同，王叔和分七表八裏，此《脈訣》，非叔和真書。似乎切脈分明，不知無一脈無陰陽，脈形皆待評定。非浮形。爲陽評。而沉爲陰評。，遲形。爲陰評。而數形。爲陽評。也。此謂陰、陽不過虛、實之代名詞。分脈形與評脈爲二門，每脈皆待評定，則不俟煩言而解。陰中有陽，陽中有陰；其中消息，全在臨症④時察之，心⑤可意會，非筆墨能繪畫耳。此爲魔語。切脈爲醫一事，既不能以書傳，何以教人？不明古法，强作解事耳。

---

① 只：原作「本」，據《脈學輯要》改。
② 知假知真：原作「知真知假」，據《脈學輯要》改。
③ 必：原脱，據《脈學輯要》補。
④ 症：原脱，據《脈學輯要》補。
⑤ 心：原作「必」，據《脈學輯要》改。

董西園曰：浮爲表證，法當表汗，此其常也，然亦有宜於下者；仲景云：「若脈浮大，心下鞕，有熱，屬藏者攻之，不令發汗」者，下必顧其表。下湯不屬汗劑，説未分明。是也。脈沉屬裏，治宜從下，而亦有宜汗者；如少陰病，始得之，反發熱而脈沉者，麻黄附子細辛湯微汗之，是也。分正例變例，實則審其輕重耳。脈促爲陽盛，當用葛根芩連湯清之矣；若促而厥冷者，爲虚脱，非灸非温不可，此又非促爲陽盛之脈也。脈遲爲寒，當用薑附温之矣。若陽明脈遲，不惡寒，身體濈濈汗出，則用大①承氣湯，此又非遲爲陰寒之脈矣。四者皆從症，不從脈也。至若從脈舍②證之治，如表證宜汗，此常法也。仲景曰：病發熱頭痛，而脈反沉，身體疼痛者③，當先救裏，用四逆湯。此從脈沉爲治也，原注：此條若無頭痛，乃可竟從裏治，否則尚宜斟酌。裏實用下，此常法也。如日晡發熱者屬陽明，若脈浮虚者宜發汗，用桂枝湯，此從脈浮爲治也。結胸證具，自當以大小陷胸治之矣；若脈浮大者，則不可陷，陷之則死，是宜從脈證而酌解之也。身疼痛者，當以桂枝發之，若尺中當作「皮澀」。脈遲者，皮澀脈遲，尺脈無獨遲之理，尺遲亦不屬血虚。不可汗，以營血不足故也，是宜從脈而調劑其營矣。此四者，從脈不從證也。讀仲景書者皆不知其診法，誤以晚

---

① 用大：原作「大用」，據《脈學輯要》改。

② 舍：原作「合」，據《脈學輯要》改。

③ 者：原脱，據《脈學輯要》補。

近之説解之，所以成此誤説。

朱丹溪曰：凡看脈，如得惡脈，謂死脈。當覆手取。如與正取同，乃元氣絶，必難治矣；如與正取不同，乃陰陽錯綜，未必死。《丹溪纂要》。

高武曰：人或有寸、關、尺三部脈不見，自列缺至陽谿脈見者，俗謂之反關脈。此經脈虚而絡脈滿，《千金翼》謂陽脈逆①，反大於寸口三倍；叔和尚未之及，真《脈經》。而況高陽生哉？《针灸聚英》。〇按：所引《千金翼》，今無考。虞天民曰：此地天交泰，生成無病之脈耳，學者可不曉歟？《醫學正傳》。張路玉曰：脈之反關者，皆由脈道阻礙，故易位而見，自不能條暢如平常之脈也。有一手反關者；有兩手反關者；有從關斜走自寸而反關者；有②反於内側，近大陵而上者；有六部原如絲，而陽谿、列缺别有一脈，大於正位者；亦有諸部皆細小不振，中有一粒如珠者，此經脈阻結於其處之狀也③。《診宗三昧》。〇此條反詳明。

案：《至真要論》云：諸不應者，反其診則見矣。此運氣家言，不可據以論常脈。王啓玄注曰：不應者皆爲脈沉，脈沉下者，仰手而沉，覆其手則沉爲浮、脈有常形，何能因仰覆相反？細

---

① 脈逆：原作「逆脈」，據《脈學輯要》改。

② 有：原作「有自」，據《脈學輯要》改。

③ 按：此條之「虞天民曰」云云、「張路玉曰」云云，原皆另立一條，茲據《脈學輯要》合併。

爲大也。陶節菴云：病人若平素原無正取①脈，須用覆手取之，脈必見也。此屬反關脈，診法與正取法同。反關脈當多求其人，數數診之，定爲公式。偶因一人一時遂指爲定法，非也。若平素正取有脈，後因病診之無脈者，亦當覆手取之。取之而脈出者，是陰陽錯亂也，宜和合陰陽②。如覆取正取俱無脈者，必死矣。以無脈定名可也，不必皆爲死證。此爲良法，王、陶所説，今驗之，極如其言。脈伏甚者，亦當以此法診得焉。

《醫學綱目》載：開寶寺僧衣鉢甚厚，常施惠於人，孫兆重之，與往還。一日謂孫曰：「某有一事，於翁約賞罰爲戲，可否？」孫曰：「如何爲賞罰？」僧曰：「若診吾脈，若知某病，賞三千爲一筵③；若④不中，罰十千歸小僧。」孫曰：「諾。」與之診。左手無脈，右手有脈，遂尋左手之脈，乃轉左臂上，動摇如常。尺澤原有動脈。孫曰：「此異脈也，醫書不載。脈行常道，豈有移易之理？往昔少年，爲驚撲震動心神，脈脱舊道，乍移臂外，復遇驚撲，不能再歸；年歲長大，血氣已定，不能復移。目下無病耳。」僧曰：「某襁褓時而

① 取：原脱，據《脈學輯要》補。
② 宜和合陰陽：五字原脱，據《脈學輯要》補。
③ 筵：原作「戲」，據《脈學輯要》改。
④ 若：原作「否」，據《脈學輯要》改。

撲背幾死，固宜脈失所。某亦平生①無病，亦不曾診脈，聞公神醫，試驗之，果神醫也。」○按：此疑因驚撲爲反關之脈者，世亦間有焉，姑附於此。小説言病、醫，非素精此道，每記載失實。《内經》有折斷手足之人，而營衛由别道而行，與常人無異。此類當特别調查，立定公式，方可據以説經，不能望文生訓。

董西園曰：老者血氣②已衰，脈宜衰弱，過旺則病。若脈盛而不躁，健飯如常，此禀之厚，壽之徵也；若强而躁疾，則爲孤陽。少壯者脈宜充實，弱則多病，謂其氣血日盈之年而得此，不足故也。若脈體小而和緩，三部相等，此禀之静，養之定也；惟細而勁急者，則爲不吉。故執脈審證者，一成之矩也；隨人變通者，圓機之義也。肥盛之人，氣盛於外，而肌肉豐厚，其脈多洪而沉；瘦小之人，氣急於中，肌肉淺薄，其脈多數而浮。因人同異者，總歸四方例。酒後之脈必數，食後之脈必洪，遠行之脈必疾，久飢之脈必空。孩提襁褓，脈數爲常也。四條因事而異。

葉文齡曰：《脈經》云，性急人脈躁，性緩人脈静。夫脈乃氣血之運，而行於呼吸者也。血禀偏勝，必多緩，陰之静也；氣禀偏勝，必多急，陽之躁也。以此只可論人之氣血孰爲不足，不可以性情而謂躁静者也。《醫學統旨》。○《經》言五態之人，各異形狀，此歸入五方四時例；五行之人，亦

① 平生：原作「生平」，據《脈學輯要》改。

② 血氣：《脈學輯要》作「氣血」。

分五等。欲定病脈，必先知其人平脈。醫每以人之特異者爲病脈，性情與血氣莫得大分別。總須先定公式爲平脈，以異常爲病脈。

陳無擇曰：《經》云：常以平旦陰氣未動，陽氣未散，飲食未進，經脈未盛，絡脈調匀，乃可診有過之脈；或有作爲，當停寧食頃，俟定乃診。師亦如之。釋曰：停寧俟定，即不拘於平旦，況倉卒病生，豈待平旦？學者知之。《三因方》。

徐春甫曰：無脈之候，所因不一。久病無脈，氣絶者死。暴病無脈，氣鬱可治。傷寒痛風①，痰積經閉。憂驚折傷，關格吐利。氣運不應，斯皆勿忌。自然内病，無脈者死。爲客邪所閉，不在此例。《病機彙編》。

沈朗仲曰：久病服藥後，六脈俱和。偶一日診，或數、或細、或虚弱、或變怪②異常，即當細問起居之故。或因一夜不睡而變者，或因勞役惱怒，或因感冒風寒，各隨其所③感而治之。

俞理初《癸巳類稿》類輯《靈》、《素》三卷，上卷《脈篇》言經絡，下篇《證篇》言病狀，此二篇與《甲乙》、《太素》大同小異，未爲奇也。中爲《持篇》，於診法立十四門，除氣口以

① 痛風：《脈學輯要》作「頭風」。
② 變怪：原作「怪變」，據《脈學輯要》改。
③ 所：原脱，據《脈學輯要》補。

外，唐、宋以下所略。按：俞氏雖明而未融，要爲前事之師。今列其目，而加論斷焉。

天府乳下候一删。按：此胃大絡虚里動也，今併入《診絡篇》。

氣口候二診經法。今歸之《三部九候》。十二經同診氣口，非獨兩手。

人迎候三今改入《人寸比較》。

三部九候四今同。

太衝候五今改作診任衝。

衝陽候六删。今併入《人寸》。

絡脈候七今立《診絡篇》。

氣口應候八今入《三部九候》。

持氣口九同上。八以上稱「候」，九以下稱「持」。

四時應持十今改入《皇帝政治學》。別立《分方異宜篇》。

五藏應持十一今立《五診篇》。又立《平脈篇》。

胃氣真藏脈①應持十二删。併入《分方異宜》。

運氣不應持十三今歸入《皇帝天人學》。

①脈：原脱，據黄山書社《俞正燮全集·癸巳類稿》卷五補。

氣血今立《營衛生會》。形色陰陽脈名持法雜比略例十四今分隸各門。

案：俞氏十四診法皆於《内經》推考而出，《難經》專診兩手，則十不及取一矣。今標舉原目，以示學人。俞氏攻堅摧鋭，博雅精深，其書不可不讀也。

脈學輯要評卷中

經脈四診　浮　沉　遲　數

浮經脈四診法之一，原在第一。○經脈者，包三部九候，十二經動脈而言，非單指兩手寸口。

「十八難」曰：「浮者，脈在肉上行也。」

滑伯仁曰：浮，不沉也①，按之不足，輕舉有餘，滿指浮上，曰浮。《診家樞要》。

張介賓曰：大都浮而有力有神者，爲陽有餘，陽有餘，則火必隨之，或痰見於中，或氣壅於上，可類推也。浮而無力空豁者，爲陰不足，則水虧之候，或血不營心，或精不化氣，中虚可知也。若以此等爲表證，則害莫大矣。其有浮大絃鞕②之極甚，至四倍以上者，《内經》謂之「關格」。此非有神之謂，乃真陰虚極，而陽亢無根，大凶之兆也。凡一部之脈，以一指診之，浮則皆浮，沉則皆沉，故兩寸六部只得爲一名。以三部論之，人迎、少陰與寸口異其地位，別陰陽大小差等，動輒數倍，以此爲異，易知

---

① 也：原脱，據《脈學輯要》補。

② 鞕：原作「鞭」，據《脈學輯要》改。

易行。俗醫於一部之中强立各等異同，皆非正法。

張路玉曰：浮脈者，下指即顯浮象，按之稍減而不空，舉之泛泛而流利，不似虚脈之按之不振，芤脈之尋之①中空，濡脈之綿輭無力也。浮爲經絡肌表之應，良由邪襲三陽經中，鼓搏脈氣於外，所以應指浮滿也。故凡浮脈主病，皆屬於表，但須指下有力，即屬有餘、客邪。其太陽本經風寒營衛之辨，全以②浮脈。緩皮。、浮脈。緊皮。分別，而爲處治。四大脈爲診經動脈之定法，診後乃以虚實評之，而後用藥，最爲簡易。其有寸、關俱浮，尺中遲弱者，幻象。營氣不足，血少之故。見太陽一經，咸以浮爲本脈，一部不逮，虚實懸殊。顛倒。亦有六脈浮遲，而表熱裏寒，下利清穀者，雖始病有熱，可驗太陽，其治與少陰之虚陽發露不異。是書兩寸不分遲、數、浮、沉，最爲精到。蓋同一脈也，古法一指診之，安得有四種相反之候？凡病久而脈反浮者，此中氣虧損③，不能内守也。若浮而按之漸衰，不分左右三部。不能無假象發見之虞。又雜證之脈浮者，皆爲風象，如類中風痱之脈浮，喘欬痞滿之脈浮，煩瞑衄血之脈浮，風水皮水之脈浮，消癉便血之脈浮，泄瀉膿血之脈浮。如上種種，或與證相符，或與證乖互，咸可治療。雖《内經》有腸澼下白沫，脈沉則生，脈

---

① 之：原脱，據《脈學輯要》補。

② 以：原作「在以」，據《脈學輯要》改。

③ 損：《脈學輯要》作「乏」，似當從。

浮則死之例，然初起多有浮脈，可用升散而愈。當知陰病見陽脈者生，非若脈沉①細虛微「虛」與「細」、「微」皆屬評語。之反見狂妄躁渴，難於圖治。《醫通》。○俗法於左右三部，或浮、或沉、或數、或遲，强生分别，是爲顛倒。太陰一脈，不能自相違反，古書有違反之條文者，皆以别診與寸口比較，非一脈可以自反。如仲景但曰寸口，不分左右三部，與别診趺陽、少陰，始有差池也。

沉 經脈四診之二，原本在第九。

王叔和《脈訣》。曰：沉脈，舉之不足，按之有餘。一曰「重按之乃得」。

王子亨曰：沉脈之狀，取之於肌肉之下得之。

黎民壽曰：沉者，陰氣厥②逆，陽氣不舒之候。沉與浮對。浮以陽邪所勝，血氣發越③而在外，故爲陽，主表；沉以陰邪所勝，血氣困滯不振，故爲陰，主裏。《決脈精要》。

吴綬曰：沉，診法：重手按至筋骨之上而切之，以察裏證之虛實也。若沉微、沉細、沉遲、沉伏，可兼。無力，爲④無神，爲陰盛而陽微，沉爲脈名，微細無力無神，皆評脈詞，總之爲虛。急宜生脈回陽也；若沉疾、數。沉滑、沉實，皆有力，爲熱實，爲有神，爲陽盛而陰微，沉爲脈名，疾滑有力有

---

① 沉：原作「脈」，據《脈學輯要》改。
② 厥：原作「絶」，據《脈學輯要》改。
③ 越：原脱，據《脈學輯要》補。
④ 爲：原脱，據《脈學輯要》補。

神，皆評脈詞，總之爲實。「虚」、「實」爲總評，不可以爲廿四脈名之二。急宜養陰以退陽也。大抵沉診之法，最爲緊關之要，四大脈同，不可作尊題格語。以決陰陽冷熱，用藥死生，在於毫髪之間，不可不子細而謹察之。凡脈中有力，爲有神，爲之可治；脈中無力，爲無神，爲難治。《傷寒藴要》①。○竟以「力」與「神」混同一視，語欠斟酌。

何夢瑶曰：浮、沉有得於稟賦者，趾高氣揚之輩脈多浮，鎮静沉潛之士脈多沉；原注②：又肥人多沉，瘦人多浮。有變於時令者，春夏氣升而脈浮，秋冬氣降而脈沉也。脈有隨性情而變之理。○一人之脈，不因四時而變，此説不確。誤讀經文，以四方爲四時。其因病而致者，則病在上原注：人身之上部。在表在府者，其脈浮；原注：上、表、府皆屬陽，浮脈亦屬陽，陽病見陽脈也。在下在裏在藏者，其脈沉也。牽合上、下，則又不分部位之説。

遲經脈四診之三，原本在第廿一。○診經舊法，明白曉暢，易知易行。言脈必如四大脈，乃可立法，不致迷罔後人。

王叔和曰：遲脈，呼吸三至，去來極遲。

滑伯仁曰：遲，不及也。以至數言之，呼吸之間，脈僅三至，減於平脈一至也。爲陰盛陽

---

① 傷寒藴要：四字原脱，據《脈學輯要》補。下「○」亦據文例補。後文類此者皆徑補，不再出校。又據上引，此條下尚有「張介賓曰」、「蕭萬輿曰」兩條。

② 原注：二字原脱，依文例補。下二「原注」同。

虧之候，爲寒，爲不足。

吴山甫曰：遲，醫者一呼一吸，病者脈來三至，曰遲。二至一至，則又遲也，若二呼二吸一至，則遲之極矣。陰脈也，爲陽虚，爲寒。觀其遲之微甚，而寒爲之淺深，微則可治，甚則難生。乍遲乍數，曰虚火。

張路玉曰：遲脈者，呼吸定息，不及四至，而舉按皆遲。遲數有何深淺可分？遲爲陽氣失職，胸中大氣不能敷布之候①，故昔人咸以隸之虚寒，浮遲爲表寒，沉遲爲裏寒，遲濇爲血病，遲滑爲氣病。此論固是，然多有熱邪内結，寒氣外鬱，而見氣口遲滑作脹者，詎可以脈遲概謂之寒，而不究其滑濇之象、虚實之異哉！詳仲景有陽明病脈遲、微惡寒，而汗出多者，爲表未解；脈遲，頭眩腹滿者，不可下；有陽明病脈遲②有力，汗出不惡寒，身重喘滿，潮熱便鞕③，手足濈然汗出者，爲外欲解，可攻其裏；又，太陽病脈浮，因誤下而變遲，膈内拒痛者，爲結胸。若此，皆熱邪内結之明驗也。「遲」不可云「浮」所變，以「遲」在「浮」「沉」之外。

董西園曰：脈之至也，由乎氣之緩急，故必以息候之。一呼一吸爲一息，一息中得四至

① 候：原作「象」，據《脈學輯要》改。
② 脈遲：此二字原作夾注小字，據《脈學輯要》改。
③ 鞕：原作「鞭」，據《脈學輯要》改。

之半，乃爲和平之脈。若一息二至，氣行緩，陰之象也；一息六至，氣行疾，陽之象也。

案：程應旄曰：遲脈亦有邪聚熱結、腹滿胃①實，阻住經隧而成者，又不可不知；出《陽明病篇》注。今驗有癥瘕痃氣壅遏隧道而見遲脈者，是雜病亦不可以遲概而爲寒也。〇又案：人身蓋一脈也，故其見於三部，雖有形之大小浮沉不同，其實此亦衆生顛倒，不必分。然至數之徐疾必無有異，驗諸病者爲然矣。而仲景書或云「尺中遲」、或云「關上數」，非一脈一穴乃有遲、數之分。後世脈書亦云寸遲爲②某病、尺遲主何證之類，比比皆然。更不足責。此予未嘗親見，竊疑理之所必無也。附記以俟明者。仲景之「尺中」、「關上」，後人所羼易，原文當是「寸口」、「趺陽」或「少陰」。不在一穴，故脈有異同。

數經脈四診之四，原本在第五。〇言「數」爲脈疾，「急」乃筋絡診法，不必混合。

王叔和曰：數，脈去來促急。原注：一息六七至。一曰「數者，進之名」。

吳山甫曰：數，醫者一呼一吸，病者脈來六至曰數。若七至八至，則又數也；九至、十至、十一至、十二至，則數之極矣。七至曰甚，八至已爲難治，九至以上，皆爲不治。若嬰兒純陽之氣，則七至八至，又其常也，不在大人之例。舊來診法，易知易行，並不含糊；前人以四大脈立爲專書教

---

① 胃：原作「貫」，據《脈學輯要》改。

② 爲：原脱，據《脈學輯要》補。

人，乃真暗室一燈。若雜混二十餘名，徒亂人意，非也。

徐春甫曰：沉數有力，實火内爍。沉數無力，虛勞爲惡。雜病初逢，多宜補藥。病退數存，未足爲樂。數退證危，真元以脱。數按不鼓，虛寒相搏。微數禁灸，洪數爲火。數候多凶，匀健猶可。

張介賓曰：五至六至以上，凡急疾緊促之屬皆其類也，爲寒熱，爲虛勞，爲外邪，爲癰瘍。滑數、洪數者多熱，澀數、細數者多寒，暴數者多外邪，久數者必虛損。數脈有陰有陽，今後世相傳，皆以數爲熱脈；及詳考《内經》，則但曰「諸急者皮絡緊。多寒，緩皮肉。者多熱」、「滑皮。者陽氣盛，微皮。有熱」、曰「粗皮。大者，陰不足，陽有餘，爲熱中也」、曰「緩皮。而滑皮。者，曰熱中」，舍此之外，則無以數言熱者。而遲冷數熱之説，乃自《難經》始①，云「數則爲熱，遲則爲寒」，今舉世所宗，皆此説也。不知數熱之説，大有謬誤。何以見之？蓋自余歷驗以來，凡見内熱伏火等證，脈反不數，而惟洪滑有力，四字皆形容實證之詞，不可因之別立脈名。如經文所言者，是也。「滑」「澀」乃診皮專名②，詳《診皮篇》。「洪」「有力」中可以言「滑」，可以不言「滑」。

薛慎齋曰：人知數爲熱，不知沉細中見數爲寒甚。真陰寒證，脈常有一息七八至者，但

---

① 自《難經》始：《景岳全書》及《脈學輯要》均作「始自《難經》」，似當從。

② 名：原脱，據文意擬補。

按之無力而數耳。宜深察之。《傷寒後條辨》。○有力，評之曰實；無力，評之曰虚。

汪石山曰：大凡病見數脈，多難治療。病久脈數，尤非所宜。《醫按》。

蕭萬輿曰：數按不鼓，則爲虚寒相搏之脈；數大而虚，則爲精血消竭之脈。細疾如數，陰燥①似陽之候也；沉弦細數，虚勞②垂死之期也。蓋數本屬熱，而真陰虧損之脈，亦必急數。然愈數則愈虚，愈虚則愈數，此而一差，生死反掌。《軒岐救正論》。

張路玉曰：數脈者，呼吸定息，六至以上而應指急數，不似滑脈之往來流利，動脈之厥厥動摇，疾脈之過於急促③也。「滑」爲診皮法，「動」爲診絡法，「疾」爲診筋法，因古法失傳，遂混以爲經脈診法，失之遠矣。數爲陽盛陰虧，熱邪流薄於經絡之象，所以脈遂④數盛。火性善動而躁急，故《傷寒》以煩躁脈數者爲傳，脈静者爲不傳，有火無火之分也⑤。人見脈數，悉以爲熱，不知亦有胃虚及陰盛拒陽者，若數而浮大，按之無力，寸口脈細數者，虚也。

---

① 燥：原作「躁」，據《脈學輯要》改。
② 虚勞：原作「勞虚」，且爲夾注小字，據《脈學輯要》改。
③ 促：《脈學輯要》作「疾」。
④ 遂：《脈學輯要》作「道」，似當從。
⑤ 也：原脱，據《脈學輯要》補。

按：以上四名爲診十二經動脈之古法，故諸家之説明白顯著，易知易行，非如以後二十三脈，不惟診法難，即其名詞亦多不可解，各立一説，無所折中。

伏附經之一。○伏者，藏匿不見，當以無脈爲正解，若推而可見，終屬沉部。

「十八難」曰：「伏者，脈行筋下不動。也。」十二動脈，除氣口外，皆伏而不見其動。

王叔和曰：伏脈，極重指按之，著骨乃得。此屬沉甚。

戴同父曰：伏脈，初下指屬浮。輕①按，不見；次尋之中部，又不見；次重手極按，此乃爲「沉」。又無其象；直待以指推其筋於外，而診乃見。筋如何可推？究其所云，終屬沉部。蓋脈行筋下也。氣口動脈之謂何。○脈之不見，謂不動耳。推筋求之，如魚潛淵、鳥入山，唯恐不深密耶？若如常診，不推筋②以求，則無所見，昧者以爲脈絶也。「伏」即不見之别名。芤脈因按而知，誤解「芤」字。伏脈因推而得。伏與沉相似，沉者，重按乃得；伏者，重按亦不得，必推筋乃見也。若重按不得，推筋著骨全無，則脈絶無，而③非伏矣。《脈訣刊誤》。○實爲伏，虚爲絶。○伏脈多屬鬱格，爲實證，豈可與沉相似？因推而得，深沉爲虚候矣。

---

① 輕：原脱，據《脈學輯要》補。
② 筋：原脱，據《脈學輯要》補。
③ 無而：原作「而無」，據《脈學輯要》改。

張介賓曰：如有如無，附骨乃不。見，此陰陽潛伏，阻隔閉塞之候。或火閉而伏，或寒閉而伏，或氣閉而伏，爲痛極，爲霍亂，爲疝瘕，爲閉結，爲氣逆，爲食滯，爲忿怒，爲厥逆水氣。伏脈之體雖細微，亦必隱隱有力。細微非「伏」，不見乃爲「伏」。凡伏脈之見，雖與沉微細脱①者相類，而實有不同也。蓋脈之伏者，以其本有如無，而一時隱蔽不見阻格動機成「伏」。耳。不動爲伏，非果藏匿深處。此有胸腹痛劇而伏者；有氣逆於經，脈道不通而伏者；有偶因氣脱，不相接續而伏者。然此必暴逆者乃有之，調其氣而脈自復矣。所以分「伏」、「絶」之不同。若此數種之外，其有積困延綿，脈本細微，而漸至隱伏者，此自殘燼將絶之象，安得尚有所伏？

吴又可《温疫論》云：温疫得裏證，神色不敗，言動自如，别無怪證，忽然六脈如絲，微細而動，不動，或略有動機。甚至於無，全然不動。或兩手俱無，或一手先伏；「無」、「伏」不可混稱。察其人，不應有此脈，如細微脈下又接言無脈，如此文義，最足誤人。若「微」、「虚」、「伏」，實毫髮千里，果暴病則爲伏，不當以「六脈如絲微細而軟」全用微、絶文義，使初學目迷五色。今有此脈者，緣應下失下，内結壅閉，營氣逆於内，不能達於四末，此脈厥也。亦多有過用黄連石膏諸寒之劑强遏其熱，致邪愈結，脈愈不行；醫見脈微欲絶，以爲陽症得陰脈，爲不治，委而棄之，以此誤人甚衆。若更用人參生脈散輩，禍不旋踵，宜承氣緩緩下之，六脈自復矣。閱歷之言。

① 脱：原作「微」，據《脈學輯要》改。

代附經之二。○代，與「伏」同類。經脈本有此象，因非常狀，故以歸之附脈，不混入浮沉遲數中，以清界限。

王叔和曰：代脈，來數中止，不能自還，以復動爲還耶？「還」字下得怪。因而復動。既有復動，何云不能自還？脈結者生，代者死。生死可不問，試詳「結」、「代」之分。

楊仁齋曰：代者，陰也，動中有止，不能自還，四字可以删，上文有「止」字。因而復動，由是復止，尋之良久乃起，如更代之代。不必添足。

樓全善曰：自還者，動而中止復來，數於前動也。又牽引數字，脈法迷人，皆由圓詮先生所致。不能自還者，動而中止，復來如前，動同而不數也。《醫學綱要》。

李士材曰：代者，禪代之義也，如四時之禪代，不愆其期也。結促之止，止無常數；代脈之止，止有常數。結促之止，一止即來；代脈之止，良久方至。《内經》以代脈之見爲藏氣衰微、脾氣脱絶之象也，立一「代」名。以微、甚分之即得，何必多立名目？惟傷寒心悸，懷胎三月，或七情太過，或跌仆重傷，及風家①痛家，俱不忌代脈，未可斷其必死。

錢天來曰：代，替代也。氣血虚憊，真氣衰微，力不支給，如欲求代也。止而未即復動，若有不能再動之狀，故謂之「不能自還」，又略久復動，故曰「因而復動」。

張景岳曰：代，更代之義，謂於平脈之中而忽見耎弱，或乍數乍疎，或斷而復起，均名爲

---

① 家：原作「寒」，據《脈學輯要》改。

代。「代」本不一，各有深義，如「五十動而不一代」者乃至數之「代」，即《根結篇》所云者是也。從陽入陰，從陰入陽，皆爲「代」。以寤寐分之，五十營而不一代者，晝夜瞋目瞑目平分，專以寤寐言，非診脈，説詳《營衛運行篇》。若脈本平勻，而忽强忽弱者，乃形體之「代」，即《平人氣象論》所云者是也。又若脾主四季，而隨時更代者，乃氣候之「代」，即《宣明五氣》等篇所云者是也。凡脈無定候、更變不常者，均謂之「代」，但當各因其病而察其情，庶得其妙。

按：代脈，諸説不一，然景岳所論，尤爲允當矣。《史記》倉公云「不平而代」，又云「代者，時參擊，乍疎乍大也」，張守節《正義》云「動不定曰代」，可以確其説矣。張解《倉公傳》多誤説，以其喜引《難經》。蓋動而中止，不能自還，因而復動者，乃至數之更變，而仲景、叔和所云者，即代脈中之一端也，若其爲止有常數者，似泥於經文焉。李士材曰：「善化令黄桂巖，心疼奪食，脈三動一止，良久不能自還。施笠澤云：『五藏之氣不至，法當旦夕死。』余云：古人謂痛甚者脈多代，少得代脈者死，老得代脈者生。今桂巖春秋高矣，而胸腹負痛，雖有代脈，安足慮乎？果越兩旬而桂巖起矣。」此種醫案，直如村歌瞽語，何以引之？蓋脈即人各有見不同，果否是此證，亦不可知。如書院考課，一人自立自駁，皆可自圓其説是也。予家君近治一老人，癥塊發動，引左脇而痛，綿連不已，藥食嘔變，其脈緊細而遲，左脈漸漸微小，遂絶止者二三十動許，覆手診之，亦然；又漸漸見出如故，良久，又絶止如前。用附子建中湯，加吴茱萸。視療十餘日，痛全愈而脈復常。是代之最甚者，正見李氏之言信然矣。〇又按：《傷寒論》「不可下」篇云：「傷寒脈陰陽俱緊，惡寒發熱，則脈欲厥。厥者，脈初來大，漸漸小，更來漸漸大，是其候也。」又，王海藏《陰證略例》云：「秦二好服三①生茶及冷物，積而痼寒，脈非浮非沉，上下内外，舉按極有力，堅而不柔，觸指突出膚表，往來不可以至數名，縱横不可以巨細狀，此陰證鼓擊脈也；一身游行之火，萃於胸中，寒氣逼之，搏大有力。與真武四逆等藥，佐以芍藥茴香，酒糊丸，使不僭上，每百丸，晝夜相接八九服，凡至半斤，作汗而愈。」亦世罕有也。以上據景岳言，皆「代」之屬也，故舉似於此。

楊玄操云：《難經》言「止」，《靈樞》言「代」。按：止者②，按之覺於指下而中止，名止；代者，還尺中，停久方來，名曰代也。其「止」「代」雖兩經不同，據其脈狀，亦不殊别。

《瀕湖脈訣》每脈皆有相類詩，最誤後學。

董西園曰：脈因動静而變，故安卧行遠，脈形有别，無足怪也。若頃刻之動静，不必遠行，即轉身起坐，五七步間，其脈即見數疾，坐診之頃，隨即平静；即换診舉手，平疾必形，一動一静，無不變更。此種脈候，非五尸祟氣之相干，多真元内虚之明驗。惟其内氣無主，藏氣不治，而後經脈之氣瞬息變更，將見暈絶殭仆之候，故此種脈情，恒有伏風内舍，經絡痺留，或

① 三：原作「天」，《脈學輯要》同。據《叢書集成初編》本王好古《陰證略例》改。

② 按止者：三字原脱，據《脈學輯要》補。

火動於中，或飲發於内，動則氣役於邪，而脈隨氣變也。此皆因邪之善行①數變，以致鼓水揚燃，又爲虚中挾實之候，當求其因而調之，庶可轉危爲安。

平按：經又云：「代」與「鈎」皆絡脈病。絡脈有「鈎」、「代」，亦可存參。

附代字三法

絡脈代脈。

《三部九候論》：「其脈代而鈎者，病在絡脈。」鈎脈惟絡有之，以其支絡横出，其賁起之狀略有鈎形，經則絶無此狀，故「代」與「鈎」專爲診絡定名。○小兒三關即絡脈，故有鈎曲形。

代則乍痛乍止。楊注：代則乍痛乍止。

代則取絡脈，且飲藥。楊注：邪在血絡，致令脈代。可刺去邪血，飲湯實之。

脈代以弱，則欲其安静，無勞用力也。楊注：脈衰代絶，至復微弱，不欲煩動者，宜安静恬逸，不得自勞也。

代則取血絡《禁服篇》曰：泄其血絡。而洩之。楊注：代則乍痛乍止，故刺去邪血之絡也。○以上《靈・禁服

① 行：原脱，據《脈學輯要》補。

篇》。

孫絡病者，治其孫絡血。血病，身有痛者，治其經絡。其病者在奇邪，奇邪之脈，則繆刺之。留瘦不移，節而刺之。上實下虛，切而從之，索其結絡脈，刺出其血，以見通之。《三部九候論》。

絡脈浮而在外，邪客則動，如肉跳、眼皮跳、乳下跳，有動有止，止而復跳，跳又更止，明白顯易，故以爲診候。若經脈常動，并無此狀，況經亦不以此爲候也。

營衛代脈。

《靈·根結篇》：「五十營①而不一代者，五藏皆受氣。四十動一代，一藏無氣。三十動一代者，二藏無氣。二十動一代者，三藏無氣。十動一代者，四藏無氣。不滿十動一代者，五藏無氣。所謂五十動而不一代者，以爲常也。以知五藏之期，予之短期者，乍數乍疏也。」〇此法施之診脈，均無徵驗，非診脈名詞。舊法據此以定人命長短，非是，亦無效。

此「代」以人之寤寐瞑瞋言，非診脈名詞。「五十營而不一代」，睡、醒各半日，晝夜平分之説。老人夜醒晝瞑，百刻中分，或四十刻，或三十刻，或二十刻，或十刻，或不滿十刻，睡、醒無常，是爲衰象，亦不至於遂死。此節專詳營衛運行，舊解皆誤。

---

① 營：《靈樞》作「動」，當從。

五藏、四藏、三藏、二藏、一藏無氣，以五數配，五十、四十、三十、二十、一十之動，代各有差等，五數相配以示例。亦如《禹貢》田賦九等，每州九等，共爲八十一等，今每州各一見以示例。九州恰與九等數目相符，借以示例，非每州自占一等，合九州爲九等。又，《周禮》五等諸侯封國，以五、四、三、二、一百里爲次，以五配五，與此尤同。不可望文生訓，不可拘爲定解。

脾 代脈。

「肝脈弦，經中皆加「如」字，均屬舉例符號，非真脈形。詳《釋如篇》。心脈鉤，脾脈代，肺脈毛，腎脈石。」五方不同，假五字爲符號。○《素問·宣明五氣篇》。

「黄者，其脈代也。」《邪氣藏府病形篇》。

「代則氣衰。」《脈要精微論》。

「其脈乍疏、如弦。乍數、如鉤。乍遲、如毛。乍疾如石。者，按：絡脈云代，乍痛、乍止，此真脈象。此示疏數遲疾，名異實同，經文不應重復，則知復舉以示例，非實分别。四方異名，不過以四字爲符號之符號而已。日乘四季，死。」按：此用土寄王四時之説，以爲脾寄四時，故兼有弦、鉤、毛、石四種脈象。又，五態之人，化爲二十五人，脾在中央。如《詩》「惠此中國，以綏四方①」。中央之極，自有五方，一局之中，同有弦、鉤、毛、石之象，五方合爲五五二十五陽，非

① 方：原作「國」，據《詩·民勞》改。

獨中央有五陽，四方各有五陽，舉中央以示例，而四方可知也。○《三部九候》。

「脾脈者土也。孤藏以灌四旁者也。」《玉機真藏論》。

「但代無胃曰死。」《平人氣象論》。

按：此非謂脾之脈代也，代與弦、鉤、毛、石合爲五脈符號，凡言四時分方異宜，以平治學爲主，分方言脈，王者不易其宜，不改其俗，異法異方以治之。疾醫借用此説，而實非脈名定稱。今故輯四時異診，以爲《皇帝治法》專篇焉。醫家不可泥此，以爲診病脈法。

人寸比類二門附二　大洪。　小細。　附　躁　静

洪實評之小名詞。大、小，比例對勘之辭，「洪」就本體有加於常言之。

嚴三點曰：洪，如春潮之初至，按之慆慆①然。《脈法微旨》。

吴山甫曰：洪，猶洪水之洪，脈來大而鼓也。若不鼓，則脈形雖闊大②，不足以言洪。若江河之大，如無波濤洶涌，不得謂之「洪」。望文生訓，頗似荆公《字説》。「洪」又作「鴻」，將從鳥解之耶？

張介賓曰：洪，大而實也，舉按皆有餘。洪脈爲陽，凡浮芤實大之屬，皆其類也。爲血氣燔灼，「芤」何以與「實」同類？大熱之候。浮洪爲表熱，沉洪爲裏熱，此陽實陰虚、氣實血虚之候。若洪大至極，甚至四倍以上者，是即陰陽離絶，關格之脈也，不可治。經以大之倍數計之，何必更立「洪」名？

張路玉曰：洪脈者，既大且數，指下纍纍如連珠，如循琅玕，不似實脈之舉按逼逼，滑脈之耎滑流利也。洪爲火氣燔灼之候，仲景有服桂枝湯，大汗出，大煩渴不解，脈洪，爲温病；

---

① 慆慆：原作「溜溜」，據《脈學輯要》改。按右書原注云：「當是『溜溜』之訛。」

② 大：原脱，據《脈學輯要》補。

又屢下而熱勢①不解、脈洪②不減，謂之壞病，多不可救。洪爲陽氣滿溢、陰氣垂絶之脈，故藹藹如車蓋者爲陽結，脈浮而洪、身汗如油爲肺絶。即雜病脈洪，皆火氣亢盛之兆，若病後久虚、虚勞失血、泄瀉脱元而見洪盛之脈，尤非所宜。惟惛濁下賤，脈多洪實，又不當以實熱論也。

董西園曰：洪，火象也。其形盛而且大，象夏之旺氣，火脈也。若以浮大有力爲洪脈，則沉而盛大者，將非洪脈乎？故脈見盛、大，即當以洪脈論也。《内經》四時分方，以弦、鉤、毛、石四物相反示例，非脈名也。四名之中，弦、毛、石尚可附會，惟「鉤」字不可以解，《難經》乃以「洪」字易之，不知脈名皆不用實物名詞。凡後人誤説，皆含糊不明，不獨一「洪」「鉤」也。能由此推之，自有悟境。

按：滑氏以來，以「鉤」、「洪」爲一脈，予謂「洪」以廣而言，歧中又歧，徒使後人迷罔。「鉤」以來去而言，雖俱屬於夏脈，不能無異，當考《素》、《難》之文。張路玉特有洪鉤似同而實不類之説，而其言含糊不明。又案：《脈經》「一説」並孫思邈及近代何夢瑶輩皆以浮大爲洪脈，故董氏辨之，是也。

細一曰「小」。〇診皮法無大小可言，人寸比較，異部相比，乃有小大可言。同在寸口，則大小相同。

---

①　勢：原作「實」，據《脈學輯要》改。

②　洪：原作「法」，據《脈學輯要》改。

王叔和曰：細脈，小大於微，常有，但細耳。《脈經》何足爲據？此卷乃僞書。○細與粗相反，麤細緻與粗錯相反。

吴山甫曰：小，脈形減於常脈一倍曰「小」。愚嘗診之，小如粗線，細如絲線。《脈經》首論脈形二十四種，有「細」而無「小」，今之「小」其即古之「細」乎？

李東璧曰：《素問》謂之小。王啓玄言「如莠蓬」，狀其柔細也。《脈訣》言「往來極微」，是「微」反大於「細」矣，與經相背。《脈經》曰①：細爲血少氣衰，有此證則順，否則逆。故吐衄得沉細者生。憂勞過度者，脈亦細。

李中梓曰：「細」之爲義，小也，微脈則模糊而難見，細脈則顯明而易見，故「細」比於「微」，稍稍較大也。既以細小弱微爲一類，何必多立四名？誤立四名，乃穿鑿分析之，郢書燕説，無益有損。經中用諸名詞各有本義，至於形容叚借，隨文便稱，所謂文異義同者多，至立爲脈專名，則彼此出入，牽混雷同，徒亂人意。

何夢瑶曰：小與大相反，一名「細」。不當爲「細」。細甚無力，名「微」。大小有得之禀賦者，世所謂六陽六陰也。有隨時令變異者，時當生長則脈大，當收斂則脈小也。有因病而變異者，邪有餘則脈大，正不足則脈小也。

① 經曰：二字原脱，據《脈學輯要》補。

張路玉曰：細爲陽氣衰弱之候①。《傷寒》以尺人。寸俱沉細爲太陰、爲少陰。《内經》如「細則少氣」，「脈來細而附骨者積也」，仲景無寸、關、尺三部，今本有數條，皆後人記識語。「皮寒脈細，謂之後泄」，「頭痛脈細而緩爲中濕」，種種皆陰邪之證驗，但以兼浮兼沉、在尺皮。在寸分別而爲裁決。《内經》「尺」字無作關、尺解者，多爲字誤。

按：《靈》、《素》、仲景「細」「小」互稱，至滑氏始分爲二：「小，不大也；細，微②眇也」，遂以細爲微。凡《脈訣》以降，「細」「微」混同者，皆不可憑也。

附

躁　静

按：《人寸比類篇》「躁」、「静」詳矣。今以原書不見「躁」「静」名詞，故不詳論。

---

① 候：原作「故」，據《脈學輯要》改。

② 微：原作「漸」，據《脈學輯要》改。

診皮法八門

滑　澀診絡同。

緩　散　緊同急。診絡同。

輭　革

附　寒　熱　粗枯，錯。　緻密。

滑診皮法之一。○皮膚光滑，爲診皮專名。經云：脈滑者皮亦滑。脈指絡脈言之，非動脈。○緩、緊、滑、澀，寒、熱、粗、細，同爲診皮法。

孫思邈曰：按之如動珠子，名曰滑。滑，陽也①。《千金翼》。○《千金·平脈》，後人羼入。

滑伯仁曰：滑，不澀也，往來流利，如盤走珠。

張介賓曰：「往來流利，如盤走珠」，凡洪大芤實之屬，皆其類也，乃氣實血壅之候。爲痰

---

① 「按之如動珠子」至「陽也」：此四句原誤植「滑伯仁曰」之下，而「滑，不澀也」至「走珠」則誤植「孫思邈曰」下，兹據《脈學輯要》乙正。又，此語見《千金翼方》卷二五《色脈·診脈大意》。

逆，爲食滯，爲嘔吐，爲滿悶。滑大、滑數爲①内熱，上爲心肺頭目咽喉之熱，下爲小腸膀胱二便之熱。婦人脈滑數而經斷者，爲有孕。若平人脈滑而和緩者，此自榮衛充實之佳兆。若過於滑大，則爲邪熱之病。又，凡病虚損②者多有弦滑之脈，此陰虚然也，瀉利者亦多弦滑之脈，此脾腎受傷也，不得通以火論。「滑」字尚可附會脈象，「澀」字則萬難解釋，亦如弦可牽合，鈎則萬無此脈。推鈎以言弦，由澀以例滑，則二字非脈狀，明矣！

案：《傷寒論》以滑皮絡。爲熱皮。實評。之脈，曰「脈反滑，當有所去，下之乃愈」，曰「脈滑皮絡。而疾皮。者，小承氣湯主之」，曰「脈人。浮滑，皮。此表人浮。有熱，裏皮滑。有寒」，曰「脈滑皮絡。而厥手足。者，裏有熱也」，曰「脈滑皮絡。而數人迎者，有宿食也」。此③皆爲陽盛熱實之候，然虚家有反見滑脈者，乃是元气外泄之候④。必浮乃可斷。學者可不細心體認哉！

---

① 爲：上原衍「滑」字，據《脈學輯要》删。
② 虚損：原作「損虚」，據《脈學輯要》乙。
③ 此：原脱，據《脈學輯要》補。
④ 「然虚家」二句：原脱，據《脈學輯要》補。

澀 診皮法之二，與「滑」反對。○四時之非脈名，以鈎爲代表，皮肉之非脈名，以澀爲代表。澀者，皮肉甲錯，與「滑」相反，《診皮篇》「麄如枯魚之甲」，是也。

王叔和曰：澀脈，細而遲，往來難且散，或一止復來。無一語可言澀。

王太僕曰：澀者，往來時不利而蹇澀也。《脈要精微論》注。○不知屬皮，故有此說。

戴同父曰①：脈來蹇澀，細而遲，此別有名。不能流利圓滑者，澀也。與滑相反。如刀刮竹，竹皮澀。又如竹刀刮而竹澀，遇節則倒退，澀脈「往來難」之意；如雨沾沙，沙者不聚之物，雨雖沾之，其體亦細而散，有澀脈「往來散」②之意。愈形支離。「或一止復來」，因是澀不流利之「止」，與結、代、促之「止」不同。凡諸診名詞，有定名專診，有叚借形容。在定名則明白顯易，叚借則不免影響，難於切實。如滑澀診皮，人所易知。經傳或藉以形容脈象，此乃興到之言，後人遂於診脈造二名。以診皮本義，爲脈法之轉輪，脈之如何爲滑，如何爲澀，則不免詞費。必知本義、假借，然後可以讀經。若牽合九等診治加之兩寸，以致脈法之難學也。

周禮曰：澀，不滑也。虛細而遲，如雨沾沙，脈圖畫諸細點以爲澀形，謂「如雨黏沙」，真屬夢囈。若六七隻針一宗戳上來也。更怪。滑爲血有餘，澀爲氣獨滯也。滑澀者，以往來察其形狀之難也。《醫聖階梯》。○滑、澀本義，診皮脈流利蹇澀，偶假借二詞形容之，未嘗不可，遂立二脈，則誤矣。

---

① 據《脈學輯要》，此條前尚有「玄白子曰」一條。

② 散：原作「難」，蓋涉上文而誤，據《脈學輯要》改。

何夢瑶曰：澀，糙澀也，與滑相反。往來沾滯者是。

張景岳①曰：往來艱澀，動不流利，爲血氣俱虚之候。凡脈見澀滯者，多由七情不遂，營衛耗傷，血無以充，氣無以暢。其在上則有上焦之不舒，在下則有下焦之不運，在表則有筋骨之疲勞，在裏則有精神之短少。凡此總屬陽虚，諸家言「氣多血少」，豈以脈之不利，猶有②氣多者乎？澀者，皮肉甲錯，多屬血蟲。

張路玉曰：澀皮。脈，良由津血虧少，不能濡潤經絡，所以澀澀不調。故經有「脈澀曰痺」、《平人氣象》。〇指皮絡言。「寸口諸澀亡血」、「澀則心痛」、《脈要精微》。「尺皮。熱脈絡。澀③爲解㑊」，《平人氣象》。種種皆陰血消亡，陽氣有餘，而爲身熱無汗之病。亦有痰食膠固，中外脈道阻滯④，而見澀數模糊者，陰受水穀之害也。

按：《脈要精微》云：「滑者，陰氣有餘也」、「澀者，陽氣有餘也」，故後世諸家類爲氣多血少之脈，而景岳辨之詳矣。路玉亦云「食痰膠固中外，脈道阻滯」，今驗不啻食痰爲

① 張景岳：原作「張仲景」，據《脈學輯要》改。
② 有：原作「言」，據《脈學輯要》改。
③ 尺熱脈澀：《素問》作「尺脈緩澀」，當從。
④ 滯：原作「澀」，據《脈學輯要》改。

然，又有七情鬱結及疝瘕癖氣，滯礙隧道而脈澀者，宜甄別脈力之有無，以定其虚實耳。○又案：澀脈古無一止之説。叔和則云「或一止」爾，後世脈書多宗其説，而明清諸家有不及「止」之義者，蓋叔和《脈訣》。下「或」字，則澀之止不必定然。然澀之極或有一①止者，則其言不止②，亦不可必也。誤中生誤，歧而又歧，删而汰之，乃得清謐。

吴又可《温疫論》云：張崑源之室，年六旬，得滯下，後重窘急，日三四十度，脈常歇止，諸醫以爲雀啄脈，必死之候，咸不用藥。延予診視，其脈參伍不調，或二動一止、或三動一止而復③來，此澀脈也。年高血弱，下利膿血，六脈結澀，此明爲代脈，以「澀」强名之。脈不能言，其如之何！固非所能任。詢其餘食不減，形色不變，聲音④烈烈，言語如常，非危證也，遂用芍藥湯加大黄三錢，大下純膿成塊者兩盌許，自覺舒快⑤，脈氣漸續，而利亦止。數

---

① 一：原脱，據《脈學輯要》補。
② 不止：原作「止不止」，據《脈學輯要》改。
③ 復：原作「後」，據《脈學輯要》改。
④ 聲音：原作「聲言」，據《脈學輯要》改。
⑤ 自覺舒快：四字原脱，據《脈學輯要》補。

年後，又得傷風欬嗽，痰涎湧甚，診之，又得①前脈，與杏桔湯二劑，嗽止脈調。凡病善作此脈，大抵治病，務以形、色、脈、證參考，庶不失其大段，方可定其吉凶也。○劉松峯《瘟疫論類編②》云：「澀脈不過不流利，非有歇止。」此説欠妥。又云：「如此説來，是結脈，近於代脈之象，豈可以澀脈當之？澀脈原無歇止，與『滑』字相對。」誠爲兒童辯日。

緩皮、絡、筋三脈皆以「緩」爲病候，讀與「渙」同，皮肉解緩，王太僕所謂「縱緩之狀」是也，與平脈之「緩」不相干。○經脈和緩爲無病之狀，以緩爲病候者，皆不指脈。仲景大陽浮爲脈緩、緊皆診皮法，以有汗、無汗分風寒，緩緊即皮膚有汗無汗之分，非脈也。○診皮法之三。

孫思邈曰：按之依依，名曰緩。《千金》脈法全與《靈》、《素》違反。《外臺》無診脈專篇，乃後人以別書相補，非孫氏原文。

王太僕曰：緩者，謂緩縱之狀，皮膚。非動脈。之遲緩也。《平人氣象論》注。○《脈經》指皮肉言。

吴山甫曰：緩，狀如琴弦久失更張，縱而不振，曰緩。自生荊棘。與「遲」不同，「遲」以數言，「緩」以形言，其別相③遠矣。若脈來不浮不沉，脈以緩爲平脈。中取之，從容和緩者，脾之正

---

① 診之又得：原作「又診之得」，據《脈學輯要》改。
② 編：原作「篇」，據《脈學輯要》改。
③ 別相：原作「相別」，據《脈學輯要》改。

脈也。此平脈之緩。浮而緩曰衛氣傷，沉而緩曰營氣弱。因浮沉累及，於緩何罪？諸部見緩脈，皆曰不足，謂其不鼓也。脈貴和緩，何必鼓？誤説，所以不能自圓。〇緩爲平，無罪狀可加，責之以浮沉可也。浮沉爲病，不當於緩見之，故知緩爲病狀，萬不能以脈言。

張介賓曰：緩脈有陰有陽，其義有三：凡從容和緩、浮沉得中者，此自平人之正脈；此正脈。若緩而滑大者，多實熱。緩爲正脈，但責大滑可也。如《内經》所言者是也；緩而遲①細者，多虚寒，即②諸家所言者是也。既别有主謀、作亂之主名，緩屬無辜，何必牽引到案，徒滋擾累。然實熱者，必緩大有力，多爲煩熱、爲口臭、爲腹滿、爲癰瘍、爲二便不利，或傷寒温瘧初愈而餘熱未清，多有此脈。若虚寒者，必緩而遲細，爲陽虚、爲畏寒、爲氣怯、爲③疼痛、爲眩暈、爲痺弱、爲痿厥，爲怔忡健忘、爲飲食不化、爲鶩溏飧泄、爲精寒腎冷、爲小便頻數，女人爲經遲血少、爲失血下血。凡諸瘡毒外症，及中風産後，但得脈緩者，皆易愈。

案：緩者，弛也，不急也，吴氏以琴弦爲喻，是矣。仲景曰：「寸口脈緩而人。遲，緩

---

① 遲：原作「滑」，據《脈學輯要》改。

② 即：原作「此」，據《脈學輯要》改。

③ 爲：原脱，據《脈學輯要》補。

則陽氣長①。」又曰：「趺陽脈遲而寸。緩，胃氣如經也。」乃知緩與遲，其别②果相遠矣。經與仲景，凡「而」下，與上多别爲一診。脈遲而皮肉緩。

散診皮肉法。與緩同，即所謂解緩，讀同渙散之「散」③，與「緊」對反。

崔紫虚曰：渙漫不收，其脈爲散。《四言舉要》。

戴同父曰：散，不聚緊。之名。仲景曰：「傷寒欬逆上氣，其脈散者，皮絡。死也。」《難經》曰：「浮而大散者，心也。」最畏散脈獨見，獨見則危矣。以脈定藏爲《難經》之誤説，經無此法，後亦不能行用。

滑伯仁曰：散，不聚也。有陽無陰。按之滿指，散而不聚，來去不明，漫無根柢，爲氣血耗散，府藏氣絶，主陽虚④不斂。

何夢瑶曰：大而盛於浮分，名洪；大而散漫滲開，脈絡。與肉無界限，名散。脈形本圓斂，今散漫不收，蓋虚甚而四散者也。診經脈不須言散，故立説已不能得「散」字的狀，何況臨證？

---

① 氣長：原作「專」，據《脈學輯要》改。
② 其别：二字原脱，據《脈學輯要》補。
③ 散：原作「渙」，則與上文「緩」之注語犯重，據文意擬改。
④ 陽虚：《脈學輯要》作「虚陽」。

案：何氏又解秋脈，誤解「毛」字。「其氣來毛，而中央堅、兩旁虛，曰虛散也；一脈如線，分中央兩旁已怪，又何以有兩種形狀？真是自欺欺人。惟兩旁散，而中央不散也」。予嘗見真元不足、肝木有餘者，其脈中央一線緊細，而兩旁散漫，病屬不治，亦不可不知也，因附記於此。既緊細，又言兩旁散漫，信口開河，其禍害皆《難經》釀之。如夢囈，如靈語，一掃而空，乃見真諦。

緊診皮肉法之四。〇仲景「緊」與「緩」對，皆指皮膚。緩汗多，緊汗少。

王叔和曰：緊脈，數如切繩狀。一曰「如轉繩之無常」。

案：「緊」之一脈，古今脈書無得其要領者，皆謂其與弦相似。一脈名狀，何至古今不得其要領？診皮肉之法，以「緩」「緊」爲專名，移診皮於經脈，無怪其難通。予家君嘗曰：「《素問》、仲景所謂緊脈，必非如諸家之説也。名目難解，如此可怪。蓋緊即不散也，謂其廣有界限，而脈與肉劃然分明也。寒主收引，脈道皮肉。爲之緊束，而不敢開散渙漫，與多汗之緩解同。故傷寒見此脈也，乃不似弦脈之弦絙三關、端直挺長也，脈本一條，安得不挺長？誤以弦爲脈狀，故展轉疑誤。矧於數脈之呼吸六七至無髣髴也。如轉索，如切繩，戴氏輩雖巧作之解，而不知『轉索』『切繩』原是謬説。按《金匱》曰：『脈緊如轉索無常者，有宿食。』《脈經》作「左右無常」。此謂其脈緊，而且左右夭矯、如轉索無常者，有宿食之候也，非謂脈緊，即其狀如轉索無常也。叔和乃誤讀此條，於辨脈法則云『脈緊者如轉索無常也』，亦何不思之甚也！而更又生一説，於《脈經》則云『數如切繩狀』，去『緊』之義益遠矣。後世諸家，率祖述叔和，故盡不可從也。」嗚呼！緊脈之義，從前模糊，幸賴家君之剖析，得闡發古賢者之本旨，孰不遵守乎哉！《傷寒例》云：「脈至如轉索者死①。」緊脈豈盡死脈乎？

案：孫光裕曰：「經文未嘗言『緊』，《内經》曰『急』，未有緊脈之名。」此失考耳。《平人氣象論》云「盛脈。而緊皮。曰脹」，《示從容論》「切脈浮經。大而緊皮。」，又《靈樞·禁服篇》「緊爲痛痺」；且「急」有二義，有弦急，有數急，皆與緊脈不相干焉。

輭皮絡診法之五。○「輭」與「堅」、「牢」對文，謂皮肉輭而不堅耳。

王叔和曰：輭脈，極輭而浮細。一曰「按之無有，舉之有餘」，一曰「細小而軟」。軟一作「濡」，曰：濡者，如帛衣在水中，輕手相得。

劉復真曰：濡，遲而全②無力。又曰：濡湊指邊還怯怯。《理玄秘要》。○廉夫以「濡」、「軟」同爲一脈。

滑伯仁曰：濡，無力也。虚軟無力，應手散細，如綿絮之浮水中，輕手乍來，重手卻去。濡

---

① 死：《脈學輯要》作「其日死」，當從。

② 全：原脱，據《脈學輯要》補。

字從需，與「遲」同義，不必立此名；如立此名，亦附「遲」類。

李東璧曰：如水上浮漚，重手按之，隨手而没之象。又曰：浮細如綿曰濡，漚不可言「細」，不可曰「如綿」。又因字偶從水，遂從水穿鑿，直比之於漚，真爲怪妄。天下安有如漚之脈象耶？沉細如綿曰弱，浮而極細如絶曰微，沉而極細不斷曰細。一筆删之，乃爲爽利。

李士材曰：濡脈之浮軟與虚脈相類，但虚脈形大，而濡脈形小也；濡脈之細小與弱脈相類，但弱在沉分，而濡在浮分也；濡脈之無根與散脈相類，但散脈①從浮大而漸至於沉絶，濡脈從浮小而漸至於不見也。衆生顛倒，妄聞妄説，一切由心生，造種種形狀，不可思議。夢幻癡囈，何日清静！從大而至無者，爲全凶之象；從小而至無者，爲吉凶相半也。浮主②氣分，浮舉之而可得，氣猶未敗；沉主血分，沉按之而全③無，血已傷殘。在久病老年之人見之，尚未至於必絶，其脈與症合也；若平人及少壯暴病見之，名爲無根脈，去死不遠矣。即有是證、脈，無如名實不符何！

革診皮法之八。

---

① 脈：原脱，據《脈學輯要》補。

② 主：原作「生」，《脈學輯要》同。據上下文意改。

③ 全：原脱，據《脈學輯要》補。

徐春甫曰：革，爲皮革，浮弦强。大虚，如按鼓皮，内虚外急。

李東璧曰：諸家脈書皆以爲牢脈，故或有牢無革、有革無牢①，混淆不辨。不知革浮牢沉，革虚牢實，形、證皆異也。《瀕湖脈學》。

何夢瑶曰：弦大遲而浮虚者爲革，如按鼓皮，内虚空而外綳急也。但外綳急爲革，内外堅緊爲牢。皆診皮，非診脈名詞。

案：仲景曰：「脈弦寸口懸。而人迎。大，弦懸。則爲減，大則爲芤，減則爲寒，芤則爲虚，仲景文非一脈兼象，乃人寸並言，故其説有相反者，非專言寸口。寒虚相摶②，二部上下比校。此名爲革。婦人則半産、漏下，男子則亡血、失精。」因此觀之，時珍辨諸家之誤爲得矣。王子亨曰③：革脈「如湧泉，謂出而不反也」，此原《脈要精微》「渾渾革至」之「革」爲義，恐與此不相干焉。革一作「横」，「金曰從革」當作「從横」。《内經》屢言「横」，當與「革」同。

---

① 有牢無革、有革無牢：《脈學輯要》作「有革無牢、有牢無革」，似當從。

② 摶：原作「搏」，據《脈學輯要》改。

③ 「王子亨曰」云云原獨成一條，據《脈學輯要》，則係丹波氏「案」文中語，因改。

牢 診皮法。

孫思邈曰：牢脈，按之實强，作診皮即得。其脈有似沉伏，名曰牢。牢，陽也。《千金翼》。

楊玄操曰：按之但覺堅極，曰牢。《難經注》。

沈氏曰：似沉似伏，牢之位也；即有沉伏可歸，何必立此可解不可解之名詞？實大絃長，牢之體也。《瀕湖脈學》。

李中梓曰：牢在沉分，大而弦實；浮中二候，了不可得。按牢有二義，堅固牢實之義，又深居在内之義也。誤以屬脈，故爾詞費。凡屬此類，皆爲迷藥。故樹以根深爲牢，深入於下者也；監獄以禁囚爲牢，深藏於内者也。伏脈雖重按之亦不可見，必推筋至骨，乃見其形；而牢脈既實大①弦長，纔重按之，便滿指有力矣。凡一名詞，必有獨立性質，不與衆相犯，旗幟分明，自成一家，如浮、沉、遲、數是也。後人每立一部，不能成立，乃多引别部名詞，湊合而形容之，影響迷糊，使人不可究詰。醫學之迷罔，脈書害之也。

張路玉曰：叔微②云：牢則病氣牢固。在虚證，絶無此脈，惟風痙拘急、寒疝暴逆，堅積内伏，乃有此脈。固壘在前，攻守非細；設更加之以食填中土，大氣不得流轉，變故③在於須

---

① 大：原脱，據《脈學輯要》補。

② 叔微：原作「叔和」，據《脈學輯要》改。

③ 變故：原作「變更」，據《脈學輯要》改。

臾。大抵牢爲堅積内著，胃氣竭絶，故諸家以爲危殆之象云。

案：革者，浮堅無根之極；牢者，沈堅有根之極。當以此辨之。

附

寒涼

熱温

粗附枯

緻

按：四名爲診皮專名，詳於《診皮篇》。以原書二十七脈中無此名詞，故不贅論。

診絡法三門

動　長　短　附賁起　陷下

動診絡法之一。○俗言心跳，眼皮跳，筋跳，肉跳，絡跳，同爲動脈。

王叔和曰：動脈見於關上，無頭尾，大如豆，厥厥然動搖。筋絡有此證象，經脈無之。○經脈常動不休，不以動爲候，絡，不動者也，故以動爲病。考《經脈篇》十二經絡脈之動，各有病狀不同，病由絡分，非以一「動」字可占一定之病。仲景所謂「絡脈賁起」，非寸脈有此。

王子亨曰：動脈之狀，鼓動而暴於指下不常。誤以爲診經法，故必加以別狀，乃可爲病。氣血相乘，搏擊而動也。此即所謂「弦」、「强」，何得爲「動」定稱？

何夢瑤曰：數而跳突名動，乃跳動之意。大驚多見此脈，蓋驚則心胸跳突，故脈亦應之而跳突也。《經脈篇》云：「絡不動者，卒然動者，以邪客之。」以飲酒爲比例，醉後絡漲色紅，跳動爲動，非經脈之動。仲景曰①：若數脈見於[關]，仲景不言關、尺，今書中有之者，淺人妄補，非原文。上下無頭尾，如豆大②，厥厥動搖者，名曰動。絡乃有此狀，經則無之。

---

① 「仲景曰」云云原獨成一條，據《脈學輯要》改。

② 如豆大：三字原脱，據《脈學輯要》補。

黄韞兮曰：仲景《傷寒論》云：「數脈①見於關上，上下無頭尾，如豆大，厥厥動摇者，名曰動。」此類皆後人所僞。愚按：兩「上」字，其一乃後人誤添，此當是「數脈見於關上下」。經曰：「女子手「手」字六朝後人誤添。少陰太谿。脈動甚，姙子也。」經脈本動，以「甚」字占之耳。手少陰屬心，當云「少陰屬腎」。是寸有動脈矣。手少陰動脈，爲神門。王叔和著《脈經》，不知兩「上」字其一乃衍文，因曰「動脈見於關上」，遂令後之論脈者皆曰動脈只見於關，與經不合矣。總之，皆誤説。○《内經》凡言少陰，皆足少陰。仲景婦女亦診少陰，後人以婦女不能診足，乃移之手，亦如賈《疏》以足陽明爲手陽明。

張路玉曰：動爲陰陽相搏之脈，陽動則汗出，陰動則發熱。然多有陰虚發熱發熱，以不汗言。之脈動於尺内、陽虚自汗之脈動於寸口者，所謂虚者則動，邪之所湊，其氣必虚。《金匱》有云：「脈動而弱，動則爲驚，弱則爲悸。」因其虚，而旺氣乘之也。經脈本動，動不足以占病，諸家必於動之外羅致罪名。動之名詞，既不能立，其餘皆爲妄説矣。

案：《脈訣》論動脈含糊謬妄，時珍已辨之，其實脈書皆同此弊。然猶言止見於關，爾後諸家亦多依之。至何夢瑶、黄韞兮，初就「若」之②一字爲之辨釋③，極爲明備，可謂千古

① 數脈：原作「脈數」，據《脈學輯要》改。
② 若之：二字原脱，據《脈學輯要》補。
③ 辨釋：《脈學輯要》作「解釋」。

卓見矣。至爲可笑。然不知爲診絡名詞，亦無可如何。

長 診絡法之二。○絡脈跳動有長有短，故立此名，明白顯易。經脈之十二部，古以一指診之，亦有長短之可言，特三指齊下，則不可言長短矣。

高陽生曰：長者，陽也。指下尋之，三關如持竿之狀。既以長短立名，必有形狀，諸説乃以「如」字解之，過矣。舉之有餘曰長，過於本位亦曰長。實耶？如耶？○絡之賁起陷下，跳動有長有短。

王子亨曰：長脈之狀，指下有餘，如操帶物之長。短脈可云如物之短乎？稟賦氣强，勝①血而氣擁，其人壽。若加大而數，爲陽盛内熱，當利三焦。

李東璧曰：長脈不大不小，迢迢自若。朱氏②。如尋長竿末稍，爲平；短如尋，短竿耶？如引繩，如循長竿，爲病。實、牢、弦、緊，皆兼③長脈。一指診動脈，如聽會人迎之類，亦有長短之分，故二名附見診經。

李士材曰：長脈④迢迢，首尾俱端；直上直下，如循長竿。長之爲義，首尾相稱，往來端

---

① 勝：原作「盛」，據《脈學輯要》改。

② 朱氏：二字原作正文，《脈學輯要》作夾注，因據改。

③ 兼：原作「爲」，據《脈學輯要》改。

④ 長脈：二字原脱，《脈學輯要》同。據中醫藥出版社本李士材《診家正眼》補。

直也。經脈過氣口而發見，無長短可言。誤以絡法説經脈，遂成種種悠謬。長而和緩，即合春生之氣，而爲健旺之徵；長而鞕①滿，即爲火亢之象②，而爲疾病之應也。

何夢瑶曰：長，溢出三指之外。按寸口之脈，由胸中行③至大指端，非有斷截，本無長短可言。然脈體有現有不現。不現者，按之止見其動於三指之内；現者，見其長出於三指之外，則長短宜分矣。並無此分。其出入有一定部位，以一指診之，何有長短？由形以推無形，求其説不得，而爲之辭耳。

張路玉曰：《傷寒》以尺寸俱長爲陽明受病；誤説。《内經》又以長則氣治爲胃家之平脈；此一指之診法。若長而浮盛，又爲經邪方盛之兆；亦有病邪向愈而脈長者，仲景云：太陰中風，四肢煩疼，陽脈微、陰脈濇，而長者爲欲愈；又有陰氣不充而脈反上盛者，經言寸口脈中手長者曰足脛痛，是也。所引諸説皆有別解，不足爲據。一云「長短皆在寸、尺，關部則不言長短」，可由此而悟致誤之由。

---

① 鞕：原作「鞭」，據《脈學輯要》改。

② 象：《脈學輯要》作「形」。

③ 行：原作「以」，據《脈學輯要》改。

短診絡法之三。○舊誤以爲診經名詞，故諸説皆附會，不審以一指診動脈有定位，故餘地分長短；若三指，則無長短之可言。故説愈多而愈謬。

高陽生曰：短者，陰也。指下尋之，不及本位，曰短。僞《脈訣》。

滑伯仁曰：短，不長也。兩頭無、中間有，不及本位，氣不足前導其血也。爲陰中伏陽，爲三焦氣壅，爲宿食不消。獨診高骨關部長，即寸、尺皆有短，爲寸、尺不應手。

孫光裕曰：凡診當細認，不可視其短縮爲不足，不可斷其短小爲虚弱；但陰中伏陽，不能殊暢，有短小之象，不能接續，有累累之狀，曰短。説愈多而愈謬。

張路玉曰：尺寸俱短，而不及本位，無此事。不似小脈之三部皆小弱不振，伏脈之一部獨伏匿不前也。立脈名者如夢囈，諸家發揮如圓誑，彼此矛盾，奚宗一是！經云：「短則氣病」，良由胃氣阨塞，不能條暢百脈，或因痰氣食積，阻礙氣道①，所以脈見短濇促結之狀。亦有陽氣不充而脈短者，經謂「寸口脈中手短者曰頭痛」，是也。仲景云：「汗多、重發汗，亡陽，讝語，脈短者死，脈自和者不死。」「短」如何與「和」對？恐當是「和」字，誤爲「短」。戴同父云：短脈只當責之於尺寸，若關中見短，是上不通寸爲陽絶，下不通尺爲陰絶矣。曷知②關部從無見短之理。昔人有以六部

① 道：原作「逆」，據《脈學輯要》改。

② 曷知：原作「可知」，據《脈學輯要》改。

分隸而言者，李士材輩是。殊失短脈之義。

何夢瑶曰：歉於三指之中爲短。長短有得於禀賦者，筋現者脈恒長，筋不現者脈恒短也；筋不可見，可見者皆絡脈。既混筋絡，於診經尤誤。有隨①時令變異者，則春脈長而秋脈短也；有因病而變異者，則邪當作「正」。氣長而脈長，正氣短而脈短也。筋指絡抑筋骨？筋與經脈無干。〇愈説愈離奇。

按：《千金方》論腳氣曰：心下急，氣喘不停，或自汗數出，或乍寒乍熱，其脈促短而數，嘔吐不止者，死。蓋促短而數者，驗之病者，其脈之來去，如催促之短縮而數疾。此毒氣衝心，脈道窘迫之所致，乃爲死證，是短脈之最可怖者，故附於此。「短」不能自立一部，則挪扯別人，如短縮、短促、短小、短濇、促短，牽引無辜，文致其罪。

附

賁起

陷下

按：二名見於《内經》屢矣。原本二十七脈中無此名，故附其名於此，法詳《診絡篇》中。

① 隨：原脱，據《脈學輯要》補。

診筋法二門 促 結

促爲診筋專名之一。○筋縮短而壅起爲促。原本第六。

高陽生曰：促者，陽也。指下尋之極數，併居寸口，曰促。漸加即死，漸退即生。《脈訣》。

楊仁齋曰：促者，陽也。貫珠而上，促於寸口，出於魚際，尋之數急，時似止而復來。出於魚際，不免與俗説長短之「長」蒙混。

王子亨曰：促脈之狀，自尺上下寸口，促急，有來無去。此皆意想虛擬之詞，理不可通。此榮衛無度數，陰氣促陽也。以「促」專占寸部。古不立三部，何以得有此名？

黄星陽曰：促者，促於寸口，出於魚際，尋之數急，似止而復來。《濟世丹砂》。○寸口如長，來去皆同，何有長於寸短於尺之理？所言皆與促義不合。

方龍潭曰：夫促脈者，脈之疾促，併居寸口之謂也。所云「併居寸口」即筋縮之事，特筋有促短之形，而脈無并居之理。蓋促者數之甚①，數者促之源，先數而後促，此至數之極也。《脈經》曰：「六至爲數，數者即熱證，轉數轉熱」，正此謂也。《脈經直指》。

---

① 甚：《脈學輯要》作「勝」，似當從。

案：《辨脈法》并王氏《脈經》以「促」爲數中一止之脈，非也。《素問·平人氣象論》曰：「寸口脈，中手促上擊《甲乙經》「擊」字作「數」。者，曰肩背痛。」經之「促」非脈名。此促，急促之義，故《脈訣》謂「併居寸口之謂」。今詳促無歇止之義，《脈訣》爲得矣。仲景論促脈四條，曰：「傷寒脈筋。促，手足厥逆者，可灸之。」此蓋虚陽上奔，脈促於寸部也。仲景不言三部。曰：「太陽病，下之後，脈筋。促胸滿者，桂枝去芍藥湯主之」，「若微惡寒者，去芍藥加附子湯主之。」曰：「太陽病，桂枝證，醫反下之，利遂不止，脈筋。促者，表未解，喘而汗出者，葛根黄連黄芩湯主之。」曰：「太陽病，下之，其脈筋。促，不結胸者，此爲欲解也。」胸滿者喘而汗出也，結胸也，皆爲邪盛於上部，故脈急促於寸口者，非「數中一止」之義也明矣。後漢荀悦《申鑒》云：「氣長者以關息，氣短者其息稍升①，其脈筋絡。稍促，其神稍越」，此乃爲數促於寸口之義。雖非醫家之言，亦可以爲左證矣。屢引《申鑒》，當求善本較之。

周寅卿《醫説會編》云：羅謙甫治赤馬刺食炙兔内傷，視其脈，氣口右手。大二倍於人迎，左手。關脈尤有力，乃用備急丸，大黄、巴豆之劑，左爲人迎，右爲氣口，既已駁之，則當注明。及無憂散，上吐下利，始平復。案出《衛生寶鑑》。項彦章治食馬肉，服巴豆、大黄，病轉劇，其脈促，宜引之上達，次復利之，以徹餘垢而出；所謂「上部有脈，下部無脈，其人當吐」，是

① 升：原作「開」，據《叢書集成初編》本《申鑒》卷三改。

也。以爲專在上部，終屬誑語。夫傷物一也，而治之不同，藥之有異，何哉？由乎脈之異而已。天下之醫，治病有不由脈，以有限之藥，醫無窮之病者，吾不知其何謂也。舉此一端，以證其弊，學醫君子，其不可不盡心焉①！同爲太陰脈，左右有二倍之不同，疑心生暗鬼，不知以真人迎比，又作何語？

結診筋絡法。〇筋絡有時盤結，有目可覩爲結。「結繩」、「解結」之結。〇諸脈名，《難經》皆摘取《内經》而失經旨，往往妄立名目。經古診法，《難經》盡去之，而創獨診兩手法，宜其以古診法全責之兩手寸口。

「十八難」曰：結者，脈來去時一止，無常數，名曰結。與「代」何異？

孫思邈曰：脈來動而中止，按之小數，中能還者，舉指則動，名曰結。立説已不能自圓，何況臨證？〇考《千金》，脈法二卷，皆與僞《脈訣》同。當時雖診手之風盛行，孫氏獨守古法，屏絶《難經》。《外臺》無診脈專篇，此二篇乃後人所妄補，今爲《千金》删此誤謬矣。

王子亨曰：結脈之狀，大小不定，往來不拘，數至時一止，主氣結不流行，腹中症癖，氣塊成形。或因大病後亡津液、亡血，或驚恐神散而精不收，或夢漏亡精，又多慮而心氣耗也②。若無是因，則其人壽不過一二年。總之，凡立一名，必明白顯易，自成一家，不與别脈朦混，乃爲定名。

---

① 據《脈學輯要》，此條下尚有「吴山甫曰」及案語一條。

② 也：原作「散」，據《脈學輯要》改。

方龍潭曰：結者，氣血之結滯也。至來不匀，隨氣有阻，連續而止，暫忽而歇，故曰結。言下已不分明，何況實診？又謂三動一止，或五七動一止，或十動二十動一止，亦曰歇。此歇①者，不匀之歇至也。其病不死，但清痰理氣自可。說愈多愈迷罔，不識諸人從何得來？

錢天來曰：結者，邪結也，脈來停止暫歇之名。猶繩之有結也，竟以「歇」名之矣，「止」何以似結繩？凡物之貫於繩上者，遇結必礙，雖流走之甚者亦必少有逗遛，乃得過也。顛倒夢想，具由心造。此因氣虛血澀②，邪氣間隔於經脈之間耳，虛衰則氣力短淺，間隔則經絡阻礙，故不得③快於流行而止歇也。《傷寒溯源集》。

張介賓曰：脈來復止，止而復起，總謂之結。舊以數來一止爲促，促者爲熱，爲陽極；緩來一止爲結，結者爲寒，爲陰極。然以予驗之，則促類數也，未必熱；結類緩也，未必寒。但見中止者④，總是結脈，多由氣血漸衰，精力不繼⑤，所以斷而復續，續而復斷。常見久病者多

---

① 此歇：二字原脱，據《脈學輯要》補。
② 澀：原作「滯」，據《脈學輯要》改。
③ 得：原脱，據《脈學輯要》補。
④ 者：原脱，據《脈學輯要》補。
⑤ 繼：原作「及」，據《脈學輯要》改。

有之，虚勞者多有之，或誤用攻擊消伐者亦有之。但緩而結者爲陽虛，數而結者爲陰虛，緩者猶可，數者更劇。此可以結之微、甚察元氣之消長，最顯最切者也。本名不可解説，更與他脈牽混比較，再又泛及證候。自有此等書出，脈法遂如梵咒蠻書，無人能心解，無人能力行，非付之一炬，不能復見太清。至如留滯、鬱結等症，本亦此脈之證應。然必①其形强氣實而舉按有力，此多因鬱滯者也。又有無病而一生脈結者，此其素禀之異常，無足怪者。試舉諸説面質，作者當亦默然。舍此之外，凡病有不退而漸見結者，此必血氣衰殘、首尾不繼之候，速宜培本，不得妄認爲留滯。

張路玉曰：結爲陰邪固結之象。越人云：「結甚則積甚，結微則氣微」，言結而少力②爲正氣本衰，雖有積聚，脈結亦不甚也；而仲景有「傷寒汗下不解，脈結代，心動悸」者，有「太陽病身黄，脈沉結，少腹鞕③滿小便不利，爲無血」者，一爲津衰血結，一爲熱結膀胱，皆虚中挾邪之候。凡寒飲死血、吐利腹痛、癲癇蟲積等氣鬱不調之病，多有結脈④。嘗見有二三十至，

---

① 必：原脱，據《脈學輯要》補。
② 少力：原作「力少」，據《脈學輯要》改。
③ 鞕：原作「鞭」，據《脈學輯要》改。
④ 多有結脈：四字原脱，據《脈學輯要》補。

内有一至接續不上，每次皆然，而指下虛微，不似結脈①之狀，此元氣驟脱之故，峻用温補自復，如補益不應，終見危殆。看脈名不可解，再看七八家説法，更如墜萬里霧中。脈法失傳，所以釀成殺劫，造物其真不仁哉！

案：結脈始出於《靈樞·終始篇》及「十八難」，而《辨脈法》以緩來一止爲結，以數來一止爲促，乃與仲景本論之旨左矣；況緩、數對言，此乃以緩爲遲者，尤屬謬誤。張景岳單以結脈爲遏止之總稱，蓋有所見於此也。予前年治一賈人瘟疫，其脈時止，其子尋病，亦脈結，因試連診其三子，並與父兄一般。此類儘有之，景岳「素禀」之説，亦不復誣也。一切泡、幻，由心顛倒。

① 脈：天津科學技術出版社本張璐《診宗三昧》作「促」。

四方異診一門① 附七 鈎毛石規矩權衡

《内經》言：五方四時之人，體態脈象不同，如五態之人，《廿五人篇》詳矣。其言分方治法，如《異法方宜論》，《玉機真藏論》、《平人氣象論》中脈分四時者，《太素·知方地篇》，皆爲分方異治專篇；今於古診法中别立「分方異宜」門，而於此書，「弦脈」示其例。○人脈各不同，故經常以五行分之。譬如京、滬診家，東西南北海外全球之人，皆來診視，其脈當以地别。多診常人，定爲公式，方爲定法，經不過言其不同而已。

弦 古以弦爲陰脈。弦即懸絶之「懸」，陽脈則當作「强」。○弦與鈎、毛、石同爲實物，爲名詞。診脈不以爲法，以脈本一條，弦直爲本狀，而絶無鈎形。凡診法正名，皆形容詞。近之診家喜言弦脈，大抵所説皆爲强脈，因附會古書之「弦」，不知「弦」非脈名。「强」，今加入《評脈》。

王叔和曰：弦脈，如張弓弦。出《脈經注》。○脈止一條，直而不曲，其似弦也，固不待言。

嚴三點曰：弦，如箏弦，長過指而有力。「長」、「有力」，别有專名。○弦本脈正形狀，以爲病脈，乃造爲此

① 門：原作「名」，於義不協，兹據本書文例擬改。

說。

王文潔曰：弦，一條而來，按之不移，豈有兩條？舉之應手，端直如弦，曰弦。《脈訣彙注評林》。○但以「弦」言，無罪可加，諸說皆從「弦」外別造罪狀。

李中梓曰：《素問》云「端直以長」，叔和云「如張弓弦」，巢氏云「按之不移，綽綽如按琴瑟絃」，同父云「從中直過，挺然指下」，諸家之論弦脈①，可謂深切著明矣②。「直如絃，死道邊。曲如鈎，封王侯。」弦、鈎即直、曲之變文，種種誤說，皆由此生。

高鼓峰曰：弦如弓弦之弦，脈本形。按之勒指。此爲怪脈。胃氣將絶，五藏無土③，木氣太盛，即真藏脈。凡病脈見之即凶。《己任篇》。○脈弦即凶，此又求其說不得而爲之詞。

吴山甫曰：雙弦者，脈來如引二線也，爲肝實，爲痛；若單弦，衹一線耳。《内經》凡「如」下爲物者，皆非脈正詞。

徐忠可曰：有一手兩條脈，亦曰雙弦，雙弦，尤怪。此乃元氣不壯之人，往往多見此脈，亦屬虛損。愚概予以温補中氣，兼化痰，應手而愈。《金匱要略論注》。

黄韞兮曰：《脈經》謂弦懸。脈「舉之無有」，按瘧脈有浮弦者，未嘗舉之無有也；此即懸脈

---

① 弦脈：二字原脱，據《脈學輯要》補。

② 矣：原脱，據《脈學輯要》補。

③ 土：原作「主」，據《脈學輯要》改。

之懸，舊誤以爲陰脈者。經曰瘧「皆生於風」，惟生於風①，故其脈浮弦，且頭疼如破也。即《脈經》，「傷寒」條中亦有「陽明中風，脈弦浮」之語，則所謂弦脈舉之無有，疑其誤也。

案②：弦脈大要有三：有邪在少陽者，有血氣收斂、筋脈拘急者③，有胃氣衰敗、木邪乘土者。《辨脈篇》云「弦懸。爲陰」，《脈訣》云「弦爲陽」，並非也。又案：張路玉曰：「寸弦尺弦，以證病氣之升沉」，夫弦可亘三部而診得之，豈有寸弦而關、尺見他脈、尺弦而寸關見他脈之理乎？故今不取也。今人動云三部，互有異同，且有相反者。疑心生暗鬼，自欺欺人。

鈎

古諺「直如絃，死道邊。曲如鈎，封王侯」，此「弦」、「鈎」二字之正義。○案：「四方異診」以鈎脈爲代表，脈無鈎形。又凡脈皆形容辭，惟此四時之弦、直。鈎、曲。毛、輕。石重。爲名辭。實物皆必加「如」字於其上，凡加「如」字者，皆非真脈名。

---

① 惟生於風：四字原脱，據《脈學輯要》補。

② 案：原作「原案」，爲夾注小字，於本書體例不合，因據《脈學輯要》删改。

③ 者：原脱，據《脈學輯要》補。

毛《孟子》：「金重於羽者，豈謂一鈎金與一輿羽之謂哉？」與此毛、石同意。

石

以四時而論，春與秋反，夏與冬反，使四字真爲脈名，春脈直弦，則秋乃當爲曲鈎，冬脈重石，夏乃當爲輕毛；今春與夏反，秋與冬反，不過借直、曲、輕、重四等名詞，以見四方之人其脈相反。其相反之實，不能豫定，故借弦、鈎、毛、石四實物以示其例而已。

規春。**矩**夏。**權**秋。**衡**冬。

《素問·脈要精微論》：「萬物之外，以十干爲萬物。六合十二支。之内，全球。天地上下之變，陰陽之應，十二月旋相爲本，各以斗柄所指爲春爲寅。彼《詩》多彼此字，指對衡而言，此指相連，如東彼夏南。春之煖五月斗指南，爲南方之春。爲夏之暑，於寅方則爲五月，夏。彼此如西方彼北。秋之忿斗指南，即北方之秋。爲冬之怒。南春北秋，於西爲冬。四變之動，以四時指四方，如《周禮》之四時本指四方，非謂一人之脈有四時之異，相反如此也。脈與之上下，五方之人，形態不同，脈亦因之而變。以春東半球脈。應中規，東規圓，與東弦直同。夏南半球脈。應中矩，矩方。矩與規反，與弦、鈎相反同。秋西半球脈。應中衡，應者，虛擬之詞。不過舉規矩權衡相反四物，以明四方脈之不同，亦如《宣明五氣》之弦、鈎、毛、石也。冬北半球脈。應中權。」亦與權相反。

案：人之常脈，四時相同，非一時三月必有變易。又，春、夏皆陽，秋、冬皆陰，春、夏當相類，秋與冬合爲同類，今經乃夏與春反，冬與秋反； 今診家多云人有陰脈陽脈之分，無論何時，陰者自陰，陽者常陽，不因四時而變，不知所謂陽脈人即經之夏南火形人，陰脈人即經之北冬水形人。 四診異同，遠方以地域分之，同居一地，則以形體分之。如五態之人，即今相法五形之説。 此法當專示診家，宜因地因形而别其異同，不可拘泥執一，以致誤人。 乃晚近醫書，竟以全球人之脈法責之一人之身，原爲本人固有之常脈，責以爲乖時，陽脈必死於夏，陰脈必死於冬。 以無病爲死證，因而殺人者，千餘年矣！ 今地球全通，四海合一，故急明此法，使醫家不致誤人，且可挾此術以徧診中外之脈也。

評脈二大門 二小名　附六名

實 强即弦。　盛　**虛**　弱　微　芤　懸絶。

實 總評大名之一。○經有五實五虛明文，統指動脈、皮絡、聲音、顔色，而總爲之評，曰實曰虛。虛、實二字，爲診病第一關鍵，包望、聞、問、切諸法而言，既不專指切脈，尤非寸口經脈診法之專名詞。經文偶爾言脈虛脈實之文，通指諸診法而言，不得以爲經脈之定名，而立實脈虛脈名目。

王叔和曰：實脈大而長，微强，即弦之本名。按之隱指愊愊然。經列諸診法，皆以求病之實虛，必知虛實，然後不致虛虛實實，故虛實二字，爲評脈之總名詞，超然立於各種脈名之外。無論脈之陰陽，皆有虛、實之分，如浮數有虛證，沉遲有實證。後世以虛、實二字立爲脈名，雜於諸脈，黄茅白葦，混同一視。失此綱領，以致醫者心無把握，臨證茫昧迷亂，今提出，以爲診病總名詞。其實二字不專指評脈而言，望、聞、問皆在所包。在脈言脈，姑以屬之脈評耳。

黎民壽曰：脈之來，舉指有餘，按之不乏，浮、中、沉皆有力而言之也。則可評之爲實。

吴山甫曰：實，中取之，沉取之，脈來皆有力，曰實。浮、沉足矣，於其間添「中」字，《難經》誤説，不可從。

實而静，三部相得①，曰氣血有餘；實而躁，三部不相得，曰裏有邪也。

① 相得：原作「皆得」，據《脈學輯要》改。

滑伯仁曰：實，不虛也。評之名詞。按舉不絕，迢迢而長，動而有力，不疾不遲，爲三焦氣滿之候。爲嘔，爲痛，爲氣塞，爲氣聚，爲食積，爲利，爲伏陽在內。

何夢瑶曰：結實之謂。實如按豬筋，豬筋何異於人？所指想是剥而乾者耳。又如葱中水充實。何必如此出奇？

張介賓曰：實脈有真假，「實」爲總評之定名，再不可言真假。真實者易知，假實者易誤，故必問其所因而兼察形證，必得其神，方爲高手。

張路玉曰：消癉、鼓脹、堅積等病，皆以脈實爲可治。可云脈實，不可云實脈。若泄而脱血，及新産驟虛、久病虛羸，而得實大之脈，良不易治也。如此亦可通。特「實大」二字，爲强盛有力之總評，非脈之定名。

陳遠公曰：實脈，脈而評以實者。不獨按指有力，且有不可①止抑之狀，非正氣之有餘，乃邪氣之有餘也。邪氣有餘，自然壅阻正氣矣。《素問》有《通評虛實篇》，此門之所以立也。

附

强 與弱對。

盛

① 有不可：「有」、「可」二字原脱，據中醫古籍出版社本《陳士鐸醫學全集·脈訣闡微》補。

按：二名原書二十七名中不載，故不及贅。

虛總評大名之二。○「虛」、「實」爲診法之總歸，諸診皆以驗其虛實耳。醫能知此，別無他巧，故以殿諸診之後。

王叔和曰：虛脈，遲大而軟，按之不足，隱指豁豁然①空。經有五實五虛之明文，統諸診而言，不專屬經脈。

周正倫曰：虛，不實也。無力爲虛。按至骨無脈者，此爲懸絶，非「無力」可比。謂之無力也。

張介賓曰：虛脈，別有形狀，不可直稱虛脈。正氣虛也，無力也，無神也。有陰有陽。浮而無力爲血虛，沉而無力爲氣虛，數而無力爲陰虛，遲而無力爲陽虛，雖曰微濡②遲澀之屬，皆爲虛類。其爲評語可知，故不可稱虛脈。然而無論諸脈，但見指下無神，總是虛脈。當作脈虛。《内經》曰：「按之不鼓，諸陽皆然。」即③此謂也。故凡大洪無神者，即陰虛也；細小無神者，即陽虛也。

何夢瑶曰：虛，不實也。虛甚則中空，名芤。芤，當讀作「空」。虛、實亦有得於生成者：肉堅

---

① 然：原脱，據《脈學輯要》補。
② 濡：原作「懦」，據《脈學輯要》改。
③ 即：原作「舉」，據《脈學輯要》改。

實者脈多實，虛軟者脈多虛也； 亦有變於時令者： 春夏發泄，雖大而有虛象，秋冬斂藏，雖小而有實形也。「虛」「實」二字死於句下，非也。 若因病而異，則大而實、小而虛者，可驗正邪之主病；大而虛、小而實者①，可驗陰陽②之偏枯。

案： 黄韞兮曰③： 「瀕湖④引《内經》云： 氣來虛微爲不及，病⑤在内。此鍼灸⑥候氣法，非診脈名詞。自《難經》已後，凡運氣候氣、來至去止，皆總爲兩寸診法名詞。 愚按： 虛脈浮大無力，微脈浮細無力，大中不能見細，則虛不可兼言微矣。 今考《内經》，謂『氣來不實而微』爲不及，不實者，細無力之謂也，故可言微。 瀕湖硬以『不⑦實』改作『虛』字，誤。」是説似是而實非也。 虛乃脈無力之總名，當作諸診以後之總評，如《通評虛實篇》之評也。 不必浮大無力之謂也。

---

① 者： 原脱，據《脈學輯要》補。
② 陰陽： 原作「陰邪」，據《脈學輯要》改。
③ 曰： 原脱，據《脈學輯要》補。
④ 瀕湖： 原作「瀕湖脈學」，據黄琳（字韞兮）《脈確》删改。
⑤ 病： 原脱，據《脈學輯要》補。
⑥ 此鍼灸： 原作「此鍼灸灸」，前三字誤作正文，末字衍，兹據文意删改。
⑦ 不： 原作「爲」，據《脈學輯要》改。

微 虚評小名詞。○凡微、弱、濡、小、空、散等，皆爲虚評所統。其脈既虚，隨舉一字以形容，每多便文，不必强爲穿鑿。蓋診經僅四名詞，餘爲經傳評語，則多叚借，不盡用本義；後人因經評偶用其詞，遂以爲脈名，多至二十七部，《内經》仲景尚有二十餘字在外。使不爲之劃清界限，則迷罔不可究詰矣！

李東璧曰①：輕診即見，重按如欲絶者，微也。仲景曰：「脈瞥瞥，如羹上肥者；陽氣微；縈縈如蠶絲細②者，陰氣衰」，長病得之死，卒病得之生。

李士材曰：算數者以十微爲一忽，十忽爲一絲，十絲爲一毫。偶爾言「微」，偶不言「微」，代以他字。此真望文生訓。

張路玉曰：微脈者，似有若無，欲絶非絶，而按之稍有模糊之狀，不似弱脈之小弱分明、細脈之纖細有力也。必定實究「微」字之形狀與弱、小、細、濡等之所以不同，悠謬之談，徒亂人意。

何夢瑶曰：古以微屬浮、細屬沉，分微爲陽衰，細爲血少。本集各脈，皆直指本義，故以細甚無力爲「微」。評如問官之判斷，每每出人意表，無一定之理由，不可拘文牽義以求之。

董西園曰：微爲氣血不足之象，以指按之，似有如無，衰敗之況也。凡脈之不甚鼓指、脈體損小者，即是微脈。若至有、無之間模糊影響，證已敗矣，虚極之脈也。脈學之所以不明，皆此輩誤説，迷亂人心目。

---

① 「李東璧曰」條前，《脈學輯要》尚有「王叔和曰」「嚴三點曰」「滑伯仁曰」三條。

② 蠶絲細：《傷寒論》作「蜘蛛絲」。

弱 虚評小名詞。〇歸之評語，則爲決斷詞，不指脈之形狀。「弱」與「强」對文。評脈偶用弱、小、細、微等名詞，今以歸之轉注，爲同意相授，文異義同，又爲隨文便稱；不可穿鑿附會，强生分别，妄作解人。

王叔和曰：弱脈極軟而沉細，按之欲絶指下。

戴同父曰：極耎而沉細，如絶指下，扶持不起，不能起伏，不任尋按，大體與濡相類。濡細軟而浮，弱則細軟而沉，以此别之。病後見此脈爲順，平人强人見此，爲損爲危。

滑伯仁曰：弱，不盛也。極沉細而軟，怏怏不前，按之欲絶未絶，舉之即無。

李東璧曰：弱，乃濡之沉者。《脈訣》言「輕手乃得」，黎氏「譬如浮漚」，皆是濡脈，非弱也。《素問》曰：「脈弱以滑，是有胃氣」；「脈弱以澀，是爲久病」。病後老人見之順，平人少年見之逆。如塗塗附。不可向癡人説夢，余於此書亦云然。

芤 經傳之「芤」皆指空言，非指葱形。菊潭翁云：從來不見芤脈所謂兩邊實中間空之怪説也。丹波不知發明，乃引古書有「芤」字爲疑，不知芤字本有别解。芤當讀爲孔，孔，空也，爲虚評之小名詞。因從草而擬以葱，既不能以破葱取象，按葱亦無中空邊實之理。

王子亨曰：芤脈之狀，如浮而大，於指面之下中斷。

張三錫曰：芤，草名。其葉類葱而中空，指下浮大而無力者是也。亡血陰虚，陽氣浮散之象①也。血爲氣配，陰血既傷，陽無所附，故有此脈。諸失血過多及産後多見。《四診法》。

劉三點曰：芤，「浮而無力」。《理玄秘要》。

張介賓曰：浮大中空，按如葱管。芤爲孤陽脱陰之候，爲失血脱血，爲氣無所歸，爲陽無所附。芤雖陽脈，而陽實無根，總屬大虚之候。

按芤脈，考古今諸説，大抵有三義：有謂浮經。大人寸。而軟，皮。按之成兩條，直成兩條，抑横成兩條？中間空者，王叔和、崔嘉彦所説是也；有謂浮沉有力，中取無力者，尤爲臆説。李士材、張路玉所説是也；有謂浮而按之無力者，王子亨②、張三錫所説是也。《内經》無有。芤脈，考諸仲景書曰：「脈弦寸懸。而大，人。弦懸。則爲減，大則爲芤；減則爲寒，芤則爲虚。」又曰：「脈浮而緊，按之反芤，此爲本③虚。」又曰：「脈浮而芤，浮爲陽，芤爲陰。」凡經與仲景文中有「而」字與相摶者，必爲兩部，非診一脈加以數種名詞，如後人於寸口一部分臆造各種異診怪象也。又曰：「趺陽脈浮而寸。芤，浮者衛氣衰，芤者營氣傷。」此皆浮而無根之謂，而非謂他之體狀也。浮沉有而中取無者，董西園、黄韞兮常辨無其脈，極是矣。其按之

① 象：原作「像」，據《脈學輯要》改。
② 王子亨：三字原脱，據《脈學輯要》補。
③ 本：原作「木」，據《脈學輯要》改。

中央空爲兩條者，即是雙弦之脈，尤怪。於常患瘕聚人，間見之耳。《巢源·積聚候》：「診得心積①脈，沉而芤，時上下無常處」，此蓋以「中央空而兩邊有」爲義者。周禮《醫聖階梯》云：「先君菊潭翁嘗曰：『吾老醫也，從來不見芤脈。』」此蓋眩於諸家謬説，而不求諸古經故也。書有此名，脈無此象。當舍書從脈，再加研究，不能專信誤書。

① 積：原脱，據《諸病源候論》補。

脈學輯要評卷下

日本丹波元簡著
井研廖平評

婦人　高陽生輩因六朝以後纏足之風盛行，婦人喉、足不便男子診視，遂專診兩手。久又移其法於男子。欲明古法，當興女醫。

孫思邈曰：凡婦人脈，常欲濡弱於丈夫。此種説法，須開會議調查，立爲公式，不必拘泥舊説。〇考王叔和真《脈經》六卷，三部九候，法與仲景同。隋楊上善《太素注》尚有人迎寸口合診法。其尺色診法，屢以尺爲尺澤穴之皮膚，與僞《脈經》五卷專診兩寸、分左右三部者迴殊。孫氏與楊氏時代相近，其診法不應與楊氏天懸地別，乃孫氏《千金方》及《翼方》脈法兩卷，全與仲景、叔和相反，與僞《脈經》雷同甚多，如出一手。孫在唐初，不應至此。又考《外臺》中並無診脈專篇，疑孫氏原書無此二卷，脈法爲後人羼附；亦如仲景書之《辨脈》、《平脈》二篇、《脈經》之僞本四卷，皆後人取晚近書參合而成者。

案①：何夢瑶曰：「古謂男脈左大於右、女脈右大於左，此本《千金》。此全出理想，以爲事

① 據《脈學輯要》，「案」之前尚有「張路玉曰」一條，當補入。此「案」即就「張」條而發。

實①。驗之則不然。所謂調查、立公式者，此也。蓋人之右手比左手略大，有形可見。脈亦應之；而右手大於左，不論男女皆然也。因右手操作勤勞，氣血遂有變異。既男女相同，則均診右寸可也。惟男兩尺恒虛，女兩尺恒實，差不同耳。」亦同前説，出諸理想。此説亦未必也。此亦不確。○此書既不分三部左右，此等何必采入？徒災梨棗耳。

《素問・腹中論》：「帝曰：何以知懷子之且生也？岐伯曰：身有病而無邪脈也。」張景岳曰：「身有病，謂經斷惡阻之類也。身病者脈亦當病，或斷續不調，或弦澀細數，是皆邪脈，則真病也；若六脈和滑而身有②不安者，其爲胎氣③無疑矣。」

《平人氣象論》曰：「婦人手全元起本作「足」。少陰脈動甚者④，妊子也。」後人診於尺脈，又以爲腎，而非心。王太僕注云：「手少陰，仲景謂少陰屬太谿穴。「手」字衍文，不必改「足」字亦可。謂掌後陷者中，王以爲神門穴，當爲足跟太谿。當小指動而應手者也。」滑伯仁曰⑤：「動甚，楊上善：少陰不動，動者衝

① 此全出理想，以爲事實：此二句原作正文，而《脈學輯要》非何氏語，因改作注文。
② 有：原脱，據《脈學輯要》補。
③ 氣：原脱，據《脈學輯要》補。
④ 婦人手少陰脈動甚者：原作「婦人足少陰動甚者」，據《素問》改。
⑤ 滑伯仁曰：《脈學輯要》作「滑氏《抄》云」。

脈動耳。謂脈來過於滑動也。」全元起作足少陰，王宇泰《準繩》從之。○「手」字當爲後人所補。如仲景法，婦女同診趺陽、少陰，後來纏足，足不能診，故乃立專診兩手法，移足於手，求其便利，後來又直以尺脈當少陰耳。後人注《素問》，就手少陰、心立説者皆誤。

張景岳曰：凡婦人懷孕者，其血留氣聚①，胞宫内實，故脈必滑皮。數倍常者，此當然也。然有中年受胎，及血氣羸弱之婦，則脈見細小不數者，亦有之。不言澀，何也？但於微弱之中，亦必有隱隱滑動之象，此正陰搏陽别之謂，《陰陽别論》。是即妊娠之脈，有可辨也。又胎孕之脈數，勞損之脈亦數，大有相似，然損脈之數，多兼弦澀；誤説。胎孕之數，必兼和滑。此當於幾微中辨其邪氣胃氣之異，而再審以證，自②有顯然可見者。驗胎脈舊説甚多，皆無實驗，此當從衝脈研究之。

又曰：《啓蒙》云：「欲産之婦脈離經，離經之脈認分明。其來大小不調匀，或如雀啄屋漏應。雀啄、屋漏，本出《内經》，爲推拏法、候氣法，並非診脈名詞，故雀啄屋漏人人言之，而不能指實其形狀也，且脈亦並無此形狀也。腰痛腹疼眼生花，産在須臾卻非病。」

何夢瑶曰：《脈經》云：「尺脈按之不絶，妊娠也。」誤説。其脈離經，而腹痛引腰背者，爲

---

① 血留氣聚：原作「血氣留聚」，據《脈學輯要》改。

② 自：原脱，據《脈學輯要》補。

欲生也。原注①：腹不痛、痛不引腰背者，俱未産，静以待之。

董西園曰：凡素有積氣瘕氣之體，每於懷妊之後，多見腹痛，其脈皆數急，則積瘕與胚胎，分别甚難，宜考其素②來情狀，然後酌治，庶不致誤。誤認破氣塊，必致墮胎。更有虚損陰虚之候，脈亦動數滑疾，四字雜湊。經閉不行，狀類懷妊。凡此之候，與妊娠幾微之别耳。但妊娠之脈，滑數中自有和氣可觀；虚損之數急，非空小而急，或細勁③而弦，皆屬無神之脈④，柔和氣象，斷不可見。若積聚挾實之候，脈多沉著，其起居飲食，自與勞損、妊娠之愛憎動静不同，其形色精神亦迥然各别。獨是虚損之體復有妊娠者，誠幾微之别，不可不留心討論也。

案：離經之脈，《脈訣》云：「欲産之婦脈離經，沉細而滑也同⑤名」，臨産之脈，豈盡沉細而滑乎？劉元賓、李晞范、張世賢輩，皆引《難經》「一呼三至，一吸三至」驗之，率如

① 原注：原無此二字，依文例擬補。

② 素：原作「數」，據《脈學輯要》改。

③ 勁：原作「動」，據《脈學輯要》改。

④ 脈：《脈學輯要》作「診」。

⑤ 同：原作「因」，據《脈學輯要》改。

其言矣。戴同父①以離其尋常之脈，昨小今大、昨浮今沉之類②，爲離經之脈，而排劉李之説，卻非也。戴同甫又云：「診其尺脈何不候足少陰？以婦人足不能診也。轉急，如切繩轉珠者，即産。」是或然。今試妊婦届産之期，破漿之時，大抵脈一息七八至，既欲分娩之際脈反徐遲，驗數十人皆然。薛立齋云：「欲産時，覺腹内轉動，即當正身仰卧，待兒轉身向下，時作痛，試捏産母手中指，中節或本節跳動，方與臨盆，即産矣。」正可以實據也。

小兒

劉方明曰：《幼幼新書》。《保生論》：小兒三歲以後，或五百七十六日外，今幼科小兒看食指經文形色，即古診絡法。皆可診兩手脈，一指③定三關。古法診手太陰，實只用一手。

王宇泰曰：《幼科準繩》。候兒脈，當以一指衮轉④尋三部，以關爲準。七八歲，指移少許。

---

① 戴同父：下原衍「曰」字，據《脈學輯要》删。

② 之類：二字原脱，據《脈學輯要》補。

③ 診兩手脈一指：六字原脱，據《脈學輯要》補。

④ 一指衮轉：原作「大指衮轉」，又「衮轉」二字原爲夾注，均據中醫藥出版社本《王肯堂醫學全書》改。

九歲，次第依三關部位尋取。十一、十二歲亦同。十四、十五歲，依大方脈①部位診視。此皆誤説。一脈只用一指診之，大人小兒同，不必如此分别。

案程若水云：「初生芽兒一塊血，也無形證也無脈。」《醫彀》。今試小兒生下，周身無脈動，及乳湩一進，而脈纔現，至其現，則可診視②，亦何必三歲也！

張介賓曰：凡小兒形體既具，經脈已全，所以初脱胞胎，便有脈息可辨。故《通評虚實論》曰：「乳子病熱，《脈經·評婦人病生死篇》：「診婦人新産乳子，因得熱病，其脈弦小，四肢温者生，寒則死。」即引此經文。脈懸小者，手足温則生，寒則死」；温寒，診皮。「乳子病風熱，喘鳴息肩者，脈實大也，乳子病熱，謂婦人新産之後而病熱，以其新産，故殊異於常人。若小兒既病熱，與大人無異，不當别出也。緩則生，急則死。」緩急，診絡肉。此軒、歧之診小兒，誤讀乳子爲小兒。未嘗不重在脈，經文以診乳母，非指小兒。亦未嘗不兼證爲③言也。小兒有脈，則病必診脈，據理可定，不必牽引《評虚實論》。苟非此條，張氏將遂不診脈乎？故凡診小兒，既其言語不通，尤當以脈爲主，而參以形色聲音，則萬無一失矣。然小兒之脈，非比大人之多端，但察其强弱緩急，四字皆評語。四者之脈，是即小兒之肯綮。大人亦何獨不然？蓋强弱

---

① 脈：原脱，據《脈學輯要》補。
② 視：《脈學輯要》作「候」，似當從。
③ 爲：原脱，據《脈學輯要》補。

可以察虛實，緩急可以見虛實，緩急平、變。可以見邪正①；四者既明，則無論諸證，但隨其病以合其脈，而參此四者之因，則左右逢源，所遇皆道②矣；再加以聲色之辨，更自的確無疑，又何遁情之有！此最活最妙之心法也。若單以一脈，鑿言一病，則一病亦能兼諸脈，其中真假疑似，未免膠柱，實有難於確據者矣。大人脈亦同此弊。

曾世榮曰：宣和御醫戴克臣云：「五歲兒，常脈一息六至，作八至者，非也。」始因鏤版之際誤去「六」字上一點一畫，下與「八」字相類。致此謬傳。默菴張氏《脈訣》亦云：「小兒常脈一息，只多大人二至爲平。」即六至也。《活幼口議》。

案：《脈經》、《脈訣》諸本並作八至，不可斷爲鏤版之訛，安知今本《脈經》非展轉致誤。然以六至爲平者似是。後世幼科書率以六至爲中和之脈，五至四至爲遲，七至八至爲數，蓋宗曾氏③之説耳。此當調查，立爲公式，不能據版本之説。

陳飛霞曰：小兒三五歲，可以診視，第手腕短促，三部莫分，惟一以指候之，誠非易易。一

---

① 强弱可以察虛實，緩急可以見邪正：此三句《脈學輯要》作「强弱可以見虛實，緩急可以見邪正」，似當從。

② 所遇皆道：四字原脱，據《脈學輯要》補。

③ 氏：原脱，據《脈學輯要》補。

指候之，不必分三部，三部合化，則爲純一矣。《内經》診視小兒以大、小、緩、急四脈爲準，予不避僭越，體其意①，竟易爲浮、沉、遲、數，經脈，四字足矣。而以有力無力定其虚、實，以爲評脈名詞。似比大小緩急更爲明悉。後賢其體認之。《幼幼集成》。〇大人通行尤妙。〇浮沉四字，脈狀也，大小緩急，評語也，評語即由脈象而生。易以浮沉四字，加以有力無力辨虚實，則又大小緩急之變文。當觀其通。

怪脈 按：所引七名詞皆見《内經》，原文皆有「如」字在上，皆言脈「來」、「至」。經凡言「如」，下皆非脈名；凡言「來」「至」，皆爲推按及候氣法，不可以論脈。以七名脈形，無惑乎以「怪」稱之，以經之別法加於脈，脈自不能不怪。

彈石《平人氣象論》：「病腎脈來如引葛，按之益堅，曰腎病。死腎脈來，發如奪索，辟辟如彈石，曰腎死。」按：此《内經》以爲腎死脈者。

王叔和曰：彈石者，辟辟急也。彈石出《内經》，此非診法名詞。

黎民壽曰：七怪脈六引黎説，其誤原於黎氏。《内經》共三十餘「如」字，舉此七名，未免掛漏。彈石之狀，堅而促，來遲去速，指下尋之，至搏而絶，喻如指彈石，此真腎脈也。案：《内經》凡加「如」字者皆非診脈名詞。《平人氣象論》凡言「如」者十餘見，皆爲推按與針灸候氣之法，非爲診經脈而言。又，其諸「如」皆從四時弦鈎毛石爲

① 體其意：三字原脱，據《脈學輯要》補。

起例，如：「病心脈來，喘喘①連屬，其中微曲，曰心病；死心脈②？前曲後居，如操帶鉤，曰心死」；夏脈如鈎之例。「病肺脈來，不上不下，如循鷄羽，毛也。曰肺病」；「死肺脈來，如物之浮，如風吹毛，曰肺病③」；秋脈如毛。「病肝脈來，盈實而滑，如循長竿，曰肝病；死肝脈來，急益勁，如新張弓弦，曰肝死」；春脈如弦之例。「病脾脈來，實而盈數，如鷄舉足，曰脾病；死脾脈來，鋭尖如烏之喙，下是也。如烏之距，恐當是一句。如屋之漏，下是也。如水之流，曰脾死」；「病腎脈來，如引葛按之益堅，曰腎病；死腎脈來，發如奪索，辟辟④如彈石，曰腎死」。案：四時平脈，以爲春弦夏鈎秋毛冬石，此當爲無病之脈，今《平人氣象》又皆以爲死脈，既屬矛盾，則弦鈎毛石之爲四方異名，均非脈象，則此四藏死脈亦設譬之詞，非脈實象也。

解索《平人氣象論》：「死腎脈來，發如奪索。」〇《脈要精微論》「如弦絶⑤」。〇《大奇論》「如弦縷」。〇「十五難」曰：「來如解索，去如彈石，曰死。」

王叔和曰：解索者，動數而隨散亂，無復次緒也。

黎民壽曰：或聚或散，如繩索之解，而無收約。口且不能言，何況指下？

雀啄《平人氣象論》：「死脾脈來，如烏之喙」，下又「如烏之距，如屋之漏，如水之流」。如經文，則「雀啄」、「屋漏」皆脾死脈也。

---

① 喘喘：下原衍「如」字，據《素問・平人氣象論》删。

② 其中微曲曰心病死心脈：十字原脱，據《素問・平人氣象論》補。

③ 病：原作「死」，據《素問・平人氣象論》改。

④ 發如奪索辟辟：六字原脱，據《素問・平人氣象論》補。

⑤ 絶：原作「結」，據《素問・脈要精微論》改。

王叔和曰：雀啄者，脈來甚數而疾，絶止復頓①來。不出代脈範圍。下文云「如鳥之距」，又何以解之？又曰：長病七日死。七日、十日皆妄説，無依據，以不言屬何經也。此出《脈經》。

黎民壽曰：若雀啄食之狀，蓋來三者而去一也。雀啄何以來三去一耶？求其説不得，而爲之辭。脾元穀氣已絶於内，腸胃虚乏忽又牽連「腸」字，怪。無稟賦，而不能散於諸經，則諸經之氣隨而亡竭矣。

屋漏《平人氣象論》：「死脾脈來，如屋之漏」，下又云「如水之流」，是二條同爲脾死脈象。〇按：凡加「如」言「來」者，皆非診脈名詞。

王叔和曰：屋漏者②，其來既絶，而時時復起，非俗所謂代脈耶，何遂爲死脈？而不相連屬也。又曰：長病十日亡。此與上「七日死」出《脈經》卷四，《診三部脈虚實決死生第八》③。

吴仲廣曰：屋漏者，主胃經④既絶，穀氣空虚，其脈來指下，按之極慢，二息之間，或來一

① 頓：原作「頻」，據《脈學輯要》改。

② 者：原脱，據《脈學輯要》補。

③ 診三部脈虚實決死生第八：原作「診三部脈第八決虚實生死」，據人民衛生出版社本《脈經校注》目録改。

④ 經：原作「氣」，據《脈學輯要》改。

至，則又爲「遲」之主，不必別立名詞。若屋漏之水滴於地上而①四畔濺起之象也。考經文「如屋之漏」，下又云「如水之流」，亦爲死脈，又何以解之？○原注②：《診脈須知》。○按：雀啄、屋漏，原出「十五難」。

蝦游按：蝦游，即魚游之變。必以蝦、魚分其形狀，亦如鳥、雀啄距，屋漏水流，口且不能言其分別，何能推之實診？

王叔和曰：蝦游者，堪輿家之蝌眼、蝦鬚尚可形狀，此更難於揣擬。冉冉而起，尋復退没，不知所在，久乃復起，諸死脈之解，皆不離「代」字訣。起輕遲而没去速者，是也。

吴仲廣曰：其來指下，言「來」則非指下事。若蝦游於水面，汎汎不動，瞥然驚霎而去。魚翔形狀與此又何異？將手欲趁，杳然不見，須臾於指下又來，良久准前復去。又如蝦蟆入水之形，蝦子又變青蛙矣。七十二變，原神出現。瞥然而上，倏然而去。蝦蟆有腳乃能跳，脈亦當如千腳蟲乎？此是③神魂已去，行屍之候，立死也。直可作一篇蝦游賦讀，無如蝦游之形狀不一，不免掛一漏萬，且與魚翔龜游、鷄舉足踐土又何別異？賦物雖工，然魚蝦容非脈，此中更難融會耳。

魚翔原注：叔和《脈賦》作「魚躍」。○按：《脈要精微論》四時，以春「浮」，屬毛。夏「在膚」，秋「下膚」，冬「在骨」。借魚、蟲爲比例，則浮如魚遊，不過爲浮之形狀，何忽以爲死脈？大抵此等怪説皆出自《難經》、《脈訣》，後人承踵其誤，不自覺耳。

---

① 若屋漏之水滴於地上而：十字原脱，據《脈學輯要》補。又，下「之象」上引作「之貌」。

② 原注：原無此二字，兹依文例擬補。下同。

③ 是：原作「即」，據《脈學輯要》改。

王叔和曰：魚翔者，似魚不行，而但掉尾動頭，身搖而久住者，是也。

黎民壽曰：其脈浮於膚上，不進不退，不合「翔」「游」字義。指下尋之，其首定而末緩，搖時起時下，有類乎魚之游於①水。經云「春脈浮，如魚之游」，但當作「浮」字解。此陰極而亡陽，則不可期以日矣。故夜半占，日中死；大言恐喝。日中占，夜半死也。按：《内經·脈要精微論》「春日浮，如魚之游在波」，而「秋」下更推詳四時物候，並未指之爲絶脈。考此卷七絶脈名，大抵皆見《内經》以爲常脈者，病脈者，絶脈者皆加有「如」字，今忽以爲絶脈，實使人無從體驗，不如删之爲愈。

釜沸以上六目出《内經》，上皆有「如」字，此條則出僞《脈經·三部決生死篇》中。○按：言「如」者多有「至」「來」字，非診脈名詞，詳見針灸《候氣》、《運氣》二篇。

王叔和曰：三部脈，真《脈經》不言三部，此《三部法生死第八》凡二十六條，首皆冠以「三部」二字；漢州張柏校云：此篇不知所出，今見《千金方》。如釜中湯沸，朝得暮死，夜半得日中死，日中得夜半死。按：此條《内經》無，全出《脈經》，言「三部」皆僞《脈經》。

黎民壽曰：釜沸之狀，如湯湧沸，指下尋之，中央起，四畔傾流。有進無退②，脈無息數。夫陰在内，陽爲之守也。陽數極而亡陰，則氣無所守，故奔騰而沸湧。氣亡則形亡，此所以爲死也。僞《脈經》立此僞名，遂曲爲之辭；然口舌所不能道，更何能推之實診？

---

① 於：原脱，據《脈學輯要》補。

② 無退：《脈學輯要》作「有退」，似當從。

右七死脈，原於《察病指南》，略舉數説，黎氏《精要》更增「偃刀」、「轉豆」、「麻促」三脈，此三名亦見《内經》，若以爲脈名，亦終不得其形似。爲十怪脈。吴氏《脈語》采《素問・大奇論》浮合、火薪、散葉、省客、交漆、横格、弦縷、委土①、懸壅、如丸、如舂、如喘、《大奇論》十三「如」，本非診名，説詳《如字考》。霹靂，大抵皆加有「如」字。及《難經》關格、覆溢，而揭二十四首，張氏《診宗三昧》亦博稽經文，以詳論之。皆不知加「如」之例，徒亂人意。余謂決生死，王氏《診百死生訣》及扁鵲《診諸反逆死脈要訣》等篇，已審且悉矣。不得其法，飛倦知還，良亦苦矣。大抵醫家能診得②恒脈，則諸怪異脈皆可不須辨而知也。故兹不逐一彙次云。何如並此七脈亦不立，更爲高明。

王中陽曰：鰕游、雀啄，代止之脈，前諸説實不能宣其形狀。故名死脈。如所説，亦非死脈。須知痰氣關格者，時復有之，若非諳練敭歷，吞刀吐火，别有法門，非如紙上之談。未免依經斷病，而貽笑大方也。既知其誤，何必列之？蓋病勢消爍殆盡者，其氣不能相續，而如鰕游水動、屋漏點滴，而無常至者，死也。所説終不能銷文。其或痰氣凝滯，關格不通，則其脈固有不動者，有三兩路亂動、時有時無者，或尺寸一有一無③者，有關脈絶骨而不見者，或時動而大小不常者，有平居之人忽

---

① 委土：《素問・大奇論》作「頽土」。

② 得：原脱，據《脈學輯要》補。

③ 一有一無：原作「一無一有」，據《脈學輯要》改。

然而然者，有素禀痰病而不時而然者，有僵仆暴中而然者，皆非死脈也。學者當細心參探。《泰定養生主論》。○愈多愈亂。

薛立齋曰：嘗治雀啄①、屋漏之類，顛倒夢想，妄聞妄見。若因藥餌剋伐所致，急用參、芪、歸、术、薑、附之劑，多有復生者，不可遂棄而不治也。此又以補法挽救前之謬説。因有此怪名，遂各影響求之，妄念所結，成此顛倒，遂棄而不治，因此殺人多矣。考諸名詞，半屬譬喻，亦如弦鉤毛石，並非實名；一筆删之，乃得解脱。

陳遠公曰：死亡之脈，全在看脈之有神無神。有神者有胃氣也，無神者無胃氣也。故有胃氣，雖現死脈而可生；《經》云，有胃氣，則非死脈。既②云有胃氣，又云有死脈，所謂死脈者，即此七怪脈耳。無胃氣，即現生脈而必死。既曰無胃氣，又别有生脈，説皆迷誤。又在臨證而消息之也。足見所舉七怪脈皆無足重輕。又曰：死亡之脈，現之於驟者易救治③，以藏府初絶，尚有根可接④也。診時先有七怪脈之説存於胸，妄想所結，杯弓蛇影，自生顛倒。其實諸家無一定形、無一定法，筆墨口舌所不能言者，何況實行診驗？則所謂死脈，實非死脈也。倘時日久，雖有人葠，又何以生之於無何有之鄉哉？有無可如何者矣！謬種流傳，迷罔至此，殺人多矣！故體天好生之德，毅然删削，以掃妖氛。

① 雀啄：下原衍「脈」字，據《脈學輯要》删。
② 既：原作「即」，據文意擬改。
③ 救：原作「治」，據《脈學輯要》改。
④ 接：原作「救」，據《脈學輯要》改。

附

《脈經》卷五《扁鵲診諸反逆死脈要訣》漢州張柏云「今見《千金方》」。云①：病人「脈來如屋漏、雀啄者，死」；「得病七八日，脈來如雀啄、屋漏者，死」；「脈②來如彈石，去如解索者，死」；二句同《難經》。「脈困，病人脈如蝦之游、如魚之翔者，死」；以上六脈全同，但少「釜沸」一脈。又云：「脈如懸薄卷索者，死」；「脈如轉豆者，死；脈如偃刀者，死；脈湧湧不去者，死；脈忽往忽來、暫止復來者，死；脈中侈者，死；脈分絶者③，死」。丹波氏取前六門。

案：櫟蔭拙者《醫賸》上《初學診脈》一條云：初學診脈之際，心以爲弦則如弦，既又以爲緊則如緊，除浮沈遲數外④，皆爲爾。譬之静坐，聞鵓鴿聲，心認脱布袴而聽之，則莫聞而不脱布袴；認德不孤而聽之，則莫聞而不德不孤。蓋心豫有所期也。王叔和曰⑤：「心中易明，指下難晰。」方此際，洗盡胸次所蓄，寓孔神於三指頭，自然得矣。

---

① 云：原無此字，據文意擬補。
② 脈：上原衍「肺」字，據《脈經校注》删。
③ 者：原脱，據《脈經校注》補。
④ 浮沈遲數外：《皇漢醫學叢書》本丹波元簡《醫賸》作「浮沈小大滑澀等之外」，似當從。
⑤ 曰：原脱，據《醫賸》補。

王兆雲《湖海搜奇》亦云：脈理吾惑焉，自太史公作《史記》，已言扁鵲飲上池水三十日，能隔垣見人五藏，特以診脈爲名，則其意固可見矣。今以三①指按人之三部，遂定其爲某府某藏之受病，分析七表八裏九道，毫毛無爽，此不但世少其人，雖古亦難也，世不過彼此相欺耳。

詹東圖《明辨類函》云：切脈而斷之不差者，所恃先有望也、聞也、問也，予謂「問」尤急焉，欲得其身之所疾病，與疾之所自始，詳在「問」也。今之醫者，自負其明，故不問而切脈，一以脈斷；即病者欲以其故告，訑訑然曰：「我切得之矣，無煩言也。」如斯而得一當，不免爲倖中，萬一失之，如病者何？故醫而自負，不求詳細，最爲大病。人命生死在兹，不可輕試漫投也。

「引線候脈」條云：世傳翠竹翁引絲診脈，此醫書所未言。《襄陽縣志》載崔真人名孟傳，北水關人，從族兄授醫學，掃雲留月，直得壺公妙術。萬曆朝，太后病篤，真人應詔。詔自簾孔引線候脈，投劑立愈。上賜官、賜金，皆不受，遂賜以真人號。後於武當羽化。自號朴菴。此恐因小説《西游記》孫悟空之事附會者。按此，婦女且不診兩手，何況頭、足？《小學補》載一旗婦不肯診手，遂以病死。此必興女醫，古法方得盛行。

---

① 三：明刻徐本《湖海搜奇》（殘）作「兩」。

跋

六朝以後僞法，專診寸口，諸古法全絶，今所專攻者四書：《難經》，「二十二難」前。僞《脈經》，四卷。《傷寒》《平脈》、《辨脈》，《千金·平脈》、《翼·色脈》。共九卷。自唐以下，未嘗無名醫，即以金元大家言，亦全用二寸法，似能否在於各人，《靈》、《素》、《難經》可以並行，不必推倒千餘年從俗之常法，力張漢、晉之絶學。獨是名醫診法，各有别傳，彼此不必同，每難以言傳，一人死而一法絶，一人起而一法興，每每於舊傳脈書屏而不觀；是醫之名不名，不關脈之訣不訣，則俗傳脈法本在可焚之例。且診法雜在經傳，脈法誤，經傳因多誤解。初學以持脈爲入門，入手悠謬，終身迷罔；有志之人，本可深造，恒因脈無定法，倦而思變。醫道不昌，此爲厲階，持刃殺人，尤其餘事矣。今力復經診九法，古書積誤，羣得豁然，簡約平實，便於試驗；從此脈學昌明，諸法當因之而進步。予於《内經》，以截斷運氣歸入陰陽五行家，專以人天治術爲第一大功，此明古診，抑其次也。

此書不分三部，不辨左右，如《内經》、仲景所云，寸口而已。以仲景法言之，有趺陽、少陰，此獨診寸口，何以自立？三部左右、分配部位，本出《難經》，今本《脈經》有祖《難經》者，即有與此書同不分部位者。既知部位之非，決然舍去。乃以爲《難經》所無，歸獄於王氏《脈經》，此由不知《脈經》真僞參半。其僞書與《難經》如出一手，《脈經》尚有古法，《難經》則專言左右手三部配法，爲此書所最不信用之法。甲寅夏，季平跋。

脈經考證

廖平 撰
邱進之 校點

校點説明

據《六譯先生年譜》，《脈經考證》成於民國三年（一九一四）。廖平以今本《脈經》尚有古法，其與古法違異者，乃全出《難經》與僞《脈經》五卷。《千金方》中有與《難經》同者，乃後人羼補，宋本題下皆有「附」字，可見。大抵王叔和真《脈經》雖以脈名，實包望、聞各種診法。借《脈訣》乃專説脈，創爲七表、八裏、九道、二十四名詞，以脈定病。《脈經考證》列爲一表，真者爲一類，真僞相雜者爲一類，僞者爲一類。又擬將《傷寒》附入之篇歸還《脈經》，僞書五卷删出別行，而後真僞自明（《脈經考證》跋識）。是書曾連載於民國四年（一九一五）《國學薈編》第二、五、八期，由四川存古書局刊行，收入《六譯館叢書》。今以此本爲底本進行點校。

目録

脈法《靈》《素》《八十一難》真僞派別表

《内經》不分兩手三部。	真僞雜①出凡祖《難經》者，皆爲僞書僞說。	《難經》專就兩手分三部，不言人迎、少陰及九藏。〇僞書共五種，合爲十卷。
平脈經云：欲知病脈，必先辨常脈。必知平脈，而後乃不致誤以平爲病。今輯經形體性情相貌與衆人不同者，別立此篇。凡欲學脈，須從此入手，方不誤入迷途。 三部九候 三部。胃、肺、少陰。 九候。九藏：心、肝、肺心主。 神藏四，大腸、小腸、膀胱、三焦、外腎。 形藏五，合爲九藏。 人寸以上爲診經。 皮絡筋骨四門合經脈爲五診。 四方異宜《經》之五態、廿五人皆爲四方例，非一人之脈四時大異。今輯此説，別爲一門。 色脈如真藏，舊以爲診經脈，今集望色之文，別爲一卷，以證其誤。		「一難」至「二十三難」 三部寸、關、尺 九候浮中沉 五藏分候寸口三部，六府亦分候 寸口三部

① 雜：原作「難」，據文意改。

仲景序云「三部不參」，寸口廿餘條、趺陽十餘條、少陰數條是也。又云「九候」。六經脈，仲景或云某經脈病，或云其脈，或直云脈，共百四十餘條。《内經・熱病》叔和《序例》皆詳其循經穴道。六經經絡循行之穴，非診兩手，亦不分寸、關、尺。	《傷寒・辨脈》前有寸、關、尺，後詳寸口、趺陽、少陰。 《金匱》首篇論藏、府共十七條，爲後人僞補。古本《傷寒》合《金匱》爲一書，《外臺秘要》六經十卷後即痓暍濕在十一卷，宋以後分爲二書，淺人乃輯《難經》僞説十七條加於其首，今故删之。	《傷寒・平脈》全祖《難經》，以定部位，立各種脈名，爲巨謬。首段四字句，二百八十餘字，《千金》以爲《脈法贊》。
《脈經真卷》第三、六、七、八、九。雖名《脈經》，凡氣色、形狀、筋骨、皮絡皆在其内。 《脈經真卷補亡》 《傷寒序例》 《可不可》 《辨脈》摘録。 《扁鵲診法輯本》 《千金診脈法》十卷摘録。	《脈經》第五前一段《脈法贊》以爲仲景，後皆扁鵲，中有引《難經》者，皆宋人《新校正》語，或以爲原文。	《脈經》僞卷卷一、二、三、四、十。此書大抵宋元間俗本，非真宋校本。俗醫習用《難經》法，以《脈經》與己不合，又欲託其名以自重，乃取其書妄爲删補，去半存半。自相矛盾，大抵祖《内經》者爲真，祖《難經》者爲僞。

《病源》與仲景、叔和同。	今本有關、尺皆後人所改補。	
《太素》	今本雜有吕注《難經》及關、尺説，擬删之，别爲一卷	
《千金》診候論，《脈證》十卷與仲景、《甲乙》同。	《千金》首診候論，内三部寸、關、尺、九候浮中沉，爲後人妄改，下文「九候」仍用《内經》原文。《脈證》十卷，中附僞《脈經》二篇宋刊本附入僞《脈經》人迎、神門、氣口、及指下形容二篇，目録及卷中，皆注有「附」字。○中有抄《難經》者，後人所補。	《千金》廿五《平脈》一卷《翼》廿八《色脈》一卷
《外臺》無診脈專篇	今本有關、尺	《脈訣》
宋龐氏分人寸診	係景岳《類經》及《全書》。知《難經》之誤，猶用其法。徐靈胎《難經經釋》駁《難經》，猶用其法	《脈訣刊誤》本書誤，「刊誤」亦誤。
俞理初《癸巳類稿》依《内經》，分十三種診法。	日本丹波氏《脈學輯要》真僞參雜。	唐、宋以後脈書皆同，《圖書集成》診法同十卷，除龐氏外，皆祖《難經》，其特别者，不過首鼠而已

《脈經》以陰陽分藏府三十六診駁義 此法百無一用者。

屬手太陰者不同。

平人迎神門氣口前後脈第二 〇三名皆誤。人迎在頸不在手，神門在腕骨下、心經脈，氣口又動脈之總名，與寸口專

心實 《千金》五藏脈證十三卷附此二條。六「人迎」字當刪。

左手寸口人迎以前脈陰實者，手厥陰經也。病苦閉，大便不利，腹滿，四肢重，身熱，苦胃脹，刺三里。左手不名人迎，尤不分部。單以食指所診爲人迎，此《難經》僞法。

心虚

左手寸口人迎以前脈陰虚者，手厥陰經也。病苦悸恐不樂，心腹痛，難以言，心如寒，狀恍惚。〇既以五藏爲陰脈，五藏之脈又有五藏之分，則陰、陽二字難解矣。

小腸實 《千金》五藏脈證十四卷附此二條。一部藏、府兩候，非古經亦不能實行。

左手寸口人迎以前脈陽實者，手太陽經也。病苦身熱，熱來去，汗出一作「汗不出」。而煩，

心中滿，身重，口中生瘡。

小腸虚 一部脈分實虚，猶可言也；陽脈有虚，陰脈有實，則不知其陰、陽何所指。

左手寸口人迎以前脈陽虚者，手太陽經也。病苦顱際偏頭痛，耳頰痛。

心小腸俱實 古法六府診於人迎，不於寸口診之。以陰陽分藏府，以左寸言，如單見陰脈，是心脈見而小腸脈絶，診得陽脈，小腸有脈而心脈絶，心脈絶則死。此分診藏府之法，萬不能通，前人已有其説矣。浮沉遲數，前後微甚，其誤皆同。

左手寸口人迎以前脈陰陽俱實者，手少陰與太陽經俱實也。病苦頭痛，身熱，大便難，心腹煩滿，不得卧，以胃氣不轉，水穀實也。

心小腸俱虚 《千金》五藏脈證十三卷附此二條。 凡以一脈分藏府，有其説而不能行，陰陽二字尤無據。

左手寸口人迎以前脈陰陽俱虚者，手少陰與太陽經俱虚也。病苦寒，少氣，四肢寒，腸澼，洞洩。○使其一虚一實，又如何診法？

以上心、小腸六法。

肝實 《千金》五藏脈證十一卷附此二條。 以沉數爲陰實耶？

左手關上脈陰實者，足厥陰經也。病苦心下堅滿，常兩脇痛，自忿忿如怒狀。

肝虛 以沉遲爲陰虛耶？

左手關上脈陰虛者，足厥陰經也。病苦脇下堅，寒熱，腹滿，不欲飲食，腹脹，悒悒不樂，婦人月經不利，腰腹痛。○肝經何以腰痛？

膽實《千金》五藏脈證十二卷附此二條。　以浮數爲陽實耶？

左手關上脈陽實者，足少陽經也。病苦腹中氣滿，飲食不下，咽乾，頭重痛，洒洒惡寒，脇痛。

膽虛 以浮遲爲陽虛耶？

左手關上脈陽虛者，足少陽經也。病苦眩、厥、痿，足指不能摇，躄坐不能起，僵仆，目黄，失精䀮䀮。○關者，寸口之中，古法但用一指診脈中央，故有長短之説。以三部診法言之，則關脈無長短之可言矣。

肝膽俱實《千金》五藏脈證十一卷附此二條。　如以浮沉爲陰陽，則無浮、沉同見之理，此陰陽不知果何所指。

左手關上脈陰、陽俱實者，足厥陰與少陽經俱實也。病苦胃脹，嘔逆，食不消。

肝膽俱虛 九候法，膽診在三部頭上耳前動脈，肝在足太衝動脈。

左手關上脈陰陽俱虛者，足厥陰與少陽經俱虛也。病苦恍惚，尸厥不知人，妄見，少氣不能言，時時自驚。所陳病狀尤不可究詰，大抵皆誑語，多與經文不合。

以上肝、膽六法。

腎實《千金》五藏脈證十九卷附此二條。

左手尺中神門以後脈陰實者，足少陰經也。病苦膀胱脹閉，少腹與腰脊相引痛。

左手尺中神門以後脈陰實者，足少陰經也。病案：以上十八字袁校本刪，併上爲一，似合。第古書文繁不殺，或集自兩處，不妄刪併。今從泰定居敬本。苦舌燥咽腫，心煩嗌乾，胸脅時痛，喘欬汗出，小腹脹滿，腰背強急，體重骨熱，小便赤黃，好怒好忘，足下熱疼，四肢黑，耳聾。〇以神門爲尺，是爲囈語，造謠生事。別立名目可也，移神門於尺，真屬荒唐之至。

腎虛

左手尺中神門以後脈陰虛者，足少陰經也。病苦心中悶，下重，足腫不可以按地。

膀胱實《千金》五藏脈證二十卷附此二條。

左手尺中神門以後脈陽實者，足太陽經也。經下當有「實」字①，餘同。病苦逆滿，腰中痛，不可俛仰，勞也。

膀胱虛六「神門」字當删。

左手尺中神門以後脈陽虛者，足太陽經也。「經」下當有「虛」字，餘同。病苦腳中筋急，腹中痛，引腰背，不可屈伸，轉筋，惡風，偏枯，腰痛，外踝後痛。〇膀胱何以病腹中痛？

腎膀胱俱實《千金》十九卷五藏脈證附此二條。

左手尺中神門以後脈陰陽俱實者，足少陰與太陽經俱實也。病苦脊强反折，戴眼，氣上搶心，脊痛，不能自反側。

腎膀胱俱虛六合法，明人幾無一家不攻之者。二經同在下部，於上中下之分稍近。

左手尺中神門以後脈陰陽俱虛者，足少陰與太陽經俱虛也。病苦小便利，心痛，背寒，時

① 字：原作「之」，據文意改。

時少腹滿。〇此用六合法，全出《八十一問》，《靈》、《素》無此也。二經病，經皆分別之，不能如此混淆。二經可以同病。

以上左尺腎、膀胱六法

肺實《千金》十七卷五藏脈證附此二條。

右手寸口氣口以前脈陰實者，手①太陰經也。病苦肺脹，汗出若露，上氣喘逆，咽中塞，如欲嘔狀。〇氣口與寸口同見，直是高陽生之言，叔和決不至此。

肺虛

右手寸口氣口以前脈陰虛者，手太陰經也。病苦少氣不足以息，嗌乾，不朝津液。〇以寸爲氣口，然則關、尺之脈非太陰氣口耶？如馬玄臺説，左②三部同爲人迎，右三部同爲寸口，稍通。

大腸實《千金》十八卷五藏脈證附此二條。　　以一脈分候三藏已難，況又分候三府，此法無人能用。

① 手：原作「以」，據人民衛生出版社本《脈經校注》改。

② 左：原脱，據文意酌補。

右手寸口氣口以前脈陽實者，手陽明經也。病苦腸①滿，善喘欬，面赤身熱，咽喉中如核狀。

大腸虚 明人皆駁此法，以二腸在下部，不應診於寸。然亦非古法，古診則府在人迎。彼此皆失，不足計較。

右手寸口氣口以前脈陽虚者，手陽明經也。病苦胸中喘，腸鳴，虚渴，脣口乾，目急，善驚，泄白。○六府當候於人迎三部。六合法以此爲大腸，明人多以候三焦，固同屬誑語，然各持所見，則藏非藏、府非府，醫道何以取信於人！

肺大腸俱實 《千金》十七卷五藏脈證附此二條。

右手寸口氣口以前脈陰陽俱實者，手太陰與陽明經俱實也。病苦頭痛，目眩，驚狂，喉痺痛，手臂捲，捲，一作「倦」，一作「蹻」。案：居敬本作「臑」。脣吻不收。○二經病，不可牽連言之。

肺大腸俱虚

右手寸口氣口以前脈陰陽俱虚者，手太陰與陽明經俱虚也。病苦耳鳴嘈嘈，時妄見光

① 腸：《脈經校注》作「腹」。

明，情中不樂，或如恐怖。○一指之診，既分陰陽，又別虛實，既已難矣！設藏、府異情，則一部同時必分四種脈象。棘端刻猴，真不可解。

以上肺、大腸六法

脾實《千金》十五卷五藏脈證附此二條。

右手關上脈陰實者，足太陰經也。病苦足寒脛熱，腹脹滿，煩擾不得卧。

脾虛

右手關上脈陰虛者，足太陰經也。病苦泄注，腹滿氣逆，霍亂嘔吐，黄疸，心煩不得卧，腸鳴。

胃實《千金》十六卷五藏脈證附此二條。

右手關上脈陽實者，足陽明經也。病苦腹中堅痛而熱，《千金》作「病苦頭痛」。汗不出如温瘧，

案：六字居敬本亦旁注。脣口乾，善噦，乳癰，缺盆腋下腫痛。方氏云：胃脈當於六部皆候之，不僅在右關一

部。以寸、關、尺法言之，其説甚是，蓋諸動脈皆得胃氣而後行，無胃氣①則爲真藏脈也，豈可拘於右關之一部分？

胃虚

右手關上脈陽虚者，足陽明經也。病苦脛寒，不得卧，惡寒洒洒，目急，腹中痛，虚鳴，原注②：《外臺》作「耳虚鳴」。時寒時熱，脣口乾，面目浮腫。○胃脈專候於人迎。或診足衝陽，《素》所謂趺陽。

脾胃俱實 《千金》十五卷五藏脈證附此二條。　但言「關」，文義已足，「上」字當删。其餘十一「上」字同。

右手關上脈陰陽俱實者，足太陰與陽明經俱實也。病苦脾脹，腹堅痛，脇下痛，胃氣不轉，大便難，時反泄利，腹中痛，上衝肺肝，動五藏，並喘鳴多驚，身熱汗不出，喉痺，精少。

脾胃俱虚 再加以藏實府虚、府實藏虚，則爲八門矣。

右手關上脈陰陽俱虚者，足太陰與陽明經俱虚也。病苦胃中如空狀，少氣不足以息，四

---

① 氣：原無，據文意擬補。

② 原注：原無此二字，茲補出，俾眉目分明。下「原注」同。

逆寒，泄注不已。

以上脾、胃六法

腎實 竟以腎分診兩手，一腎藏分診兩尺，豈不可怪？或作命門，不知左右必無異名之理，皆屬不通，且腎較命門之稱尤少可。

右手尺中神門以後脈陰實者，足少陰經也。腎爲藏，重見兩部，而不用心主，宜後人之多異議也。病苦痺，身熱，心痛，脊脇相引痛，足逆熱煩。

腎虚 《千金》十九卷五藏脈證附此二條。

右手尺中神門以後脈陰虚者，足少陰經也。病苦足脛小弱，惡風寒，脈代絶，時不至，足寒，上重下輕，行不可以按地，少腹脹滿，上搶胸脇，痛引脇下。

膀胱實 左尺既診膀胱矣，右腎又言膀胱。腎有兩，今以分左右，若膀胱則非二形，無左右分診之理。或以爲三焦，猶可。

右手尺中神門以後脈陽實者，足太陽經也。十二經以配左右六部，似①也，乃足太陽、足少陰獨分占四

---

① 似：疑當作「是」。

部，而手心主、手厥陰則不齒及，何不以之分占右尺耶？病苦胞轉，不得小便，頭眩痛，煩滿，脊背强。

膀胱虚《千金》廿卷五藏脈證附此二條。

右手尺中神門以後脈陽虚者，足太陽經也。病苦肌肉振動，腳中筋急，耳聾忽忽不聞，惡風，颼颼作聲。

腎膀胱俱實《千金》十九卷五藏脈證附此二條。

右手尺中神門以後脈陰陽俱實者，足少陰與太陽經俱實也。病苦癲疾，頭重與目相引痛厥，欲起走，反眼，大風，多汗。《難經》以下，以一部一指分診藏、府有五法，或以浮沉、或以遲數、或以微甚、或分前後、或分陰陽，皆不能通，雖有其説，學者不能實行。席氏審知其弊，刱爲六部，皆候藏，六府則論症不論脈。雖不知以人迎候六府古法，然塙知一指分候藏、府之誤。齊一變，至於魯，又一變，至於道。由席氏之説，則可以徐引之近於古法也。席氏亦人傑也哉！

腎膀胱俱虚

右手尺中神門以後脈陰陽俱虚者，足少陰與太陽經俱虚也。病苦心痛，若下重不自收，簒①反出，時時②苦洞洩，寒中泄，腎、心俱痛。原注：一説云腎有左右，膀胱無二，今用當以左腎合膀胱，右腎合三焦。

以上右尺腎、膀胱六法

古法以一指診兩手，男左女右，蓋以兩手同爲一脈，不須左右皆診；寸尺只有一條，不須截分三部。何等簡切！易知易行。僞《訣》於一經分三部，兩手分爲六部，一部之中又强分藏、府，是古法一指一部之診，今變爲十二門，所以支離繁雜，學者皆以診脈爲苦。故僞《訣》雖有此説，醫者或以爲口頭禪，實則口是心非，斷難歸諸實效。

經以人迎候府、寸口候藏，因其大小倍數以別手足三陰三陽，以分十二經，故《經脈篇》於十二經脈同以人、寸候之，概不分部分，如僞《訣》之支紛。

左寸曰寸口，人迎以前；右寸曰寸口，氣口以前。關曰關上，尺曰尺中。神門以後所列名目，在在不通。

兩手寸口同爲太陰，脈止一條，並無三截六截九截，浮則俱浮，沉則俱沉，遲、數尤不能强分。不唯一手不能分，即兩手亦不能分。俗醫每於兩手六部之中謂其或浮或沉、或遲或數、

① 簒：原作「纂」，據《脈經校注》改。

② 時時：原作「時肘」，據《脈經校注》改。

或大或小、或强或弱，真所謂吞刀吐火。疑心生暗鬼，久於其術者必有心得，每有小效，終屬魔法，非正道也。

予於《脈學輯要評》中屢疑所引《千金》與《難經》同者必非孫氏原文，及得日本大小兩刻繙宋本者細爲考校，乃知其致誤之由。蓋孫氏診法猶祖仲景、叔和，《難經》僞法，屏而弗受，《三部九候表》中所列《千金》寸口、人迎、少陰諸表，是其鐵證；《千金》二十八卷之《平脈》、《翼》二十五之《色脈》，皆後人僞書羼補者，決非孫氏之筆。考《外臺》無論脈專篇，《千金》首立九論，其四即爲論診，其十一卷至二十卷各卷首爲五藏脈證，其文大抵皆出《内經》、仲景，故有趺陽與人迎同見者，此用《内經》兼襲仲景舊名之實事也。其卷中所列各條，皆與《脈經》僞卷不同，惟僞《脈經》卷一《脈形狀指下秘訣第一》與二卷《平人迎神門氣口前後脈第二》篇，則羼入其論證之首，是羣仙中忽雜鬼魔，至不可通。及考宋本目録及本卷，題下皆有「附」字，然後知此二篇爲後人刊本，取晚法以補原書之缺者也。略陳大略於此，餘詳《脈經僞卷補證》中。

朱子跋長陽醫書

郭書今刊本名《傷寒補亡》，有朱子此跋原文。

紹熙甲寅夏，予赴長沙，道過新喻，謁見故焕章學士謝公昌國於其家。公爲留飲，語及長陽沖晦郭公先生名雍言行甚悉，因出醫書、曆書數帙，《補亡》今有傳本，曆書未見。曰：「此先生所著也。」予於二家之學皆所未習，朱子此說是。不能有以測其說之淺深，則請以歸，將以暇日熟讀而精求之。而公私倥偬，水陸奔馳，終歲不得休，復未暇也。明年夏，大病幾死。適會故人子王漢伯紀自金華來訪，而親友方士繇伯謨亦自籍谿來，同視予疾。數日間，乃若粗有生意，問及謝公所授長陽醫書，即《傷寒補亡》。二君亟請觀焉。乃出以視之，則皆驚喜曰：「此奇書也。」蓋其說雖若一出古經，而無所益損，以仲景此書以仲景原文爲主，不似後人分三部、分左右、分十二候之俗說。本文爲主。然古經之深遠浩博難尋，而此書之分别部居易見也。采諸家附益之，故名《補亡》。安得廣其流布，使世之學爲方者家藏而人誦之，以知古昔聖賢醫道之源委，而不病其難耶？其書似合《傷寒》與《金匱》爲一，然以《傷寒》爲主，病之似傷寒者入之，若其他雜病，則不采入。予念蔡忠惠公之守長樂，疾巫覡主病、蠱毒殺人之姦，既禁絶之，而又擇民之聰明者，教以醫藥，使治疾病，此仁人之心也。今閩帥詹卿元善，實補蔡公之處，而政以慈惠爲先，誠以語之，儻有意耶？亟以扣之，而元善報曰：「敬諾。」乃屬二君讎正刊補，而書其本末如此以寄之。得書、刻書之事。抑予嘗謂：古人之於脈，其察之固非一道，據《内經》立説。然今世通行，唯寸、關、尺之法爲最要，宋以後此法通行。且其説具於《難經》之首篇，全出《難經》，古書所無。則亦非下俚俗説也，以下俚俗説相比，是於《難經》有不足之意。故郭公此書備載其語，今《傷寒補亡》中全録《雜脈》、《平脈》二篇，並無《難經》論三部之文。不知何故。而并取丁德用密排三指之法以釋之。今本亦無此丁注，是所見又俗本誤，而後人删之耶？夫《難經》則至矣，與上自相矛盾。至於德用之法，自古診法，一指二指均可，不必三指也。密排三指，惟《難經》有此法。則予竊意診者之指有肥瘠，病者之臂有長短，疏排密排，就其脈動處下三指，足矣。以是相求，或未得定論也。《難經》寸、關、尺諸説皆不可通，故寸尺正名不能確定，無可依據。《脈訣》行之已久，乃不據寸尺名詞，直以高骨爲關，故朱子急取之。蓋嘗細考，經指《難經》言。之所以分寸尺者，皆自關而前卻，猶言前、後。以距乎魚際、寸。是名不由魚際定，包動脈而言。尺澤。尺澤，與《難經》「尺」字文同義别。是則所謂關者，必有一定之處，《内經》寸尺猶可依託，關則絶無此部位名詞。於此杜撰之「關」字必求其説，是亦圓謊而已。亦若魚際、尺澤之可以外見尺澤、魚際，可見者；穴道若太淵、尺澤之動脈，則不可見。而先識也，魚際、尺澤，與寸、尺不相干。然今諸書皆無的然之論，是三部之説，南宋猶未詳備。唯《千金》以爲寸口之處《千金》平脈大法第一篇。其骨自高，此誤羼平脈篇語。而寸、關、尺皆由是而卻取焉，「寸」、「尺」字義不可通，乃别以「關」字定之。則其言之先後，位之進退，若與經文不合。此指《難經》言。獨俗所傳《脈訣》此種妖書，雖發原《難經》，其父殺人，其子行劫，流毒愈遠愈深。五七言韻語者，詞最鄙淺，非叔和本書明甚，乃能直指高骨而爲關，今本

《脈經》第一《分别三關境界脈候所主》全有其文。按朱子所見《脈經》本無此文，惟《脈訣》詳之。後人因朱子此説，乃補此説於僞卷第一，柳序以爲朱子不知正出《脈經》者，不知此僞卷出朱子之後。而分其前後，以爲寸尺陰陽之位，其《脈經》不詳三部，則全無此等説。《脈訣》晚出，診手之法，補苴尤詳。似得《難經》本指。明知其僞，而以爲有合於經，此如《四庫提要》於豐坊僞申培《詩序》、《子夏傳》，明知其僞，而以爲不可廢，其失相同。然世之高醫以其贗也，遂委棄而羞言之。《千金》、《外臺》之不用《難經》説，與此同意。予非精於道者，此語最確。不能有以正也，姑附見其説於此，以俟明者而折中焉。慶元元年乙卯歲，五月丙午日，鴻慶外史新安朱熹書。

後來脈書每引此跋爲證，因録原文，以見寸、關、尺之爲僞説，非古法。今本《脈經》有此文者，則爲後人所補之僞卷，非朱子所見之原本。或以爲朱子未見《脈經》者，誤也。

西晉王叔和《脈經》原注：《唐志》不著撰人，《隋志》、《通志》、《通考》、《宋志》均有。

《孯經室外集・四庫未收書目提要》云：「高平人，官太醫令。甘伯宗唐人，宋校《劄子》引之。《名醫傳》稱：叔和博通經方，精意診處，尤好著述。是篇從宋嘉定何大任刻本影鈔，迥非朱子所見之真本。前有宋國子博士高保衡、尚書屯田郎中孫奇、光禄卿直祕閣林億校上序。舊序當有之，此序則有所改羼。書既有改易，又何論乎序！世傳叔和《脈訣》一卷，乃後人依託爲之，與此絕不相同也。」僞書多矣，歌括特其中之一。叔和序：「脈理精微，其體難辨，弦緊浮芤，造脈名爲《難經》作俑。展轉相類，在心易了，指下難明。謂沉爲伏，則方治永乖。以緩爲遲，誤說。則危殆立至。況有數候俱見，異病同脈者乎？夫醫藥爲用，性命所繫。和、鵲至妙，尤或加思。仲景明審，亦候形證，一毫有疑，則考校以求驗。故《傷寒》古醫書仲景始詳方治，故《脈經》引仲景尤詳，如《千金》脈證十卷，大抵多出《脈經》。有承氣之戒，嘔噦此指《金匱》。發下焦之問。而遺文遠旨，代寡能用，舊經秘述，奧而不售。遂令末學昧於原本，互滋偏見，各逞已能，如《脈訣》祖《難經》是也。至微疴成膏肓之變，滯固絕振起之望，良有以也。序亦不盡原文，蓋宋末醫人以叔和書與己術不同，又欲借重其名，於是删補移易，以成今本耳。今撰集岐伯以來，逮於華佗，經論要訣，無《難經》。合爲十卷。百病根源，各以類例相從，聲色證候，古之《脈經》如此。後世僞書專造脈名，以脈定病，真僞之分如此。靡不該備。雖以「脈」名，內包望聞各種診法。其王、阮、傅、戴、吴、葛、吕、張，八家不知其名，今本亦無引用，疑此别書之文，誤引之。所傳異同，咸悉載録。誠能留心研窮，究其微賾，則可以比蹤古賢，代無夭横矣。」以上原序全文。宋林億等《校定脈經進呈劄子》：「觀其書，前尚有一段，此第二段起。叙陰陽表裏，辨三部九候，全用《難經》説。分人迎、氣口、神門，條十二經、二十四氣、此篇《駁義》已刊。奇經八脈，診法大謬。以舉五藏六府三焦二字誤衍。四時之疴。若網在綱，有條而不紊，使人占外以知内，誤用皮色説。視死而别生，句誤。爲至詳悉，咸可按用。其文約，其事詳者，獨何哉？蓋其爲書，一本《黄帝内經》，補羼四五卷，則全與經違反。間有疏略未盡處，而又補以扁鵲、《難經》外别有扁鵲。仲景、元化之法，自餘奇怪異端五行、時日之類。不經之説，一切不取。不經之説已經過半，何云不取？不如是，何以歷數千百年，而傳用無毫髮之失乎！此等文字，頗似《難經》稚弱。又其大較，以謂①脈理精微，其體難辨，兼有數候俱見，異病同脈之惑，專之指下，不可以盡隱伏；而乃廣述形症虚實，《脈經》由《内經》、仲景而出，例應如此，《難經》以後之《脈訣》乃專説脈。詳明聲色王相，凡言王相者，皆屬聲色誤説，乃全歸之經脈。以此參仲景「三部不參」之「參」同。伍，決死生之分，故得十全，無一失之繆，爲果不疑。然而自晉室東渡，南北限隔②，天下多事，於養生之書實未遑暇，雖好事之家僅有傳者，而承疑習非，將喪道真，非

---

① 謂：原作「爲」，據《脈經校注》林序改。

② 「爲果不疑」至「南北限」：此十四字原脱，據林序補。

夫聖人，曷爲釐正①！恭維主上，出是古書，俾從新定。臣等各殫所學，博求衆本，既有「衆本」，當擇善而從。據經此指何經？《難經》耶？爲斷，去取非私。校定古籍，何得云「去取」、並自明「非私」耶？大抵世之傳授不一，其别有三：劄子原文「校讎中《脈經》一部」，當爲善本、足本，此則南宋以後之説。有以隋巢元方時行《病源》爲第十卷者，考其時而謬自破；有以第五分上下卷，而撮諸篇之文别增篇目者，推其本文而義無取。此等文字細研自知其誤。稽是二者，均之未覩厥真，各秘其所藏爾。不知所指。今則考以《素問》、《九墟》、以《黄帝明堂》爲《九墟》。《靈樞》、《太素》、如何在《難經》上？《難經》、《甲乙》、仲景時代亦顛倒。之書，指《辨脈》、《平脈》二僞篇。並《千金方》及《翼》説脈之篇此僞篇，宋校本不當引用。以校之②，除去重複，與《傷寒》同〇《傷寒》、《千金》説脈之書，皆有真有僞，本書亦然，是校真據真本，校僞據僞本。補其脱漏，引羼僞書。其篇第亦頗爲改易，此晚説，高校何至於此！使以類相從，仍舊爲一十卷，真是另作一書矣！總九十七篇。施之於人，俾披卷者足以占外以知内，又承襲前文之説。視死而别生，無待飲上池之水矣。」熙寧元年七月十八日進呈。

按：《甲乙·序》：「漢有華佗、張仲景。華佗性惡矜伎，終以戮死。仲景論廣伊尹《湯液》爲數十卷，當作「十數」。用之多驗。」仲景成書在前。下云：「近世太醫令王叔和，撰次

---

① 非夫聖人曷爲釐正：此八字原脱，據林序補。

② 以校之：三字原脱，據林序補。

仲景，指《脈經》言。選論甚精，指事施用。」按：《脈經》雖云「脈經」，而因病證乃論脈之同異，與仲景書體例相同。《難經》以後，脈書乃專言脈，創爲七表、八裏、九道、二十四名詞，以脈定病。明謂仲景成書在前，行世已久，明效具在，叔和乃編次之，則指《脈經》言，非謂仲景有法無書、待叔和而後編次，法雖傳於仲景，而書實成於叔和也。後人不審文義，誤讀「編次」二字，遂生荆棘。或藉此以攻仲景，以爲書非自作，集矢叔和，而仲景書遂有嫌疑之謗。今考《脈經》中其引仲景者至數卷之多，《傷寒》中《序例》《可不可》諸篇，確爲叔和集録。蓋《序例》及《可不可》諸卷本在《脈經》中，後人取以附入仲景書，遂與《脈經》重複，故今本宋校序云「删其重複」；其云「補其脱漏」者，則以祖《難經》之僞附之。今擬取《傷寒》附入之篇歸還《脈經》，僞書五卷，删出别行。離之兩美，庶兩書不致自相矛盾耳。

傷寒總論

〔附〕太素内經傷寒總論補證

廖平　校録

楊世文　校點

校點説明

《傷寒總論》包括《外臺》第一卷諸論傷寒八家一十七首、《外臺》論傷寒六日數病源並方（方九）二十一首，附《病源時氣熱病温病日數表》、《華氏日數三十六日表》及《太素内經傷寒總論補證》、《熱病説》、《五藏熱病》、《邪中》、《邪客》等。廖平引用文獻，對諸家傷寒説進行辨析注釋，訂正文字訛誤，糾正似是而非的誤説。如日本丹波氏誤據《千金方》三十卷「江南老師秘仲景法」十六字一條，以爲孫思邈作《千金方》時，未見張仲景書；又以巢氏《源候論》雖録《傷寒論》語，不見一稱仲景，以爲從《小品》等轉鈔，亦未見仲景原文。廖平則認爲，仲景原文魏晉以下奉爲圭臬，巢、孫大家不可能未見全書，《千金方》十六字上下不承，當爲誤文。古人著書不録引書作者名姓，雖經文亦多如己出，其著書之體例如此，不能因巢氏不引仲景名，遂謂其不見仲景書。其説近理。引《小品》，非自下語。是書曾連載於《國學薈編》一九一六年第四期、一九一七年第一期。民國六年（一九一七）四川存古書局刊行，收入《六譯館叢書》。今即以此本爲底本進行點校。

目録

傷寒總論録《外臺》第一卷。

《外臺》第一卷諸論傷寒八家目録

陰陽大論一家一首。按《千金》此條爲《小品》所引，稱曰「經言」。《外臺》云「仲景同」，則非仲景書。陸氏力争此條爲仲景，誤也。

王叔和一家四首。《千金》叔和第三。

華佗一家三首。《千金》華佗在第二，叔和前。

張苗一家一首。《千金》第四同。

范汪一家二首。《千金》無二首，皆引經文。

《小品》一家一首。《千金》，《小品》在第一，「經言」以下即首條。

《千金方》一家一首。舊作「千金翼」，誤。

《千金方》引王叔和一家四首。此叔和文，舊作「千金」，誤。

《經心録》一家一首。

共一十七①首。

《外臺》論傷寒六日數病源并方方九。二十一首。

附病源時氣熱病温病日數表。

華氏日數三十六日表。此册詳華氏法。

諸論傷寒八家合一十七首

《陰陽大論》《病源》引作「經言」，《外臺》引《小品》亦同，非仲景所有。云：舊以《運氣》七篇爲《陰陽大論》，丹波以運氣之説全不見於《五行大義》、《太素》，此七篇爲次注所補，非《素問》原文。春氣正時，下三時同。温與秋清對文，一作「煖」。和，仲景春温病即此温，非瘟熱。舊説皆誤。夏氣暑熱，按《内經》言寒熱不同者至詳盡，寒熱兼者亦分先後，或乃以《内經》熱病即傷寒，大誤。秋風清運氣清氣，即燥氣。凉，秋當爲燥，長夏乃爲濕。仲景中暍，今讀爲燥病。冬氣凛冽，爲寒。○《内經》：「冬傷於寒。」《雲笈七籤》引作「汗」，與「夏不汗出」相合。見劉松峰《説疫》。此則四時正氣風、暑、濕、燥、寒爲四氣。傷中則爲温熱、洞洩、痎瘧、欬厥，正病。《内經》作「必病」，必與正篆文相似而誤。之序也。《内經》四時天氣，人病形狀詳矣。○按：《病源》、《傷寒》時行温證同引此篇，古法治三門，其意相同。冬時嚴寒，邵氏《補亡》凡例十門，引此篇爲叔和撰次仲景之書。萬類深藏，君子周密，即《内經》藏於精者之説。則不傷於寒。

① 七：原作「六」，總計所列各家實爲一十七，因改。下同。

《內經》以乘虛乃病。觸冒一人獨病，觸冒之蹤跡甚明，爲正病。不正之氣，人人同病，不見觸冒之迹，爲時行。之者，五虛又遇虛邪。○《天行》則云：節候有傷於人，則無觸冒之迹。乃名傷寒耳。四時之病，寒與熱爲巨，言寒而熱可推。其傷於四時之氣，風、暑、濕、燥、寒，應五時。皆能爲病。經云：春傷於風，夏傷於暑，秋傷於濕，冬傷於寒，四傷皆指天氣立名。○實則長夏濕，秋爲燥，文未備耳。以傷寒爲毒者，毒，厚也。如仲景書以「傷寒」名書。以其最成殺厲之氣也。四氣以熱、寒爲巨，經於熱病已詳，故仲景補詳寒病。中而即病者，今人以得而即病者爲感冒，不入「傷寒」。經中凡正春温皆爲留病，伏傳亦不言直中。皆誤。○《補亡》引此節爲叔和撰次仲景之書。名曰傷寒。四時皆同，中而即病，十中占七八；不即病，不過十之三。以上爲傷寒。○不即變例。病者，此爲變例，正多變少。寒毒不正之氣乃爲毒。藏於肌膚中，經所謂邪氣留連。○劉松峰以爲皆得而即病，並無晚發之理。按：此《內經》明文，不一而足，或以爲皆留病，或以爲無晚發，皆誤。至春變爲温病，此爲留病之一種。至夏春傷於風之留病。變爲暑病。暑由風變爲留病，亦有間傳者。冬傷於寒，夏生癉熱是也。暑病者，此謂暑由温變。熱極重於温也。温，温和；熱則大熱。○以上爲時行瘟病。是以辛苦之人，辛苦貧人以觸冒爲病，富貴之人以大温致病，皆能爲温。此以觸犯外邪言，故事屬貧人。春夏陽盛之時。多温春病爲留病。熱夏氣爲間時傳病。病者，分配二時。皆由冬亦可讀作秋冬。時觸冒寒冬。冷秋。之所致，夏則傷於暑，文有詳略。○《外臺》引《病源·温病論》從首止此。非時行之氣也。正氣不僅兩傷，爲單獨之證，○以上温病。○温熱皆天氣四時正病，非瘟疫。凡時行者，《病源·天行論》引從此始。春時應暖，與温同義。而反大寒；已過之氣，《病源》説，冬氣反温。冬傷於温，至春大寒，邪爲寒氣所束，不能出，至夏變爲熱病。○按此爲傷間時，爲熱之一類。夏時應熱，風近於熱，燥近於寒。而反大冷；未來之氣，《病源》説，春傷於不正之寒邪，至夏大冷，邪不能出，至秋變爲燥病。經别有明文，秋傷於濕。濕爲長夏，其文不備耳。而反大熱；寒熱已過，温凉未來，《病源》説，秋傷於不正之熱，至冬大寒，邪不能出，至春變爲温病。〇按《病源》説，以三時之病皆責之寒，此就寒示例耳，其實皆同，必能推詳，乃得經互文之義。冬時應寒，寒爲冬時正名。而反大温：運氣中所謂先天、後天。此非其時與四時所傷正氣不同。而有其氣。此謂厲氣，非四時正氣。是以一歲之中，不見觸冒之迹。長幼之病，非一人私有觸犯。多相似者。謂傳染病，以天時普遍，非如傷寒止中各人。《病源》「避温不相染方」云：此皆因歲時不和，温凉失節，人感乖候之氣而出病，則病之轉相染易，乃至延及外人。此則時行行如五行，太乙下行之行，非其時有其氣，如陽春有脚之説。之氣也。原注：仲景《病源》、《小品》、《千金》同。〇此爲古經原文，非出仲景。陸氏誤以爲仲景。《補亡》云：《病源》、《千金》、《傷寒》時氣温病，治法不異。〇以上經言一首，《小品》既稱經言，則《陰陽大論》當爲經，且原注既云仲景同，則爲古經，非出仲景明矣。

《病源》九卷「時氣病時氣、天行義同。發汗」《外臺·天行》引同。云：從立夏分四時，當以四立文，有脱誤。節後，應温。其中無暴大寒，又寒不冰雪，而人有壯熱爲病者，此屬春時陽氣，就春氣爲正，其名曰温病①。發其冬時伏寒，此索《病源》無觸冒之迹，乃伏邪留病，邪氣留連。變留病乃言變，爲特别異常，百中之四五。若即病，非留病，則不可言變。即病多，留病少，醫當先詳即病法。爲温病也。此解春之温病爲冬寒留病，餘三時同此。從春分當爲立夏之誤。以後至秋分節前，當爲立秋。天有暴寒者，非正氣爲厲氣。皆爲時行寒疫

① 以上十字注文原誤排作正文，又以括號括出。今改正爲小字注文。

也。此寒不出於冬時，春夏皆有不正之寒氣。一名時行傷寒。非冬而寒，如行春夏，故曰時行。○此解時行。夏時應熱，而反大冷，變爲寒疫。餘三時同。此是節候有寒，專言寒以示例。傷於人，非①觸冒之過也。與正傷寒不同。若三月四月，春夏之交。或有暴寒，以寒爲標目，餘從同。其時②陽氣尚弱，爲寒所折，通論四行之寒行爲病。病熱由與猶同。小輕也。熱病。五月六月陽氣已盛，爲寒所折，病熱則重也。此分夏寒熱病之輕重。七月八月入秋。陽氣已衰，爲寒所折，病熱寒皆變熱。亦小微也。此上三等。皆解時行傷寒之輕重。其病與温春正病。及暑病夏正病。相似，形似而根由異。但治③有殊耳。故傷寒、時行分爲二門。

又《病源》九卷「温病」：病由春得，爲「温」字本義。病有數種不同。「凡病傷寒而成温病者，先夏至當爲立夏。日爲病温，春傷風，爲温病。後夏至同上當爲立夏。日者爲病暑。夏傷暑，乃熱證。故曰冬三月亦法日度。早卧晚起，晚明。必待日光，使志若伏若匿。所謂藏精。若有私意，若已有得，去寒不順時。就温，過暖。無泄皮膚，汗泄即爲不藏精，非房勞。使氣亟奪。冬汗傷精。又因於寒欲如運樞，故冬傷於寒，《雲笈七籤》引作「汗」。春必病温也。留病「必」讀如字，即病則「必」當讀作「正」字，不作「必」也。又有冬時傷非節之暖，名爲冬温指氣，非指病。冬温，「温」字止作「暖」字，讀則「春温」之「温」字，可知。之毒，必非常氣

---

① 非：原無，據《巢氏諸病源候總論》卷九補。

② 時：原作「餘」，據《巢氏諸病源候總論》卷九改。

③ 治：原無，據《巢氏諸病源候總論》卷九補。

乃爲毒。與傷寒正氣即病。大異也。冬寒爲正，温爲變。有病温者，乃天行之病耳。乖候之氣。其冬月温暖《傷寒》「温」字當作「暖」字讀，觀此連文可知。之時，所謂冬温。人感乖候之氣，未遂發病，留病。○劉松峰所謂冬暖無病，非。至春或被積寒所折，寒來折病，别爲一門。春如此，夏寒亦同。○春不寒則否。毒氣不得泄，四時寒束，間時而發之一類。至天氣暄熱，夏至。温毒冬日伏温。始發，間時乃病。則肌肉斑爛也。前後三時，舉此示例。經曰：篇名。虚邪賊風，避之有時。恬淡虚無，真氣從之，精神内守，病安從來。能按蹻藏精，則四時不病。故曰人清静則肉腠閉拒。《五診篇》以皮爲始。雖有大風苛毒，弗之能害。」此不病之説。又云：篇名。「四時陰陽者，萬物之根本也。是故聖人春夏養陽，秋冬養陰，以從其根也。從陰陽則生，逆之則死。故曰：《金匱真言》。精者，身之本，藏於精者，與按蹻同。春不病温春正病爲温。也。四時不病，「春不病鼽衄」四句是也。有熱病。病温，春氣風，傷風即病，爲春温。汗出，與傷寒同，治表汗之。輒復熱，順則不復熱。而脈躁疾，順則脈和。不爲汗衰，順則以汗而愈。狂言不能食。此爲春温劇證，特别提出，亦如傷寒之死證，不可誤以爲春正病皆如此，乃名温。病名爲何？」曰：「病名陰陽交，陰陽交病，即傷寒之兩感，劇者死。交者死。傷寒兩感者死。人所以汗出者，三焦主之，氣化則出。皆生於穀，穀生於精。穀、精二字當互易，謂汗生於精，精乃生於穀耳。今邪氣交争於骨肉之間，此骨肉字，即上陰陽，一内一外，一藏一府。而得汗者，是邪卻而精勝也。精勝乃能生汗。精勝則當能食而不復熱。以汗解愈。熱者，邪氣也；汗者，精氣也。令汗出精戰勝。而輒復熱者，邪勝在後。是邪勝也。不能食者，精無神也。不食無穀，則精不能生。病而留者，其壽可立而傾也。兩感死證。汗出而脈尚躁盛者死。死證一。今脈不與汗相應，不勝其病也，其死明矣。死證二。狂言者是失志，失志者死。死證三。今見三死，不見一生，以證變分生死之占。雖愈必死。《病源》時行熱溫，各種證候皆同傷寒。凡膚今本經作「尺膚」。熱，診皮。其脈盛躁者，診皮、脈外，尚有色診，合爲三法。病溫也。春傷於風之所得，治法、病象全同傷寒。所以名之爲溫者，以春時即病故也，舊説皆誤。其脈盛而滑者，滑與緩屬診皮。汗且出也。溫病即傷風自汗。凡溫即仲景中風。病人三二日身軀熱，發熱。脈疾，絡筋疾促，非診動脈。頭痛，表證未解。食飲如故，脈筋絡。直疾，痓瘈病。八日死。死證一。四五日頭痛，脈疾，喜吐，脈來細，十二日死，此病不療。死證二。八九日脈筋絡。不疾，身皮膚。不痛，目不赤，色不變，無外病。而反利，脈來喋喋，此乃動脈。按不彈手指，時大，心下硬，十七日死。死證三。病三四日以下，不得汗，脈大疾者生，脈細小難得者，死不治也。死證四。下利，腹中痛者，死不治。」死證五。

王叔和所謂撰次仲景之《脈經》。曰：《千金》引列華佗後。○《傷寒·序例》不出叔和，首條《大論》亦出古經，乃後人多以爲仲景原文者，大誤。傷寒之病，逐日淺深，以華佗法言之，非六經分日。以施方治。今世人得傷寒，或始不早治，一誤。或治不對病，二誤。或日數久淹，困不告醫，承一誤言。醫又不知次第承二誤言。而治之，分經，每經各有表裏，汗、吐、下三法。則不中病。謂不師法仲景。皆以臨時消息制方，無不效也。今搜採所謂撰次。仲景舊論，言舊論，則非無成書，待叔和新撰。○《甲乙序》所謂叔和編次仲景者也。仲景有原書，叔和所編爲《脈經》，《太平御覽》引高湛《養生論》云：「叔和撰《脈經》十卷。」又云：「編次仲景爲三十六卷。」此「卷」字當讀爲「篇」字，指《脈經》篇數言，非別有一書。録其證候，詳證。診脈聲色，聞、望、切三法。○以上《脈經》所詳。

對病制方，古《脈經》有方。有神驗者，擬防世疾也。此爲叔和《脈經》，非《傷寒・序例》，後人舉以附《傷寒》，今當歸還《脈經》。〇《脈經》不盡録方，證、色、脈既明，則對方自易。〇以下《序例》同。

又《補亡》作「問曰：服藥四方異宜，如何？叔和曰」。土地高下、寒温不同，以下爲《四時異宜》，詳四時分治。物性剛柔，飡居亦異。是故黄帝興四時之問，詳《四方異宜篇》。岐伯舉四治之能，四方脈既異，治亦殊。以訓後賢，開其未悟，臨病之工，宜須兩審。《小品》、《千金》同。〇今從《補亡》别提入《四方異宜篇》。

又曰：《千金》卷九引叔和從此始。〇《補亡》作「汗不失其宜，何如？仲景曰」，以此叔和爲仲景。夫表和裏病，《序例》、《補亡》作「陽盛陰虚」，不如此本明切。下之而愈，汗之則死；裏和胸、腹、胃無病。表病，皮、膚、肌有病，《序例》作「陽虚陰盛」。汗之而愈，下之則死。《補亡》文有小異。夫如是，則神丹此舊法。不可以誤發，原注：神丹丸在此卷「崔氏部」中，六味者是也。甘遂何可妄攻？原注：甘遂屬水，導散也。在第三卷「天行狂語部」中，甘遂二味者是也，出《千金方》。表裏《補亡》作「虚實」。之治，相背千里，吉凶之機，應若影響。《補亡》有「豈容易哉」，「然」作「説」。然則桂枝下咽，表和《補亡》作「陽盛」。則斃。原注：桂枝湯在此卷「仲景日數部」中，桂枝等五味者是也。承氣入胃，裏平《補亡》作「陰盛」。則亡。原注：承氣湯在此卷「仲景日數部」中，三味者是也。〇日數，《外臺》書名，文當曰「日數部仲景方」，陸誤讀，遂以《外臺・日數篇》爲仲景書矣。此表外三日三部。裏内三日三部。虚實仲景虚實不一，此爲扼要。之交錯，其候至微，易致顛倒。發汗、表三部。吐、下裏三部。之相反，其禍至速，以下《補亡》無。而醫術淺狹，爲治乃誤，使病隕没，自謂其分，至令冤魂塞於冥路，死屍盈於曠野。仁者鑒此，豈不痛歟！《千金》引此止。下接論日數條，與此異。

又：《補亡》作「問曰：表裏或至於俱感，汗下不可以並行乎？仲景答之云」。凡兩感病《内經》熱病、刺五藏病，皆爲兩感。俱作，表裏同病。治有先後，《内經》已詳。發表汗。攻裏，吐、下。本自不同。有標本緩急之別。而熱迷妄意者，乃云神丹、表汗。甘遂裏下。合而服之，不分先後。且解其外，又除其内，雙解。言巧似是，於理實違。與經不合。安危之變，豈可詭哉！以下《補亡》無。夫病發熱而「而」下當有「不」字。惡寒者發於陽，無熱而惡寒者發於陰。仲景有此文。發於陽者表。可攻其外，發汗。發於陰者内虛證。宜温其内。實則下之，虛則温之。發表以桂枝，温裏宜四逆。四逆湯在第二卷「傷寒不得眠部」中，三味者是也。〇通按：第二卷「傷寒不得眠部」並無四逆湯三味方，惟「小便不利部」内有四逆散加減法。〇以上叔和一家四首。

華佗曰：《千金》引在叔和前，《傷寒補亡》有華佗法五問。一問曰：「『華佗治傷寒與仲景少異，何謂？』《千金方》載華佗之言曰。」夫傷寒始得，《病源》時行病亦同引。一日在皮，當摩膏、火灸即愈。若不解者，至二日在膚，可法鍼，服解肌散發汗，汗即愈。《外臺·日數》引《病源》云：「諸陽在表，表始受病，在皮膚之間，故可摩膏、火灸之，發汗而愈。」若不解者，至三日在肌，《泰西解剖學》分皮部爲數層，肌在内，今以屬絡。復發汗則愈。《外臺》引《病源》：三日病，未入於藏，故病可汗而解。若不解者，有別故。勿復發汗也。此説今可考者，《病源》、

《千金》、文仲、《外臺》、龐安時、郭雍①、《吴氏要論》共六家②，未見者尚有之。至四日在胸，《病源》上從《内經》分經，下以六層分日數，配六經爲互文起義，後人混合讀之，又不知互文之例，所以誤也。宜服藜蘆丸，微吐則愈。《病源》：傷寒時行四日，其病在胸膈也，故可吐而愈，熱病、温病俱同。若更困，《時行》引作「病故」。藜蘆丸不能吐者，服小豆瓜蒂散，吐之則愈。視病尚未醒。醒者《時行》引作「了了」。復一法鍼之。藜蘆丸近用損人，不録之。瓜蒂散，在卷末雜療中，《范汪方》二味者是也。五日在腹，《病源》、《傷寒》、《時行》同云：其病五日在腹，故可下之而愈矣。六日入胃，入胃則可下也。以下七十字，出《天行篇》引補。百無不如意，但當諦視節度與病耳。若食不消病句。亦與時行病俱發熱頭痛。句。食病，當速下之；胃中有食物、燥屎。時行病，非有食物。當待六七日下之。邪已入，化熱。時行病始得，一日在皮，二日在膚，三日在脈，四日在胸，五日在腹，六日入胃，入胃乃可下也。以下七十字從《病源》、《天行》引補，當爲此節脱文。若熱毒在外，未入於胃，而先下之者，其熱乘虚入胃，則爛胃也。然熱入胃，要須下去之，不可留於胸中也。成無己《明理論》引華説亦數見。

---

① 郭雍：原作「邵雍」。郭雍，宋醫家，深究仲景傷寒之論，著有《仲景傷寒補亡論》傳於世，下文所謂「補亡」即是，因改。下文誤，亦改。

② 六家：實爲七家。

附張仲景華佗五問出郭氏《補亡》。

問曰：「華佗治傷寒與仲景少異，何謂？《千金方》載華佗之言」云云。雍曰：「元化之術，指日期爲候。仲景雖指日，而要在察陰陽六經之證，此其所以若少異也。不異。要之仲景規矩準繩明備，足爲百世之師，元化自得神術，惟可自用。故《外臺》言元化『藜蘆丸近用損人，不録』。則知後人不能學也。」二家本同，郭氏從誤説，乃以爲異耳。

問曰：「仲景、元化之術，孰優？」雍曰：「未易優劣。古法實同。大抵仲景之術，得於學識，元化之術，得於心悟。此如後世論李、杜詩學，一才一學，論他條可也，論傷寒則不當如此。心悟則變化無常，自用多奇，而學者鮮能從。如《三國志》傳諸條。必欲從上聖之精微，而爲百世之楷模，非仲景而誰歟？《傷寒》書則同，外傳奇逸，仲景亦有之。故仲景之於醫道，守其常也；元化之於醫道，從其變也。」以常變、經權説二家，非。《華佗列傳》多奇論，至此日數，不得以爲奇異。

問曰：「元化臨終之日，焚書於獄中，曰『此書可以活人』。後世謂所焚之書爲仲景之書，是耶？非耶？」雍曰：「非也。仲景之書，出於元化之後也。」曰：「異哉！仲景漢人，元化魏人，安得書出其後？」曰：「仲景、元化同爲漢末人，仲景不仕魏，故世稱爲漢仲景。元化仕曹氏，故世稱爲魏佗也。考之於史，元化死於吕布、陳登之際，計其時，在建安之初，是時佗已百餘歲矣。仲景敘論曰：『余宗族素多，向餘二百。建安紀年以來，曾未十稔，其死亡者三分有二，傷寒十居其八。感往昔之淪喪，傷横夭之莫救，乃勤求古訓，博採衆方，爲《傷寒雜病論》，合十六卷。』按：此序惟此數句似自撰語，首尾多出「千金」，疑爲後人所補，真僞不可知。則是書作於建安十年之後，故知二公聲跡相接，而仲景猶後進也。」據序立説，亦可。

問曰：「世獨重仲景之書，華無成書。何也？」雍曰：「陶隱居、孫真人，可謂古之名醫矣。陶論《醫方》曰：『惟張仲景一部最爲衆方之祖。』《胎臚方藥》即始列方藥爲方書，仲景書亦用以前成方，如侯氏黑散是。孫真人曰：『傷寒、熱病，分兩門。自古有之，名醫、睿哲，多所防禦。至於仲景，特有神功，尋思指趣，莫測其致，所以醫人，未能鑽仰。』見《千金翼》。以二者之言推之，宜其特重於世也。又：「孫真人曰：《千金翼·總論》。『尋方之大意，不過三種。一則桂枝，二則麻黄，三曰青龍。此爲後人據《太陽篇》目誤改者，一當曰瓜蒂，三當曰承氣。凡療傷寒，不出之也。』而説者謂如太陽中暍，燥證爲暍。《内經》「秋暍」，「暍」當作「暍」，非熱證。當用白虎，不可誤服桂枝、麻黄，此古人所未至，何也？」雍曰：「傷寒之初，惟有桂枝、麻黄、青龍三證，故不出用此三藥。若言中暍，非。中暍非傷寒，《傷寒雜論》有四時之病，不獨言傷寒。自是别病，與濕熱暍同爲傷寒，互文見義，示例相包之義。當用白虎，何緣①用此三藥？非古人所未至，蓋論者誤

① 緣：原作「録」，據《仲景傷寒補亡論》卷第一《張仲景華元化五問》改。

以中暍爲傷寒也。」中暍當爲秋燥，《内經》、《傷寒》中燥病，近本多誤作熱火，喻嘉言①直改經立「燥門」，非。

問曰：「元化之書，有傳否？」雍曰：「未之見也。載於《千金》者，亦雜以孫真人之言。近世蘄水龐安常論中所載，其言少異。」曰：「龐氏所載何如？」曰：「龐氏曰華佗治法云，傷寒病起自風寒，入於腠理，與精氣分争，營衛否隔，周行不通。病一日至二日，邪氣在孔竅、皮膚之間，故病者頭痛、惡寒、身熱、腰脊强直，此邪氣在表，隨證發汗則愈。病三日以上，氣浮上部，填塞心胸，故頭痛、胸中滿，或多痰涎，當吐之則愈。病五六日以上，氣結在藏府，故腹滿、身重、骨節煩痛，當下則愈。」其文與《千金》又小異。〇華氏法，龐安常與成無己尚能用之，以下則不見引用。

若得病無熱，無表證。但狂言、煩燥已入陰分。不安，精采言語與人不相主當者，勿以火迫之，但以五《千金》作「豬」。苓散一方寸匕，水和服之。原注：五苓散，仲景云豬苓散是也。在第二卷「傷寒中風部」中，《千金翼方》五味者是也。當以新汲井水，强飲一升許，此仲景水法，所當發明者。若一升半可至二

---

① 喻嘉言：原無「言」字。按，喻嘉言，明末清初名醫，名喻昌，字嘉言，江西南昌府新建人。因新建古稱西昌，故晚號西昌老人。醫名卓著，冠絶一時。著有《寓意草》、《尚論篇》、《尚論後篇》、《醫門法律》等。

升，益佳。令以指刺喉中吐之，邪在胸。病隨手愈；不即吐者，此病輩多不善。《千金》無此六字。勿强與水，停即一作「則」。結心下也，仲景禁水之法。當更以餘藥吐之，皆令相主當者，不爾即危。若此病不急以豬苓散解吐之者，其死殆速耳。亦可先吐去毒物，及法鍼之尤佳。《病源・時行》從首引至此，此條詳治法。《千金》此下有「夫飲實者，此皆難治，此則三死一生也。病者過日，不以時下，則熱不得泄，亦胃爛班出」三十四字。

又云：華氏二首。春夏無大吐下，宜詳「大」字義，非必禁吐下。秋冬無大發汗。以乖時令收藏。發汗法，冬及始春大寒時，宜服神丹丸，亦可摩膏、火灸。原注：膏在雜療中。黄膏七味，白膏四味，《范汪方》是也。若末春、夏月、初秋，凡此熱月，不宜久灸，華氏辨四時分治法。又不宜厚覆，宜服六物青散。原注：青散在雜療中，《范汪方》六味是也。若崔文行度瘴散、原注：度瘴散在雜療中，《范汪方》四味者是也。赤散、原注：赤散在雜療中，《范汪方》七味者是也，本出華佗。雪煎亦善。原注：雪煎在雜療中，《古今録驗方》三味者是也。若無丸散及煎，但單煮柴胡數兩，傷寒、時行，二種病。並可服也。瘟在其外。不但一也，《千金》無此四字。至再三發汗不解，當與湯，實者轉下之。其脈華氏診脈法。朝夕駃者，爲實癖也。朝平夕駃者，脈因時而變，醫所當究。非癖也，轉下湯爲可早與，但當少與，勿令下多《千金》作「大下」。耳，少與當數其間也。

病有虚煩熱者，內因。《千金》作「諸虚煩熱者」。與傷寒相似，偶同。然不惡寒，身不疼痛，故知非傷寒也，不可以一二端定病。不可發汗。熱證不可汗。頭不痛，脈不緊數，故知非裏實也，不可下也。非裏證。如此内外皆不可攻，而師强攻之，必遂損竭，多死矣。以上論熱病。諸虚煩，以下詳虚煩。但當行竹葉湯，原注：竹葉在第三卷「天時虚煩部」中，出文中方是也。若嘔者與橘皮湯一劑，不愈者，可重與也。《千金》共爲一條，此下有「此數用，甚有效驗，傷寒後虚，亦宜服此湯」十八字①，當爲《千金》所加。○原注：橘皮湯在第二卷「傷寒嘔噦部」中，四味者是也，出於《深師方》。○《外臺》於本書篇目自稱部中，以上二條亦其明證，故斷不可以「日數」爲仲景篇目。此法官泰數用甚效，傷寒後虚煩，亦宜服此湯。仲景、《千金方》同。○以上三首爲華氏一家。

陳廩丘云：《千金》引在第三。或問得病，連服湯藥發汗，汗不出，如之何？此條專詳蒸汗法，《太平御覽》七百二十二引《晉書》載此事，在《張苗傳》中。答曰：《醫經》云：連發汗，汗不出者死。《御覽》引作「陳得病，連服病發汗藥，汗不出」。吾《御覽》作「自」。思可蒸之，如蒸《御覽》無此字。中風法，蒸濕《千金》作「温」。之於外，《御覽》作「令温氣於外」。迎之，不得不汗出也。以蒸温之氣招汗。後《御覽》作「服」。以問張苗，自病訪醫。苗云：「曾有人作事，疲極汗出，卧單簟中，冷《御覽》作「令」。得病，但苦寒踡。《御覽》云「病發增寒」。諸醫與丸散湯，四日之内凡八發汗，邪在表。汗不出。苗令燒地布桃葉於上。蒸之，即得大汗，《御覽》有「使」字。於被中就粉傅身，極燥乃起，《御覽》作「廩丘如其所言，果差」。蒸則必先預備。便愈。後數以此發汗，汗皆出也。此下當爲《外臺》所加。人性自有難使汗出者，特别表實。非但病使其然，此追論平日。蒸之無不汗出之也。」原注：《小品》、《千金》同，蒸法在此卷「崔氏日數部」中，阮河南法。

---

① 十八字：實只有十六字。

又有桃葉湯熏，其法在第三卷「天行部」中，文仲方支太素法是。《千金》此下尚有六十字，此節之。〇世補齋據「仲景日數」文，定「日數」爲仲景原書，又何以解「崔氏日數部」乎？

范汪《御覽》引《晉書》曰：范汪，字元平，性仁愛，習醫術，常以振恤爲事。凡有疾病，不限貴賤，皆爲治之，十能愈其八九，撰方五百餘卷，又一百七卷，後人詳用，多獲其效。論黃帝問於岐伯《千金》無此六字。曰：「人傷於寒，而得病，何以反更爲熱？」岐伯曰：按：此「岐伯曰」三字當爲「師曰」，下同。「極陰變陽，寒盛則生熱，熱盛則生寒，諸病發熱、惡寒，脈浮洪者，便宜發汗。」仲景「可汗」。「當發汗，而其人失血及大下利，當在禁汗之例。如之何？」岐伯答曰：「數少與桂枝湯，此湯出仲景，非經之文。使體潤熱，熱汗纔出，仲景同。連日如此，自當解也。」《千金》同。

《九卷》云：隋唐以前稱《靈樞》爲《九卷》。黃帝曰：此范汪所引。傷寒、此一病。熱病又別一病，其法相同，非傷寒即熱病異名。死候有九。《太素》云不可刺者九。一曰汗不出，大灌《内經》作「顴」。發下當有赤字。者死。《太素》云汗不出大灌發赤，噦者死。〇通按：《靈樞·熱病論》中大顴發赤，噦者死。二曰泄而腹滿甚者死。「甚」一作「黄」。三曰目不明，熱不已者死。四曰老人、嬰兒熱病，專指熱病。腹滿者死。五曰汗不出，嘔下血者死。六曰舌本爛，熱不已者死。七曰欬而衄，汗不出，出不至足者死。八曰髓熱者死。九曰熱而痙者死。熱病專指熱。痙者，傷寒亦有痙。腰反折，瘈瘲、齒噤齘也。熱病七八日，脈不燥不數，後三日中有汗。三日不汗，四日死。熱病已得汗，而脈尚躁盛，此陰脈之極也，死。其得汗而脈静者，生。熱病脈常盛者，而不得汗者，此陽脈之極也，死。脈盛躁，得汗者，生。《甲乙》、《太素》同。士弱氏曰：灌發，灌驟也，漬也。先不出汗，後則若灌溉之驟至，而淋漓浸漬，亡陽也。

《小品》論《補亡·名例引》問曰：「有以傷寒、温疫爲不異者，何如？」孫真人曰「《小品》云」。曰：《千金》引在首條，引有經言，即此卷。首卷《陰陽大論》。○此條駁傷寒、瘟疫同病，以雅俗異詞之誤。古今相傳稱傷寒爲難療四時正氣。之病，天行温疫是毒病之氣，時行非常。而論療者，不别傷寒與天行温疫爲異氣耳，云傷寒是雅士之辭，云天行温疫是田舍間號耳，不説病之異同也。考之衆經，其實殊矣。分傷寒與天行爲二，即首條仲景説。所病不同，方説宜辨，《補亡》云：「上古之書論歲露者，自越人、仲景之下，皆不言及之。今雖有遇歲露而死者，世奚之辨，皆謂之傷寒時行也。是以略述其要言焉。出第十四卷中，《千金》同。

《千金翼》翼字當删。論按：此在今本《千金方·傷寒例第一》論中。曰：人生天地之間，命有遭際，時有否泰，吉凶悔吝，苦樂安危，喜怒愛憎，存亡憂畏，關心之慮，日有千條，謀身之道①，時生萬計，乃度一日。是故天無一歲不寒暑，人無一日不憂喜。内因。故有天行瘟疫病者，則天地變化之一氣也。與正傷寒不同。斯蓋造化必然之理，不得無之。故聖人雖有補天立極之德，而不能廢之。雖不能廢之，而能以道御之。其次有賢人善於攝生，能知撙節，與時推移，亦得保全。與《上古天真論》同意。天地有斯瘴癘，還以天地所生之物以防備之。命曰知方，則病無所侵矣。然此病也，俗人謂之横病，《補亡》别爲一條，爲《敘論》五問之一。多不解療。本有不治自愈一説。皆

① 道：原脱，據《備急千金要方》卷二九補。

云日滿自差，以此致一有夭字。枉者，天下大半。此又一流弊。凡立一法，必有一弊。凡始覺不佳，即須救療，迄至於病愈，湯食競進，折其毒熱，《千金》作「勢」。自然而差。有服藥不愈者。必不可令病氣自在，恣意攻人，拱手待斃，邱引此止。斯爲誤矣。今博采羣經，以爲上下兩卷，《千金方》傷寒九、十兩卷。廣設備擬，好養生者可得詳焉。此《千金》、《傷寒》二卷之序。《翼》傷寒亦二卷，亦九、十云。

《千金方》論此段《千金》卷九，引在王叔和條中。此叔和語，非《千金》原文。病：《補亡》引近世蘄水龐安時曰：華佗治法云。又夫傷寒病者，起自風寒，風爲陽，寒爲陰，二者相反，病者不同，其初得之或同，人稟不同，無大分耳。入於腠理，與精氣分爭，營衛否隔，周行不通。病一日至二日，巢氏亦一二日合言。氣在孔竅皮膚之間，華氏一日皮，二日膚。故病者頭痛惡寒，腰脊强直，《千金》作「重」。六經各有表證。此邪氣在表，合三日肌言之。發汗則愈。以上爲三陽，謂三表，不指三經。三日以上，當作「下」，謂四日。氣浮在上部，以三裏分之胸上腹下。填塞胸心，故頭痛，胸中滿，四日在胸，龐氏有「或多痰涎」四字。當吐之，則愈。以爲一陰。五日以上氣沉，龐氏無此字。結在藏，五日在腹，居心下。故腹脹、身重、骨節煩疼，當下之，六日在胃，此合言之。則愈明矣。以下《補亡》無。當《千金》作「明當」。須消息病《千金》有「之狀」二字。候，不可亂投湯藥，虛其胃氣也。經言：《内經》文，《傷寒》大例。「脈微不可吐，虛細不可下。」又夏月亦不可下，此醫之大禁也。原注文仲同。又脈有沉浮，轉能變化，或人得病數日，方以告醫，雖云初覺，視病已積日在身，其病源《千金》作「疹療」。結成，非復發汗解肌所除，當診其脈，隨時形勢，救解未晚也。不可苟以次第爲固，失其機要，乃致禍矣。此傷寒次第。病三日以内發汗者，謂當風解衣，夜卧失覆，寒濕《千金》作「溫」。所中，並時有疾疫、賊風之相染易，爲惡邪所中也。外因。至於人自飲食生冷過多，腹藏不消，轉動稍難，頭痛身溫，內因。其脈實大者，可吐下之，不可①發汗之也。按：此王叔和申明華氏法，則叔和《脈經》亦同。今本不同者，後人所改。《傷寒補亡》華氏此法問者五條。元明以下，則談此法者更見少矣。

又，據《千金》，此條當冠「《千金》論曰」，上一條當改歸叔和。○《補亡》「張華叙論五問」引作「問曰：凡有病不時治，何如？仲景曰」，以《千金》爲仲景。凡人有少病，苦似不如平常，則須早道。《千金》同，一作「治」。若隱忍不療，作「治」。冀望自差，須臾之間，以成痼疾，小兒女子，益以滋甚。若天行，《千金》作「時行」。當自戒謹，《千金》有「謹」字。若有小不和，則須救療，尋其邪由，及在腠理，病在表，汗即愈。以時早療，鮮有不愈者。患人忍之數日乃說，邪氣入藏，則難可制止，此須和緩，亦無能爲也。癰疽疔腫，《千金》有「從痺客性」四字。尤爲甚急。此自養之至要也。此在《千金方》九卷引四家以後之自論。

又，《補亡》「叙論五問」引作「問曰：治湯藥何如？仲景曰」。凡作湯藥，不可避晨夜、時日吉凶，郭引無四字。覺病須臾，即宜便治，不令早晚，則易愈矣。服藥當如方治。《千金》作「法」。若縱意違師，不須療之也。此條言宜早治。

又，此條專論飲水。凡得時氣，病五六日而渴欲飲水，此爲飲食禁法。飲不能多，不當與也。所

① 不可：下原有「吐」字，據《備急千金方》卷二九删。

以爾者，腹中熱尚少，不能消之，便更與人作病矣。若至七八日，大渴欲飲水者，猶當依證而與之，《千金》重「與之」字。勿令極意也。能飲一斗者，與五升。若飲而腹滿，小便澀，若喘、若噦者，不可與之；飲而忽然大汗出者，已《千金》「欲自」。愈也。人得病，能飲水者，欲愈也。出第九卷中。《經心録》論曰：「傷寒病錯療，禍及如反掌耳。」故諺云「有病不治，自得中醫」者，論此疾也。其病有相類者。傷寒、冬寒。熱病、夏病。風濕、春病。濕病、長夏病①。陰毒、陽毒、熱毒、四時病之劇者。温疫、天行、節氣，此又非四時正氣。死生不同，形候異別，宜審詳也。出第二卷中。

《外臺》論傷寒六日數，《病源》并方，方九二十一首。「日數」二字，《外臺》自立部分之名，非仲景書。《病源》，巢氏書名。此篇集《内經》、《病源》、仲景三書而成，《病源》多在仲景前，陸氏乃以爲仲景「日數」部，誤。

《病源》：首引《素問》，已别見，故不録。「傷寒一日，太陽受病。」共三十六日，以六經配六日，互文見義，舉一隱五也。太陽者，小腸《千金》作「膀胱」。之經也，爲三陽首，指一日之皮言，非以太陽爲首。故先受病，皮在五層之先。其脈絡於腰脊，主於頭項，三陽則表證詳，三陰幾不見表證，互求之即得。故得病一日，項、背、膊、腰、脊痛也。此爲太陽一日在皮之病，其餘五經一日同在皮，經雖異而病同，又當由本論篇中詳後五日，汗、吐、下之，二表三裏也。

又，傷寒二日，陽明受病。舉二日以示例，餘五日病從略。陽明者，胃之經也，主於肌肉，診絡法。

① 長夏病：「長」字原脱，據文意補。

其脈絡鼻入目，故得病二日，專指二日言，他日有變。肉熱鼻乾，已過皮到膚，近肌矣。不得眠也。眠爲瞑目，邪在經，故目不得瞑，寤而不寐也。諸陽在表，皮、膚、肌三陽。表始受病，在皮、膚之間，華氏曰：一日在皮，二日在膚。故可摩膏、火灸、發汗而愈。治法與佗同。按《病源》、《傷寒》、《外臺》時行、熱病、温病皆以日分。病同華氏，詳後。

仲景《傷寒論》：引仲景方在《病源》後。「傷寒一二日，心中悸而煩，小建中湯主之。」《病源》「傷寒三日，舉三日在肌病，餘五日從略。少陽受病。」少陽者，膽之經也。膽爲外腎之古名，即今世俗之所謂命門，論官法，乃以肝下所附之血海爲膽。其脈循於脇，上於頸耳。邪中頰脇則直中，故一云腎竅於耳。故其三日，三日在肌，舉以示例。胸脇痛而耳聾也。三陽裏證，由三陰推之。三陰表證，由三陽推之。三陽經絡由皮而肌。始相傳，六層日數法乃言傳祇在本經，他經不言傳。病未入於藏，讀作「裏」。六經皆經，病不入藏。故皆可汗而解。仲景與《内經》同，三陽專主表解，時氣、熱、温同。

仲景《傷寒論》：療太陽病，三日發其汗，謂皮、膚、肌三者，皆可發汗。病不解，蒸蒸發熱。熱者，病已入裏，下之，愈。屬調胃承氣湯方。裏證主吐下。

《病源》：「傷寒四日，舉四日以示例。太陰受病。」從臂跅陰處得之。太陰者，四日病在胸。脾之經也，手太陰在臂陰，足太陰在跅陰。爲三陰之首，以胸爲腹、胃之首，不謂傳經，脾在外一層以下，二陰必由此過。是知三日以前陽肌以外爲陽。受病訖，仲景之三陽。傳之本經各有六層，各有六日，由外至内爲傳，若與他經同病，爲合爲併，不相傳也。於陰，胸以下爲陰，仲景之三陰。而太陰直中即病。受病焉。陰經不由陽經傳。其脈五藏六府各有系脈相連屬以通氣，解剖學每以此系絡爲水道，則誤也。絡於脾，周身經系，惟解剖學詳明，此當推考，能内外相合，則兩美矣。主於喉嗌，故得病四日，以四配之，爲互文起義。則腹滿而嗌乾，以上爲裏病，不在表。其病在胸膈也，巢氏以太陰所列，爲四日在胸膈之病，則餘五日不詳，爲各舉一日以示例無疑。故可吐華氏四日治法。而愈。此爲華氏法之六層六日，四日在胸，六經所同，非獨脾經爲然。

又，「傷寒五日，少陰受病」。舉五日以示例。少陰者，腎衝、任合外腎，非腰。之經也，其脈貫腎絡肺繫於舌，腹中藏府，各有絡系，以相連屬通氣，解剖學每以溺尿爲津液者，誤。故得病，指五日言。口燥舌乾，舌病屬少陰之經。渴而引飲也。此五日病，餘五日病當從本篇推之。○病由經而生。其脈在腹，再言其病，此日數華氏所詳，與六經次第別爲一門，五日六經皆同。故可下《内經》作「泄」。而愈矣。凡時氣熱温，五日皆同。少陰發汗，即爲在表之證。

《病源》：「傷寒六日，厥陰受病。」厥陰者，肝之經也。合膽爲一藏，故不當分爲二。其脈循陰器絡於肝，《内經》於腹内藏府連屬甚詳，當以解剖學補明之。故得病煩滿裏證。而囊縮也，以上府病。此則陰陽俱受病，外三日爲陽，内三日爲陰。毒氣在胸。「胸」爲「胃」字之誤，《千金》亦作「胃」。故可下而愈。三陰同。

又，「傷寒七日，太陽病衰，一至七，六日病。頭痛少愈」。傷寒七日，病法當小愈，陰陽諸經傳盡故也。指六層言，不指六經。今七日以後，病反甚不除者，已至六屬，胃當解。欲爲再經病也。此乃新病，病已愈，新染邪再病。○有久留者，亦有病變者，然在本經，非傳經。

仲景《傷寒論》：「療傷寒不大便有裏證。六七日，頭痛有熱，外證未解。未可與承氣。不當下。其人小便反清者，入裏則小便當赤。知不在裏，亦曰三陰。仍在表也，亦曰三陽。當須發汗。以表解。若頭痛者，必衄血。」

案，日本丹波氏誤據中人據此立説者亦多。《千金》三十卷「江南老師秘仲景法」十六字一條，以爲作《千金》時，未見仲景書。又以巢氏雖録《傷寒論》語，不見一稱仲景，以爲從《小品》等轉鈔，亦未見仲景原文。夫仲景原文，魏晉以下奉爲圭臬，何至巢、孫大家皆未見全書？《千金》十餘字乃誤文。上下不承。至於纂録古書，出書名，惟《外臺》最詳此例。若《病源》全書中不録引書作者名姓，雖經文亦多如己出，其著書之體例如此，不能因巢氏不引仲景名，遂謂其不見仲景書也。又《病源》解寒食散中有引華佗、仲景，以寒食散當出仲景之文，引《小品》，非自下語。

又，傷寒五六日，嘔而發熱者，發熱屬皮，爲表證。柴胡湯證具，少陰行身之側，病得之頰與脇受邪。而以他藥下之，誤下，以嘔爲入裏。柴胡證仍在，故可與柴胡湯。此雖已下之，不爲逆，其人内有熱而嘔。必蒸蒸而振，卻發熱汗出而解。

《病源》：傷寒八日，陽明病衰，二至八中有六日，病至七日少愈。身熱少愈，一日在皮之病，七日解。二日在膚之病，七日解。三日在肌之病，九日解。四日在胸之病，十日解。六日在腹之病，十一日解。六日在胃之病，日解。病發六日，周解亦須六日乃遍，故共爲十二日。傷寒八仍讀作七。日，病不解者，至期不愈之證。陰陽經絡重受於病，新染風寒。或因發汗、肌以外。吐、胸。下腹胃。之後，毒氣未盡，此是以病證存也。

又，傷寒九日，巢氏時氣熱温，皆詳九日。少陽病衰，三至九，六日病。耳聾微聞。若次層次言病六日詳，亦當六日也。傷寒九日，本經各自有七日，因分别六經，故以十二日託爲符號。以上病不除者，一日之皮，二日之膚，三日之肌。或初一經受病，指三陽三陰直中言。即不能相傳，始終皆在此經。或已傳三陽訖，皮、膚、肌爲三陽。而不能傳於陰，三陽經病不能傳之，三陰以氣候不同。致停滯累日，病證不罷者，或三陽三陰傳病已畢，傳本經。又重感於寒，仲景所謂「再作經」。故日數多，不止七日。而病候改變。後人所言病傳經者，多屬此。

仲景《傷寒論》：療傷寒八九日，風春正病。濕長夏正病。經秋有作濕者，文不備，秋當爲燥。相搏，身體疼痛而煩，不能自轉側，不嘔不渴，下之，脈浮虚而澀者，屬桂枝附子湯。若大便鞕，小便自利者，附子白术湯。

《病源》：傷寒十日，太陰病衰，腹減如故，從四日起，胸病解，亦須七日，再至胸，胸病少解，共須十二日。則可飲食。已下尚須三日乃盡。十一日，本義爲七，以類排之，爲十一。少陰病衰，從五日，少陰腹病，至七日，腹病解。渴止不滿，舌乾，已而嚏。尚有一日未解。十二日，《本經》仍爲七。厥陰之六日。病衰，以上五日病不詳。囊縱，少腹微下，大氣皆去無内傷，邪不能入藏。氣盛，營衛自和，邪不能久留，此經府病所以速愈。病日已矣。出第七卷中。《素問》、《太素》、《甲乙》並同。

仲景《傷寒論》：療吐下之後，指入裏三層。不大便胃氣未解。五六日，至十餘日，日晡所發潮熱不惡寒，内有熱盛。獨語如見鬼狀，若劇者，發則不識人，循衣摸牀，惕而不安，微喘，但發熱、讝讝疾而寤寐自語也。語者，屬大承氣湯。又太陽病六日。過經解六日。十餘日，病生六日，解共六日，合十二日。及二三下之後，別一事。四五日柴胡證仍在者，先與小柴胡湯，三日汗之尾。嘔不止，心下急，一云嘔止小安。鬱鬱微煩者，爲未解也，可與大柴胡湯，下之六日下之尾。即愈。又傷寒十三日已過十二日。不解，稽留不能以日計。胸脇滿而嘔，日晡所發潮熱，熱畢而微利，此本柴胡證，下之不得利，前六日下之。今反利者，知醫以丸藥下之，此非其治也。醫誤之壞證。潮極者，實也。先宜服小柴胡湯以解其外，後以柴胡加芒硝湯主之。

附《病源》時氣熱病温病日數表

時氣一日候。以傳染言，不惟時氣，即《傷寒》、《千金》亦有避染法，以氣相感，不獨瘟疫也。

時氣病一日，一日在皮，六經同。太陽受病。太陽爲三陽此指皮、膚、肌。之首，指皮，不指肌、膚。主於頭項，故得病一日，頭、項、腰、脊强。得以一日，愈以七日，以下五日病、五日愈互見。下五經，此從略。

熱病一日候。近來言瘟證者，誤以夏熱、春温四氣正氣爲瘟疫。

熱病一日，病在太陽。五診皮部，診皮法。太陽主表，表謂皮膚也。病在皮、膚之間，故腰脊疼痛。《病源》所列，此三種病日期、病狀、治法皆與《傷寒》同，用汗、吐、下，特方各有別耳。

温病一日候。近來言瘟疫者，誤以爲傷風横受，瘟疫直受，由口鼻入，始於手太陰肺，又分三焦。吴其説誤也。

温病一日，太陽受病。諸陽主表，表謂皮、膚也。病在皮、膚之間，故頭、項、腰、脊痛。全與《傷寒》同，或曰温病不可發汗。《内經》云：汗法有三，曰温散、曰凉解、曰平解。熱無犯熱，寒無犯寒可也。

時氣二日候。華氏法，二日在膚。六經各有二日病，舉陽明以示例，各經之二日病皆從此推之。

時氣病二日，陽明受病。陽明主肌肉，五診之説，絡法。其脈此以絡脈言之。絡鼻入目，故病二日，肉熱、鼻乾，不得眠。讀作瞑。夫諸陽皮、膚、肌。在表，二陽經則皆在表證。始受病，故可摩膏、火灸、發汗而愈。華氏説。

熱病二日候。熱以夏病爲本義。

熱病二日，陽明受病。病在肌肉，故肉熱，鼻乾，不得眠。故可摩膏、火灸之，發汗而愈。寒、熱、温、時行，皆同。

時氣三日候。三日在肌，五診以經脈當之。

時氣病三日，少陽受病。六日直中，病由自得，非相傳染，不傳經。三日少陽受病，讀作「少陽三日病」，則得矣。少陽脈循於脇，上於頭、耳，此指動脈言。故得病三日，得以三日，愈以九日。胸脇熱而耳聾也。少陽必三日在經，乃如此。前二日，後三日，病狀各不同①，依汗、吐、下三法，於本論篇中求之，則得矣。三陽經終華氏三

① 同：原無，據文意補。

表。始相傳，病未入於裏，可汗而愈。病不同，汗亦分温、凉、平。

熱病三日候。傷寒温病熱，冬、春、夏三時相連，温、燥二門別見，時氣則雜見於三時者也。

熱病三日，諸陽相傳，病訖。病獨在表，指統三日言。未入於藏，故胸脇熱而耳聾，故可發汗而愈。

温病三日候。四時病皆爲外邪，皆由皮得，而終於胃。内藏不傷，邪日退，故同詳日候。吴鞠通謂從太陰始，由上至下者，誤。

温病三日，少陽受病。故胸脇熱而耳聾，三陽始傳，病訖，未入於藏，故可發汗而愈。

時氣四日候。《内經・邪客篇》爲外感所本，皆直中經絡，非藏氣多由口鼻入。楊栗山誤讀時氣爲瘟瘴，謂由口鼻入者，非也。

時氣病四日，太陽當云太陰四日之病。受病。太陰胸。爲三陰華氏三裏。之首，三日已後，諸陽三表。受病訖，即傳以本經爲傳。之於陰，太陰之脈主絡於嗌，故得病四日，腹滿而嗌乾，他日則異。其病在胸膈，故可吐而愈也。華氏法。

熱病四日候。

熱病四日，太陰受病。太陰者，三陰之首也。三陽受病訖，傳入於陰，故毒氣已入胸膈，四日在胸，華氏法六經所同。其病嗌乾、腹滿，故可吐而愈。華氏法，凡傷寒六經吐藥皆四日病，由此可以推補。

温病四日候。以温爲春病，以熱爲夏病，與傷寒爲冬病，以時令爲病名。《金鑑·傷①寒心法》所解，爲得其正，足訂諸家之誤。温病四日，太陰受病。太陰者，三陰之首也，三陽受病訖，傳入於陰，故毒氣入於胸膈之内，其病嗌乾、腹滿，故可吐而愈。

時氣五日候。

時氣病五日，少陰受病。讀作少陰五日病。少陰脈貫腎，衝、任爲腎，腰爲胞絡。絡肺繫於舌，解剖學詳。故得病五日，由本經得病至五日，非傳也。口熱、舌乾而引飲，其病在腹，故可下而愈。華氏法，凡六經泄證，利水下逆，皆爲五日病，腹病之下，與胃不同。

熱病五日候。

熱病五日，少陰受病。毒氣入腹内，華氏法。其病口乾而飲，當由本論本篇推考，五日前後病。故可下而愈。多以利水言，不用承氣。

温病五日候。温病分日數，足正近人「温病由口鼻入」之非。

温病五日，少陰受病。毒氣入腹，其病口乾而引飲，故可下而愈。

時氣六日候。

時氣病六日，厥陰受病。厥陰脈循陰器絡於肝，故得病六日，煩滿而囊縮。厥陰之病，六日乃

① 傷：原作「傳」，據《醫宗金鑑》改。

如此。此爲三陰、另提總斷。三陽俱受病，必六日經三陰三陽，而後至此，可下而愈。毒氣入於腸胃，故可下而愈。

熱病六日候。證同傷寒。

熱病六日，厥陰受病。毒氣入腸胃，其人煩滿而陰縮，故可下而愈。

温病六日候。《外臺》有温病，不詳熱病。温病又附瘴癘，則後世所謂瘟病，固附於温病中，特治法不如後人之杜撰耳。

温病六日，厥陰受病。毒氣入腹胃，其病煩滿而陰縮，故可下而愈。以上六日，言病次第而生。

時氣七日候。以下六日，言病次第而生，十二日乃全。

時氣病七日，法當小愈。一日皮病愈，尚有五日病留，故曰小。所以然者，陰陽諸經華氏法。傳經竟自傳。故也。六經同以七日愈，三十六種病，各以七日愈，七爲愈日之總例。今病不除者，欲爲再經病也。再經病者，謂經絡重受病也。謂別感風寒，爲新病。若傳經，絶無由六倒至一之理，○《病源》以再經爲經絡重受病，是也。

熱病七日候。熱有經病、府病、藏病之分，與傷寒同。經病、府病無内傷，專爲外感，故七日愈。若藏病，則六日死。

熱病七日，三陰三陽受病訖，本經自傳，舊説皆誤。病法當愈。法謂正例，變在其外。今病不除者，欲爲再經病也。非由厥陰傳太陰。再經者，爲經絡指表皮絡言。重受病也。始一輪爲初受病，再一輪爲重受病。

温病七日候。人無内傷，五藏氣實，邪不能入，故七日以後迭日而解。若兩感之内傷藏病，則否。

温病七日，病法當愈。此是三陰三陽傳病竟故也。今七日病不除者，欲爲再經病也。再經病者，是經絡重受病也。

時氣八九日已上候。

時氣病八九日已上不解者，此專指表證言。○若裏證，則待三日，十二日乃備。或是諸經絡重受於病；新受風寒一事。或以發汗吐之後，毒氣未盡，所以病不能除；此爲二因。或一經受病，如三表。未即相傳，久留不移。致始體滯累日，病終不除者：此久病又一因。故皆當察其證候而治之。

熱病八九日已上候。

熱病八九日已上不除者，皆由毒氣未盡，所以病證不除也。十二日愈。

温病八日候。八日則六經所有二日之膚病當愈。

温病八日以上病不解者，或是諸經絡重受於病，或經發汗、吐、下之後，毒氣未盡，所以病終不罷也。所引三候，日期、病狀、治法皆同。

温病九日已上候。九日則六經所有三日之肌病當愈。

温病九日已上病不除者，或初一經受病，即不能相傳；或已傳於三陽訖，而不能傳於三陰。所以停滯累日，病終不罷，皆由毒氣未盡，表裏受邪，經絡損傷，府藏①俱病也。三經互文見例。

時氣取吐候。華氏四日吐法。

夫得病四日，毒在胸膈，故宜取吐，全祖華氏。有得病二三日便心胸煩滿，未當入裏，胸已滿，然此不過少一日耳。此爲毒氣已入；早病太過。或有五六日已上，此謂不及。毒氣獨在上焦者，其人有痰實故也，所以便宜取吐也。此詳吐法，不拘四日，以有過、不及也。

熱病取肌發汗候。

此謂得病三日，已還病，法在表，故宜發汗。或病已經五六日，時已過。然其人嗽口不乾焦，少陰舌經口燥。心腹不滿，無太陰病。又不引飲，少陰五日病。但頭痛、身體壯熱、脈洪大者，此爲病終在表，未入於藏，故雖五六日獨須取肌發汗，華氏法。不可拘日數輒吐下。詳以證爲主，時日不拘。

温病發斑候。

夫人冬月觸冒寒毒者，正氣。至春始發病。留病春爲温病。病初在表，或已發汗、表。吐、下，裏。又表終未罷，毒氣不散，故發斑瘡。此爲「冬傷於寒，春必病温」正解。又冬月天時温暖，春温之温，由

① 府藏：下原衍一「府」字，據《巢氏諸病源候總論》卷十删。

此取義。人感乖戾之氣，未即發病。此非時則爲時行。至春又被積寒所折，斑皆由來，折有春夏之異。毒氣不能發泄，至夏遇熱，温毒始發，出於肌膚，斑爛隱軫如錦文也。

華氏日數三十六日表《傷寒》以六經分配六日，各見其日之病，互文相起，每經須補五日病也。

	三陽表			三陰表			
	一日皮。	二日膚。	三日肌。	四日胸。	五日腹。	六日胃。	
太陽一日，專指皮病。	一日汗。太陽詳一日，下五日不詳。	二日汗。以下從略，當就各經比例，引本論補之。	三日汗。汗共二十七方。	四日吐。吐六方以下，脈皆沈，經略之。	五日泄。利水。	六日下。下十三方。	七日愈。
陽明二日，專指膚病。	二日汗。三陽言浮，略沈。	三日汗。陽詳二日，上一下四不詳。	四日汗。汗方。	五日吐。吐方。	六日泄。	七日下。下方。	八日愈。
少陽三日，專指肌病，三陽提綱，不詳裏證。	三日汗。	四日汗。	五日汗。汗方，少陽詳三日，上二下三未詳。	六日吐。吐方。三陰不言發熱，文已前見也。	七日泄。	八日下。下方。	九日愈。

	太陰四日，專指胸病。	少陰五日，專指腹病。	厥陰六日，專指胃病，三陰提綱，不詳表證。	
一日	四日汗。	五日汗。	六日汗。	摩膏。汗圓散。
二日	五日汗。	六日汗。	七日汗。	摩膏。汗圓散。
三日	六日汗。汗二方。以上三日脈當浮，與三陽同。	七日汗。汗二方。	八日汗。汗二方。	汗湯方。
四日	七日吐。吐一方。太陰詳四日，內三外二未詳。	八日吐。吐一方。	九日吐。吐方。	胸爲少陽吐證，少陽轉屬少陽。凡心下、心中，皆當作胸下、胸中。《太陽篇》少陽皆爲胸病。
五日	八日泄。三陰言沈，略浮。	九日泄。少陰詳五日，上四下一未詳。	十日泄。以上五日皆從略。	腹爲太陰證，轉屬太陰，則當溫。《太陽篇》太陽與陽明合病，謂太陰陽明，脾腹病。
六日	九日下。下方一。	十日下。下方二。	十一日下。厥陰詳六日，上五未詳。	胃爲陽明府證，轉屬陽明，指下證。《太陽篇》陽明皆爲府證，少陰無證，專屬少陰，當作太陰。
	十日愈。	十一日愈。	十二日愈。	

成無己《傷寒明理論》引華氏法共四條。

《胸脇滿》第十四云：華佗曰：「四日在胸，吐之則愈。」

《腹滿》第十六：「華佗曰：傷寒一日在皮，二日在膚，三日在肌，四日在胸，五日在腹，六日入胃。」

《渴》第二十九：雖曰一日在皮，二日在膚，三日在肌，四日在胸，五日在腹，六日入胃，其傳經者又有證形焉。《藥方論·瓜蒂散》曰：華佗曰：四日在胸，則可吐之。

高士宗《素問熱論直解》云：一日巨陽，二日陽明，三日少陽等，乃以六日而明六經也。三陽三陰各受爲病，一日受者七日愈，二日受者八日愈，三日受者九日愈，四日受者十日愈，五日受者十一日愈，六日受者十二日愈。究而言之，皆一日受而七日愈，期雖有次，非一定也。

郭雍《傷寒補亡》張華五問

問曰：「元化臨終之日，焚書於獄中，曰：『此書可以活人。』後世謂所焚之書爲仲景之書，是耶非耶？」雍曰：「非也。仲景之書，出於元化之後也。」曰：「異哉！仲景漢人，元化魏人，安得書出其後？」曰：「仲景、元化同爲漢末人。仲景不仕魏，故世稱曰漢仲景。元化仕曹氏，故世稱曰魏佗也。考之於史，元化死於呂布、陳登之際，其時在建安之初，是時佗已百餘歲矣。出《本傳》。仲景《序論》曰：『余宗族素多，向餘二百。建安紀年以來，曾未十稔，其死亡者三分有二，傷寒十居其七，感往昔之淪喪，傷横夭之莫救，乃勤求古訓，博采衆方，爲《傷寒雜病論》，合十六卷。』則是書作於建安十年之後，故知二公聲迹相接，而仲景猶爲後進也。」

按：郭白雲華、張異同優劣五問强爲分别，以爲張必異於華，是未見《外臺》本條下注有「仲景、《千金》同」五字也。知有五字是華氏之説，即仲景原文是二是一，何必强爲分别乎？然不惟郭白雲，即陸世補、日本丹波《輯義》，亦未嘗論及此五字。一字千金，詎不信與？

《千金・總例》即仲景原文。《外臺》「陰陽大論」條下注云：「仲景、《小品》等同。」第三卷「温病」本條下又云：「以上與仲景同。」則首條之爲仲景原文無論矣。「華氏」條下又云：「仲景同。」是《千金》所録，即古本《傷寒》卷首文。自葉夢得《避暑録話》妄云「孫氏作《千金》時，未見《傷寒》真本，作《翼》時乃得真書，故所録居全書之半」云云。考《千金》與《翼》，「傷寒」同止九、十兩卷，何得云居半？成本由《翼》本而出，故人知《翼》本爲《傷寒》原文，《千金》爲成本所佚，故不知爲《傷寒》原文。雖丹波亦以《千金》未見《傷寒》爲憾，謂所引特從《小品》等轉相鈔録，又疑巢氏《病源》亦未見《傷寒》，故未及仲景名氏，則大誤也。《千金》與《翼》，其爲孫氏一人所作與否，不可知。然《千金》爲上部，《翼》本爲中部，合之則兩美，離之則兩傷。成本乃斷簡殘編，所有《序例》爲全書根本，亦由《千金》、《外臺》而出，乃任意删補，存首「陰陽大論」一條，而佚「華氏六日法」一條，又補以「辨脈」、「平脈」。郭氏《補亡》本亦同。是宋以後人所讀《傷寒》皆殘本，有六經而無大例，有雜療而無正對，當是《翼》本舉六經脈證中部，以補《千金》所未備。而後來成注，但取《翼》本三陽三陰，而佚其首卷，即與華氏相同之此條，專屬宏綱巨領者，而亦亡之，直如趙中令之半部《論語》，豈非天下之奇冤哉？使世醫早知華佗法即仲景法，《千金》首卷即《翼》本之總綱，則其于《傷寒》一道，豈特暗室一燈，雖謂明並日月可也。

附《太素》《内經》《傷寒總論》補證並論四時病。

隋楊上善注
井研廖平補證

熱病法。《素問・熱病論》。○此篇寒熱兼論，《刺熱》詳熱，《熱論》則專論熱證矣。

黄帝問於岐伯曰：「今夫熱病者，夏傷熱則爲正病，熱病與傷寒相反。皆傷寒之類也。夫傷寒者，人於冬時温室温衣，即春正病温之温。熱飲熱食，腠理發，所謂不藏精。快意受寒，當時即病，爲傷寒者一事。腠理因閉，寒居其内，寒極爲熱。經云：「冬傷於寒，春生癉熱。」「春」當作「夏」。此又一病。三陰三陽之脈，五藏六府受熱爲病，兩感於熱，此又一證。名曰熱病。熱病大名，中有小目。斯之熱病，此指夏癉熱。本因受寒傷多，亦爲寒氣所傷，得此熱病，以本爲名。説間時病，非正即熱病。故稱此熱病，傷寒類也。注以熱爲寒之所變，病本熱證，探其受病之原，而目之曰傷寒，此别一義。經以四時病風、熱、濕、燥、寒各爲其類，故熱爲寒之類，温、時行同。故曰：冬傷於寒，春爲温病也。此爲留病。其病夏至前發者，名爲病温。春正病温，春傷於風，非瘟熱病。夏至後發者，病暑也。暑乃長夏濕證。○寒變爲熱，乃間時而病之一門。若正病即病，則傷寒爲寒，傷熱爲熱，各爲病狀，不相假借。或愈或死，當有「其死」二字。皆以病六七六日死，七日愈，因下文七字而衍。日間，陰陽二經同感，三日而遍。所謂兩感。藏府營衛不通，復得三日，故極後三日。所以六七八二字衍。日間死也。「死」字指兩感言。其愈皆以十當作「七」，形之誤，即上文「七」字也。日以上，下由七至十二。何也？」不知其解，願聞其故。其不至藏府，兩感於寒者，至第七日，太陽病衰。至九日，三陽病衰。至十日，太陰病衰。至十二日，三陰三陽等病皆衰。故曰：其愈皆七據注本原作七。日以上，其理未通，故請聞之也。熱病與傷寒病雖異，而感四時之氣則同，故互文見義，傷寒之生死日數亦同之也。

以上專論熱證。

岐伯對曰：傷寒與熱病，其分經之法同。經詳於熱，仲景詳于寒。互文見義，或以熱即寒，非是。「巨陽者，諸陽之屬也。巨，大也。一陽爲紀，少陽也。二陽爲衛，陽明也。當爲太陽。三陽爲父，太陽也。當爲陽明經所説，與傷寒不同。故足太陽者，三陽屬之，故曰諸陽之屬也。太陽一日，此指皮言，不指經，但本論太陽止能作背字讀，諸説皆誤。其脈不指寸口。凡六經之脈，言「其」者皆本經之脈。太陽動脈委中。連於風府，專指其經穴所循，諸病皆有太陽證，傷寒太陽，以背字讀之即得。故爲諸陽主氣。指一日皮。○凡寒、熱、温、時行，六經分日病皆同，汗、吐、下三法亦同。人之傷於寒也，以下專詳傷寒，一篇中寒熱互見，所以爲類。則爲病熱。寒與熱，一冬一夏，本爲兩病，寒極反熱，熱爲寒之變象。不曰熱病，而曰病熱，寒變之熱也。熱雖甚，指傷寒下證言。不死。溜經之三表，溜府之三裏，無死法。經於傷寒詳愈日，傷寒非醫誤，雖不藥，無死法。○亦可云人之傷於熱也，則爲病寒，寒雖甚不死。其兩感於寒專指藏病言。熱病爲兩感熱，寒病爲兩感寒。而病者，表裏俱病，一名陰陽交。必不免於死。」凡藏病最重劇，即所謂兩感刺熱。《熱論》之五藏熱病，專指熱言。足太陽脈直者，從顛入絡腦，還出別下項，其風府在項，入髮際一寸，則太陽之氣連風府也。諸陽者，督脈，陽維脈也。督脈，陽脈之海。爲心君心主。陽維，維諸陽脈總會。風府屬於太陽，故足太陽脈爲諸陽主氣。所以人之此脈，傷於寒者，極爲熱病者也。傷寒則寒，傷熱則熱，物極必反，乃別義。先發於陽，後發於陰。陽指經，汗之三陽是；陰指府，吐、泄、下之三陰是。雖熱甚，此舉極端反對，言非常例。不死。藏病乃死。陰陽兩氣時感者，不免死也。寒輕熱重，生死之分。黄帝曰：「願聞其狀。」專詳傷寒六經，爲仲景所祖，病源温熱時行，皆由此例推之。

岐伯曰：篇題熱病，中詳傷寒，熱爲寒之類，互言之，其義同也。「傷寒此節專言傷寒，爲仲景所祖，非論熱病。日本丹波説誤。一日，以六日分配六經。○不用傳經，六經直中，不由病傳，六經亦不作層次，有淺深表裏。巨陽邪中于項背。受之，舉一日病以示例，餘五日不見。故頭、項、腰、脊皆痛。寒之傷多，極爲熱者，初病發日，必是太陽受熱之爲病，故曰一日太陽受之，所以一日陽明、少陽不受熱者，非不受熱，此少誤。以其太陽主熱，可以曰一日太陽，亦可以以下五證同曰太陽，亦可將本證遍加于下五日。直中因於受邪，無傳染，非層次，舊説皆誤。又傷寒熱加，故太陽先病也。此説少混。頭、項、腰並是足太陽脈所行之處，故皆痛也。當以太陽爲舉皮。

「二日，華氏法，二日在膚，陽明病不止此。二日在膚，則如此。○以下三、四、五、六四字俱當讀作「一」字。分別則有二、三、四、五、六之序次，其實皆指得皮病之一日。陽明受之，陽明主肉，二日病在膚。其脈二日則然。俠鼻絡於目，陽明動脈六，人迎主診。其經受邪，病即在本經所循之部分。就所病診其脈，不間接於兩寸也。故身熱而鼻乾，不得卧。陽明二陽，故次受病。本直中無分層次，此自互舉之次序。脾之太陰主肌，胃之陽明主肉，傷寒陽明，質言之不過一腹字，與背相對。所謂陽明行身之前，注説不免迂曲。其脈從鼻絡，目内眥，在表浮絡，故二日可見。下行入腹，至於陽明，下屬大腸，此在腹中，藏府則言之，經府病所不詳也。上俠鼻孔，故病身熱、鼻乾、不得眠也。此爲陽明二日在膚之病，舉以示例。二日由巨陽推之，下四日病證，由下四經互見。○華、張本同，獨舉華氏，取便醒目。

「三日，以華氏法三日言之。少陽受之。少陽主骨，外腎爲膽，通於耳，又主骨。其脈本經病即診病處之脈。循脇絡於耳，少陽動脈三，以聽會主診，在耳前陷中。故胸脇痛，耳聾。肝足厥陰主筋，三焦手少陽與膀胱合。此誤引經文五藏配六府之説。以十二經言，三焦合包絡，不與膀胱同合於腎。膀胱腎府，表裏皆主骨，足少陽膽即外腎。起目兑眥，入絡耳中，下循胸脇，下至於足。手少陽楊注言：六經手足並言，不專屬足，與後不傳手之説異。遍屬三焦，從耳後入耳中，故病耳聾、胸脇痛也。三經當作皮、膚、肌。皆受病，而未入通於府也，華氏三表。故可汗而已。三經，三陽經也。華氏法。熱在三陽經中未滿三日，未至於府，當以鍼藥發汗而已。三經之病，三日外至府，可以湯藥瀉有吐、泄、下三法。而去之。仲景文同。

「四日，在胸。此指華氏法之四日言。太陰受之，脾亦有當汗之。皮、膚、肌三日，經不言耳。太陰脈太陰動脈，箕門，銅人足太陰所循經絡是也。布胃中絡於嗌，此入裏之病，故不言皮、膚、肌三部。太陰有汗證，用桂枝與加芍藥二方，是太陰表證，由三陽推之，故獨詳四日病也。故腹滿而嗌乾。一陰爲獨決，絶陰①也。二陰爲雌，少陰也。三陰爲母，太陰也。太陰爲大，故先受熱。直中則不分層次，列三陰則不無先後，分先後則不能不以太陽居前。行文之常，不必附會穿鑿者也。太陰脈從足入腹，屬脾絡胃膈，俠咽連舌本。手太陰起於中焦，下絡大腸，故腹滿嗌乾也。爲太陰四日在胸之病，三表證從略。

「五日，舉五日以示例，六經在腹之病，由此推之。少陰受之。少陰脈六經直中，始皮終胃，各有六日病。六

---

① 絶陰：要本作「厥陰」，見人民衛生出版社《黄帝内經太素》卷二十五。

六當爲三十六，舉六日以示例，其實各經皆有三陰三陽之六層病。貫腎絡肺繫舌本，所提總綱與後人不同。故口熱舌乾五日在腹，前四日後一日病皆略之。而渴。足少陰直者，從腎上貫肝膈，入肺中，循喉嚨，俠舌本，故口熱舌乾而渴也。

「六日，六日得病，十二日乃愈。厥陰自有六日病，與五經同。其實二三四五六諸字，皆當作「一」字讀。不過以六層分配六經，互文見義，不得不如此耳。厥陰受病。六日在胃，陽明經下證，專指六日病而言。其餘五經之下證，亦同傷寒。下證不下，則可死。人以爲府病，居六日之末也。厥陰脈循陰器而絡於肝，皆詳腹中，不及表證。故煩滿而囊縮。足厥陰脈環陰器抵於少腹，俠胃屬肝絡膽，故煩滿囊縮也。

以上詳傷寒六經，互舉六日病以示例。

「三陰三陽，五藏六府皆病。兩感三日如此。營衛不行，藏府不通，三日外加爲六日。則死矣。如此兩感，三陰三陽，藏府皆病，營衛閉塞，故至後三日則死。此專指熱病、藏病兩感，《靈樞·刺熱篇》、《素問·熱論》之五藏熱病而言。且由熱以推寒，熱病有藏熱，亦當有經熱，在經不死，在藏難治，寒熱皆同。是又在學者之善悟矣。

「其不兩感於寒者，兩感熱爲難治，兩感寒亦同，皆藏病由內發外。〇傷寒經府寒、熱、時行、温、濕病同。七日以太陽一日起算，病六日，逾日爲七日。巨陽病衰，一日皮病起，七日皮病愈。以下五日病狀五日愈，狀皆略，以待推考。頭痛以下五日病仍在。少愈。凡六經病，由淺入深，六日而遍。其愈亦由淺入深，先病先愈，後病後愈，依次輪派，亦爲六日。故病起初至大愈，必十二日也。八日陽明從二至八爲七，讀二爲一，則八仍爲七，故曰其愈皆以七日，以下同。病衰，身熱少愈。身熱爲二日起例，二日身熱愈。以下四日病未愈，故曰少愈。九日從三至九同爲七。少陽病衰，耳聾微聞。不兩病者，至第七日，太陽病衰，至第九日，少陽病衰也。十日從四至十爲七。太陽病衰，腹如故，至四日則三日以前同，愈後二日病尚在。則思食飲，欲食。太陰脾主穀氣，故病愈，腹減思食也。十一日從五至十一爲七日。少陰病衰，得病七日，迭次而周，其愈亦逐日迭減，至六日而全。《傷寒論》風家已解，不了了者，至十二日愈是也。渴止，不滿，舌乾已而欬。足少陰脈入肺俠舌本，故病愈，渴止，舌乾已也。欬者，肺氣通也。十二日從六至十二仍爲七日。厥陰病愈，厥陰與以上各經同，以七日愈，所病皆六皆華氏之六日法。囊從少腹微下。厥陰之脈病愈，大氣已去，故囊漸下也。大氣皆去，病日已矣。」至十二日，大熱之氣皆去，故所苦日瘳矣。黄帝曰：「治之奈何？」岐伯曰：「治之各通其藏脈汗、吐、下三大法爲經，以温凉補三法爲緯，醫不執方，各經同。病日衰已。量其熱，病在何藏之脈？知其所在，即於脈以行補瀉之法，病衰矣。其未滿三日者，可汗而已。」三陽在表。其滿三日者，三陰在裏。可泄而已。未滿三日，熱在三陽之脈，皮肉之間，故可汗而已也。三日以外，熱入藏府之中，華氏法當云胸、腹、胃。可服湯藥，瀉而去也。

以上專詳傷寒。仲景《傷寒論》全祖此篇立法。丹波以爲言熱非寒者，誤。

黄帝曰：「熱病此又標題以熱病，寒熱互見也。已愈，時有所遺者，遺病、傷寒同。何也？」《病源》所列温、熱病、時行，病狀名目數十條，與《傷寒》同。岐伯曰：「諸遺者，熱甚此言熱，傷寒則爲寒。而强食之，以食遺一。故有所遺。若此者，皆病已衰，而熱有所藏。因其穀氣相薄，而熱相合，傷寒遺病亦如此，寒熱治同法。故有所遺。」强，多也。遺，餘也。大氣雖去，猶有殘熱在藏府之内外。因多食以穀氣，熱與故熱相薄，重發熱病，名曰餘熱病也。黄帝曰：「善。治遺奈何？」岐伯曰：「視其虚實，調其逆順，四時正病皆如此，舉熱示例耳。仲景以傷寒立名，中有熱、温、風、暍，亦爲互文。可使必已。」逆者難已，順者易已，陰虚補之，陽實瀉之，必使其愈，以爲工也。黄帝曰：「病熱當何禁？」岐伯曰：「病熱少愈，食肉則復，以肉食遺二。多食則遺，此其禁也。」肉熱過穀，故少食則復；穀熱少肉，故多食爲遺也。

以上專詳熱證遺病。

黄帝曰：此又言藏寒病與刺熱病，論藏熱互文見義。「其兩感於寒者，傷寒藏府兩感寒，傷熱則兩感暑。其脈應與其病形如何？」足太陽、足少陰，表裏共傷於寒，故曰兩感。冬日兩感於寒，以爲病者，脈之應手，及病成形，其事如何也？岐伯曰：「兩傷於寒者，寒、熱分六經，時行、温、燥、濕皆同。病一日，以一日當傷寒之二日，故三陰三陽，三日而周。則巨陽與少陰俱病。當以藏爲主，府次之，依傷寒六經次，故其文顛倒耳。則頭痛、表。口乾、裏。煩滿。冬感寒時，陰陽共感，至其發時，還同時發也。故至春發，一日則太陽、少陰俱病也。足太陽上頭，故頭痛也。手少陰上俠咽，足少陰俠舌本，手太陽絡心循咽，故令口乾。手少陰起於心中，足少陰絡心，手太陽絡心，故令煩滿。病二日，則陽明與太陰俱病，營衛運行，始太陰陽明，中少陰太陽，終厥陰少陽，此皆直中，不言病傳，故不依其次序。則腹滿、身熱、不食、譫言。譫，諸閻反，多言也。手陽明屬大腸，足陽明屬胃，足太陰屬脾絡胃，手太陰絡大腸循胃，故令腸身熱、不食、多言也。病三日，三日而六經同。則少陽與厥陰俱病，則耳聾、囊縮、厥，水漿不入，則不知人。手足少陽皆入耳中，故令耳聾。足厥陰環陰器，足少陽繞毛際，手少陽歷三焦，故令囊縮厥也。手少陽布膻中，足少陽下胸中，足厥陰循喉嚨後，手厥陰起胸中屬心包，故令漿水不下，不知人也。六日上六七日，「七」字衍。而死。」三陰三陽俱病，氣分更經三日皆極，故六日死也。黄帝曰：「五藏已傷，三陰病兼包手經，故爲五藏。但言三陽兼包手足，故曰六府。六府不通，營衛不行，人生死之故，專在營衛，其運行周身十六經脈，八丈一尺，五藏六府，皆在所包，藏府皆壞，則營衛所運行之地壞，説詳《營衛運行篇》。如是之後前三日。三日後三日，合爲六日。乃死，經府不傳，藏病則傳，故每經病三日而徧也。何也？」氣分極者，藏傷府塞，營衛停壅，後三日死，其故何也？據當本日，或四日，今多三日。岐伯曰：「陽明者，十二經之長也，其氣血盛，故不知人。三日其氣乃盡，傷寒其皆以六日死。故死。」胃脈，足陽明主穀，血氣强盛，十二經脈之主，餘經雖極，此氣未窮。雖不知人，其氣未盡，故更得三日方死也。

熱病説

《熱病論》詳傷寒，仲景祖之，爲《傷寒》專書。此當引據，别爲熱病，專言傷寒，爲起例。此篇以經病府病爲主，下篇乃言藏病。

黄帝問於岐伯曰：《素問·評熱病論》。「有病温者，春日正病，傷風則病温，非過熱瘟疫之温。汗出仍以汗解，故時行温熱，巢氏治法並同傷寒。輒復熱，皮膚。而脈躁疾，論病《診尺篇》曰温有二條。不爲汗衰，肌以上皆汗解。狂言，不能食，病名爲何？」此言風病，下引《熱論》，仲景《傷寒》亦同，是風温寒熱一也。岐伯曰：「病名陰陽交，《傷寒》作「兩感」。交者死。」《傷寒》：「兩感以六日死。」《五運行大論》云：「尺寸反者死，陰陽交者死。」《倉公傳》：「熱病陰陽交者，死是也。」汗者，陰液也。三焦津液所主，氣化則出經，故以汗責之三焦。熱者，夏正病。陽盛氣也，爲夏氣所傷。陽盛則無汗，傷寒，寒束無汗。熱病，熱盛亦無汗，邪氣阻遏津液。汗出則熱衰。邪氣衰，正氣行，乃能汗。今出而熱不衰者，是陽邪盛，其後陰起，兩者相交，故名陰陽交。此當爲熱病兩感，寒曰兩感於寒，熱當曰兩感於熱。黄帝曰：「願聞其説。」請説陰陽交争，死之所由。岐伯曰：「人所以汗出者，皆生於穀，穀生於精。穀、精二字當互易。藏於精者，春不病温。精即汗。今邪氣交争邪入深。於骨肉，五診全。而得汗者，是邪卻而精勝。《金匱真言》「藏於精者，春不病」，下緊對「夏不汗出，秋成風瘧」，皆以汗立説。以精爲汗，不指房勞。精勝則當食，一。而不復熱。二。熱者，邪氣也。熱與汗對戰。汗者，精氣。今汗出而輒復熱者，此以證言，《别論》以脈分。是邪勝也。邪初小退，今復大至，而熱精不能勝。精者，穀之精液，由中宮水穀而生。謂之汗也。傷寒邪氣，謂之熱也。今邪氣與精氣交争於骨肉之間，精勝則邪卻，邪勝則精消。今雖汗出而復熱者，是邪戰勝精，故致死也。不能食者，精毋，據注，毋無同，從此句絶。癉也，而留者，其盡可立而傷也。熱邪既勝，則精液無。精液無者，唯有熱也。癉，熱也，其熱留而不去者，其五藏六府盡可傷之，能食也。是夫《熱論》此引《熱論》以證温病。曰：《靈樞·熱論》。汗出而脈尚躁盛者專論脈。死。書出孔氏，有六書後託之黄帝，有經有論，有説有解，前後非數百年不能，而同稱黄帝之書，以全出依託故。今脈不與汗相應，此不勝其病也，其死明矣。夫汗出則可脈静，今汗出脈猶躁盛，是爲邪勝明矣。狂言者，是失志，失志者死。志者記也，腎之神也，腎間動氣，人之生命，以衝、任言，即後世命門之説。動氣衰矣，則神志去之，故死也。今見三死，不見一生，雖愈必死。」汗出而熱不衰，死有三候：一不能食，二由脈躁，三者失志汗出而熱。有此三死之候，未見一生之狀，雖愈必死。又有三分之死，未見一分之生也。藏府多死，唐以下此説知之者少，故論傷寒，多牽合藏病。

黄帝問於岐伯曰：以上温熱，以下風證。「有病身熱，汗出，外證。煩滿，裏證。煩滿不爲汗解，與上條陰陽交同。此爲何病？」身熱煩滿，當爲汗解，今不解，故問。岐伯曰：「汗出表以解。而身熱者，熱在表。風也。《傷寒》之中風，經曰：「春傷於風，爲正病。」汗出而煩滿内證。不解者，厥也，一外一内。病名曰風厥。」合言之。《陰陽别論》：「二陽一陰發病，名曰風厥。」風熱開於腠理爲汗，非精氣爲汗，故身熱不解，名爲風也。煩心滿悶不解，名厥病也。有風有厥，名曰風厥也。問曰：「願聞之。」答曰：「巨陽主氣，氣爲陽，營藏主血。故先受邪。巨陽爲府，主表，先謂先於少陰藏，非如俗説。傳經病必由太陽先病。少陰與其爲表裏也，風病兩感，非藏病，不得輒及少陰。得熱外邪。則上從之，内因。從之則厥。」腎間動氣，足太陽所主，足太陽與足少陰表裏，故太陽先受邪氣，循脈而上於頭得熱。則足太陽上者從之受熱，即爲上熱下寒，以爲厥逆，汗出不解，煩滿之病也。問曰：「治之奈何？」答曰：「表裏刺之，飲之湯。」可刺陰陽表裏之脈，以攻其外。飲之湯液以療其内，此爲療風厥之法也。風厥兩感之藏病。

黄帝問曰：「勞風爲病何如？」春氣病風，兩感之病。岐伯曰：「勞風，丹波《識》引《巢源・風熱候》云：「膚腠虚，則風熱之氣先傷皮膚，乃入肺也。其狀使人惡風寒戰，目欲脱，涕唾出。候之三日内，及五日内，不精明者是也。七八日，微有青黄膿涕，如彈丸大，從口鼻内出，爲善也。若不出，則傷肺，變欬唾膿血也。」即本節勞風也。《張氏醫通》詳論之，當參。出《欬嗽門》。法在肺下，肺病，吴云：「蓋四椎、五椎、六椎之間也。」張同。其爲病也，使人强上，《經脈篇》：强上，引背是也。冥視似痓病。晚，唾出若涕。謂吐粘痰。惡風即振寒，此爲勞中之病也。」勞中得風爲病，名勞中，亦曰勞風。肺下，病居處也。强上，好仰也。冥視晚，晚，遲也，謂合眼遲視不見也。唾若涕者，唾如膿也。不用見風，見風即便振寒。此爲勞中之病狀也。問曰：「治之奈何？」答曰：「以救俯仰，此病多爲俛仰，故救之。巨陽引精者吴云少壯人。三日，愈速。中者五日，陽明。不精者老人。七日，少陽。微作欬。出青黄涕，粘痰。其狀如稠膿，大如彈丸，從口中若鼻孔中出。《千金》此下有「爲善」二字。不出，今人所謂乾欬嗽。則傷肺，傷肺則死。」以鍼引巨陽精者，三日俛仰即愈。引陽明精者，五日。少陽不精，引之七日，太陽日少，少陽日多，陽明在其中。方有青黄濁涕從鼻口中出，其病得愈。若不出者，上傷於肺，不免死也。以上詳《熱病論》。

偏枯：以下《靈・熱病篇》。身偏不用而痛，言不變，知不亂，病在分腠之間，巨鍼取之，益其不足，損其有餘，乃可復也。偏枯病有五別，有偏一箱不收，一也；有偏不痛，此不用並痛，二也；其言不異於常，三也；神智不亂，四也；病在肉分間，五也。具此五者，名曰偏枯病也。痱爲病也，身無痛者，四肢不收，知亂不甚。其言微，知可治，甚則不能言，不可治也。痱，扶非反，風病也。痱風之狀，凡有四別。身無痛處，一也；四肢不收，二也；神智錯亂，三也；不能言，四也。具此四者，病甚，不可療也。身雖無痛，四肢不收，然神不亂，又少能言，此可療也。俗稱此痛，種種名字，皆是近代醫人相承立名，非古典也。病起於陽，後入於陰者，先取其陽，後取其陰，浮而取之。療法先取其本，後取其標，不可深取也。以上論風病。

熱病以下專詳熱病。三日，此爲兩感於熱。而氣口静，候藏静則無病。人迎躁者，候府躁則病。取之諸陽。人迎躁，責在諸府。五十九刺，以瀉其熱而出其汗，實①其陰，以補其不足者。三陽受病，華氏三表。未入於陰，三裏。至三日也，未入於陰，故氣口静也。然則三表主人迎，三裏主氣口。三陽已病，故人迎躁也。經曰：人迎主外，寸口主中。人迎，謂是足陽明脈結喉左右人迎脈也，以諸陽受病，故取諸陽五十九刺。瀉其熱氣，以陽並陰虛，故補陰也。身熱甚，外證。陰陽皆静者，以人寸爲陰陽，仲景同。勿刺也。爲藏病兩感。其可刺者，急取之，不汗在外汗之。則瀉。在裏下之。解所謂勿刺者，有死徵也。陰陽之脈

---

① 實：原作「寫」，據《靈樞》及《太素》改。

皆静，謂爲陰陽交争，是其死徵，故不可刺也。非陰陽争，宜急取之，若不瀉汗，即瀉利也。

熱病七八日，《病源》記日同傷寒。脈口氣口與人迎對稱，脈口則包人、寸而言。動喘脈急促爲喘。而眩者，病。急刺之，汗且自出。熱病以汗愈。淺刺手指間，七日太陽病衰，八日陽明病衰。二陽病衰，據八日言。氣口之脈，此氣口不指寸口，凡動脈皆爲氣口。則可漸和。而脈喘動、動爲常，喘乃爲躁狀。頭眩者，熱猶未去，汗若出，急刺手小指當在四指，手少陰亦在中指，太陽在第四指，厥陰乃在小指。外側前谷之穴，淺而取之，汗不出，可深刺之也。

熱病經云「熱病」者，傷寒之類。考四時寒、熱、暑、濕、燥，惟寒、熱爲劇。又二病相反，故舉以示例，熱爲寒之類，則其餘之燥、濕、温皆在所包矣。七八日，日數與傷寒同。脈微小，虚證。病者溲血、口中乾，一日半此爲短期。而死。熱病至七八日，二陽病衰，其脈則可漸和。脈微小者，即熱甚，所以溲血口乾，一日半死。脈小者，内熱消癉之候也。脈代者，以懸絶爲代。一日死。熱病七八日，脈代者，内氣絶候，故一日死。

熱病已得汗，而脈尚躁喘，此以喘爲脈象。且復熱，外證。勿庸刺，喘甚者死。熱病已得汗，其脈當調，猶尚躁喘，且復身熱，此陰陽交，不可刺也。刺之者危，喘甚熱盛者死，不須刺也。

熱病七八日，一言三日，三言七八日，日數不可拘。脈不躁，躁不數，數當作者字。後三日中九、十、十一之三日。有汗，以十二日盡。三日不汗，四日十三日爲四日，傷寒過經不愈之，三十一之三日。死。未有刺者，勿庸刺之。熱病七八日，二陽病衰，故脈不躁。雖躁不數者，至後三日，合十二日。生病六日，解病六日，故十二日而全愈。傳經不了了者，十二日愈是也。三陰三陽熱衰，故汗出愈也。所謂全愈。若從九日至十二日，汗不出者，十三日死。所謂四日。計後三日者，三日後也。又曰十二日厥陰衰日。熱病治法，全同傷寒。即便汗出，如其不出，至十三日，爲後三日。十二日矣。後九日。後以爲四日也。須未刺之，不須刺也。庯，有本爲「膚」。熱病，肺。先身澀，皮膚。倚煩悗，乾脣嗌，取之以第一鍼五十九刺，以下五藏熱病之輕者可治。膚脹，口乾，寒汗。身熱甚，皮膚粗澀也。楊注以澀爲皮膚，足證《難經》、《脈訣》之誤。傾倚不安，煩悶，脣咽乾，内熱肺熱病狀也。第一鍼，鑱鍼也，應肺。鍼頭大末細，令無得深入，以瀉陽氣，故用之。五十九刺，以瀉諸陽之氣，及皮膚脹、口乾，令汗出也。

熱病，肺熱。嗌乾，多飲，善驚，卧不能定。取之膚肉，以五診分爲五藏，爲皮、肉、脈、筋、骨也。以第六鍼五十九，索肉於脾，以下爲五藏，熱病以藏分五診。解不得索之木。此二句爲後師所加，解説圂於五行，無實義。木，肝也。熱病嗌乾多飲，喜驚，卧不得安，肉病者，可以第六員利鍼。員利鍼應脾，故用取之膚肉。五十有九於脾輸穴，以求其肉，不得求於肝輸穴也。以肝爲木，尅土，故名也。熱病肺病。而胸脇痛，手足躁，取之筋間，以第四鍼於四逆，筋躄目浸，索筋於肝，解不得索之金。金，肺也。熱病胸脇痛，手足動，筋之病，可以第四鍼應肝，故於筋間鍼於四逆，筋躄目浸，求肝輸穴，不得於肺輸穴以求筋也。以其肺金尅木肝也。索，求也。躄，筋攣也。目浸，目眥淚出也。熱病肺也。充膚痛，窒鼻、充面，取之皮，以第一鍼五十九。窒鼻，鼻塞也。充面，面皮起也。膚痛，鼻塞、面皮起，皆是肺合皮毛熱病者也。第一鑱鍼，大其頭，兑其末，令無得深入，但去皮中之病也。故五十九取之皮也。苛軫鼻索皮於肺解，不得索之火。火者，心也。苛，賀多反，鼻病。有本作「苛」。熱病殃，苛軫在於鼻。鼻主於肺，故此皮毛病，求於肺輸，不得求之心輸，以其心火尅肺金也。熱病心熱。數驚，瘛瘲而狂，取之脈，以第四鍼。急瀉有餘者，癲疾，毛髮去。驚、瘛瘲、狂，此爲血病，故取之脈第四鍼者，鋒鍼也。刃參隅應心，可以瀉熱出血，痼癲疾皮毛髮落，皆得愈也。索血於心，解不得索之水。水，腎也。血病索於心輸，不得索之腎輸者，水尅火也。熱病腎熱。身重，骨痛，耳聾而好瞑，取之骨，以第四鍼五十九。骨病不食，齧齒，耳青，索骨於腎，解不得索之土。土，脾也。一云春强。身重，骨痛，耳聾，好瞑，皆腎之合骨熱病，故取骨。第四鍼，鋒鍼也，長一寸六分，鋒其末，主瀉熱出血，故用五十九刺，並療食、齧齒、耳青等。骨病求之腎輸穴，不得求脾之輸穴，以土尅水也。以上五藏熱病刺。

熱病不知所痛，不能自收，手足。口乾，陽熱甚，陰頗有寒者，熱在髓，即心君病。死不治。陽熱病者，其陽脈甚，陰脈頗寒也。此人熱在髓中，必死不療。熱病頭痛顳顬，目瘈，脈善衄，厥熱也。取以第三鍼，視有餘、不足，寒、熱、痔。熱病頭痛顳顬及目邊，脈瘈善衄，此爲厥熱者也。第三鍼，鍉鍼也，狀如黍粟之兑，長三寸半，主按脈取氣，令邪氣獨出，故並用療厥熱、寒熱、痔病。熱病胃熱。體重，腸中熱，取之以第四鍼，於其輸及下諸指間，索氣於胃絡，得氣。體重、腸中熱，胃熱病也。第四鍼，鋒鍼也。此胃熱病，以鋒鍼取胃輸及手足指間八處胃絡，以得氣爲限也。熱病俠齊痛急，胸脇滿，取之湧泉腎經。與陰陵泉，以第四鍼鍼嗌。俠臍痛，脾經熱病也。胸脇滿，腎經熱病也。此以鋒鍼取此二穴也。熱病肺脾。汗且出及脈順可汗者，取之魚際、太淵、大都、大白，瀉之則熱去，補之則汗出。太甚，取踝上橫脈以止之。熱病汗出及脈順不逆可令汗者，取魚際、在手大指本節後內側。太淵、在掌後陷者中。大都、在足大指本節後陷中。大白。在足內側覈骨下陷中。此之四穴，並是手足太陰療熱之穴，故皆瀉去其熱，還於此穴補取。其汗出太甚，去踝上橫脈量是足太陰於踝上見者，可取之以止其汗也。又五藏刺法。

熱病已得汗，而脈常躁盛，此陰脈之極也，死。其得汗而脈靜者，生。熱病得汗，熱去即須脈靜，而躁盛者，是陰極無陰，故死。得汗脈靜者，熱去故脈靜而生也。陰極主死。

【熱】病者脈常盛躁，而不得汗者，此陽脈之極也，死。脈盛躁得汗，靜者生。熱病不得汗，脈常盛躁者，是陽極盛脈，故死。得汗，脈靜者生也。熱病不可刺者有九。《補亡》所謂不治者九。一曰汗不出，大顴發赤，噦者死。顴，鼻左右高處也。二曰瀉而腹滿甚者死。三曰目不明，熱不已者死。目是五藏之精，五藏之氣和，則目精必明也。四曰老人嬰兒熱而腹滿者死。五曰汗不出，歐下血者死。六曰舌本爛熱不已者死。七曰欬而衄，汗不出，出不至足者死。八曰髓熱者死。九曰熱而痓者死。【解】熱而痓者，腰折瘛瘲，齒噤齘也。折腰，强反折也。齘，故介反，開口難，齒相切也。凡此九者，不可刺也。此九死徵，故不可刺也。【解】所謂五十九刺，兩手外內側各三，凡十二痏，五指間各一，凡八痏，足亦如是。頭入髮一寸，傍三分各三，凡六痏，更入髮三寸，邊五，凡十痏。耳前後、口下者各一，項中一，凡六痏。顛上一。痏，干軌反①，傷也。《素問》熱輸五十九穴，其經皆指稱其穴，此九卷五十九刺，但言手足内外之側，及手足十指之間，入頭髮際一寸左右，合有十六處，更入三寸左右，合有十處。耳前後、口下、項中有一，顛上有一，合有七處，更不細指處所。量，謂刺之以去其熱，不定皆依穴也。又數刺處，乃有六十三處，五十九者，以舉大數爲言耳。

① 干軌反：當作「于軌反」，干、于形近而誤。

五藏熱病

《素問·刺熱篇》全。○此篇專詳熱病，藏病而不兩感者，爲《傷寒》所略，當依法補之。爲經傳互文例，温病、時行同。

肝熱病者，《熱病論》專言經府，與《傷寒》同。此言五藏，則爲兩感，非經府矣。小便先兩感内外俱病，但云藏病爲内因病，與兩感不同，故不皆死證。黄，《評熱病論》小便黄者，腹中有熱。腹痛、多臥、身熱，病與傷寒厥陰不同。熱争言争，則謂兩感，藏與府争。争，與陰陽交「交」字同義。則狂言及驚，脇痛，手足躁，不安臥。肝脈足厥陰環陰器，故熱，小便黄也。上行俠胃，故身熱多臥，臥不安也。高云：臥則血歸肝，肝病而血不歸也。肝動語言也，故熱争狂言及驚也。其脈屬肝絡膽，故脇痛也。肝脈出足上，連手厥陰，今熱，故手足躁也。庚辛甚，甲乙大汗氣逆，則庚辛死。金以尅木，故庚辛甚也。甲乙木旺，故大汗也。餘四仿此也。如氣逆者，則庚辛死也。此十干不以日干言，或以四時月分，與各人形質補救，非但論日，如卜筮取日干。刺足厥陰少陽，其頭痛員員，脈引衝頭。足厥陰、足少陽表裏行藏府之氣，故刺之也。厥陰上額，與督脈會於顛，故頭痛員員，脈引衝頭。員，都耕反①，頭切痛也。

心熱病者，此爲督脈，不專在手經。先不樂，數日乃熱。内因不由外起。熱争則卒心痛，煩悗、喜

---

① 反：原脱，據《太素》楊注補。

歐、頭痛、面赤、無汗。心主喜樂，熱病將發，故不樂。數日乃熱，手少陰脈起心中，俠咽係目系，手太陽至目内眥，故熱甚，心痛、煩悗、喜嘔、頭痛、面赤、無汗也。至壬癸甚，丙丁大汗氣逆，則壬癸死。刺手少陰、手二經。太陽。手少陰、太陽，此心藏府表裏脈也。

【脾】熱病者，與足太陰病不同。【先】頭重、顔痛，其來也以漸，故同有「先」字，不如外感之連。心煩欲嘔，身熱。與外感經熱不同。熱争則腰痛不用，腹滿洩，因熱所連及之，謹以分經。兩頷痛。脾府之陽明脈循髮際至額顱，故頭重、顔痛。一曰頬，足陽明亦循頬也。至兩頷痛，足太陰脈注心中，故心煩也。足陽明下循喉嚨，下膈屬胃絡，脾主肌，故欲歐，身熱，腹滿洩也。足陽明之正入腹裏屬胃，故腰痛不用也。甲乙甚，或年，或月，不必日。戊己大汗，亦以汗爲解候。氣逆，則甲乙死。非兩感不必短期，有内憂而無外患，雖危不遽死。刺足太陽、陽明。足二經，但是藏病非兩感，故詳刺法。

【肺】熱病者，足六經不詳心肺。【先】淅①然起豪毛，惡風，外證。舌上黄，身熱。五藏所同，故爲熱病。熱争則喘欬，痺走胸膺背，不得太息。牽連所及，皆在肺經。頭痛不甚，一作「堪」。汗出而寒。肺主毛腠，内熱淅然，起毫毛、惡風也。風傷衛。肺熱上薫，故舌黄也。肺主行氣於身，故身熱也。當以爲主病。肺以主欬，在於胸中，故争熱喘欬。痺走胸膺，此爲熱痺。痛行胸中，不得太息也。肺熱衝頭，以肺脈不

---

① 淅：原作「浙」，據《内經·素問》卷九《刺熱篇》改。

至，故頭痛不甚也。有本爲「堪」。言氣衝甚，故頭痛甚也。冷汗雖出，無發熱也。丙丁甚，庚辛大汗氣逆，則丙丁死。刺手太陰、陽明，手二經。出血如大豆，立已。高本移此七字於腎熱病，刺足少陰太陽下，丹波從之。肺熱之病，取肺大腸表裏腧穴，出血如豆，言其少也。恐瀉氣虛，故不多也。

腎熱病者，先腰痛胻痠，陰由此得。苦渴，數飲食，身熱。熱争則項痛而强，胻寒且痠。陰經所循。足下熱，不欲言，其項痛，員員澹澹。腎足少陰脈上腨內，出膕內廉，貫脊，屬腎絡膀胱，上貫肝膈，入肺中，循喉嚨，俠舌本，故熱病先腰痛胻痠，苦渴數飲也。足太陽脈別項本支行脊，合有四道，以下合膕貫腨，至足小指當作「四」。外側，故身熱，項强痛，而足胻寒且痠也。足少陰起於足心，故足下熱也。如手少陰亦起足中指，文脱耳，當補此穴名。從肺出絡心，故熱不欲言也。澹，徒濫反，動也。謂不安，動也。戊己甚，壬癸大汗氣逆，則戊己死。刺足少陰、太陽。足二經，高本移上「出血如大豆立已」七字於此。○又今本此下有「諸汗者至其所勝日汗出也」，高以爲衍文，是也。

肝熱病者，左頰先赤。心熱病者，顔先赤。脾熱病者，鼻先赤。肺熱病者，右頰先赤。腎熱病者，頤先赤。病雖未發，見其赤色者刺之，名曰治未病。次言熱病色候也。五藏部中赤色見者，即五藏熱病之微。熱病已有，未成未發，斯乃名爲未病之病，宜急取之。熱爲正夏病，色赤。以此推之，寒當爲黑，温當爲青，濕當爲黄，燥當爲白也。○以上一段爲視色法。

熱病從部所起者，如六經病狀。至其期由七日至十二日。而已；部所者，色部所也。假令赤色從肝起，刺之順者，相傳還至肝部本位，病已也。楊注作藏病解，以爲府經病，則如①傷寒以七日十二日全愈。其刺之中病如期而愈。反者，三周而已；張注反，謂補實瀉虚也，病而反治，其病必甚。其病反，遲三周者，謂三遇所勝之日而後已。丹波從之。重逆則死。刺之不順其氣，傳之三周而已。若刺，更反，死矣。【解】諸當汗出者，統上五藏言。至病所勝日，汗大出也。病之勝者，第七日是病所勝也。又如肝病，至甲乙日是其病之勝日也。諸治熱病已，《甲乙》作「先」。飲之寒水，乃刺之。必寒衣之，居寒，多身寒而止。諸病熱病以寒療之，凡有四别：一飲寒水，使其内寒；二刺於穴，令其脈寒；三以寒衣，使其外寒；四以寒居，令其體寒。以四寒之令身内外皆寒，故熱病止也。【熱】病先胸脇痛，手足躁，不分手足，傳足不傳手，説大誤。刺足少陽、手太陰，三字疑當作「少陰」。病甚爲五十九刺。足少陽脈，下頸，合缺盆，下胸中，貫膈，絡肝，屬膽，循脇裏，過季脇，下外輔骨之前，下抵絶骨，循足跗，下至指間。手太陰，上屬肺，從肺出腋下，故胸脇病，手足躁，刺此二脈也。藏府兼刺，不用表裏兩感，此爲肺膽同病。熱病先手臂痛，刺手陽明、太陽，而汗出止。吴云：不言孔穴者，但在其經酌之可也。汗出止者，經氣和也。手陽明行於手表，太陰行於手裏，故手臂痛，刺此陰陽表裏二脈，取汗也。此爲表裏同病。熱病始於頭首者，刺項太陽而汗出。項太陽者，足太陽從顛入腦，還出俠項，以下俠脊。故熱病始頭首，刺此太陽腧穴出汗也。此爲足太陽經熱病，同傷寒、時行、温燥同例。熱病者，身先重，骨痛，耳聾，外腎屬胆，脈行於耳。好瞑，《傷寒》曰：「少陰爲病，但欲寐也。」刺足少

① 如：原作「如如」，當衍一字，故删。

陽。當有「厥陰」二字。病甚爲五十九刺。足少陽脈起目兑眥，絡身骨節，入耳中。故熱病身先重，耳聾，好瞑，所以取此脈之腧穴者，有本爲足少陰也。此爲少陽厥陰熱證。熱病先志云：按已上三節，用十六「先」字，蓋言有先於内者，有先於外者，皆當先治之。眩冒，《海論》云：「髓海不足，眩冒，目無所見。」熱，胸脇滿。刺足少陰、少疑當作「太」，不分表裏者。陽刺二經。之脈。足太陽起目内眥，上額，交顛，入腦。足少陽起目兑眥，下胸循脇裏。足少陰從腎上貫肝膈，入肺中，故眩冒，熱，胸脇滿。刺此三脈者也。色榮顴，合下骨爲兩感。骨熱病也。赤色榮顴，此之三脈皆生於骨，故此三脈爲病，有赤色。榮顴者，骨熱病也。榮未交日，丹波《識》「交，《甲乙》作夭，下文同」，今從之。「交」讀爲「陰陽交」之「交」，即上單藏府病。令且得汗，待時自已。赤色未交之日，且得汗者，至勝時，病自得已也。與厥疑當作「少」，兩感。陰脈爭見者太陽不與少陰爭，不爲兩感。死，期不過三日。兩感死以六日，除病三日，此爲以後之三日，合初病爲六日。解其熱病，氣内連腎。足太陽，水也；足厥陰，木也。水以生木，木盛水衰。太陽水色見時故有木爭見者水死①。以其熱病，内連於腎，腎爲熱傷，其數至三日，故死也。據腎與上骨字，當爲少陰與厥陰互易耳。少陽之脈，上爲五藏熱病，此以六經言之，所謂經病。色榮頰，[筋]熱病也。以五診詳之。榮未交日，令且得汗，發表。待時自已，與少疑當與上「厥」字互易。陰脈爭見者兩感。死。足少陽，膽脈也。足少陽部在頰，赤色榮之，即知筋熱病也。當榮

---

① 太陽水色見時故有木爭見者水死：一本作：「故太陽水色見時，有本爭見者，水死。」見人民衛生出版社《黄帝内經太素》卷二十五。

時，且得汗者，至其木時，病自已也。少陽爲木，少陰爲水，少陽脈見之時，少陰争見者，是母勝子，故肝木死也。上爲水木，此又爲水木，不如分解爲得。○丹波《識》以不言陽明、太陰之①争見，必爲脱文。

三椎下間主胸中熱，《明堂》及《九卷》背五藏輸，並以第三椎爲肺輸，第五椎爲心輸，第七椎爲膈輸，第九椎爲肝輸，第十一椎爲脾輸，第十三椎爲腎輸，皆兩箱取之。當中第三椎以上，無療藏熱，故五藏輸及候五藏熱，並第三椎以下數之。第三椎以上，與頰車相當，候色。第三椎下間，肺輸中間，可以寫熱也。四椎下間肺輸。主膈當作肺。熱，五椎下間心輸。主肝熱，六椎下間主脾熱，七椎下間膈輸。主腎熱。四椎下間，計次當心。心不受邪，故乘言膈也。次第椎之下間，各主一藏之熱不同。《明堂》通取五藏之輸也。榮在項上三椎陷《甲乙》「陷」上有「骨」字。者中，張云：此取脊椎之大法。頰下逆椎一大瘕，從肺輸以上三椎在項，故曰項上三椎即大椎。上陷者，中也。當頰下迎椎，故曰逆椎。逆，迎也。是爲頰下當椎前有色見者，腹有大瘕病者也。下牙車爲腹滿。下牙車色見者，腹病滿也。椎後爲脇痛，大椎左右箱爲椎後，有色見者，脇痛也。解 頰上者，鬲土者也。頰以上無椎可準，故頰以上有色者，主鬲土也。

---

① 之：原作「三」，據《素問識》改。

邪中

《靈樞·邪氣藏府病形篇》。○詳直中法，與後世傳經與傳足不傳手之説相反。柯韻伯注主之。末附傳經駁義。

黄帝問岐伯曰：「邪氣包五氣言。之中人也，奈何？」此不獨傷寒爲，凡四時病之温、熱、暑、濕、燥之泂洩、風瘧，皆同爲外感證之總綱。故《病源》凡温、熱、時行之日數、治法皆與傷寒同。後來言温諸家，誤以温、熱爲瘟疫，杜撰口、鼻直行三焦等説，又牽涉《傷寒論》、《内經》，無一條可通，真爲魔道，以殺人爲事。岐伯曰：「邪氣專指風雨。之中人也，高。」吴鞠通説以三焦分，即誤用此義。柯韻伯言傷寒，亦誤以藏府高下言。黄帝曰：「高下有度乎？」邪有中下者，不獨高，故爲此問。岐伯曰：「身半已上者，邪風春傷於風。陽邪春夏多陽。中之也。以風、濕二對分。身半已下者，濕長夏主濕。○寒與濕爲温邪。中之也。高者上也，身半已上，風雨之邪所中，故曰中於高也。風爲百病之長，故偏得邪名也。身半以下，清濕之邪濕最沉重，故襲下偏言也。故曰邪之中人也，無有恒常。揆度奇恒分常度。中於陰則留於府，《傷寒》三裏證終於胃。中於陽三表證終於肌。則留於經。」邪中於臂胻之陰，獨傷陰經，流入中藏，藏實不受邪客，故轉至留於六府者也。中於頭面之陽，循三陽經下流陽經，故曰無常也。按，楊注申明六經直中法，與後世傳經説不同。黄帝曰：「陰之與陽也，異名同類，立小名以相别。其實一也。名異實同，以大名言之。上下上下，謂順逆行，走頭去手足，非以陰陽分高下。相會，陰陽異名，同爲氣類。三陽爲表，居上。三陰爲裏，在下。表裏氣通，故曰相會。經絡之相貫，詳

《營衛運行篇》。如環無端，三陰之經絡脈別，走入於三陽。三陽之經絡脈別，走入於三陰，陰陽之氣旋迴，周而復始，故曰無端。詳《營衛運行》。邪之中人也，或中於陰，三陰經。或中於陽，三陽經直中，以所中之地而分，不由傳經。上下左右，病所在之地有四等之別。無有恒常。其故何也？」經絡相貫周環，自是常理。邪之中人，循行亦可與經絡同行。然中於陰陽，上下左右，生病異者，其故何也？岐伯答曰：「諸陽之會，指足之陽經與陽維。皆在於面。面、項、頰三者屬頭部。人之方乘虚時，一因。及新用力，二因。若熱飲食汗出，三因。腠理開，以上皆得病之由。而中於邪。手足三陽之會，皆在於面。人之受邪，所由有三：一爲乘年虚時，二爲新用力有勞，三爲熱飲熱食，汗出腠理開。有此三虚，故邪中人。中面，邪經當面來。則下陽明；直中仰面，陽明行身之前。《活人書》詳此法。中項，邪從背後來。則下太陽；直中伏背，太陽行身之後。中於頰，邪從側面來。則下少陽。少陽行身之側，半背半腹。三陽經祇以背、腹、側讀之。於上三經爲頭受邪，以下三處，又指身體中部言其中。膺、前同面。背、後同項。兩脇側同頰。三者在身中，其一經受病爲獨病，二陽同受者爲二陽合併，三經同受者爲三陽合併。各經有犯，自當其病，不相連坐、傳染。合併有先後輕重，受邪有微甚也。亦中其經。」邪之總中於面，則著手足陽明之經，楊注以手足合言，後人傳足不傳手之説誤。前後循之而下。若中頭後項者，則著手足太陽之經，循之而下。若別中於兩頰，則著手足少陽之經，循之而下。若中胸、背及兩脇三處，亦著三陽之經，循經而下也。此爲傷寒直正中病，即病之古説。後主傳經，造爲七種傳法，而經無正病，即病矣。黄帝曰：「其中於陰，陽經直中部位易明，且已包周身，別無三陰地位。奈何？」以上三陽經，以下三陰經。岐伯答曰：「中於陰者，與陽與頭身者異地。常從臂手、臂手即兩手，各占三陰經。中於陰則兩手受病，非傳足不傳手，又三陰病經不傳表證。是凡手足病邪皆在陰也。胻足始。陰經所中，則專在四肢。考手三陰經脈所循，在手之内廉。足三陰經脈所循，在足之内廉。夫臂與胻，手足三陰經所循，《銅人圖》詳矣。其陰皮薄，三陰經所循，如陰山之樹。其肉陽則堅實。淖澤，不堅實。故俱受於風，與三陽同受。獨傷其陰。」以下言邪中於陰經也。四肢手臂及腳胻，當陰經上，皮薄、其肉濁澤，故四處俱受風邪，所以獨傷陰經。下經言風雨傷上、清濕傷下者，舉多爲言，其實腳胻亦受風邪也。此傷寒六經直中之法，不用傳經之説。三陰隱處，不易受邪，故其病少於三陽。

黄帝曰：「此故傷其藏乎？」兩感病以藏爲主，此據藏病爲問。岐伯曰：「身舉六經所中之周身言。之中於風也，五種天氣，舉風以示例。不必動藏，兩感乃爲藏病。經府與藏爲生死關頭，内無所傷，爲經府病，不治亦不至死；若藏病，則多死。故邪入於陰經，指三裏，初在胸，終於胃。其藏氣實，其人藏氣素實，無内傷，兩感則由藏主病，乃及府。邪氣入已在胃，由府又傳藏。而不能容，必内虚乃受邪，故藏精，易與按蹻，四時皆不病。若藏虚之人，外受邪，内應之，亦爲兩感藏病，鄰於死矣。故還之於府。由胃入藏，故還仍在胃。是故陽中則溜於經，華氏三表，皮、膚、肌在外爲陽經。陰中華氏三裏。則溜於府。」邪之傷於陰經，傳之至藏，以藏氣不客外邪，故還流於六府之中也。故陽之邪中於面，流於三陽之經；陰之邪中臂胻，流於六府也。胸、腹、胃在内爲陰，爲府病。三陰三陽同有此分，非以三陽經主裏，三陰主表。

以上詳直中經府病。

黄帝曰：以下詳藏病。「邪之中藏者内有所傷，外邪乃中之。奈何？」前言外邪不中五藏，次言邪從内起，中於五藏，故問起也。岐伯曰：以下詳内傷，爲藏病之根。「愁憂恐懼，内。則傷心。愁憂恐懼，内起傷神，故心藏傷也。形寒、外。飲寒，內。則傷肺，以其兩寒相感，內傷藏，外感寒，爲兩感。中外皆傷，水流濕，火就燥。故氣逆而上行。形寒、飲寒，內外二寒傷肺，以肺惡寒也。有所墮墜、跌損。惡血留內，外一因。若所有大怒，此爲七情內因。氣上而不下，怒主升。積於脇下，則傷肝。因墜惡血留者，外傷也；大怒，內傷也。內外二傷，積於脇下，傷肝也。有所擊仆，外。若醉入房，汗出當風，內。則傷脾。擊仆、當風，外損也。醉以入房，汗出，內損也。內外二損，以傷脾也。有所用力舉重，外。若入房過度，汗出浴水，內。則傷腎。」用力舉重，汗出以浴水，外損也；入房過度，內損也。由此二損，故傷腎也。以上詳五藏之內外傷，表裏俱傷，所以成兩感藏病之因。

黃帝曰：「五藏之中風奈何？」兩感寒熱詳矣，此兩感之風病。岐伯曰：「陰陽俱感，邪乃得往。」表裏俱病。黃帝曰：「善。」前言五藏有傷，次言五藏中風，陰陽血氣皆虛，故俱感於風，故邪因往入也。

以上詳五藏內外傷。

黃帝問岐伯曰：「首面面、項、頰。與身形，膺、背、脇、臂、跖。屬骨連筋，診筋。同血合氣。《營衛運行》。讀《內經》者於此等處，多不用心，歧視陰陽肝膽，胡越一身之中，自相恩怨仇殺，囿於五行日家之虛談，而不明周身正是一家之義。天寒則裂地凌冰，其卒寒，或手足懈惰，診骨寒，外有因寒脱落者。然其面不衣，獨面不用衣。其故何也？」首面及與身形兩者，皆屬於骨，俱連於筋，同受於血，並合於氣，何因遇寒手足冷而懈惰。首面無衣不寒，其故何也？岐伯曰：「十二經脈，三百六十五絡，診絡。其氣血營衛。皆上於面，腦爲心主之宫，如京師。諸脈朝腦，如京師會同。《内經》常以頭配五藏，頭即腦也。○此言其氣不專屬脈。而走空竅。六陽六經並上於面。六陰之經有足厥陰經上面，餘二至於舌下，不上於面。腎不至耳。而言皆上面者，舉多爲言耳。其經絡血氣貫通，故皆上走七竅以爲用也。其精陽氣上於目肝。而爲精；其經絡精陽之氣，上走於目，成於眼精也。精，視。其別氣走於耳而爲聽；別精陽氣入耳，以爲能聽。其宗氣中。上出於鼻脾。而爲臭；五藏聚氣以爲宗氣，宗氣入鼻能知臭也。其濁氣出於胃，走脣腎。舌心。而爲味；耳目視聽，故爲清氣所生。脣舌識味，故爲濁氣所成。味者，知味也。其氣之津液皆上薰於面，指氣，不指脈。面皮又厚，以常受風寒練習。其肉堅；故其熱甚，寒不能勝也。以其十二經脈、三百六十五絡，血氣皆上薰面，以其陽多，其皮堅厚，故熱而能寒也。此以腦爲心主之説。《尚書》曰「元首良哉」，以其爲諸陽所聚，故爲輻輳。

以上詳腦爲諸陽之首，如拱衛京師。

邪客

《素問・舉痛論》與《百病始生篇》相出入。○凡外感病，必詳此義。

黄帝問岐伯曰：「余聞善言天者，必有驗於人。人之善言天者，是人必法天以言人，故有驗於人也。善言古者，讀古爲經。必有合於今，以今尋古，爲今法，故必合於今。古爲經之思想，後世乃實行經法。善言人者，四表爲人。必有厭張云：足也。於己。善言知人，必先足於己，乃得知人，不足於己，而欲知人，未之有也。京師爲己。如此，則道不惑而要數極，《玉板論要》云：至數之要，迫近以微。所謂明今本重明字。矣。如此，人有二善之行，於道不惑。所以然者，得其要理之極，明達故也。數，理也。以上詳大道，不專爲醫學。今余問於夫子，令可驗於己，令之可言而知也。以上言道。視而可見，望色聞。捫而可得，切脈與皮膚。令驗於己，如發蒙與「矇」同。解惑，可得聞乎？」先自行之，即可驗於己也。然後問其病之所由，故爲言而知之也。察色而知，故爲視而知之也。診脈而知，故爲捫而可得。斯爲知者，先驗於身，故能爲人發蒙於耳目，解惑於心府，於此之道，可以聞不？岐伯再拜曰：「帝何道之問？」有天、人、治國、醫疾之分。黄帝曰：「願聞人之五藏兼六府言。卒痛，邪傳首係絡、大絡經而後及腹中四處，此舉痛，皆屬裏證。何氣使然？」問痛，故篇名曰「舉痛」。岐伯曰：「經脈二蹻統經絡。流行不止，環周不休，順逆行如九宫圖。寒氣入焉，下詳於寒，熱止一見，互文也。經血稽遲，泣而不行，此外感病源。客於脈外，風傷衛。則血少，及營。客於脈中，寒傷營。則氣不通，由血及氣，互言之。故卒痛矣。」專以外感言内痛，以下皆爲外因府病。黄帝曰：「其痛也，或卒然而止者，一。或常痛甚不休者，腸外二。或痛甚不可按者，經絡三。或按之而痛止者，腸胃四。或常按之而無益者，俠脊脈五。或喘動此絡筋，或以爲經脈亦可。應手者，衝脈六。或心與背相引而痛者，背輸七。或心脇肋與少腹相引而痛者，厥陰八。或腹痛引陰股者，厥陰九。或痛宿昔成積者，腸募十。邪中以七處，詳積。或卒然痛死不知人、有閒復生者，五藏十一。或腹痛而悗悗歐者，腸胃十二。或腹痛而復瀉者，小腸十三。或痛而閉不通者。熱客小腸十四。股外爲髀，髀内爲股，陰下之股爲陰病也。悗，音悶。凡此諸病，各不同形，共十四種。别之奈何？」凡此十四别病，十三寒客内爲病，一種熱氣客内爲閉，皆爲痛病，不知所由，故須問之。寒十三熱一，此亦互文見義，其實寒熱病同。岐伯對曰：「寒氣寒爲外邪，與傷寒之「寒」同爲冬令。客於腸外則傷寒，以傷寒言，此爲裏證。寒則縮卷，入裹，不在表之皮部。卷則腸絀急，此爲腸病。絀急則引外「外」上當有「腸」字。小絡，故卒然痛，得炅高云：炅與「炯」同，熱也。《通雅》云：《靈》、《素》之炅，當與熱同。則痛一。立已；寒病客腸外，此答卒然而止。因重中於寒，如傷經之再作經。則痛久二。矣①。此答常病甚不休。絀，褚律反，縫也。謂腸寒卷縮如縫連也。腸絀，屬腸經之小絡，散絡於腸，故腸寒絀急，引絡而痛，得熱則立已。炅，熱也。卒、久二類，同爲腸外病。寒氣客經絡所謂經病。之中，邪傷有皮、絡、經三層之相傳。與炅氣相薄，則脈滿，專詳經病。滿則痛而不可按也。滑云：當作痛甚不休。寒氣稽留，炅氣從上，與上分新病、久病。則脈充大，而血氣

① 矣：原作「牟」，據《内經素問・舉痛論》改。

亂，故痛不可按也。三。痛不可按之，兩義解之：一寒熱薄於脈，中滿，痛不可得按；二寒下留，熱氣上行，令脈血氣相亂，故不可按也。不可按屬經絡。寒氣客於腸胃之間，此爲胃府病。募原之下，邪傳有腸胃募原。王注《瘧論》謂膈膜之原係，與此異。而不得散，小絡急《脈訣》以爲診經名詞。引，故痛，按之則氣散痛止矣。四。高本移下「按之則熱氣至，熱氣至則痛止」十三字於此下，丹波《識》從之。腸胃皆有募有原，附腸之網油。募原之下皆有孫絡，解剖詳。寒客腸胃募原之下，孫絡引急而痛，此腹内邪客，經名之曰陰絡。故按之散而痛止。寒氣客於俠脊之絡，督邪傳有。則深，志云：伏衝之脈也。深者，謂邪客於俠脊之衝脈則深。按之不能反。故按之無益。五。俠脊脈，督脈俠脊，故曰俠脊脈也。督脈俠於脊裏，而上行深，故按之不及，所以按之無益者也。寒氣客於衝脈，任邪傳有。衝脈起於關元，馬云：按《骨空論》，衝脈起於氣衝，今曰關元者，蓋任脈當臍中而上行，衝脈俠脊兩旁。而上衝則本起於氣衝，而與任脈並行，故謂起於關元，亦可也。隨腹直上，則脈不通，不通則氣因之，吴云：氣從之也。故喘丹波《識》云：「喘」或是與「蝡」通，「蝡」音輭，《説文》云「動也」。按《靈·百病始生篇》：「其著於伏衝之脈者，揣之應手而動。」則不如讀「喘」爲「揣」之切直矣。動應手矣。六。關元在臍下，小腹下當於胞，任脈穴在臍下三寸，即胞中。故前言衝脈起於胞中直上，邪氣客之，故喘動應手。有本無「起於關元」下十字也。寒氣客於背輸之脈，足太陽。則脈泣，泣則血虚，虚則痛。其輸主於心，故相引而痛，按之則熱氣至，至則痛止矣。七。滑云：以上十三字不知所指。丹波《識》案，高本移此十三字於四對「故按之痛」之下，文脈貫通，極是。背輸之脈，足太陽脈也。太陽心輸之絡，注於心中，故寒客大腸，引心而痛。按之不移其手，則手熱，故痛止。寒氣客於厥陰，厥陰之脈者厥陰。絡陰器繫於肝，寒氣客於脈中，則血泣脈急，引脇與少腹矣。厥陰肝脈，屬肝絡膽，布脇肋，故寒客血泣脈急，引脇與少腹痛也。厥陰客於陰股，少陰。寒氣上及少腹，血泣則下相引，故腹痛。引陰股。厥陰客於陰股，陰股之血凝澀，故其氣上引少腹而痛也。寒氣客於五藏，厥逆上行，陰氣竭，陽氣未入，故卒然痛死不知人，氣復反則生矣。寒氣入五藏中，厥逆上吐，遂令陰氣竭絶，陽氣未入之間，卒痛不知人，陽氣入藏，還生也。今本此段在下段後。寒氣客於腸募、關元今本作「小腸膜原」四字，無「關元」二字。之間，絡血之中，血泣不得注於大經，《百病始生》云：「大經乃代。」血氣稽留，留不得行，故卒然今本作「宿昔而積成」。成積矣。腸謂大腸、小腸也。今本明文作「小腸」。大腸募在天樞，臍左右各二寸，原在手大指之間。小腸募在臍下三寸關元，原在手外側腕骨之前完骨。寒氣客此募原之下，指二腸與關元三外。血絡之中，凝澀不行，久留正文「卒然」二字當誤。以成積也。汪昂云：「今之小腸氣。」寒氣客於腸胃，厥逆上出，故痛而歐矣。寒客腸胃，其氣逆上，故痛、歐吐也。寒氣客於小腸，不得成聚，故後瀉腹痛矣。寒客小腸，不得成於積聚，故後利腹痛也。熱氣留於小腸，此明腹痛而閉不通者。小腸中癉熱焦竭，則堅乾不得出矣。」熱氣留於小腸之中，則小腸中熱，糟粕焦竭乾堅，故大便閉不通矣。丹波《識》云：本篇腹病一十四條，屬熱者止一條，餘皆屬寒。王氏《證治準繩》有説，當參考。又史載之方，舉每證附以脈位及治方，宜參。

黄帝曰：「所謂言而可知者也，問診。視而可見察色。○據下文再事，當有「捫而可得」四字。奈何？」岐伯曰：「五藏六府，固盡有部。以上十四病，皆腹内藏府所發。視其五色，面色不指絡。《靈》「五色」第四節又與此同。黄赤爲熱，白爲寒，青黑爲病，此所謂視可見者也。」五藏六府，各有色部，其部之中色見，視之即知藏府之病。此則視而可見者也。

黄帝曰：「捫而可得診皮、絡、筋。奈何？」岐伯曰：「視其主病不指兩寸。之脈，三部九候各診專經之動脈。堅而血，皮及陷下者，詳診皮、絡、筋篇。可捫而得也。」視脈及皮之狀，問其所由，故爲捫而得也。黄帝曰：「善。」

傷寒古本訂補

廖平 校録
楊世文 校點

校點説明

《傷寒古本訂補》又名《補傷寒古本》。據《六譯先生年譜》，是書成於民國七年（一九一八）。東漢張仲景《傷寒論》又稱爲《張仲景方》，唐代已不見原貌，孫思邈將其整理進《千金要方》與《千金翼方》中。廖平通過比較《外臺》、《千金要方》與《千金翼方》中的有關「傷寒」的内容，認爲唐初《傷寒論》的古本原貌共十八卷，即《千金要方》第九卷的内容應是唐古本《傷寒論》的首一、二卷，詳《總例》、《發汗三要》與汗、吐、下三例；《千金翼方》第九、第十兩卷應爲唐古本的第三至第十卷，詳三陽三陰篇；《千金要方》第十卷爲唐古本的第十一至第十八卷，包括《金匱》在内。《傷寒古本訂補》以此爲據，對古本首卷、古本卷六作訂補工作，其餘還有若干雜録。民國七年（一九一八）四川存古書局刊行，收入《六譯館叢書》。今據此本整理。

目録

傷寒雜病論古本首卷

據《千金》九卷補。○按：《外臺》引古本《傷寒論》從卷二始，此卷爲古本《傷寒論》原文，詳《總例》、《發汗三要》與汗、吐、下三例，《翼》本乃第三卷至十卷，三陽三陰篇，《金匱》爲下卷。今合三書爲一，共十八卷。

傷寒例第一

此爲《傷寒》序例。中有仲景原文，及叔和、陳廩邱、《千金》論例。成本序例原出于此，而盡去姓氏書名，又刪去華氏、仲景同精要之條，以致宋元以後，不知序例爲古本，成本非完書，觀此可以自悟。

《易》稱：「天地變化，各正性命。」然則變化之迹無方，性命之功難測。故有炎涼寒燠，風雨晦冥，水旱妖災，蟲蝗怪異，四時八節，傷寒與瘧同有四時病。種種施化不同，七十二候日月運行各別。終其晷度，方得成年，是謂歲功畢矣。日本櫟陰拙者《醫賸》上卷「運氣」條云：「運氣之宗，昉于《素問》。見褚澄《遺書》。」褚南齊人，然則運氣之混于《素問》，在于六朝以前乎？褚書蓋蕭淵所依託，得于古冢中云者，乃欲託汲冢古書耳。隋蕭吉作《五行大義》，上自經傳，下至陰陽醫卜之書，凡涉五行者，莫不網羅蒐輯焉，特至五運六氣，勝復加臨之義，則片言隻字，無論及者，其起于隋以後，確乎可知矣。而其説湊合緯、醫二書，所立正是一家，未知創于何人，豈所謂玄珠先生者乎？但至王冰采而闌入《素問》篇中，其説始顯，然竟唐代，猶未聞有言之者。後及宋劉温舒、沈括、揚子建輩篤信之，精詣其理，各有所發明。而當時泗州楊吉老，常謂黄魯直曰：「五運六氣，視其歲而爲藥石，雖仲景猶病之也。」此言極是。伊川、朱子亦常論其淺近焉。而《傷寒論》卷首所載「運氣」諸圖，未知出於何人之手。黄仲理云：「南北二政，三陰司天，在寸尺不應。」交反脈圖並圖解、運圖説出劉温舒《運氣論奥》。又六氣上下加臨補瀉病症圖，並汗差棺墓圖、歌括，出浦雲《運氣精華》。又五運六氣加臨轉移圖並圖説，出劉河間《原病式》，後人采附仲景《傷寒論》中。夫温舒、浦雲、守貞三家之説，豈敢附于仲景之篇？特後人好事者爲之耳。繆仲淳論「運氣」云：「予從敝邑見趙少宰家藏宋板《傷寒論》，皆北宋善板，始終詳檢，並未嘗載有此説。六經治法之中，亦並無一字及之。予乃諦信予見之不謬，而斷爲非傷寒外感之説。」按：趙少宰，蓋趙開美，與仲淳同海虞人。今所傳宋板《傷寒論》，乃係于開美翻鏤，而無運氣諸圖，正與仲淳言符矣。予家藏元板成無己注解本，亦不載此諸圖，知是出成氏以後之人也。近人言傷寒，喜附會運氣，丹波説甚明，故引以爲證。

天地尚且如然，在人安可無事？故人生天地之間，命有遭際，時有否泰，吉凶悔吝，苦樂安危，喜怒愛憎，存亡憂畏，關心之慮，日有千條，謀身之道，時生萬計，乃度一日。是故天無一歲不寒暑，五種傷寒爲四時病。人無一日不憂喜，内因。故有天行瘟疫病者，即天地變化之一氣也。傷寒原有温熱、濕暍與厲瘟。斯蓋造化必然之理，不得無之。故聖人雖有補天立極之德，而不能廢之；雖不能廢之，而能以道御之。《内經》所言，多爲天學與皇帝政治學説。其次有賢人善於攝生，能知撙節，與時推移，亦得保全。《病源》養生各論是。天地有斯瘴厲，還以天地所生之物以防備之，《内經》疾病諸篇。命曰知方，則病無所侵矣。然此病也，俗人謂之横病，由外而得謂之横。多不解治，皆曰日滿自差，即不藥得中醫之説。以此致枉者，天下大半。凡始覺不佳，即須救療，膏、散、圓是。迄至於病愈，湯食競進，折其毒勢，自然而差。必不可令病氣自在，恣意攻人，拱手待其斃，斯爲誤矣。

今博采羣經，《千金》所録即仲景原文，爲隋唐間古本。《辟暑録話》謂初作《千金》未見仲景原文者，大誤。以爲上下二卷，《翼》亦止二卷，同居全書三十卷之九、十。廣設備擬，好養生者可得詳焉。按：此補卷均全爲《輯義》本所無，以其不注「序例」與「可不可」也。〇《外臺》采此序爲《千金》一首。

論四首按：《外臺》首卷所引，爲八家十六首。《千金》只作三首者，《小品》引經言爲一首、華佗一首、王叔和一首、陳廩邱一首。《外臺》、《小品》經言爲二，外有范汪《經心録》，合《千金》而五，共爲八家。分段計數，故有十六首，《千金》一家只作一首，故止四首。

《小品》曰：古今相傳，稱傷寒爲難治之疾，四時正病五種。時行瘟疫，《千金》首卷辟瘟法，《巢源》、《千金》、《外臺》皆有之。照舊録之爲治未病，預防則不病，方藥可不論矣。是毒病之氣。所謂異氣。而論治者，不判傷寒與時行據補十二卷。瘟疫據補十三卷。爲異氣耳，病相似而所感不同。云傷寒是雅士之辭，天行瘟疫《傷寒》書中本有天行瘟疫。是田舍間號耳，不説病之異同也。此指《肘後》言之。

葛氏方云：傷寒、一類包五種病言。時行、四時不正之氣。瘟疫，非常大病。雖有三名，共爲七類。同一種耳，各病皆外因，由未入裏則同。而原本小異。受病之時與氣候小異。其冬月傷於暴寒，冬寒氣。或疾行力作，汗出得風冷，至春夏發，名爲傷寒。此指留病，四時五種皆同，舉寒以示例。其冬月不甚寒，多暖氣爲冬温。及西南風，外感皆由風得，對衝爲邪風。使人骨節緩墮緊緩之緩，指皮膚經絡。受邪，至春發，舉春以示例。名爲時行。以上時行。其年歲月《内經》年虚月虚。有厲氣，兼挾鬼毒相注，名爲温疫。以上論温疫，此爲非常病。如此診候並相似，其所受之邪不同，病則相似。又貴勝雅言，總名傷寒，温熱濕暍寒，四時正病，以傷寒爲總名，非與時行互稱。世俗同號時行。四時不正之氣，春大寒，夏大涼，秋大熱，冬大温。名時行者，指天行不正言，非與傷寒通稱。道術符刻言五温，《道藏》稱五瘟。經言未引温疫，論詳《千金·辟疫門》。《宋史·龐安時傳》五温同，當讀作瘟。亦復以此致大歸，終是共途也。《肘後》分三病名號，病狀根原最爲明悉，後人誤讀總名同號，致生差舛，非《肘後》之過。《小品》恐人讀誤，故特辨之。○《道藏》本此下有「然自有陽明、少陰、陰毒、陽毒爲異耳。少陰病，例不發熱，而腹滿下利，最難治也」三十六字。

考之衆經，其實殊矣。由所宜不同，方説宜辨，是以略述其要。下引經言，《外臺》分析之誤矣。○《翼》本《傷寒》二卷，爲《傷寒論》原文中帙，王叔和所謂「三陽三陰」篇也。《千金》詳上卷，《翼》詳中卷，故《翼》本無「總例」。華佗與仲景同，原文亦屬脱佚，必二書相合，乃成完書。宋人乃謂孫氏作《千金》時，未見仲景原文者，大誤也。

仲景曰：《外臺》云「仲景同」，則《傷寒》首亦引此經文，爲論例之首。成本方證，取《翼》本「六經」部，然序例亦首引此條。經言《外臺》本作「陰陽大論」。春氣温和，春傷於風，風即温證，《病源》有温病，今補爲第八卷。○由春分至夏至爲温病，所謂春末夏，以初春猶多寒也。「太陽」篇桂枝之中風，即爲春温病。春夏爲陽氣發散，其人腠理開，多汗，故中風與陽明熱病皆多汗。「太陽」篇「陰陽俱浮」，據「陰陽俱緊」例推之，當爲「陰陽俱緩」。從春分至秋分，皮膚解緩，多汗。經曰：「夏不汗出，秋成風瘧。」桂枝爲春温多汗之表症，承氣爲夏熱多汗之裏證。春與夏合爲表裏，與秋冬病相反，在瘧爲温瘧，先熱後寒，爲時行異氣。夏氣暑熱，熱爲夏病，據《脈經》熱病補入九卷，在温病之次。○《叙例》云，二月驚蟄後，氣漸和緩，向夏大熱，至秋便涼。大熱以地球赤道爲主，爍石流金爲熱之極，本論有青龍、白虎、玄武，而無朱雀。以例推之，陽明病之承氣與玄武相對，當爲朱雀。凡陽明證惡熱，惡熱則必喜寒，居幽飲冰，棄衣灌水，故治法有宜水門。正陽陽明爲夏大熱之證，驚蟄後和緩，爲少陽陽明，至秋便涼，爲太陰陽明。《内經》、《病源》别爲熱證門，其實本論「陽明」篇，即爲熱病正病，與「少陰」篇寒證相反對。在瘧爲癉瘧，但熱不寒。此經但詳冬傷寒夏傷暑之時病，則詳於瘧。**秋氣清涼**，秋氣燥，「太陽」篇傷寒與暍，皆爲秋病狀。○由秋分至冬至爲寒瘧，所謂秋末冬初，以初秋猶多熱也。「太陽」篇麻黄之傷寒，即爲秋清病。《記》曰：「凡爲人子之禮，冬温而夏清①。」董子云：「二分爲和，二至爲中，四時惟春秋寒暑和平。」故冬取温不可至於熱，夏取清不可至於寒。本論中風惡風，傷寒惡寒，風寒二字，本即温清之義。《内經》「春傷於風」，據例秋當傷於燥氣，此不言六氣之風燥，而言時令之温清。經又云：「風爲陽邪，寒爲陰邪。」風爲陽之初，至夏乃爲熱；秋爲寒之始，至冬爲大寒。本論以麻黄爲寒表證。以純陰理中、四逆爲寒之至，合秋冬爲表裏。本論惡寒，寒當與温字反對。義取於清，就寒言寒，只爲寒露之寒，與冬至後之小寒、大寒之寒不同。在瘧爲小寒，瘧先寒後熱，如時行異氣。**冬氣小寒**。秋冬同病寒，仲景以爲書名。○《千金》「冰寒」作「凛冽」，今從《外臺》叙例。從霜降以後，至春分以前，凡有觸冒冰雪，體中寒即病者，謂之傷寒也。九月、十月寒氣尚微，爲病則輕；十一月、十二月寒冽已嚴，爲病則重；正月、二月寒漸將減，爲病亦輕。此以冬時不適，有傷寒之人即爲病也。按：寒以地球冰海爲極點，由漸而推之於黄道，其寒至於手足凍墮。本論寒症惡寒，居温室，衣重裘，烤炭煤，飲烈酒，故治法有宜火、温、鍼、灸、補。本論麻黄之傷寒，爲寒之初氣，以爲表症，少陰之真武、理中、四逆，爲寒病之重者。《内經》熱症有數篇，而傷寒僅見《熱病論》中數節。仲景乃專以「傷寒」名書，雖統五種四時病，而於傷寒尤詳。《千金》九卷，膏丸散多用熱劑，以其專爲冬病立法也。于瘧爲寒瘧，經略甚，亦以包於秋寒。**此則四時正氣之叙也。**

四時五正病，温、熱、濕、暍、寒是也。○除《千金》九卷外，以《翼》本三陽三陰分配四時五病。「太陽」詳春秋二時之表病，桂

---

① 夏清：《禮記·曲禮上》作「夏清」。按王念孫《廣雅·釋詁》疏證：「瀞、清、清，並通。」故保留不改。

枝中風爲春温，麻黄傷寒爲秋清，承氣爲夏熱裏病，純陰爲冬病裏症，少陽屬木合肝，春温與爲一類。足太陰主濕，爲長夏。《内經》屢言秋傷於濕，即足太陰脾經之義。喻嘉言補秋燥，以經言之。手太陰肺正司秋令，麻黄湯肺之耑方。故「太陰」一篇，以手足分讀，足太陰爲脾濕，手太陰爲肺燥。本篇詳腹濕病，特爲長夏一門專篇，秋燥之文從略者，以詳於麻黄湯中也。曰：四時正氣。冬時嚴寒，萬類深藏，書以寒名，故特詳寒氣。君子周密，則不傷於寒，冬傷于汗，則春變病。○故《千金》首辟瘟。或觸冒之者，乃爲傷寒耳。五種傷寒，皆屬外感新病，其時不過廿日。或失被脱衣，或卒寒遭雨，必有觸冒之踪迹。若時行乃爲遺病，不由觸冒而得，此爲傷寒、時行之分。其傷於四時之氣，皆能爲病。所謂傷寒有五，以寒統温、熱、暍、濕。而以傷寒爲毒者，瘧症詳夏傷于暑之秋病，冬傷寒乃專詳冬寒，謂以「傷寒」標爲書名，實則雜見五證。以其最爲殺厲之氣也，與瘧分南北，詳寒所謂北方殺伐。中而即病者，名曰傷寒。觸冒新病，在春爲温，在夏爲熱病，在秋爲暍病，在冬爲傷寒。不即病者，其寒毒藏肌骨中，外肌裏骨。至春變爲温病。春正病温，《病源》「至夏變爲暑病」，《傷寒》無「暑」字。夏病熱，長夏暑濕是也。考《病源》暑病者，熱極重於温也。《病源》有温、熱二門，今以補入八、九兩卷。○此爲冬傷于寒，一層管三時，别有夏傷于暑，在秋爲小寒，在冬爲大寒，與此冬病兩兩相對，傷寒詳冬寒，瘧詳夏暑。以瘧分三時，春爲温瘧，先熱後寒，爲太陽中風，同秋爲小寒瘧，冬爲大寒瘧，見三瘧之温而不詳冬，亦如傷寒分桂枝、麻黄、承氣，有惡風、惡熱，而秋冬止一見惡寒，而不詳惡清。故傷寒與瘧同爲時病，合觀乃全。而中風之爲春之惡風温瘧，傷寒之爲秋病惡寒寒瘧，乃得相證而明也。暑病熱極，重於温也。是以辛苦之人，《病源》、《千金》指勞傷言，不謂貧苦。春夏多温春病。熱夏。病者，皆由冬時觸冒寒冷之所致，春夏爲陽病，脈緩有汗。秋冬爲陰病，脈緊無汗。此只言春夏病，當推補秋冬，爲四時正病。非時行之氣也。《小品》：「其冬月暴傷寒，或疾行力作，汗出得風冷，至春夏發，名爲傷寒。」義本于經。○以上論四時五種正病。凡時行者，以下詳時行。春時應暖①而反大寒，夏時應熱熱與寒反對，由寒變熱者，別爲一義。而反大冷，秋時應涼而反大熱，暍亦從熱化。冬時應寒而反大温，冬温指天氣，非病名。《難經》以冬温爲病名，大誤。非其時而有其氣。如月令正氣相反。是以一歲之中，病無長少，多相似者，此則時行之氣也。《小品》：「其冬月不甚寒，多暖氣及西南風，使人骨節暖，隨受邪，立春發，名爲時行。」義出于經。《外臺》原注：「仲景、《病源》、《小品》、《千金》同。」《外臺》「温病」條引此注云：「以上與《傷寒論》同。」

以上辨四時正病及時行温疫。按：《小品》陳延之撰，略在葛後，其引經言以駁葛氏。考葛本文傷寒、時行、瘟疫雖有三名，同一種耳。而《病源》本小異，既分三名，又云小異，非混合三病爲一。下云「名爲傷寒」、「名爲時行」、「名爲温疫」。又「冬月傷於暴寒」云云，「冬月多暖氣」云云，「厲氣挾鬼毒相注」云云，全由經言而出，是二家同此發明經義，非有差互。其云「總名傷寒」，非謂時行、温疫總名傷寒也。世俗同號時行，不謂傷寒、温疫同號時行也。五瘟亦專指瘟疫而言，不謂傷寒、時行爲五温。上分三名，其下亦爲三類，惟後人誤讀前二語，遂混爲一。必其説盛行，故《小品》特引經明之，以挽救時弊。特宋以後，別造種種名辭，治法天懸地隔。考晉唐古書，皆同一汗、吐、下治法，與喻嘉言以後分三焦治法，與傷寒六經迥別者，故不可同年而語也。

仲景曰：《千金》引作華佗。《外臺》注云：「仲景同。」夫傷寒始得，《病源》時行全引此條，但云「然得時病」，即全屬時行，與傷寒同法。一日在皮，當摩膏、本卷有三膏方，《外臺》雜療有二方，此法久絶。考《聖濟總録》卷四《治法門》「按摩」條引華佗曰：「傷寒一日在皮膚，當摩膏火灸即愈。」此摩不兼於按，按必資之藥也。世之論按摩，若療傷寒，以白

① 暖：原作「緩」，據《傷寒雜病論》卷三《傷寒例》改。

膏摩體，手當千徧，藥力乃行。則摩之用藥，又不可不知也。又「刺」條云：「摩之别法，必與藥俱。」蓋欲治於肌膚，而其勢駃利得過用之不殆。是北宋以前，同用華氏法，至南宋以後，乃無人言之。火灸卷末有灸法，亦《傷寒》原文。即愈。《翼》本引仲景論汗、吐、下三法外，兼引《脈經》温灸火利宜忌，共十五章。若不解者，至二日在膚，可依法鍼，「太陽」篇刺風池、風府。《脈經》補刺法宜忌。服解肌散二日不必用湯。發汗，解肌與發汗互文，本卷有三解湯，主麻黄、葛根。後以解肌名方者，廿四見。此稱散，則爲膏散圓三方，皆以發汗名。汗出即愈。以上用膏散丸。若不解者，不得汗。至三日在肌，麻黄一名解肌湯。復發汗則愈。前二日，多用發汗膏散丸三要方，至三日服湯。若不解者，傷症已解，病不愈者，非寒證，邪不在表。止，勿復發汗也。《病源》曰：「若不解者，病不在經，非其治也。」至四日在胸，本論稱少陽病。宜服藜蘆丸，吐例第三方，二味者是。微吐之則愈。若病困，藜蘆丸不能吐者，服小豆「小豆」二字當在「瓜蒂」下。瓜蒂散，吐例第一方。吐之則愈。病在胸宜吐。視病尚未醒，醒者復一法鍼之。諸方皆仲景古本。○《外臺》注：「藜蘆丸近用損人，不録之。」瓜蒂散在卷末「雜療」中，《范汪方》二味者是也。案：《外臺》引仲景方多以他書主名。五日在腹，本論稱太陰病當泄之，在腹早下之，則爲結胸，即腹五日病。六日入胃，本論稱陽明病。入胃正陽陽明。乃可下也。文出《熱病論》。

《醫心方》卷十四引葛氏方云：傷寒有數種，庸人不能别，今取一藥兼治者。若初舉頭痛肉熱，脈洪起，一二日便作，此葱豉湯。按：《外臺·日數部》所引仲景方，多不合華氏法。惟《醫心》所引十二方，與華氏汗、吐、下日數相同，故引以爲證。

葱白一握。豉一升。以水三升，煮取一升，頓服取汗。《集驗方》：小兒尿三升。

又方　葛根四兩。　水一斗，煮取三升，内豉一升煮取升半，一服。

又方　搗生葛根汁，服一二升佳。此等出《肘後》，皆小方。葛氏别有大方，書今不傳。

新録方　治傷寒温疫三日内，脈洪浮，頭痛惡寒，狀熱身體痛者，方：

葱白一升。　豉一升。　支子三七梅。　桂心二兩。　生薑三兩。　以水七升，煮取二升，分三服。

玉箱方　治傷寒四日方：四日在胸，宜吐。

瓜蒂二七枚。　以水一升，煮取五合，一服，當得吐之。

范汪方　治傷寒五六日，嘔而利者，黄芩湯方：五日在腹，泄之。

黄芩三兩。　半夏半升。　人參二兩。　桂心二兩。　乾薑三累。　大棗十二枚。

凡六物，水七升，煮得二升，分再服。

通玄云　五日外肉涼内熱者，瀉之，宜服升麻湯方：

升麻二兩。　黄芩三兩。　支子二兩。　大青二兩。　大黄二兩，别浸。　芒硝三兩。

水八升，煮取二升半，分三服，如不利，盡服之。

范汪方　治傷寒六七日，不大便，有瘀血方：六日在胃，下之。

桃仁廿枚。　大黄三兩。　水蛭十枚。　虻蟲廿枚。

凡四物搗篩爲四丸，卒服，當下血，不下復服。

千金方傷寒吐下後，七八日不解，結熱在裏，表俱熱，時時惡風，大渴，舌上乾而煩，飲水數升，白獸湯方：「白虎」避唐諱作「獸」。

知母六兩。　石膏一升。　甘草二兩。　粳米六合。

四味，水一斗二升，煮米熟，去滓，分服一升，日三。

葛氏方若已六七日，熱盛，心下煩悶，狂言見鬼，欲起走者，方：

絞糞汁飲數合至一升，世人謂之爲黄龍湯，陳久者彌佳。

録驗方治傷寒八九日，腹滿内有熱，心煩不安，柴胡湯方：

蝭母二兩。　生薑三兩。　萎蕤三兩。　柴胡八兩。　大黄三兩。　黄芩二兩。　甘草一兩，炙。　人參一兩。　半夏二兩，洗。　桑螵蛸七枚。

凡十物，切以水一斗，煮得三升，温飲一升，日三。

千金方治傷寒熱病十日已上，發汗不解，及吐下後，諸熱不除，及下利不止，皆治之方：

大青四兩。　甘草二兩。　阿膠二兩。　豆豉一升。

四味以水八升，煮取三升，頓服一升，日三。

以上爲汗、吐、下三例。仲景與華佗同。

若熱毒在外，上在胸，下在腹。未入於胃，而先下之者，即陷胸之早下。其熱乘虛下之内虛。便入胃，即爛胃二字讀作「陷胸」。也。在胸腹雖入裏忌下，以裏即爲府者誤。然熱入胃須要復下去之，不可留於胃中也。陷胸泄心亦名下。胃若實熱爲病，承氣法。三死一生，皆不愈。胃虛熱入，爛胃也。其熱微者，赤斑出，今本斑證佚，當據此文與《病源》，于「陽明」篇後補此證。劇者，黑斑出。赤斑出者五死一生，黑斑出者十死一生。發斑，《病源》、《千金》與《翼》、《外臺》皆詳，本論無文，有脱佚也。但論人有强弱，本論方下屢言壯人、羸人之分，非死守經方，一成不變。病有難易，得效相倍耳。《外臺》此下有。病者過日，不以時下之，熱不得泄，亦胃爛斑出矣。十九字《病源》引在末。士弱氏曰：「藜蘆丸見五卷。」許仁則《療瘧》云：「曾用釋深師一方，大效，三味者近似。」得病無熱，《方下主治》作「大汗熱病」。但狂言，煩躁不安，精彩《病源》作「神」。言語不與人相主當者，五苓散主治同。勿以火迫之，但以豬苓散發汗散第二方。○《外臺》作五苓散。○正文以《千金》爲主。一方寸匕服之。《外臺》注：五苓散，仲景云豬苓散是也。在第二卷《傷寒·中風部》中，《千金翼方》五味者是也。當正但與新汲水一升若二升，强飲之，令以指刺喉中吐之，病隨手愈。若不能即吐者勿强與水，水停則結心下也，當更以餘藥吐之。皆令相主，不爾，更致危矣。若此病輩，不時以豬苓散吐解之者，其死殆速耳。亦可先以去毒物及法鍼之，尤佳。《病源》「時行」引至此止，以華氏法説時行病，《外臺》引作四首，《千金》合引爲一首。

夫飲膈實者，此皆難治，此則三死一生也。病者過日，不以時下，則熱不得泄，亦胃爛斑出也。

以上爲壞病汗、吐、下後方。仲景與華佗同。

春夏無大吐下，秋冬無大發汗。文詳三例，首發汗。發汗法，發汗以膏散圓爲主，論言至再三，不得已乃用湯。若《翼》本則開卷即湯，並無「《千金》有江南諸師秘仲景要方不傳」之説。冬及始春大寒時，宜服神丹丸，所引諸方，既仲景《傷寒論》有明文，必仲景方也。《千金》皆在此卷，則此卷爲仲景原文。《外臺》别諸方在一卷「雜療」中，而注云「並是論中所要」者，審此則當名「要方」，不可名「雜療」。亦可摩膏隋唐言摩膏者尚多，皆出仲景。火灸。《外臺》原注：膏在「雜療」中，黄膏七味，白膏四味，《范汪方》是也。若春末由春分至立夏也。及夏月初秋，由夏至至秋分。凡此熱月，不宜火灸，又不宜厚覆，古醫法分四時，拘經方者以爲非，大誤。六服六物青散。發汗散第四方。《外臺》原注：青散在「雜療」中，《范汪方》六味者是也。若崔文行度障散、發汗散第二方。《外臺》度障散在「雜療」中，《范汪方》六味者是也。赤散、散方中有華佗赤散十八味，又一赤散十四味，烏頭赤散六味。〇《外臺》原注：赤散在「雜療」中，七味者是也，本出華佗。雪煎亦善。汗例十九方，《外臺》原注：雪煎在「雜療」中，《古今録驗方》三味者是也。若無丸散諸膏散丸同在本卷，知爲《傷寒》古本首卷。及煎者，雪煎在湯法中。但單煮柴胡數兩，分壯小强弱。傷寒、時行，亦可服以發汗，時行、傷寒同治，仲景之原文。至再三發汗以三要方言。不解，本論之發汗，多不指傷寒。當與湯。以上皆用膏散丸，至不已乃用湯方，入汗、吐、下三例中。此《外臺》「雜療」所以謂膏散丸爲論中所要也。

以上爲發汗三要方例。

實者轉下之，以下詳下法。其脈朝夕駃者，駃與快通，駃豉丸之名同此義。爲實癖也。《外臺》傷寒有癖實及宿食不消方二首。朝平夕駃者非癖也，轉下湯爲可早與。調胃承氣、小承氣。但當少與，勿令大下耳，少與當數其間也。論下與下例同。病諸虛煩熱者，雜證内因。與傷寒相似，然不惡寒，身不疼痛，故知非傷寒也，不可發汗。忌汗大例。頭不痛，脈不緊數，故知非裏實，不可下也。經每以汗下對文分表裏。如此内外皆不可攻，而師强攻之，必遂損竭，多死難全也。

以上辨類傷寒不可汗下。

諸虛煩但當竹葉湯，本卷汗、吐、下後第一方，《外臺》原注云：竹葉湯在第三卷「天行虛煩部」中，出文仲方是也。若嘔者與橘皮湯一劑，不愈者可重與也，橘皮湯在第二卷「傷寒嘔噦部」中，四味者是也，出于《深師方》。此法數用甚效。《外臺》此法下有「宮泰」二字，古良醫名，別有見。傷寒後虛煩，亦宜服之湯。仲景、《千金方》同。○案：首二條，同出仲景，則《千金》非不見仲景原文，成本序例無華佗法。○郭白雲説：華佗法爲仲景前輩，故《千金》、《外臺》引作華佗而不曰仲景，以華氏在前也。下汗方亦引華佗赤散，華氏方多同仲景，不盡如史傳所記。

以上傷寒後虛煩。

仲景曰：凡欲和湯合藥鍼灸之法，宜應精思，必通十二經脈，辨三百六十五孔穴，榮衛氣行，知病所在，宜治之法不可不通古者。上醫相色，色脈與形不得相失。黑乘赤者死，赤乘青者生。中醫聽聲，聲合五音，火聞水聲，煩悶千驚，木聞金聲，恐畏相刑。脾者土也，生育萬物，迴助四傍。善者不見死，則歸之太過，則四肢不舉，不及，則九竅不通，六識閉塞，猶如醉人。四季運轉，終而復始。下醫診脈，知病源由，流轉移動，四時逆順，相害相生，審知藏府之微，此乃爲妙也。據《千金》卷一論治病略例補。○《千金》診候尚有引仲景二條，今補入膏散丸與汗、吐、下三例中。

張仲景曰：人體平和，唯好自將養，勿妄服藥，藥勢偏有所助，則令人藏氣不平，易受外患。唯斷穀者，可恒將藥耳。《醫門方》卷一「服藥節度」引《養生要集》云。

王叔和《醫心方》引《養生集要》：叔和名熙，或以爲姓王叔，大誤。曰：成本序例引無此四字，以上爲仲景原文，以下爲叔和語，故低格書之。方、喻以下乃以序例全出叔和，以不讀《千金》、《外臺》故。又傷寒之病，逐日淺深，以施方治。預備膏丸散。今世人得傷寒，或始不早治，汗法。或治不主病，病重藥輕。或日數久淹，困乃告師。師苟依方次第而療，則不中病。病已久，乃初告師，師以新病，依本卷所例次第治之，則病重藥輕不愈。皆宜臨時消息製方，無不效也。此指湯也，非如膏丸散三者，備方以待病之可比。案：此節《千金》本在經言之後，華氏條前，據《病源》、《外臺》引作叔和語，是也，今故從《外臺》作王叔和。○稱經言者，《病源》、《千金》二見，皆從此。則時行之氣也，止無此四行，據《外臺》引爲叔和首段，今從之。余擬采仲景舊論，録其證候，診脈聲色，指《脈經》言。對病真方上帙《千金》，下帙《金匱》。有神驗者，擬防世急也。此與成本可不可首同，爲叔和《脈經》叙文。今本《脈經》七卷，《傷寒》八、九卷，《金匱》。又土地高下寒温不同，物性剛柔飡居亦異，是故黃帝因四方之問，《靈樞·方治異宜篇》。岐伯舉四治之能，《醫心》首卷《治病大體》全引其文。以訓後賢，開其未悟，臨病之工，宜須兩審也。《外臺》注：《小品》、《千金》同。

又曰：夫陽盛陰虚，《外臺》作「表和裏病」。汗之則死，下之則愈。此論汗、吐、下宜忌，在仲景三例。

陰盛陽虛，《外臺》作「裏和表病」。下之則死，汗之則愈。夫如是，則神丹發汗丸第一方。安可以誤發，神丹多熱藥。甘遂何可妄攻？《外臺》注：甘遂者，水導散也。《千金》在吐例中。虛盛之治，《外臺》作「表裏之病」。相背千里，吉凶之機，應如影響。然桂枝此以汗言。○桂枝當作「解肌」，與承氣、瀉心、陷胸相同，故凡與承氣、四逆對文者，皆爲解肌。下咽，陽盛則斃；《外臺》作「表和則斃」。承氣入胃，亦指下劑四方，大小桃仁，調胃非一方也。陰盛以亡。《外臺》作「裏平以亡」。若此陰陽虛實之交錯，其候至微，表宜汗，裏宜下，上宜湧，下宜泄，虛宜溫。發汗、吐、下之相反，其禍至速。叔和《脈經》編次仲景書，於雜病《金匱》以病名分類，于《傷寒》以可不可分類。以《傷寒》之精微，全在此可不可中也。而醫術淺狹，不知不識，病者殞沒，自謂其分。至令冤魂塞於冥路，夭死盈於曠野，仁愛鑒此，寧不傷楚。以上《外臺》引作第三段。

夫傷寒者，指五種言。起自風寒，風讀作熱。入於腠理，皆由風得之。與精氣分争，榮衛否隔，周行不通。病一日至二日，氣在孔竅皮膚之間。仲景説與華佗同，晉則叔和，唐則《千金》、《外臺》，宋則《活人》、《補亡》。成注皆用此法，近人則知者鮮矣。故病者頭痛惡寒，腰背强重。此邪氣在表，發汗則愈。三例汗法。三日以上，氣浮在上部，上焦湧之胸，宜吐。填塞胸心，心即胸轉詞，實一部位。故頭痛，胸中胸中爲胸，胸下爲腹。滿，當吐之則愈。三例吐法。五日以上，氣沉結在臟，故腹脹，下焦之上部。身重，骨節煩疼，當下之則愈。五日在腹，泄之；六日在胃，下之。此詳五日而略六日。明當消息病之狀候，《脈經》之脈證。不可亂投湯藥，虛其胃氣也。以胃氣爲主，如東垣法。○此叔和申明華氏、仲景舊法者，成本序例亦佚。豈以所餘，專爲《翼》本三陽三陰篇，惡其害己而去之耶？經言仲景汗、吐、下禁例。脈微陽病愈脈。不可吐，汗下亦同禁。虛細陰證病脈。不可下，亦禁吐汗。又夏月亦不可下也，三例首條分四時，叔和此亦仲景文，而後人疑之誤也。此醫之大禁也。《脈經》可不可詳矣。以上《外臺》引作《千金》第二條、《脈經》撰六經宜忌爲第七卷。

脈有浮沉，轉能變化。或人得病數日，方以告醫。雖云初覺，視病已積日在身。其疹瘵結成，日久多已入裏。非復發汗膏散丸。解肌發汗與解肌異名同實，非如俗説相反。所除，三日以後入裏，不用汗。當診其脈，隨時形勢，救解求免也。不可苟以次第爲固，失其機要，即汗、吐、下例。乃致禍也。此傷寒次第病。六層法，非六經迭傳次第。三日以內華氏三例。發汗者，謂當風解衣，夜臥失覆，寒濕所中，以上爲觸冒之實。並時有疾疫賊風之氣避瘟法，在《千金》「傷寒」第二。相染，易爲邪惡所中也。以上爲外因。至於人自飲食生冷過多，腹藏不消，轉動稍難，頭痛身溫，其脈實大者，便可吐下之，不可發汗也。以上《外臺》引作《千金》第一首，詳《脈經》可不可中。○此條成本序例有。

陳廩丘云：「或問得病連服湯藥發汗，汗不出，如之何？」答曰：「醫經云，連發汗，汗不出者，死病也。吾思之，可蒸之，如蒸中風法。熱溫之氣，於外迎之不得，不汗出也。後以問張苗，苗云，曾有人作事疲極汗出，臥單簟，中冷得病，但苦寒倦。諸醫與圓散湯，丸散在湯之先。四日之內，凡八過發汗，發汗膏丸散湯共四門湯，又以解肌爲主，不似宋以後之書，恃麻、桂也。汗不出。苗令燒地布桃葉蒸之，即得大汗，於被中就粉傅之身，使極燥，乃起，便愈。後數以此發汗，汗皆出也。人性自有難汗者，非惟病使其然也，蒸之則無不汗出也。」以蒸補四法之不足，共爲五門矣。

論曰：此爲《千金》論，成本《敘例》本由此而出，乃鈔此，與《外臺》而盡去其人名書名，致使後人不知爲孫氏説，概詆爲叔和。凡人有少苦，似不如平常，即須早道。若隱忍不治，冀望自差，須臾之間，以成固疾。小兒女子，益以滋甚。若時氣不和，當自戒謹。若小有不和即治療，尋其邪及在腠理，以時早治，鮮不愈者。故三要方發汗湯，首二卷詳之。患人忍之數日乃説，邪氣入臟，則難可制止，雖和、緩亦無能爲也。傷寒專治皮膚爲要法。癰疽、疔腫、喉痺、客忤，尤其爲急，此自養生之要。《外臺》引爲《千金》第一首。

凡作湯藥，不可避晨夜時日吉凶，俗治病、采藥，有擇日吉凶説。覺痛須臾，即宜便治，不等早晚，則易愈矣。服藥當如方法，若縱意違師，不須治之也。《外臺》作第二首。○《外臺》所引姓名甚明，《千金》亦同此，而喻、程輩全以屬之叔和。《千金》、《外臺》非秘書，何不小加檢察？喻氏所駁「序例」，於仲景原文及《千金》論同歸叔和，亦可謂不審矣。

凡傷寒多從風寒凡風與寒字對稱者，皆當讀作熱。得之，觸冒。始表中風寒，要方皆詳汗。入裏則不消矣。温瘧、寒瘧，二大提綱。未有温覆，謂膏散圓湯。發汗獨占四門，禦之於外，則不能入裏。而當不消也。《外臺》引無此節。案：成本《傷寒序例》本抄《千金》、《外臺》總論而成。考《外臺》注有仲景原文二條，其引陰陽大論、華佗、叔和、陳廩邱、范汪、《小品》、《千金》、《經心》，共八家一十六首，作者姓名甚明。成本於所有姓氏俱從删削，尊之者以爲各條全出仲景，不信者則謂全出叔和。皆由成未悉著書體例，徵引舊説，不能不出姓名，致讀者徒滋迷罔也。

凡得時氣病五六日，而渴欲飲水，飲不能多，不當與也。所以爾者，腹中熱尚少，不能消之，便更爲人作病矣。《水本論》有此明文，此推之時氣。若至七八日，大渴欲飲水者，猶當依證而與之，與之勿令極意也。言能飲一斗者，與五升。若飲而腹滿，小便澀，若喘若噦，不可與之。

忽然大汗出者，欲自愈也。人得病能飲水，欲愈也。《外臺》引作第三首，此論時氣與水法。

凡温病可鍼刺五十九穴，又身之穴六百五十有五，其三十六穴灸之有害，七十九穴刺之爲災。《外臺》不引此條，此論温病與刺法。

傷寒之雜病古本第六《翼》本十卷

太陰病狀第一

太陰經絡。脈浮，可發其汗。經病在表，六經同以汗解，《輯義》本章末有「宜桂枝湯」句。

太陰經絡。中風，與傷寒對文，統外感言。四肢煩疼，陽微表病以脈微爲愈候。陰澀□□而長讀去聲，作長大之長，不作長短。爲欲愈。三陽以脈微爲病解，三陰以脈浮大爲病解。○病□□□條。

太陰病經絡。欲解時，從亥盡。三條表證，下四條裏證。

太陰之爲病，以下皆裏證，所謂太陰陽明。腹滿言滿者不痛，腹屬太陰，詳《太陽用陷胸法》第六。而吐，食不下，脾病自利益甚，合病併病之下利，屬太陰，非三陽病。時腹自痛。病名結胸。若下之，其病在腹，屬太陰證，不宜下。必胸下與心下同爲腹別稱。堅結。即腹痞、腹堅結。○《翼》元本自利作「下之」二字，無「若下之必」四字。

自利不渴者渴屬少陰。屬太陰，三言屬太陰，五日病在腹也。其藏有寒故也。陽明之太陰陽明。宜温之，宜温第七，凡有此條。宜四逆輩。《脈經》作「湯輩」字，是也。考四逆有數方。亦如用承氣法，承氣大名，方有四用。陷胸法，陷胸總名，方有七。古本初諸方止一名，一名數方爲古書之大例。故《千金翼》諸門言「餘方無名者，散見本類」，至六十見，方皆無名者四見。惟傷寒九、十兩卷無此例，有方皆立名，雖至單方一二味者，皆有。以方名出仲景，特别詳之，故方名至百一十三之多。據原來大名，如徐氏《類方》，至多不過三四十方。如《聖濟總録》傷寒門，桂枝有十五方，麻黄有十一方。變爲名同方異，古書常例，皆爲仲景方，後人乃分析立名。如成氏十卷，别立加減方名，若依其例，取成本所佚之青龍、柴胡、理中、四逆湯，四逆各加減法立方，尚可多添二三十方。

傷寒脈[浮]沉。而[緩]細。手足温，是爲繫在太陰。陽明所謂太陰陽明，非傳經以病屬之。在太陰當發黄，小便自利者不能發黄。發黄爲雜病，《金匱》有專篇，傷寒陽明太陰皆詳之，所謂傷寒之雜病。至七八日雖煩，暴利十餘行，太陰病自利。必自止。小便自利，脾不虚。[傳]所以自止者，脾家實，「陽明」篇分實與虚爲二。腐穢當去故也。《輯義》本：「雖煩暴至故也，作大便鞕者，爲陽明病也。」

本太陽病，表未解。醫反下之，與結胸同。因腹滿時痛，爲屬太陰，因病變名之，非經絡。桂枝加芍藥湯主之。與瀉心同。大便實痛者，太陰與陽明二篇合讀。桂枝加大黄湯主之方。《翼》元本無「大便」

二字。

桂枝《輯義》本有「去皮」二字。　生薑切，各叁兩半。《輯義》本作貳兩，《翼》元本無「半」字。　芍藥陸兩。

甘草二兩炙。　大棗拾貳枚，擘。

右五味以水七升，煮取三升，去滓，分温三服。《輯義》本章末有本云：「桂枝湯今加芍藥。」

加大黄湯方按：二方皆由桂枝而變，《類方》統於桂枝。《聖濟》十六桂枝湯有此方也。

大黄二兩，一作「半兩」。

右於前方中，加此大黄二兩即是。《輯義》本注引《玉函》作三兩，成本作一兩。

【傳】本無陽證無表證，專屬裏，爲純陰。　脈弱，其人續自便利，設當行大黄、芍藥者，宜減之。上法虚寒宜温。　以其人胃氣弱，脾與胃互文見義。　易動故也。《輯義》本首句作「太陰爲病」。

太陽病用麻黄湯法第二一十六證，方四首。　麻黄《聖濟》有十二方，《深師》亦作麻黄解肌。　當古本發汗獨稱桂枝無稱麻黄者，爲解肌湯所統。

太陽病脈浮之病名。　或已發熱，入裏乃發熱。「陽明」篇：惡寒自罷而惡熱。　或未發熱，《病源》云發寒。必惡寒，真傷於寒，表裏皆惡寒。「太陽」首條：太陽之爲病，頭痛項强而惡寒。　案：《内經》太陽經病表，無「惡寒證」三字，當在第二條「脈浮」下。　體痛，以上表證，包手足二經言。　嘔逆，此爲表證，病在胸。　脈皮。　陰裏三日。　陽表三日。　俱緊，陽表作浮緊，陰裏作沉緊，緊爲寒，表裏皆同。　爲傷寒。此與桂枝對鍼，爲一小名詞。　案：人之爲病，以寒熱爲大綱。以外感論，許仁則有陽傷寒、陰傷寒。日本丹波《傷寒述義》專以寒熱分門。蓋風爲陽邪，寒爲陰邪。故《金匱》五藏積聚，以五中風對五傷寒。風爲熱症，寒爲陰症。陽症中熱，無論表裏，皆皮膚解緩；陰症傷寒，無論表裏，皆皮膚緊緻。

傷寒一日，太陽從一日至三日在表，同稱太陽。脈弱。此以不病與愈脈言表裏，病脈當浮數，愈脈陽微弱同。至四日，五日六日在所包。太陰少陰厥陰同。脈大。凡例三陰以四日統之，三陰之病，脈沉遲細微，以浮爲愈脈。太陰脈陽微陰浮而長，爲欲愈。長去聲，即大也，此爲全書愈脈大例。

傷寒一日，包三日言。太陽受之。太陽脈浮宜汗。脈此指三陰經動脈。若静者，静與微弱同，爲愈脈。爲不傳。裏不受邪。由表入裏，乃爲傳，非傳經。頗欲嘔，胸病。若躁煩，裏乃煩。「少陰」篇：「病人若無大熱，但煩躁者，此爲陽去陰入也。」脈數急者，陽盛則脈數，病數之小名。乃爲傳。脈數，云數浮大變沉遲細爲入裏，由三陽變三陰，此疾專就入陽明數大熱言，若虚寒則與此不同。宋以後以六經分層次，六日迭傳，皆誤説，今不取。

【傳】傷寒五種外感，同以傷寒爲標目。外感之治，去專在於汗，故三要方皆主汗。若入裏以後，則與雜症同治。故《千金》首二卷專詳汗法，爲傷寒正對方。其二陽本論二陽，合病之二陽，即指陽明、少陽言。以經絡言爲二陽，以裏症言則爲裏症之二，所謂胃與胸。證成本作陽明少陽，指胸胃病煩不食是也。不見，上詳脈，此詳症，參合乃全。此爲不傳。以上三條爲表裏大例。

太陽病爲脈浮病總名。頭痛三陽皆頭痛，不止太陽。發熱，陽虚外熱。身體疼，包手足言，不止足病，手亦病。腰痛，《内經》病表，十二經皆有腰痛，不專屬足太陽。骨節疼，惡風當作「寒」，身體寒，則無惡風證。《千金》正對不言惡風惡寒，有汗無汗者，《雜病篇》乃詳之。而喘，雜症陰强陽弱。《病源》喘雜症有專篇，在《傷寒》則謂之傷寒之喘候。麻黃湯此爲加減小方名。主之。同爲寒病，長實無汗皮緊，受陰邪爲傷寒表虚，皮緩多汗，受陽邪爲中風，麻黃二方小例，不可推以説全書。○古法在解肌湯中，故經言發汗無用麻黃者，以解肌包麻黃，桂枝即解肌也。

太陽《病源》作肺、大腸，舊本合病併病全誤作陽，惟《病源》有「陰」字。陰手太陰肺。陽明足陽明大腸。合病，據《醫門》作「凡病喘而胸滿，不可下之」。《病源》有「心下牢滿不可下」，皆無此七字。喘肺病。而胸滿，胸滿在上焦，忌下。不可下也。此爲宜忌凡例一條。今本凡六經字樣，與症下之方，多爲後師所補。據《醫門》此條止十字，上無「合病」七字，下無「宜麻黃湯」。據下條當小柴胡湯。脈浮者宜麻黃湯，胸滿不宜汗，此因下文而誤。麻黃湯專治肺喘，有肺病宜之。

傳病承上條言。十當作「四」字。日以去，此爲陽去入陰之去。其脈浮當作「沉」。細，少陰脈細但沉。嗜卧，純陰症。此爲外解。純爲陰症，所謂無表證外解，脈純陰當温之。設凡言設者，假定之詞，此别一義矣。胸滿脇痛，半表半裏。與小柴胡湯，有表裏證和之。脈浮足見上當爲沉。者，初言四日以後裏證，次詳半表半裏證，終之以宜汗表證。麻黃湯主之。《聖濟》十二，麻黃湯酌用之。

太陽病脈浮緊無汗而發熱，已有裏證。其身疼痛，表證包手足六經言。八九日不解，其表候續在，上條言外解，與此反。此當發其汗，解肌。服藥微除，其人發煩目瞑，有此則内熱甚。劇者必衄，宜麻黃湯，當在此下。衄者解。用藥在未衄之前。

解所以然者，陽氣重故也，表證久不解。宜麻黃湯。但脈浮者宜之，謂未衄之前。

脈浮而數者，浮爲大例，數則有熱。可發其汗，宜麻黄湯。脈浮爲三陽病脈。此當用解肌之法，有凉藥者，證下之方，多爲後師所補，《脈經》多無之。

傳 傷寒夏月時行。脈浮緊，病狀與平人反。不發其汗，以熱月多汗。因致衄，宜麻黄湯。麻黄兼有血藥者。

脈浮動脈。而緊。診皮。浮傷寒脈浮緊，中風脈浮緩，在表無論風寒，脈皆浮。凡例：浮爲病在表，宜汗是也。今乃以浮爲風，風字大例，又讀作熱。風爲陽邪，五種病謂由風得，浮下口緊緩字讀之。則爲風，風爲陽邪，熱月皮緩。緊則爲寒。凡緩爲陽病，凡緊爲陰病，不分表裏。風則爲傷衛，風爲陽邪，腠裏開，表裏皮皆解緩，傷衛表虚。寒則傷榮，寒爲陰邪，腠裏閉，皮皆緊澀無汗。傷榮汗不出，汗即是血。榮榮主肝足經。衛衛主肺手經。俱病，風寒兩感。骨節煩疼，專爲寒。可發其汗，熱有傷寒，氣爲時行，當發。若冬月寒禁，傷寒則禁大汗。宜麻黄湯。一云西北人多寒病，東南人多熱病。

太陽病此條與末條症大同。下之後喘者，表病以惡寒爲大例，讀作喘而惡寒。外未解故也，一説麻杏爲肺手太陰經專藥。宜麻黄湯。一云桂枝，一云桂枝加厚朴杏仁湯。案：此一如《補亡》，一證兼列數方，諸家彼此不同，能得傷寒大例，則不必如《溯源》之株刻，爲前人所囿。按：桂枝法中有一云麻黄，今此條又一云桂枝。如今本之桂、麻止一方，彼此相反，如何可以通融？且上證條文，二法皆同，又何以緟見？二法中考《聖濟》桂枝有十八方，麻黄有十二方，故彼此可以通用。若如今本止二方，則萬不可通融矣。

麻黄湯方：《聖濟總録》麻黄湯共十二方，《翼》本蓋未全録，今文所列諸證，亦非一方所能遍治。

麻黄去節，三兩。桂枝去皮，二兩，一無去皮。甘草一兩，炙。杏仁七十枚，去皮尖及雙仁者。

右四味，以水九升，煮麻黄減二升，去上沫，内諸藥，煮取二升半，去滓，温服八合。覆取微似汗，不須啜粥。餘如桂枝法。麻黄湯，《深師》、《外臺》亦稱麻黄解肌湯。

太陽病《内經》六經之表證，本論惟詳太陽之頭項，以下五經皆略而不言，以風病在經，皆以脉浮之太陽病代之。項背强几几，以經絡言。無汗，惡風，此風字當爲寒。○解肌湯，湯法皆不言有汗無汗，惡寒惡風。葛根湯主之方：此方與解肌同，葛根主解肌。

葛根四兩。　生薑切。　麻黄各三兩。　桂枝去皮，一無去皮。　芍藥　甘草炙，各二兩。　大棗十二枚，一作「十二枚」①。

右七味㕮咀，以水一斗，先煮麻黄、葛根，減二升，去上沫，内諸藥，煮取三升，去滓，分温三服，不須與粥，取微汗。一無㕮咀。

太陽□□舊本合病、並病皆有陽無陰，俗説以爲三陰陰□無合病並病。《病源》有二條，尚爲「陰」字，今故以表裏言之。與陽明「陽明」篇太陰陽明。合病足脾胃，手肺與大腸。而一作「必」。自利，太陰主自利。葛根湯主之。用上方，一云用後葛根黄芩黄連湯。方多爲後師所加，故《翼》本各方，《脈經》多無，又彼此不盡同，學者須活讀，不可膠刻求之。

太陰與陽明合病，成本有此七字，《翼》本無。不下利，太陰自利，下利爲常，不則變。一條云必下利。但嘔

① 十二枚：據文意，疑當作「二十枚」。

者，葛根加半夏湯主之。葛根湯中加半夏半升洗即是。太陽病桂枝證，凡汗方，皆當作「解肌」。醫反下之，利遂不止。此爲誤下病，本論之壞病兼雜病言，不專屬醫誤。其脈促者，據例當作「浮」，言促則文義不明。表未解也，喘此法詳喘，以麻黄故。而汗[不]出者，「出」上當有「不」字。宜葛根黄芩黄連湯方：一無「者」字。

葛根半升。　甘草二兩，炙。　黄芩　黄連各三兩。

右四味，以水八升先煮葛根減二升，内諸藥，煮取二升，去滓，分温再服。

少陰篇類鈔

少陰四十五條，元本每條皆冠「少陰」字，爲他經所無，無「傷寒」字，無「脈浮」，無「汗自出」，止汗證二條。

太陰用桂枝，此不用桂枝，而用麻、辛、附、草。純陰分二大例，脈沉爲裏，與脈浮爲表之「太陽」篇反對；微細爲虚寒，與「陽明」篇之洪大成反比。

少陰本經脈證

少陰經絡。病脈沉，冬月正傷寒。始得之，由表入裏，始入，表未盡罷，如柴胡證，半表半裏。反當作「不」。發熱，不發熱謂身發寒。脈[反]「反」字《金鑑》删。沉者，當作「浮若沉」，則例不用麻黄。麻黄細辛附子湯主之。

宜温。凡首條大法，冬宜服温熱藥。華氏法，秋冬無大發汗。此冬月正病，邪初入裏，故不敢大發汗，兼用温藥。〇麻黄法用發汗者，皆熱月傷於寒，爲時行病，與寒瘧同，若寒月則禁大汗。

〇傳 少陰病經絡。得之二三日，解始得之。麻黄附子甘草湯微發汗。冬月禁汗。與上方意同。古方同出一家傳本，藥味多有小異，不足怪。

解 以二三日無裏證，故微發汗。是止有表證，當發汗，以冬月禁大汗，故微汗之。

少陰中風，中風總名，《外臺》三卷引《病源》六經中風爲提綱。其脈陽微如常。陰浮，此爲陰變陽脈。爲欲愈。以此爲提綱。〇病脈陽浮大，陰細弱，愈脈相反，故表病以脈微爲愈，陰病以浮大爲愈。

少陰病欲解時，從子盡寅。陰極陽生，不以爲水旺。

純陰脈證

此篇大抵皆雜病，與「太陽」、「陽明」二篇相鍼對。表證針對太陽，陰寒針對陽明。

太陽用柴胡法云，傷寒五六日，頭汗出，讀作「大汗」。微惡寒，手足冷，以上病在表。心下滿，口不欲食，大便堅，以上病在裏。其脈細，據下當作「沉」。此爲陽微結，有表復有裏也。表爲陽結，裏爲陰結，陷胸湯法。脈沉則爲病在裏，據此知「細」當作「沉」。頭汗出亦爲陽微結。汗大出屬表證。假令純陰結，無表證則爲純陰。不得復有外證，「少陰」篇無外證，故少陰當讀作純陰。悉入在於裏，悉入於裏，故稱純陰。此爲半在表，半在裏。脈雖沉緊，不得爲少陰。此「少」字當作「純」，古「純」字或作「屯」，與「少」字形近而誤。

所以然者，陰不得有汗，今頭大。汗出，「大」字即以解上「頭」字。故知非少陰也。此一節之中一作「純」，二誤作「少」，「少」、「純」互誤，此經之明證。喻氏嘉言《腎病論》中，少陰皆指爲藏病，藏病則爲陰陽交，死證矣。

入裏忌汗例忌發汗十四條，録六條。

少純陰病，脈微，忌發其汗，無陽故也。當温。

少純陰病，脈細沉數，病爲在裏，忌發其汗。

咽中閉塞，忌發其汗，發汗即吐。血氣微絶，手足逆冷，咽喉乾燥者，忌發其汗。

冬時忌發其汗，發其汗必吐利，口中爛、生瘡。

欬而小便利，若失小便者，忌攻其表，汗則四肢厥逆冷。

少純陰病，欬而下利、譫語，是爲被火氣劫故也。小便必難，爲强責，少陰汗也。

少純陰病，脈細沉沉在裏。數，病在裏，與「太陽」篇脈浮病在表比例。不可發其汗。此條爲表裏例，與太陽之自汗脈浮緩不同。

少純陰病，脈緊者，寒證陰陽俱緊，此專屬陰證沉緊言。至七八日自下利，腹病。其脈暴微，陽微則類緩。手足反温，緊則手足冷。其脈緊反去，此爲欲解，三陰中風條，皆以陽浮陰微爲愈候。雖煩下利，必自愈。脈和爲愈脈，不須用方治。

少純陰病，但厥無汗，純陰不得有汗。而强發之，所謂强責純陰汗。必動其血。未知從何道出，或從口鼻，或從目出，是爲下竭上厥，爲難治。

少純陰病，其人飲食入則吐，四日病在胸。心中温温，欲吐復不能吐。熱則劇吐。始得之，手足寒，寒外證。脈弦當作「弱」。遲，寒脈證。此胸中實，病在胸。不可下也，忌下門同。當遂吐之。宜温，凡引遲下云：「若膈上有寒飲，乾嘔者宜温之。」忌吐門引無此十二字。○此當用温藥。

傳若膈上有寒飲，乾嘔者不可吐，當温之宜四逆湯。

少純陰病，下利六七日，欬而嘔渴，心煩不得眠。水證，此全屬雜病矣。豬苓湯主之。《翼》元本「下利」作「不利」。

少純陰病，得之二三日以上，心中煩不得卧者，黄連阿膠湯主之。與前證異同宜細辨。

宜温例 虚寒宜温，宜温凡十條，稱少陰者三，下利者四，此爲虚寒純陰證。大法冬宜服温熱藥。華氏法詳寒月、熱月用方不同。此法近代失研究。

少陰病，下利，脈微澀，嘔者，宜温之。

自利不渴者，屬太陰，其藏有寒故也，宜温之。

少陰病，其人飲食入則吐，心中温温，欲吐復不能吐。始得之，手足寒，脈弦遲，若膈上有寒飲，乾嘔者，宜温之。

少陰病，脈沉者，宜急温之。

下利復脹滿，身體疼痛，先温其裏，宜四逆湯。

下利，脈遲緊，爲痛未欲止，宜温之。

下利，脈浮大者，此爲虚，以强下之故也，宜温之，與水必噦。

下利欲食者，宜就温之。

師曰：病發熱頭痛，脈反沉，以脈定。若不差，身體更疼痛，當救其裏，宜温藥四逆湯。

少純陰之爲病，脈微細，微細更屬虚寒。但欲寐。此條虚弱例，與陽明胃實大便鞕，脈洪大不同，爲純陰。

無論何經，以脈微細沉，病爲在裏，定爲純陰，與虚寒之純陰同。

【解】少陰病，脈微細沉，但欲卧，汗出不煩，自欲吐，至五六日自利，復煩躁不得卧寐者，死。

【傳】少陰病，欲吐而不吐，心煩但欲寐，五六日自利而渴者，屬少純。陰也。無經，病不指經絡，爲虚寒裏證之符號。虚故引水自救。若小便色白者，少陰病形悉具。

【解】其人小便白者，下焦虚寒，不能制溲故也。

少純陰病，其脈沉者，當温之，宜四逆湯。宜温凡第九。宜温十條，大抵出於少陰、厥陰，故宜温主少陰。

四逆共有七方，因爲雜病方，非傷寒法。

少純陰病，下利清穀，裏寒外熱，手足厥逆，傳之四逆。脈微欲絶，身反不惡寒，其人面赤色，或腹痛，或乾嘔，或咽痛，或利止而脈不止，通脈四逆湯主之。母方例言加減青龍黃龍是也，桂枝首方無加減，文在《千金》陽旦陰旦節度中。○言仲景者株守百十三方，不知古書一名多方，如解肌湯可證。徐氏《傷寒類方》分十二門也。《翼》本於「傷寒」二卷，每方必別立名，不似他卷，數方同名，無名之方不爲立名。若就《翼》例推之，加減皆別立方名，則柴胡、真武、四逆湯、四逆散，□□之加減，尚可別之二三十方，則固不止百一十三。若就大名以統，則《類方》之十二門，固足以包之也。

傳 少純陰病四逆，其人或欬或悸，或小便不利，或腹中痛，或泄利下重，五或字。四逆散當作「湯」。主之。散方與四逆湯同有加減，柯氏疑散方仿大柴胡湯下法加減，與四逆湯多異。用藥多寡懸殊，疑爲編纂之誤。今以證爲上條之傳，方則另列，以純陰病不能用散下之劑。

少純陰病，其人飲食入則吐，心中温温，欲吐不能吐。始得之，手足寒，脈弦遲，此胸中實，不可下也，當遂吐之。

傳 若膈上有寒飲，因寒故温，非寒則宜吐。乾嘔者，不可吐。此爲禁吐凡。當温之，宜温入。宜四逆湯。忌吐。○與前吐法並詳。

少純陰病，二三日不已，至四五日腹痛，小便不利，四肢沉重，疼痛而利，此爲有水氣。其人或欬，或小便自利，或下利，或嘔。玄武湯主之。此爲五神五方之一，東青龍，西白虎，中黃龍，柴胡、承氣爲朱雀、元武北方。此五方，母方各有加減法，餘方皆由母方出。以藥味立名，母方不過十四，與《類方》略相似。○若別立方名，可多四方。成本於本論全以加減立方，續成十卷。

少陰病，得之一二日，口中當有「不」字，與「不仁」同。和，其背惡寒者，當灸之，附子湯主之。

少陰病，身體痛，手足寒，骨節痛，脈沉者，附子湯主之。

少陰病，吐利厥逆，煩躁欲死者，茱萸湯主。

少陰病，下利，白通湯主之。

少陰病，下利，脈微，服白通湯利不止，厥逆無脈，乾嘔，煩者，白通加豬膽汁湯主之。

少陰病，下利，脈微澀，嘔宜溫。又作「嘔者當溫之」，無下文。而汗出，必數更衣，反少者，當溫其上，灸之。

少陰病，下利，便膿血，桃花湯主之。

傳 少陰病二三日至四五日，腹痛小便不利，下利不止，而便膿血者，桃花湯主之。

傳 少陰病，下利便膿血者，可刺。

少陰病，下利，咽痛，胸滿，心煩，豬膚湯主之。

少陰病，但厥無汗，而强發之，必動其血，未知從何道出，或從口鼻，或從目出，是名下竭上厥，爲難治。重見。

少陰病，下利，若利止，惡寒而踡，手足溫者，可治。

少陰病，惡寒身踡而利，手足逆冷者，不治。

傳少陰病，惡寒而踡，時自寒，欲去其衣被者，可治。《翼》元本作「不可治」。

少陰病，吐利躁煩，四逆者死。

傳少陰病，其人吐利，手足不逆，反發熱者，不死。

解脈不足者，灸其少陰七壯。

少陰病，下利止，而頭眩，時時自冒者，死。

少陰病，四逆，惡寒而踡，脈不至，其人不煩而躁者，死。

少陰病六七日，其息高者，死。

少陰病，脈微細沉，但欲卧，汗出，不煩，自欲吐，至五六日，自利，復煩躁不得卧寐者，死。

下例

少陰病，無表證，此以下證爲陰。以表裏分陰陽，與以寒熱分陰陽者，文同義異。得之二三日，口燥咽乾，急下之，但云得之二三日，口燥咽乾，乃入急下者，以其餘下證包入「純陰病」三字中。宜承氣湯。《輯義》本作大承氣湯。○少陰急下，當與陽明不同，不可用承氣。

少陰病，「陽明」篇所云陽明病，具與此義同。以府病言，謂之陽明。以表裏言，謂之純陰。此當入《名號歸一表》。自利清同圊。水，色純青，此爲陰寒。心下必痛，口乾燥者，有宿食。可下之。以熱藥下之。○宜大承氣湯。此爲後人所補。

少陰病六七日，腹滿，不大便者，急下之。宜下之云：凡病腹中滿痛者爲實，宜下之。○宜大承氣湯。陰證之下，宜用大黄附子湯。《金匱》篇有其文，「三陰」篇乃無之，皆作承氣。後師所加，多失本義。

少陰病八九日，一身手足盡熱者，以熱在膀胱，必便血。少陰病得之二三日以上，心中煩不得卧者，黄連阿膠湯主之。

咽痛

夫病，其脈以病脈言。陰裹證。陽表證。俱緊，陽病浮緊，陰沉緊，此爲陰脈沉緊。而反汗出，純陰不能有汗。脈沉乃加反，省文互見。爲亡陽，下作「無陽陰寒」。無陽則陰不能獨復。屬少陰，與太陽之脈浮成反比。法當咽痛，而復吐利。

傳 少陰病二三日，咽痛者，可與甘草湯，不差，可與桔梗湯。

少陰病，咽中傷生瘡，不能語，言聲不出，苦酒湯主之。少陰病咽中痛，半夏散及湯。

太陽病用陷胸湯法第六上二十一証，方十六道。

方以「陷胸」爲名，乃四日病在胸之總名，統吐之瓜蒂、《類方》之梔子豉五方，及此卷之陷胸各方。今於本卷用原次《類方》評議，則以胸病各方歸爲一類。○《外臺》卷二傷寒結胸方七首一十二法，引仲景《傷寒》云，並出第四卷中。是《外臺》所據，本與《翼》本太陽用陷胸法同。據《外臺》二條，胸當讀作腹，今以泄心湯歸入腹病。五日腹胸病始當吐，誤治乃逐水下氣。

病如桂枝證，解肌脈浮。《聖濟》桂枝有十六方，《類方》桂枝亦統十餘方，太陽用桂枝法，本論或稱桂枝證，或稱桂枝法，統此一門而言，非專指四卷之一方，宋以下說皆誤。頭項不强痛，不屬太陽經。寸脈微浮，已入裏，診寸脈。胸中痞堅，惟此一條爲胸病。氣上衝咽喉，肺氣上逆。不得息，《病源》氣逆候。此爲胸有寒，讀作痰。當吐之，宜瓜蒂散方：諸亡血虚家不可與瓜蒂散，此當久字。○《聖濟》可吐門方以瓜蒂居首。

瓜蒂熬。　赤小豆各一分。

右二味搗爲散，取半錢匕，用豉一合，湯七合，漬之須臾，煎成稀糜，去滓，内散湯中和，頓服之。若不吐，稍加之，得快吐止。諸亡血虚家不可與瓜蒂散。凡例「忌吐」校：吐法較汗下最爲簡單，故《千金》三例吐法，《脈經》、《醫門》、《千金翼》、成本四同太陽七法。五六兩門爲裏證，承氣、陷胸爲六日五日下泄法，四日本論止載瓜蒂一條。從病重輕逆數，由六日至五日，又由五日而四日。故前二門桂、麻爲表證，後二門爲裏證，三四日之青龍、柴胡爲半表半裏證。七日雜療，以雜治之水火離病，血證附之焉。

問曰：「病有結胸，有藏結，當作：「結胸病，有陽結，有陰結。」其狀何如？」按：吐例本簡單，本論止載一瓜蒂爲正法，所有陷胸、梔子皆誤治。病變仍以胸病統之，故總名陷胸也。答曰：「按之痛，其脈。寸口脈陰脈，太陰肺。浮，[關]頸。上關當作「頸」，皆後人所改，謂趺陽。自沉，陽脈，陽明胃。爲結胸也。」藏浮府沉。「何謂[藏][陽]結？」答曰：「如結胸狀，飲食如故，時小一作「下」。利，陽脈人迎爲陽脈，《外臺》陽脈口後人所改。浮，此爲陽結。[關上]當作「寸口」。細沉而緊，《外臺》作「小細而沉緊」。名爲藏當作「陰」。結。陽結、陰結，以藏府分其脈，亦以人迎、寸口别之。言寸口則當與人迎對，言陽脈則當與寸口對。舌上白胎者，爲難治。」當作「不可攻」。

[傳][藏]陰結者無陽證，純陰結不得復有外證，悉入在於裏。不往來寒熱，《外臺》引：「十餘日熱結在裏，復往來寒熱者，與大柴胡湯，陽結乃有下法。」其人反静，脈不躁疾。舌上胎滑者，不可攻也。不可用大柴胡。

[傳]夫病發於陽表陽結。而反下之，表不當下，故言反。熱入，因作結胸。此爲陽結，柴胡法有陽微結之文。發於陰尚在胸腹，所謂太陰少陽合病，此爲陰結，已入裏。而反汗之，一作「下」，《外臺》亦作「汗」。○不言下之早，是也。舊本不分陰陽，同作反下，今故改陰結爲早下。因作痞。腹滿。○柴胡法有「假令純陰結」之文。

[解]結胸者，此指陰結言。下之故早也，陷胸法兩言太陰少陽，四日在胸宜吐，所謂在上則吐；五日在腹，所謂在下則利。《活人》云：「在表汗之，在裏下之，在上湧之，在下泄之。」陰結病未入胃而先下之，故言下之早，在表言反下，

在裏言早下。結胸項亦强，如柔痓狀，下之即和，五日病與六日同名下。宜大陷胸丸。《外臺》別爲一例。

附傳太陽，用柴胡湯法。傷寒五六日至，可與小柴胡湯。

結胸證，誤治，不可專用吐。其脈浮大者，此爲陽結，當以汗解。不可下之，禁下例，病在胸，不可下，當用柴胡和之。〇下之即死。純陰結乃可下，脈沉緊。

結胸證胸病當少陽，腹病屬太陰。悉具，而《外臺》有「煩」字。躁者死，「而」一作「煩」，脈法以浮沉分表裏，遲數分寒熱。

太陽病，脈浮而動數，指動脈言，動不可爲診脈名詞。浮則爲風，風病。數則爲熱，[動]動脈不動則死，絡脈不動，乃以動爲診。則爲[痛]，以動字編入二十七脈中，乃《脈訣》之誤，《鑑》删四字。[數]則爲虚。今並删八字。上方以類爲熱，此又以數爲虚，文義不屬，故删之。頭痛發熱，當云「不發熱」。微盜汗出，無汗乃詳盜汗。而[反]「反」字因下文而衍。惡寒者，表未解也。醫反下之，此爲病發於陽，而反下之。動數變遲，脈遲。頭痛即眩，證變。一作「膈内拒痛」。胃中空虚，客氣《外臺》作「熱」。動膈，短氣躁煩，心中懊憹，陽氣内陷，心中因堅，則爲結胸，病在表，反下之，爲陽結胸。大陷胸湯主之。此爲陽結。

若不結胸，但頭汗出，有水者，但頭汗。其餘無有，齊頸而還，用柴胡法，陽結陰結，頭汗作大汗解者。此云齊頭還，如爲真頭。小便不利，身必發黄。太陰腹病發黄，與太陰「陽明」篇同法。《外臺》有大陷胸湯方。

傷寒六七日，結胸熱實，脈數。脈沉緊，「沉緊」當作「沉數」。心下[腹]痛，按如石堅，大陷[胸]湯主之。沉爲陰結，數則爲熱。

但結胸，無大熱者，上條云熱實。此爲水結在胸脇，心下有水氣，胸無水結。頭微汗出，大陷胸湯主之。

傷寒十餘日，熱結在裏腹，往來寒熱者，與大柴胡湯。

太陽病，重發汗，而復下之，不大便汗下傷津，此爲少陽、陽明。五六日，舌上燥與上胎滑反對。而渴，日晡時小有潮熱，從心下腹至少腹堅滿而痛不可近者，下焦。大陷胸湯主之。病與承氣同，當作承氣湯。若心下滿而堅痛者，下「若」字以別同異。此爲結胸。與上承氣證不同。大陷胸湯主之。不用承氣。

大陷胸丸方：方分下氣逐水。〇陷胸爲胸病大名，瓜蒂、梔子爲子目，故用桂枝麻黄法。各當如《聖濟》有十餘方也。

大黄八兩。　葶藶子熬。　杏仁去皮、尖、兩仁者，熬黑，一無「熬黑」。　芒硝各升半。

右四味擣和，取如彈丸一枚，別擣甘遂末一錢匕，白蜜一兩，水二升，合煮取一升，温頓服，一宿乃下。

大陷胸湯方：

大黄六兩，去皮。元本無「去皮」。　甘遂一錢匕爲末。　芒硝一升。

右三味，以水六升先煮大黄取二升，去滓，内芒硝煎一兩沸，内甘遂末，分再服，得快利，止後服。

小結胸者陽結。正在心下，結胸正在心下，則腹病，非胸病，明矣。按之即痛，其脈浮沉滑，小陷胸湯主之。方：

黄連一兩。　半夏半升，洗。　栝蔞實大者一枚。

右三味，以水六升先煮栝蔞，取三升，去滓，内諸藥，煮取二升，去滓，分温三服。

太陽病當作「陰」，太陰爲腹主病。　二三日，不能卧，但欲起者，雜病所謂起卧不安。　心下必結。　腹中結。　其脈微弱者，虚寒。　此本有久寒也，「太陰」篇：自利不渴者，屬太陰，其藏有寒故也，當温之，宜四逆輩，下有桂枝人參湯。　而反下之，利若止者必結胸。　「太陰」篇：腹滿而吐，食不下，若下之，必胸下堅結。　未止者，下作「外證未除」。　四五日復重下之，此爲挾熱利。　《外臺》讀作「協」。

太陽陰。　少陽併病，「太陽」當作「太陰」。　少陽爲四日胸病，太陰爲五日腹病。　所謂病在上則吐，在下則利。　蓋胸腹雖入裏，當用吐瀉，必六日入胃，乃可下攻，陽結、陰結皆由下得之。　病在表，當發汗，醫反下之，則爲陽結。　病發於陰，尚在胸腹，未入於胃，而醫早下，則淺陰結。　全書惟陷胸法内有太陰少陽併病二條，以胸腹尚未可下，故言下之早故也。　而反早下之，發於陰而早下之。　成堅。　胸心下腹堅，因作痞。　下利太陰病自利。　不復止，水漿不肯下，中寒不能食。　其人必心煩。　此爲陰寒結。

病在陽明，《外臺》作「太陽」。　元本無「明」字，是。　即上發於陽之表證。　當以汗解，而反以水噀之。　宜忌中忌水三條，宜水亦三條。　若灌之，上反下爲誤下，此爲誤水。　其熱表邪化熱。　卻不得去，不以汗解。　下云：「若以水噀之洗，令熱卻益不得去。」　益煩，《外臺》作彌，更益煩。　下云：「當汗乃不汗，即煩躁。」　皮粟起。　《外臺》「皮緻緊」下云：「身熱皮粟不解。　白散節度云：身熱皮粟不解，欲引衣自覆，若以水噀之，更益令熱卻不得出，當汗而不汗，即煩。」

意欲飲水，反不渴，意欲飲水，則是渴矣，「不渴」疑作「不喘」。宜服文蛤散。若不差者，與五苓散，用前篇方：十二字據《外臺》補。

文蛤三兩，一作「一兩」，即海蛤粉也，大能治痰。

右一味搗爲散，以沸湯五合，服一方寸匕。

五苓散方：此亦爲泄五日病。○《翼》本有此方無證，當爲脱佚，故引《外臺》補之。

豬苓去黑皮。　茯苓　白朮各十八銖。合七錢五。　澤瀉一兩六銖半。一無半字。　桂枝半兩去麤皮，一無去麤皮。

右五味各爲散，更於臼中治之。白飲和服方寸匕，日三，人多飲煖水，汗出愈。

寒實結胸無熱，脈遲數分寒熱。與三物小白散方：《外臺》作三物小陷胸湯方，如前法，白散亦可服。此爲陰寒結。徐、柯皆以「小陷胸」三字爲衍文，是。

桔梗一云十八銖。　貝母各三分，一云十八銖。　巴豆六銖，去皮心，熬黑，研如指。

右三味搗爲散，内巴豆，更於臼中治之，白飲和服，强入半錢匕。羸者減之。在下腹。《外臺》冷粥一杯，下有「止忌猫肉、蘆笋等」七字，以下無。則利。利瀉法，與承氣下法不同。不利，進熱粥一杯。《外臺》無此七字。利不止，進冷粥一杯。身熱皮粟文蛤作皮粟起。不解，欲引衣自覆。此爲惡寒，惡風則不欲近衣。若以水潠之洗之，文蛤作灌之。更益令熱卻不得出，當汗而不汗，即煩。表已入裏。假令汗出已後，腹中痛，與芍藥三兩，如前法。前一作「上」，此與文蛤散證同。

太陽病用陷胸湯法第六下

心下爲腹，陷胸爲四日病總方名。泄心與陷胸當爲一類，今從泄心以下分爲五日腹病。

《素問·熱病論》：「五日下之而愈。」華氏法：「五日病在腹，泄之而愈。」泄即泄心湯之泄。按：胸腹病每相連屬，正病則分，壞病多合論，故《翼》本合爲一法。

太［陽］陽字誤，凡合並病，全書十三條皆裏證，無表證，舊以爲陰無合並病者，大誤。［陰］腹在下。與少陽胸在上。併病，白散節度云：「在上則吐，在下則利。」與《活人》湧泄法相合。太陰即「陽明」篇太陰，陽明、少陽即「陽明」篇少陽、陽明，同爲裏證，然未入胃，尚不可下。頭痛，一作「項强」。或眩冒，時如結腹。結腹與腹痞本一證，分輕重，言如則非是結胸。心下痞而堅，當刺肺俞、手太陰。肝俞、足厥陰。大椎第一間。刺法。慎不或發汗，裏證脈不浮。汗即譫語，如少陽、陽明亡津液狂言。譫語則脈弦。强實。五日譫語不止者，當刺期門。以上陰結，以下陽結。○「太陰」篇首條腹滿□□□當爲此法提綱。

心下即腹。但滿而不痛者，此爲痞，與結胸別。半夏瀉心湯主之，方：瀉心與陷胸對稱，實則心胸本爲兩地。結胸則稱陷胸，痞則稱泄心，分四五日。

半夏半升，洗。　黄芩　乾薑　人參各三兩。　甘草三兩，炙。　黄連一兩。　大棗十二枚。

右七味以水一斗，煮取六升，去滓，再煮取三升，温服一升，日三服。一無「再煮取三升」五字。

脈浮緊而下之，在表宜汗，所謂反下之。緊反入裏，緊則爲寒在表，浮緊入裏。沉緊、緊入者，脈由浮緊變沉緊也。則作痞。腹乃稱痞。按之自濡，不痛，按指腹言。日本《傷寒奇候》一書，專爲診腹法。但氣痞耳。陽結。太陽脈浮證名。中風，五種傷寒通名風病。仲景書以《傷寒》名，《病源》六經提綱通稱中風，互文見義，皆爲外感總名。吐下下利。嘔逆，此裏證。表解者，無表證。乃可攻之。利之，《金匱》水飲有專篇，懸飲用十棗湯。此門但言痞結。又云表解未解，純屬傷寒法，與《金匱》水飲迥别。其人漐漐汗出，不惡寒者，此爲表解裏未和也。元本引脇下嘔即短氣，此爲表解裏未和。○十棗湯主之，方：《金匱》十棗湯治弦飲末條，表已解乃可攻其痞。解表宜桂枝，攻痞宜大黄黄連瀉心湯。十棗方不對證，疑爲錯誤，舒遲遠已疑之。程杏村《醫述》凡傷寒中方不對證者集爲一門，共數十條，此其一也。

芫花　甘遂　大戟各等分。

右三味擣爲散，以水一升三合，先煮大棗十枚，取八合，去棗，强人内藥末一錢匕，羸人半錢匕，温服，平旦服。若下少不利者，明旦更服，加半錢，得快下，糜粥自養。

太陽病發熱惡寒，發其汗，遂復下之，痞自有本證，即腹滿成痞，多由誤下。則心下腹痞，則表裏俱虚陰陽氣併竭。汗下交誤。無陽則陰獨，陰不能獨立。復加燒鍼，因胸煩面色青青爲病色。黄，此字衍。膚瞤，此爲難治。今色微黄，手足温者愈。黄爲有胃氣，愈色。

心下痞，按之自自，《金鑑》改「不」。濡，關當作「頸」。上脈浮者，大迎脈大於寸口爲陽盛。大黄黄連瀉心湯方主之：此本人熱甚。

大黃二兩。　黃連二兩。

右二味以麻沸湯二升漬之須臾，絞去滓，分温再服。此方必有黄芩。

心下痞而復惡寒汗出者，虚寒。　附子瀉心湯主之，方：此本人虚寒同病分寒熱。

附子一枚，炮去皮臍，研，別煮取汁。　大黃一作「二兩」。　黃連　黃芩各一兩。

右㕮咀，以麻沸湯二升熱漬之一時久，絞去滓，内附子汁，分温再服。「一時久」一作「須臾」。

本以下之故，結胸瀉心，皆由誤下。　心下痞，無誤汗成痞文，知「汗」字誤。　與之瀉心腹，其痞不解，其人渴而口燥煩，裏鬱。　小便不利者，水病專詳小便。　五苓散主之。　原一方言，忍之一日，乃愈。用上方。　結胸亦有此方，腹痞有水證。

傷寒汗出，解之後，胃中不和，心下痞堅，黃連湯，胸中、胃中、腹中連文。　乾噫食臭，脇下即腹。　有水氣，腹中不在上焦胸中。　雷鳴，下利，太陰病。　生薑瀉心湯主之，方：

生薑四兩，研，一云切。　半夏半升，洗。　乾薑一兩。　黃連二兩，一作「一兩」。　人參　黃芩　甘草各三兩，炙。　大棗十二枚，擘。

右八味㕮咀，以水一斗，煮取六升，去滓，再煎取三升，温服一升。日三服。

傷寒中風，浮爲風，謂表證也。　醫反下之，同結胸。　其人下利，日數十行，穀不化，虚寒。　腹中雷鳴，心下即腹痞堅而滿，乾嘔，心煩不能安。此爲寒結。　醫見心下痞，謂病不盡，復重下之，誤再下。其痞益甚。虚所致。此非結熱，辨虚實。但以胃中虚，客虚上逆，故使之堅，虚亦痞堅。甘草瀉心湯主之，方：

甘草四兩，炙。　黄芩　乾薑各三兩。　黄連一兩。　半夏半升，洗。　大棗十二枚，擘。

右六味以水一斗，煮取六升，去滓，再煎取三升，温服一升，日三服。

傷寒服湯藥，下利不止，虚寒。心下痞堅，服瀉心湯已，復以他藥下之，如承氣，腹病與胃異。利不止，洞洩。醫以理中與之，温之是。而利益甚。方是，而部位不合。理中者治中焦，中字名義如此。此利在下焦，○當用四逆温下焦。赤石脂禹餘糧湯主之，方：此方或疑藥不對病，《醫述晰疑》有數説。

赤石脂碎。　大禹餘糧各一斤，碎。

右二味以水六升，煮取二升，去滓，分温三服。若不止，當利小便。

傷寒吐下後復發汗，此與汗、吐、下以後方同。虚煩，脈甚微，虚弱。八九日心下痞堅，下焦。脇下痛，中焦。氣上衝咽上焦。喉，眩冒，經當作「筋」。脈動惕者，此爲筋病，絡者不動，動則爲病。久而成痿。詳《内經·痿論》。此用傷寒成痿，爲傷寒之雜病。

傷寒發汗，若吐若下，汗、吐、下以後方。解後心下痞堅，噫氣不除者，旋覆代赭湯主之，方：

旋覆花　甘草炙，各三兩。　人參二兩。　生薑五兩，切。　代赭石一兩。　半夏半升。　大棗十二枚。

右七味，以水一斗，煮取六升，去滓，再煎取三升，温服一升，日再服。一無再煎取三升。

太陽病，即外證名詞。外證未除而數下之，宜汗而誤下。遂挾熱而利。因下而利，未證化熱。利下不止，心下痞堅，表裏不解者，桂枝人參湯主之，方：《聖濟》一名桂枝湯。《翼》分各立方名，實由桂枝原方加減，如柴胡、青龍加減，可别立數方名。

桂枝去皮，别切。一無去皮。　甘草炙，四兩。　白朮　人參　乾薑各三兩，一作「各二兩」。

右五味以水九升，先煮四味，取五升，去滓，内桂，更煮取三升①，去滓，温服一升，日再，夜一。

傷寒大下後，復發其汗，汗、吐、下後法。心下痞，腹部。惡寒表。者，表未解也，專惡寒爲斷。不可攻其痞，當先言先者，必有續事。解表，宜桂枝，攻痞宜大黄黄連瀉心湯。一無「解表」至「攻痞」八字。《外臺》無此條。

① 升：原無，據文意補。

傷寒雜病論古本

廖平 校録
楊世文 校點

校點説明

《傷寒雜病論古本》三卷，據《六譯先生年譜》，是書成於民國七年（一九一八），刊於民國八年（一九一九）。漢代張仲景《傷寒論》經晉王叔和整理，始著録於《隋書·經籍志》，復著録於《舊唐志》與《新唐志》，當時稱爲「《張仲景方》十五卷」。後孫思邈又將其整理收入《千金要方》與《千金翼方》中，而原方已佚。故《千金要方》和《千金翼方》中保留的這部分《傷寒論》的内容，可稱之爲「《傷寒論》唐古本」。《傷寒雜病論古本》是廖平根據《諸病源候論》、《外臺秘要》、《千金要方》與《千金翼方》等醫書輯補而成，復詳加考證，力求恢復《傷寒論》的原貌，並闡述了他的獨到見解，對前人輯録《傷寒論》的工作亦做了評價。卷一包括《傷寒膏》、《發汗散》、《發汗圓》三篇。卷二包括《汗吐下正對三例述義》、《發汗湯第六》、《宜吐第七》、《宜下第八》四篇。卷三包括《六經總例》、《病源日數部》二篇。廖平通過比較《外臺》、《千金要方》與《千金翼方》中的有關「傷寒」的内容，認爲唐初《傷寒論》的古本原貌共十八卷。自識云：「《外臺》一卷，與《千金》九卷同爲《傷寒》原文之首帙。《外臺》二卷引《傷寒雜病方》，則與《翼》九、十兩卷同，此爲《傷寒》中帙。三爲天行，四爲温熱雜病，則與《千金》十卷同。知唐初本九卷，爲首一、二、三卷，《翼》九、十兩卷爲第三至第十卷，《千金》十卷居其末，爲《外臺》第四卷，包《金匱》在其中。此唐初之古本也。」民國六年（一九一七）《國學薈編》第七、九、十期刊載，民國八年（一九一九）四川存古書局刊行，收入《六譯館叢書》，民國十二年（一九二三）重印。今即以該本爲底本進行點校。

目録

傷寒雜病論古本卷一

從《千金》補。

傷寒膏第一

據《外臺》雜療中録此三門。注云「論中所要者」，今據之稱膏散丸方，發汗三要云。○摩膏爲仲景原文，膏方亦出仲景，預爲膏丸散，以待病者倉卒之用。邪在皮毛即以治之，故可不用湯。汗、吐、下三法中乃言湯。《翼》本從太陽六經起，乃《傷寒》古本之中卷，此本爲首卷，成本但據《翼》本六經，不載此首卷，故仲景論與汗、吐、下例皆無人習之。今以此卷爲首，學者所當先詳。

青膏，《千金》論云：「夫尋方學之要，以救速爲貴，是以養生之家，須預合成熟藥，以備倉卒之急。」按：熟藥即謂膏丸散，臨時按證施治乃用湯。○按：《外臺》雜療白薇散引《小品》，青膏引《千金》，度障神丹引《崔氏》，麥奴引《古今録驗》，皆在第一卷，共五方。治傷寒頭痛、項强、四肢煩疼，方：龐、朱有此方。

當歸　芎藭　蜀椒　白芷　附子　烏頭　莽草　吴茱萸各三兩。

右八味，㕮咀，以醇苦酒漬之再宿，以豬脂四斤煎，令藥色黄，絞去滓。以温酒服棗核大三枚，日三服，取汗，不知稍增，可服可摩。古法摩膏今世不傳，《千金》九卷所云「江南諸師秘仲景要方不傳」者，此也。如初得風寒一日，苦頭痛背强，即方下所注之病，此方用熱藥，真寒也。宜摩之佳。病初在皮毛易治，膏散丸預製以待之，則不用湯藥重劑，此即《世補齋不謝方》之意。

黄膏，治傷寒赤色、頭痛、項强、與青膏同。賊風走風，方：按：《外臺》黄膏方引出《范汪》，此係《外臺》通例，凡後師常用者，即引後師之名，不必盡溯其源，仲景方列他名者甚多，固不獨此方也。

大黄　附子　細辛　乾薑　蜀椒　桂枝各半兩。　巴豆五十枚。

右七味，藥有熱有寒。㕮咀，以醇酒漬一宿，以臘月豬脂一斤煎之。調適其火，三上三下藥成。傷寒赤色發熱，酒服梧子大一枚，正治。又以火摩身數百過，兼治賊風，絶良，風走肌膚，由風所在，摩之神效。兼治雜病。《千金》不傳，此《趙泉方》也。龐氏《時行寒疫》引。○案：此卷方爲《翼》本所無。

白膏，此方用熱。治傷寒頭痛。向火摩身體，酒服如杏核一枚，温覆取汗，摩身當千過，摩膏法。藥力乃行，並治惡瘡。兼治瘡瘍。小兒頭瘡，牛領馬鞍，並治獸病。皆治之。先以鹽湯洗瘡，以布拭之，傅膏癰腫火炙，摩千過，日再，自消者，方：《病源》云：「諸陽在表。」表始受病，在皮膚之間，故可摩膏而愈。傷寒、天行、温、熱四卷，同有摩膏語，仲景古法，故《病源》祖之，以治外證。○三膏青、黄、白如三統法。

○《外臺》雜療第二方。

天雄　烏頭　莽草　羊躑躅各三兩。

右四味，㕮咀，以苦酒三升漬一宿，作東向露竈，又作十二，聚濕土各一升許大，取成煎豬脂三斤著銅器中，加竈上，炊以葦薪，令釋内所漬藥，炊令沸，下著土聚上，沸定復上，如是十二過，令土盡遍。藥成，去滓。傷寒咽喉痛，含如棗核一枚，日三。摩時令勿近目。近目恐傷目。

○以膏散丸三例分，不詳六經。

發汗散第二

原作第四，方十二首。○發汗一日，膏二日，散三日。丸不解，乃用湯。故此三汗在前，汗、吐、下三例在後，首尾相銜。不詳六經之別。

度障發汗青散，治傷寒赤色，惡寒發熱，頭痛項强體疼，方：案：膏散丸，《外臺》注云爲論中所要者，《千金》卷末「江南諸師秘仲景要方不傳」者，即指此。《翼》本由中部起，無首三卷也。○《外臺》卷一引作傷寒一日至三日可發汗。

麻黄三兩半。　桔梗　細辛　防風　吴茱萸　白术各一兩。　烏頭　乾薑　蜀椒　桂心各一兩六銖。○《外臺》辟温度障散有升麻、附子、防己，無茱萸。

右十味，藥多熱眞寒也。治下篩，温酒服方寸匕，温覆取汗，汗出止。若不得汗，汗少不解，復服如法。若得汗足，如故頭痛發熱，此爲内實，當服駃豉圓。在此卷下法中，九味者是也。若藋氏圓如得便頭重者，可以二大豆許内鼻孔中，覺燥涕出，一日可三四度，必愈，兼辟時行病。

五苓散，主時行異氣。熱病，四時正病。但狂言①，煩燥不安，精彩言語，不與人相主當者。

① 言：原無，據《備急千金要方》卷三十補。

方：因用散，故入此。《總例》仲景、華佗條同此方，《翼》本有。

豬苓　白朮　茯苓各十八銖。　桂心十二銖。　澤瀉三十銖。

右五味，治下篩，水服方寸匕，日三，多飲水，汗出即愈。龐氏《時行寒疫》引。

崔文行解散，治時氣不和，傷寒發熱者，方：《外臺》雜療第三。

桔梗　細辛各四兩。　白朮八兩。　烏頭一斤，炮。

右四味，治下篩，若中傷寒服錢五匕，覆取汗解，若不覺，復小增之，以知爲度。若時氣不和，旦服錢五匕，辟惡氣欲省病者服一服，皆酒服。龐氏《時行寒疫》引文多於此。

六物青散，治傷寒勑色惡寒，方：勑同赤，《外臺》雜療第四方。

附子　白朮各一兩六銖。　防風　細辛各一兩十八銖。　桔梗　烏頭各三兩十八銖。

右六味，治下篩，以温酒服五匕，不知，稍增之，服後食頃不汗出者，進温粥一杯桂枝服粥爲發汗總方節度。以發之，與「不可與大青龍發之」之「發」同。温覆取汗，漐漐可也，勿令流離，勿出手足也，汗出止。若汗大出不止者，温粉粉之，微者不須粉。不得汗者當更服之。《外臺》卷二桂枝湯節度云「汗出自護如服六物青散治」，指此而言。得汗而不解者，當服神丹圓。方出下篇發汗丸門。

青散，治春傷寒頭痛發熱，方：「春」字疑衍。

苦參　厚朴　石膏各三十銖。　大黄　細辛各二兩。　麻黄五兩。　烏頭五枚。

右七味，治下篩，覺傷寒頭痛發熱，以白湯一升半和藥方寸匕投湯中，熱訖，去滓盡服，覆取汗，汗出温粉粉之良久。一服不除，宜重服之。或當微下利者，有大黄故也。

詔書發汗白薇散，治傷寒三日不解者，方：《外臺》卷一引入《小品》首方。

白薇十二銖。　杏仁　貝母各十八銖。　麻黄一兩八銖。

右四味，治下篩，酒服方寸匕，自覆汗出即愈。龐氏《時行寒疫》引。

華佗赤散，治時氣傷寒，頭痛身熱，腰背强引頸，及中風口噤，治瘧不絶，婦人産後中風寒，經氣腹大，方：案：此共十八味，《病源》解寒食散論：華氏方多簡單，不如仲景重，復據史傳所記，言之非通論也。

丹砂十二銖。　蜀漆　乾薑　細辛　蜀椒　沙參　防己　桂心　茯苓　人參　黄芩　桔梗　女萎　烏頭各十八銖。　雄黄二十四銖。　吴茱萸三十四銖。　麻黄　代赭各二兩半。

右十八味，龐氏十九味，蜀漆、常山並見，恐重此味。治下篩，酒服方寸匕，日三。龐節度不同。耐藥者二匕，覆令汗出。欲治瘧，先發一時，所服藥二匕半，以意消息之，細辛、薑、桂、丹砂、雄黄不熬，餘皆熬之。龐氏《時行寒疫》引。

赤散，治傷寒頭痛，項强，身熱，腰脊痛，往來有時，方：

乾薑　防風　沙參　細辛　白朮　人參　蜀椒　茯苓　麻黄　黄芩　代赭　桔梗　吴茱萸各一兩。　附子二兩。

右十四味，治下篩，先食，酒服一錢匕，日三。

烏頭赤散，治天行疫氣病，方：治天行疫氣方亦雜傷寒中，此傷寒本佚，當補。

烏頭一兩半。　皂莢半兩。　雄黄　細辛　桔梗　大黄各一兩。

右六味，治下篩，青酒若井花水服一刀圭，日二，不知稍增，以知爲度。除時氣疫病，若牛馬六畜中天行疫亦可，與方寸匕。人始得病，一日時服一刀圭，取兩大豆許吹著兩鼻孔中。龐氏《時行寒疫》引。○《外臺》雜療引七味赤散與此小異。

水解散，治天行頭痛壯熱一二日方：取解肌之義，《外臺》天行門引《延年》有此方。

桂心　甘草　大黄各二兩。　麻黄四兩。

右四味，治下篩，患者以生熟湯浴訖，以暖水服方寸匕，日三，覆取汗，或利便瘥。力强人服二方寸匕。○《延年》、《秘録》有黄連、芍藥各二兩。《古今録驗》無甘草，有芍藥。治天行熱病，生疱①瘡疼痛，解肌出汗。

治時病表裏大熱欲死，方：《病源》、《外臺》皆詳天行時氣治法，仲景首論有其文。

大黄　寒水石　芒硝　石膏　升麻　麻黄　葛根　紫葛

---

①　疱：原作「皰」，據《外臺秘要》卷三改。

右八味等分，治下篩，水服方寸匕，日二。

發汗圓第三方二。○《外臺》一卷引《崔氏》別陟釐丸、《古今録驗》還魂丸，《千金》未録。三原作「六」。

案：此圓法二方，當與前膏散合爲一類，爲汗方三例，然後爲湯法之汗、吐、下三例，舊本以此門附汗例之後，今移於前，宋校所云三百九十三法，百一十三方者，大抵據《翼》本立説。此卷方證全不入數，然則宋校所云非全書數。

神丹圓，治傷寒敕濇《外臺》引作「勑色」。惡寒發熱體疼者，方：《外臺》卷一引崔氏更有「發汗」二字。

附子　烏頭各四兩。　人參　茯苓　半夏各五兩。　朱砂一兩。

右六味，末之蜜丸①，以真丹爲色，先食服如大豆二丸，生薑湯下，日三，須臾進熱粥二升許，汗劑進熱粥，乃通例。重覆汗出止。若不得汗，汗少不解，復服如前法。若得汗，足應解而不解者，當服桂枝湯。此藥多毒，熱者令飲水，寒者温飲解之。病異方同，寒熱服法，治瘧先發服二圓。《要略》用細辛，不用人參，別有射干、大棗一枚，名赤圓，主寒氣厥逆。仲景原方也。

麥奴圓，治傷寒五六日以上不解，熱在胸中，口噤不能言，惟欲飲水，爲壞傷寒，醫所不能治，以下《外臺》引無。爲成死人，精魂已竭，心下纔温，以杖撥其口開，灌藥咽中，藥得下則愈。

---

① 蜜丸：原作「密丸」，據四庫本《備急千金方》卷三十一改。

麥奴圓，一曰黑奴圓，一曰水解圓。《金匱》有附方，凡非仲景原文者，加「附」字別之，餘皆仲景原方也。○《外臺》卷一引《古今録驗》同。卷二又引稱高堂丸，一名駐車丸，藥味小異。

釜底墨　梁上墨　竈突墨　麥奴　黄芩　大黄　芒硝各一兩。　麻黄二兩。

右八味，末之蜜丸如彈子大，以新汲水五合研一丸，破漬置水中，當藥消盡服之，病者渴欲飲水，極意不問升數，欲止復强飲，能多飲爲善。不欲飲水，當强飲之。服藥須臾，當寒，寒竟汗出便解。若服藥日移五尺許，不汗，復服如前法，不過再三服，佳。《外臺》有微利以止藥勢，盡乃食，當冷食以除藥勢。　小麥黑勃名麥奴。以上圓法與膏散合爲汗法三方，《脈經》汗以後證，即附於後。

張仲景曰：《千金》第一引補。欲療諸病，當先以湯盪滌五藏六府，開通諸脈，治道陰陽，破散邪氣，潤澤枯朽，悦人皮膚，益人氣血。水能淨萬物，故用湯也。若四肢病久，風冷發動，次當用散，散能逐邪，風氣濕痺，表裏移走，居無常處者，散當平之。次當用丸，丸藥者，能逐風冷，破積聚，消諸堅癖，進飲食，調和榮衛。能參合而行之者，可謂上工，故曰醫者意也。案：此論雜病法，與傷寒三法小異。

案：《外臺》卷一如《千金》九卷。「傷寒雜療湯散圓方」當作膏散圓，湯字誤。八方目下題云「並是論中所要者」，論即仲景《傷寒》本論。又考膏方三，散方十二，丸方二，共十七方。今《外臺》卷一雜療中八方，黄膏，白膏，崔文行解散、青散，桂枝二麻黄一湯，瓜蒂散，七味赤散，雪煎方，除桂二麻一湯、雪煎二方外，餘膏散丸六方並見此卷中。又詔書發汗白薇散引《小品》，青膏引《千金》，發汗度障散、神丹圓、瓜蒂散引崔氏，又麥奴圓引《古今録驗》，合前共十三方，皆見《千金》。此卷惟四方不同，是《外臺》一卷與《千金》九卷同爲《傷寒》原文之首帙①，《外臺》二卷引傷寒雜病方，則與《翼》九、十兩卷同，此爲《傷寒》中帙。三爲天行，四爲温熱，雜病則與《千金》十卷同。知唐初本《千金》九卷爲首一二三卷，《翼》九、十兩卷爲第三至第十卷，《千金》十卷居其末，爲《外臺》第四卷，包《金匱》在其中，此唐初之古本也。

① 帙：原作「秩」，形近而誤，今改。下「帙」同。

傷寒雜病論古本卷二 據《千金》補。

汗、吐、下正對三例述義 用《醫門》方，本在日本康賴所撰之《醫心方》卷一「治病大體」中。

一、《醫心方》卷一「治病大體」引《千金》第三條，又云仲景曰：「不須汗而强汗之者，出其精液，枯竭而死；須汗而不與汗之者，使諸毛孔閉塞，令人悶絶而死；又須下而不與下之者，使人心懊憹，脹滿煩亂，浮腫而死；不須下而强與下之者，令人開腸洞洩不禁而死。」又不須灸而强與灸之者，令人火邪入腸，干①錯五藏，重加其煩而死；須灸而不與灸之者，使冷結重凝，久而彌固，氣上衝心，無地消散，病篤而死。按：此仲景三例總序也，今本《千金》第一卷引仲景四條，此爲其一。丹波元簡以《病源》、《千金》皆未見仲景原書，謂書中無仲景姓名者，誤也。

二、《千金翼》「傷寒上」序曰：「夫尋方之大意，指《千金》九卷正對法言，不指《翼》本。不過三種。一則桂枝，解肌汗法。二則麻黄，當作瓜蒂吐法。三則青龍，當作承氣下法。此之三方，凡療傷寒不出

---

① 干：原作「千」，據《備急千金方》改。

之也。《千金》三例。其柴胡《千金》汗、吐、下後方，首桂枝加芍藥生薑人參湯。《翼》本目次，柴胡第四，承氣第五，陷胸第六，下法尚在柴胡後，《翼》本亦有汗、吐、下後方。等諸方，按序本指《千金》，後人以爲指本書，故依《翼》本目次而改。皆是吐下發汗後不解之事，非是正對之法」云云。據此，則傷寒正對法不出此汗、吐、下三大例明矣。

三、成本「可與不可與」首王叔和曰：「夫以爲疾病至急，倉卒可按，要者難得，故重集諸可與不可方治，比之三陽三陰中，此易見，又時有不止。」是三陰三陽出諸可與不可與中也。按此序，見成本「可與不可」之首，郭白雲以爲叔和自序《脈經》之文，或以爲仲景原文者誤。三陰三陽中，指《翼》本「六經篇」。可與不可，則《千金》九卷之三例，《醫心方》卷一引《醫門方》治病大體之三例是也。

四、《千金》每門首稱「例曰」，「例」與「凡」同意，如《左傳》五十凡，《醫門方》汗十五凡，吐七凡，下十六凡，《千金》、《脈經》、《翼》本多爲傷寒專書，傳習者多，彼此傳鈔各本不同，惟《醫門方》爲治病大體總綱，不入傷寒，故三例實爲古本原文。

五、叔和《脈經》序，「可不可」取之「三陰三陽」篇，時有不止，是三陰三陽出諸可與不可與也。文詳第二條。是凡言六經者，皆出《翼》本之「三陰三陽」篇，則仲景三例之原文，不當有「六經」字樣，今本「可不可」，《脈經》、《千金》、《翼》本皆雜有「六經」文，惟《醫門方》無之，是爲仲景之真古本。古本《傷寒論》原包《金匱》在内，雜病傷寒兼統於三例，後人乃以三例專屬傷寒也。

六、《千金》三例，詳可汗、可吐、可下，而無不可汗、吐、下。《脈經》、《翼》本可與不可對舉，叔和叙言出諸可與不可與。考《千金》引仲景論有「不可」一條，可與不可並論，是仲景原文，當爲可與不可對舉。今《醫門方》可與《千金》同，不可汗門中，《千金》尚有二條，其餘爲傳鈔所佚。今録全文，使可不可仍還仲景之舊。

七、考叔和《脈經》序分别「三陰三陽」與「可不可」爲二書，是仲景原文之「可不可」於六經「三陰三陽」外，别自爲篇，不當重出。今《脈經》、《千金》、《翼》本、《醫門方》其首數條多同，是首數條爲「可不可」原文，以下雜引「六經」，與《翼》「六經」篇重出者，皆爲後人所亂。《千金》本下例只有二凡，羼亂尤甚，今一以《醫門方》爲主。

八、《脈經》、《千金》、《翼》本，三者均爲古本，而次叙多少，彼此不同，亦如《春秋》之三傳，《尚書》之夏侯、歐陽本出一原，而傳本各異，師法源流例皆如是。就三本言，汗下彼此歧異，唯吐例一門，其七條次序文意全同。今欲考定三本，則當以吐法爲標本，汗、下二例當與從同，所謂齊一變至於魯；《醫門方》法與三本小異，所謂魯一變至於道。比例以觀，則古本之爲後人羼亂，其踪迹尚可尋求也。

九、考《醫心方》爲唐以前書，未詳撰人，出在《千金》前後。與《脈經》、《千金》、《翼》本三本同傳已久，同屬傷寒專法，乃《醫心方》所引《醫門方》在一卷，「治病大體」不入十四卷「傷寒門」中，爲雜病傷寒總例。故猶得仲景三例之原文。《傷寒》三本，多爲後人所亂，惟此孤本爲仲景之原書，故全録其文，以存仲景之真。一字千金，爲雜病之大法，傷寒之準繩。張子和《儒門事親》不論雜病、傷寒，統以汗、吐、下爲治法，猶得《醫門方》遺意。今考仲景三例，不敢承譌踵誤，而襲用《千金》誤本，特有取於《醫門方》也。

十、經傳之凡，皆爲大傳通例，如《喪服》之大傳，後師乃引傳以解經，《喪服傳》之引「傳曰」是也。仲景四十五凡爲諸病及傷寒大例，故別出單行「六經」篇，乃據以立説。如《翼》本，凡浮者病在外，宜發汗爲綱，下引太陽病一條，陽明病二條，太陰病一條，各經脈浮，皆宜發汗以爲之傳。此凡爲綱，分引各經爲目之證。學者必先熟記此三例原文，然後臨證得有把握，用力少而成功多也。

十一、宋以下不傳華氏法，學者糾纏六經，至舒遲遠極矣。必如日本士栗《傷寒疏義》，以六經非經絡，乃三焦虛實之六病名，則矯枉過正，未免左右佩劍。今考仲景三例，全不分經，《脈經》與《千金翼》本之雜有六經明文者，皆後賢附注記識，分別觀之可也。如《翼》本，太陽用承氣法，止列四承氣湯，今《千金》下列，首舉二凡，以下即接血證之抵當丸一條、太陽病抵當丸湯一條、陽明茵陳湯一條，以下乃接少陰二條。〇按此二條，《脈經》在四、五，所抵當統在十五條以後，則爲後人引《翼》本以證首二凡，而後之三凡，則抄者佚之。

十二、《千金》九卷爲正對法，《金匱》爲雜證專卷，《翼》本間居二本之中，爲傷寒、雜病兼證。考《醫門》引仲景三例，原文無一「六經」字樣，此傷寒雜病總法。《金匱》十七吐門：「病人欲吐者不可下。」此雜病中宜忌之凡例。雜病分經立表，無慮數十門，而傷寒則止《熱病論》之一門。然《内經》雖以邪中之處分六經，而治法在表同一汗法，在胸同一吐法，在腹同一瀉法，在胃同一下法。故仲景三例不言六經，爲正對法。《翼》本之詳經，爲雜病而出也。按：傷寒在表三日之皮、膚、肌，無論何經，一汗而愈，在表不分經。入裏三日之胸、腹、胃，邪既在裏，更不分經，故凡吐、泄、下三法皆不分經。

發汗湯第六

例曰當作「可汗例曰」十二條，言凡者九條。〇發汗本兼膏散丸與湯四門言。湯本汗例，屬舊汗、吐、下共爲三例，今從之。〇三例，叔和序所謂「又時有不止」，是三陰三陽出在諸可不可是也。蓋三陰三陽，即《翼》本以六經分篇，此三例別行，不入《翼》本，爲仲景原文之三可與不可與也。

大法，春夏宜發汗。《脈經》一，《翼》本無，《醫門》同。《脈經》、龐無「夏」字。按後「春宜吐」，此當是「夏宜汗」也。〇華氏：三日在肌，可汗而愈。〇據郭氏，此汗、吐、下三例爲仲景原文。此外温鍼諸法，悉爲叔和編次之，《脈經》、《千金翼》本有十五章，當歸之《脈經》。

[凡]凡四十五條，如《左傳》之五十凡，仲景原文正對三法之例。發汗，仲景原文共六章，《翼》本共爲十五章。欲令手足皆周至漐漐《醫門》作「蟄」。然，一時間《醫門》作「潤」。許益佳，但不可令如水流離霡霂耳。《醫門》有「急以粉塗身體，勿令當風冷」。若病不解，傷寒表證以「解」爲稱，即「解肌湯」之「解」。當更重發汗，汗出多則亡[無]陽。陽虛不可重發汗。〇《脈經》二，《翼》本一，《醫門》同《脈經》。

[凡]服湯藥，前言膏散圓，此乃詳湯法。發汗發汗與解肌互文。中病便止，不必盡劑也。同上。《脈經》三，《翼》二。〇吐下亦同。〇《翼》本六經同有汗方。病在表發汗，六經同，故三例不分經。

[凡]云可發汗而無湯者，據此知前膏丸散爲古本原文。圓散亦可用，圓散非倉卒可成，皆預製；湯乃臨時

可作，必成病乃用湯。要以汗出爲解，解肌。然不及湯隨證良驗。《翼》三，《醫門》無，《脈經》四同。○隨證加減，非一定之法。○按《脈經》首數條與三例原文同，以後分經皆出《脈經》輯補，故《千金》本之分經者，皆爲後人所亂。

凡病病兼内外因，不專屬傷寒。無故自汗出，此專爲風寒兩感言。復言復者，先以桂枝温斂不愈。發其汗，愈，○先斂汗，不愈，後發汗。衛復和故也。《醫門》無。○各半湯舊法皆分服，後人乃合而煎之。

凡從《翼》本。凡，《千金》作「夫」。脈浮者，汗脈主浮。病在外，本論太陽病，其脈浮，凡浮者可汗，通名之太陽。可發汗，《病源》同。三例爲叔和之諸可與，不止是三陰三陽，故三例之文不當與《翼》本重出。宜桂枝解肌。湯。《翼》第五，《脈經》二十條同。○解肌，本卷有三方，《外臺》有六方，其方各不同，亦如承氣有四，瀉心有五，陷胸有三，四逆湯有七，隨症用之，非如舊説汗僅麻黄一方也。○以下原本有九條，六言太陽病，三言營衛，文皆出《翼》本，爲兼雜病法，故删之。稱「凡」不分六經，爲仲景原文，以下四條分六經，出《翼》本，爲叔和采「三陰三陽」篇，以證仲景之凡例。《千金》、《醫門》第四。

傳太陽病，脈浮無論何經，以浮爲在表太陽。而數者，數爲陽明脈。宜發其汗。脈浮者例忌下，以浮沉分表裏汗下。

傳陽明病，脈浮虚者，宜發其汗。虚者忌汗下，「虚」字衍。

傳陽明病，其脈遲，當作「浮」。遲爲太陰脈，使作浮，則與前後不同，不引以爲證矣。汗出多而惡寒者，表未解，宜發其汗。言發汗不言方解肌，多隨用後人補方，乃專言麻桂。

傳太陰病，脈浮，沉忌汗，當下。宜發其汗。以上五條同出《翼》本。

夫陽脈二言脈。浮大與少陰微細對針。而數與太陰遲對針。者，《翼》本作「太陽病浮大而數者」。亦可發汗爲宜，浮大數爲陽，微細遲爲陰。桂枝解肌。湯。

傳凡桂枝本爲解肌，此爲後師校語，謂當時俗傳本所謂桂枝古本，原爲解肌。考本卷有三解肌湯名，《肘後》有三方同，《外臺》「天行温病」引七方，皆有麻葛半，無桂枝。「解肌」爲「發汗」互文，非解肌爲斂汗。若脈浮緊，發熱無汗者，無與之。常知此，勿令誤也。《脈經》、《病源》、《翼》本、《醫門》皆無此條。○以上八條出《千金》九。

凡大汗出後，脈三言脈。洪大，當作「浮大」，與上四條同。形如瘧，一日再發，汗出便解，更與桂枝麻黄湯。各半湯。以下三條爲汗以後證，據《醫門》補。

凡發汗後，汗遂漏不止，其人惡風，小便難，四肢微急，難以屈伸，桂枝加附子湯主之。古名陽旦湯。

又云冬可熱藥。《翼》本「宜温」第一條云：「大法，冬宜服温熱藥。」《醫心方》卷一又云：「春夏不可合喫熱藥，秋冬不可合喫冷藥。」。

不可汗例據《醫門方》補此目，共十四條，言凡者十三條，《翼》十五條，同者有八條，《脈經》同者八條。○凡不可例，通據《脈經》、《翼》本校其次第有無。

凡酒客，因人異方。勿與桂枝湯，若服必嘔，《病源》、《翼》本無。○按《千金》此二條，諸本皆作不可汗例，是原本有「不可」，傳鈔乃佚「不可汗」。解凡服桂枝湯吐者，以酒客不喜甘故也。據《翼》本補。吐者，據《金匱》作「酒客欬者」。後必吐膿血也。《金匱》無「後」、「膿」二字。解此因極飲過度所致也。據《金匱》補此承上酒客爲一條，後人誤分爲二。《輯義》以爲無此病理，舊説皆循文衍説，非是。《金匱》此條之前二條有「欬者必吐血」五字，文義不屬，又因此而衍者。據此二條是原本同。《脈經》、《翼》本俱有不可例，《千金》佚三不可而汗例，猶存二條。

汗出，口中瘡生，吐利。以下據《醫門方》補，共十二凡，《脈經》廿二引「厥陰」云，應下之而反發其汗，必口傷爛赤。○《翼》本十二條，《脈經》十九同，作「冬時毋發其汗，發其汗，必吐痢，口中爛生瘡」。

凡衄家，不可發其汗，汗出即直視，不得眠睡。此本出《金匱》衄血爲雜病可不可，《翼》本八作「衄家忌攻其表，汗後必額上促急」。

凡淋家，不可發汗，汗出即便血。文見《金匱》淋證，本爲雜病專凡，《翼》本十條同。○《脈經》十七同。

凡咽中閉塞，咽燥者，不可發其汗。《翼》本六作咽喉乾燥者，忌發其汗。○《脈經》十四同。

凡大下後，發汗即脹滿。《脈經》作「下利清穀，不可攻其表，汗出必脹滿」。

凡發汗後，惡寒者虚也，不惡寒但惡熱者實也，當和其胃氣。

凡瘡家，雖身疼痛，不可攻其表，汗出必致痓。文出《金匱》，翼十條同，《脈經》十八條同。

凡新大吐，下衄血鼻失血。後，毆打之後，婦人新傷産，皆不可汗。共六門，《翼》本七條，亡血家忌攻其表，汗出則寒慄而振。《脈經》十五同。

凡欬而小便利，若失小便，不可發汗，汗出即嘔逆厥冷。翼十四同。〇《脈經》十六同。

凡發汗後，按：以下三條爲汗已後候。飲水多，其人必喘，以水灌之亦喘。《脈經》汗已後證第三，《翼》同。

凡發汗已後，其人臍下悸，欲作賁豚氣，茯苓桂心甘草大棗湯主之。

凡發汗以後，腸脹滿，厚朴生薑半夏甘草人參湯主之。汗例凡共廿一。

中風《病源》作中風傷寒，此本無六經。〇五種傷寒，由風得之，此爲雜病名，《病源》全録六經一見之文，《外臺》卷二列於二十一門之首，與桂枝、麻黄。中風傷寒，自是兩感之中風，名同實異。陽三陽汗病。浮《聖濟録》云：邪在表壅窒，故病脈則浮。陰三陰病。弱，沉細微弱，三陰病脈與三陽浮數，大强相反。陽浮者三陽表證。熱自發，解肌湯通治身大弱病。陰弱者如三陰中風三條。汗不舊作「自」。出，三陰禁汗，裏症當用吐瀉下。嗇嗇惡寒，冬日病以傷寒爲專病。淅淅惡風，春温、長夏濕、夏暍，皆由風得之。《病源》以中風爲病名，引六經之中風八條證之；《外臺》卷二傷寒雜症二十一門，以傷寒中風居首，與結胸、煩渴、百合、狐惑等二十目同列首，皆冠「傷寒」字。大抵以發汗症爲中風，結胸以下皆吐下法，與「太陽」篇中風、傷寒反對之中風文同義異。宋林億校《外臺》，疑《外臺》不知傷寒、中風之別，或疑《外臺》於醫理不深，故失仲景之旨。不知此爲《病源》原文，蓋宋以後人只知桂枝湯之中風與傷寒平列爲二病名，而不知觸冒之病皆由於風，五種傷寒在表之病，亦可稱中風。宋元以後，人不解隋唐舊本文義，乃有此疑耳。○春爲風温，長夏爲風濕，秋爲風瘧，温、濕、暍爲雜症宿病痼疾，不由風得之，故傷寒家之温、濕、暍，爲觸冒新病，皆由風邪，故以風冠本病之上，以别其爲傷寒家之温、濕、暍。翕翕發熱，夏熱與冬寒對文，爲陰陽之極端，《内經》熱病者，傷寒之類也。《脈經》引《醫律》云傷寒有五，皆熱病之類也，其形相根本異源，同病異名，同脈異經。病雖俱傷於風，其人自有痼疾，則不得同法；其人素傷於風，因復傷於熱，風熱相薄，則發風温，四肢不收，頭痛身熱，常汗出不解。治則少陰厥陰不可發汗，汗出譫語，獨語，内煩躁擾，不得卧，善驚，目亂無精，治之復發其汗，如此者醫殺之也。不本論不嘔不渴，以爲不傳。鼻鳴、乾嘔者，本論二陽證不見爲不傳，若欲嘔煩躁者，爲傳。《病源》以鼻鳴、乾嘔爲胃熱，病已入裏，萬不可汗，蓋上脱「不」字。《病源》「發汗不解」條云：「若但煩熱，不惡寒，身不疼痛，此爲表不受邪，陽受病者，其人身體疼痛，發熱而惡寒，脈洪大。有此證候，則爲病在表。」桂枝湯主之。解肌通治五種傷寒。考二十四解肌湯，治病通無鼻鳴乾嘔症，據《病源》發汗條「不嘔不渴」，有「不」字，可證此條之脱「不」字，當補之。

六物解肌湯，華氏法，一日在皮，二日在膚，三日在肌，皆以汗解，故汗劑稱解肌，統皮膚而言。又解肌與承氣、瀉心、陷胸、理中、建中對文，解肌三方爲汗巨劑，此無桂枝亦名解肌，故桂枝本爲解肌不可解。治傷寒正汗法不分經，凡分經皆屬《翼》本「三陰三陽」篇。發熱疼痛，方：解肌一。○隋唐以前書言寒正病，不論有汗無汗，惡風惡寒，脈浮脈緊，《肘後》、《病源》、《外臺》皆同，宋元以後乃專據《翼》本與麻桂不可用，種種誤説。

葛根四兩。　麻黄　茯苓　牡蠣　生薑各二兩。　甘草一兩。

舊有桂枝、麻黄、青龍，陰毒陽毒，陰旦陽旦，以與《翼》本、《金匱》重出節之。

右六味，㕮咀，以水八升，煮取三升，分三服。再服得汗，汗通即止。《古今録驗》無生薑、甘草；

○《本草經》麻黄、葛根解肌發汗，故解肌二十餘方，必有二味。説詳《講義》，故餘方不贅。

解肌湯桂枝本爲解肌，此二方無桂枝亦稱解肌，就麻、葛名之。治傷寒正冬病。温病，春正病温，此方當補入八卷温證中。方：《本草經》麻黄、葛根發汗解肌，《病源》有發汗解肌候，《本草經》「麻黄」下作「發汗」，陶作「解肌」，乃「發汗」之别名，故論曰「當發其汗，宜解肌湯主之」。○説詳解肌湯講義。

葛根四兩。　麻黄三兩。　黄芩　芍藥各二兩。　甘草二兩。　大棗十二枚。○按據《延年》七味有四味，即今之桂枝湯，此與各半湯同義。

右六味，㕮咀，以水八升，煮取三升，飲一升，日三服。三四日不解，脈浮者宜重服發汗；與解肌互文。沉實者沉在裏。宜以駃豉丸下之。《延年》、《秘録》有桂心一兩。

解肌升麻湯，三以解肌名。治時氣此方當補入十二卷時氣中。三四日不解，方：《病源》時行有專卷，《千金》、《外臺》雜見傷寒門中。○此卷不詳有汗無汗、脈浮脈緊，分風寒，知《翼》本麻桂兼治雜病，非正對法。

升麻　芍藥　石膏　麻黄　甘草各一兩。　杏仁三十枚。　貝齒三枚，一作貝母十八銖。○《活人雜方》三十六有一解肌湯。

右七味，㕮咀，以水三升，煮取一升，盡服，温覆發汗便愈。因不解乃以解肌名。

附一　治傷寒冬正病。時氣天行。瘟疫傷寒兼詳時行、温疫、温、熱、濕、暍共六門。疼痛壯熱，脈盛，此爲外感本證，若傷寒中風皆雜證。始得一二日者，方：《千金》首列避瘟方即治未病，今補入十三卷。○《聖濟總録》發汗門有五味桂枝湯，桂、麻、葛、梔、膏，發汗用桂枝湯，惟此近似，外有六味桂枝湯，有麻、膏、薑、二朮，亦同。

丹砂一兩。末之，以水一斗，煮取一升，頓服之，覆衣取汗。

附二　治疫氣傷寒疫氣與傷寒同治，古法也。三日以前不詳汗與皮緊緩，惡寒惡風不分經。不解者，

方：三日以前當以汗解，「解」字即「解肌湯」之解。

好豉一升，綿裹。　葱白切一升。　小兒便三升。

右三味，煮豉、葱令相得，則投小便，煮取二升，分再服，徐徐服。覆令汗，亦可名解肌。神驗。舊本下有陰陽毒二方，以重見《金匱》故不録。

葛根龍膽湯，治傷寒三四日不差，身體煩毒而熱，方：與《翼》本病狀不同，隋唐人言傷寒正對法，皆如此。

葛根八兩。　麻黃二兩。　黃芩二兩。　龍膽　大青　升麻　石膏　萎蕤各一兩。　甘草　桂心　芍藥各二兩。　生薑三兩。

右十二味，㕮咀，以水一斗，煮葛根取八升，內餘藥煮取三升，日三夜一，分四服。

附三　治傷寒四五已逾汗期。日，頭痛壯熱，四肢煩疼，以上表證，以下裏證。不得飲食，方：病不獨在表，故不用解肌湯。

梔子仁　黃連　黃柏　大黃各半兩。　好豉一升。　葱白七莖。

右六味，㕮咀，以水八升煮上四物六七沸，內後葱白、豉煮得三升，頓服一升，日三服，湯訖溫覆令汗出，粉之，得汗便止。後服無復取汗，不得汗者，復服重發。發汗即解肌。此藥無忌，

特宜老小，神良。

附四麻黄解肌湯，《外臺》傷寒門引《深師》。療傷寒三四日，煩疼不解者，方：

麻黄三兩，去節。　甘草一兩，炙。○按麻黄湯作二兩。　杏仁七十枚，去皮、尖，熬。　桂心二兩。

右四味，切，以水九升，先煮麻黄減二升，掠去沫，乃内諸藥合煮，取二升半，絞去滓，分服八合，以汗出爲度。忌海藻、菘菜、葱。本仲景麻黄湯，《千金翼》並同。○按藥味同《翼》，麻黄湯分兩，甘草有一兩二兩之分。《治候》「麻黄」云：「治傷寒頭及腰痛，身體骨節疼，發熱惡寒而喘。」又「杏仁」下注云：「七十枚，喘不甚者，五十枚。」與《深師方》治不同。

七物黄連湯，治夏月[傷寒]，夏月亦稱傷寒。四肢煩疼，發熱，其人喜煩，以下裏證。嘔逆、滿劇如禍祟，寒熱相搏，故令喜煩，方：

黄連　茯苓　黄芩各十八銖。　芍藥　葛根各一兩。　甘草一兩六銖。　小麥三合。

右各㕮咀，以水七升，煮取三升，冷分三服，不能一升者，可稍稍服之，湯勢安乃卧。藥主毒氣，服湯之後，胸中熱及咽喉痛皆差。其明日復煮一劑如法服之。此湯無毒，但除熱下氣安病人。小兒服者，取三分之一，以水四升煮得二升，稍稍服。

三匕湯，治傷寒[中風]，得之三日至七八日不解，不解謂汗未徹。胸脇痛，四肢逆，乾嘔，水漿不下，腹中宿食不消，重下血，一日數十行，方：病皆在裏，因表尚未解，故温覆取汗。

茯苓如鷄子大。　黄芩　人參各三兩。　栝樓根四兩。　芒硝　乾地黄各一升。　大黄　麻

黄　寒水石各半斤。

右九味，擣七令相得，以散三方寸匕，水一升，煮令三沸，絞去滓，服之日三，温覆汗出即愈。病劇，與六七篩。此門皆取發汗，以汗愈諸證。

五香麻黄湯，治傷寒忽發腫，或著四肢，或在胸背，虚腫浮如吹狀，亦著頭、面、脣、口、頸項，劇者偏著腳脛外，如軸大而不痛不赤，著四肢者，乃欲不遂，悉主之。方：

麝香半兩。　薰陸香　鷄舌香各壹兩。　沉香　青木香　麻黄　防風　獨活　秦艽　萎蕤　甘草各二兩。　白薇　枳實各二兩。

右十三味，㕮咀，以水九升，煮取三升，分三服，覆取汗解肌。後，外摩防己膏。摩膏法。附五。

治傷寒三日外，與前藥不差，脈勢仍數者，陽氣猶在經絡，未入藏府。方：此方以汗爲主，仍屬解肌。〇熱重故用膏、芩、梔子，俗據《翼》本以爲定用麻、桂發汗者誤。

桂枝　黄芩　甘草各二兩。　升麻　葛根　生薑各三兩。　芍藥陸兩。　石膏捌兩。　梔子二十七枚。

右九味，㕮咀，以水九升，煮取二升七合，分三服。相去十里久，若前兩服訖即得汗，亦解肌。後服即停；不得汗，更進一服，得汗即止。不得汗者，明日去梔子，加麻黄二兩，足水二升，再依方服。解肌發汗方中多有石膏、黄芩，足見株守麻、桂，妄生異議者皆悞。

雪煎治傷寒方：仲景論有雪煎。〇此卷所有方例，其藥味節度以下但詳方名，餘詳《金匱》一書，合則藥味節度，不當重見。

麻黄拾斤。　大黄一斤十二兩，如金色者。　杏仁參斗四升。

右三味，㕮咀，以雪水五斛四斗漬麻黄於東向竈釜中三宿，内大黄攪令調，炊以桑薪，煮得二斛汁，去滓，復納釜中，擣杏仁内汁中，復炊之，可餘六七斗汁，絞去滓，置銅器中。又以雪水三斗合煎之，攪令調，得二斗四升，藥成可丸，冷凝丸如彈丸。有病者以三沸白湯五合研一丸，入湯中，適寒温服之，立汗出，解肌汗方。若不愈者，復服一丸。密盛藥，無令瀉氣。

宜吐第七

例曰當作「可吐例曰」，十一條，三言凡。○叔和云：三日以上氣浮在上部，填塞胸心，故頭痛，胸中滿，吐之則愈。

大法春宜吐。共七條，《脈經》與《翼》全同。○第一。○出《翼》本十卷第四條。○《脈經》宜吐第五條。○華氏法，四日病在胸。按華氏法，不拘六經，專分層數，此爲切要正法。○《醫門》同。

凡服吐藥，中病即止，不必盡劑也。《醫門》同。○第二。○此三例，仲景原文不言六經，《翼》本爲《脈經》輯三陰三陽以補之，乃詳六經。

宿食在上管，吐例皆舉證，言脈者僅二條。宜吐之。《金匱》同。上管，《醫門》作胃脘。○《脈經》六。○《翼》本七作「管病，凡宿食在胃管，當吐下之」，文小有異。

病據下六條，「病」上當有「瓜蒂散」三字。如桂枝解肌。證，總名汗證。頭不痛，項不强，而脈寸口浮，胸中硬滿，邪氣在胸，宜吐。氣上衝喉咽，不得息者，此以内有久痰，宜吐之。《脈經》五條。○《翼》第四條。○成本，太陽病，脈證並治法下第七。○雜證，此痰證下寒證。○以下五條《醫門方》無。

病胸上諸寒實，胸中鬱鬱而痛，不能食，欲得使人按之，按之反有涎出，下利日十餘行，而其人脈遲，寸脈微滑者，餘皆以證言，言①脈者衹三見。此宜吐之，吐之利即止。凡吐者，皆病在胸，仲景與華氏同。○《脈經》第五。《翼》第四條。

少當讀作純。陰病，三例，原文不分六經，凡六經之文，皆出《翼》本，叔和所謂三陰三陽中也。飲食入口即吐，心當作「胸」。中愠愠然，欲吐復不能吐者，宜吐之。《脈經》第五。○《翼》第四。

病手足逆冷，脈乍結者，二言脈。客氣在胸中，心下滿而煩，飢不能食者，以病在胸中，宜吐之，瓜蒂散。《脈經》五。○《翼》本四。○《千金》此下一條云：病如桂枝證，與第四條重出，故删之。○以上七條與《脈經》全同，《醫門》同，《翼》首七條亦全同。此爲原文，故如此汗下，皆爲後人移羼，故不能全合。

凡諸病在胸中者，宜吐之。以下四條，據《醫門》補，與第六條「病在胸中宜吐」之文同。

須吐者，瘧及傷寒，胸中滿及積痰、乾嘔。

又胸膈痰熱轉嗽，及肺癰吐膿等並宜吐之。

凡病在胸，當吐下之。上脘宜吐，中實宜下。

不可吐例：六條據《千金》、《醫門方》補。六條四言凡。

經言脈微不可吐。據《千金》總例，叔和引經補。

又云諸四逆厥者不可吐之。《金匱》有，《病源》同，以下據《醫門方》補。

---

① 言：原無，據文意補。

凡諸虚羸者，脈言微者。不可吐之。《脈經》作「諸四逆厥者不可吐之，虚家亦然」，《病源》、《翼》本同。

凡新産者，不可吐之。忌汗、下。凡婦人新傷産，皆不可汗下。

凡脚氣上衝心者，不宜吐之。

凡病今本《傷寒》、《脈經》、《翼》本於《醫門》諸「凡」字多改作六經病名。者，惡寒而不欲近衣，不可吐之。《脈經》第二條作「太陽病吐下」，但太陽病當惡寒，今反不惡寒，不欲近衣者，此爲吐之當煩也。

瓜蒂散，病如桂枝證，頭不痛，項不强，寸脈微浮，胸中痞堅，氣上撞咽喉不得息者，此爲胸有寒與第四條同。也，宜吐之。〇《千金》總例引華佗曰：「至四日在胸，宜服藜蘆圓，微吐之則愈。若病困，藜蘆圓不能吐者，服小豆瓜蒂散吐之，則愈也。」《外臺》注仲景同。

瓜蒂　赤小豆各一兩。

右二味，治下篩，取一錢匕，香豉一合，熟湯七合，煮作稀粥，去滓取汁，和散，温頓服之。不吐者少少加，得快吐乃止。張文仲以白湯三合和服。

水導散，治時氣病，隋唐古法，時氣與傷寒同治法。煩熱如火，狂言妄語欲走，方：

甘遂半兩。　白芷二兩。

右二味，治下篩，水服方寸匕，須臾令病人飲冷水，腹滿即吐之，小便當赤。一名濯腸湯，此治大急者。〇《道藏》本以此二味合下大承氣四味共爲一方，中脱數頁，故古書方多與證不對，乃張石頑《千金衍義》據誤本六味解之，致成笑柄，可鑒也。

藜蘆丸，治傷寒不得吐，方：華佗、仲景同引。

藜蘆　附子各一兩。

右二味末之，蜜和如扁豆大，傷寒不食，服二丸，不知增之。此謂得病一日以上四日以來，服藥後日移三丈不吐，進熱粥，汗發之。

治傷寒温病三四日，胸中惡，欲令吐者，服酒膽方：

醇苦酒半升。　豬膽一具。

右二味，盡和飲之，吐即愈。

又方

取比輪錢一百五十七枚，以水一斗，煮取七升，分服汁盡，須臾，復以水五升更煮錢令得一升，復以水二升投中，合三升，出錢，飲之，當吐毒，愈。詳《吐法在胸考》①。

---

① 吐法在胸考：原無「法」字。按廖平有《吐法在胸經證》，故補「法」字。

宜下第八

例曰當作「可下例曰」。《千金》總例引叔和：「五日以上，氣沈結在藏，故腹脹身重，骨節煩疼，當下之則愈。」明當消息病之狀候，不可亂投湯藥，虚其胃氣也。

大法秋宜下。《脈經》第一。○《翼》第六，共十三條，言「凡」者九條。○華氏法：「五日在腹，六日在胃，下之而愈。」叔和雜采六經之文編《脈經》共十五章，而成本只用汗、吐、下三門，尋仲景之舊也。○舊本二，凡後有傷寒血證一條，太陽血證二條，陽明下證四條，與《翼》本重出節之。

凡下以湯，勝丸散也。《醫門方》作「凡可下者，湯勝圓」。○按三例同有此條。

凡服湯，中病即止，不必盡劑。以上二條，《脈經》、《翼》本、《醫門》同。○節太陽三條，陽明四條，以文詳《翼》。

少陰讀作純陰，所謂無表證。「太陽」篇：「太陽病，其脈浮。」「少陰」篇：「少陰之爲病，其脈微細沉。」皆以脈病定六經之名，非經絡也。凡表證皆稱太陽，裏證、陰證皆稱少陰。病，「太陽」篇純陰症條三見二，誤作少陰。傷寒應禁言藏病，諸家讀爲藏者，誤也。得之二三日，口燥咽乾，急下之，宜承氣湯。《脈經》四，《翼》本六。○四方中擇用之。

少陰讀作純陰，《醫門》無此二字，作「凡」。病得之六七日，表證罷，腹滿不大便者，脈沉實者。急下之，宜承氣湯。《脈經》四，《翼》本六。○陰證無下理，此以裏證爲陰乃可下。

凡病發作，汗多急下之。《脈經》、《翼》本第三同作「陽明病發熱，汗多者急下之」，以「陽明」二字易「凡」字。○以下九條八言「凡」，據《醫門方》補。

凡病五六日，腹滿不大便。下「凡」皆舉證，言脈者僅二見。 急下之。按此即上四條，《脈經》、《翼》本皆以「少陰」易「凡」字。

凡《翼》「陽明」篇同無「凡」字。 大下後，此汗、吐、下後方，《翼》本同。 六七日不大便，煩不解，腹滿而痛，此有燥矢，解所以然者，本有宿食，宜承氣湯下之。

凡病者《翼》無「凡」字。 小便不利，大便乍難乍易，時有微熱沸胃，《翼》「陽明」篇作「怫鬱」，校云：「《傷寒》作喘冒。」不能臥，此有燥屎故也，即宿食爲雜病。 宜下之。《脈經》本門末一條同。

脇下偏痛發熱，此寒也，當以温藥下其寒，脹須下。

凡諸病統六經雜病言。 大便澀，諸傷寒，傷寒有五，熱爲傷寒之類。 ○按《醫門方》宜忌，在《醫心方》第一「治病大體」中，爲治法總綱，不專治傷寒，故先諸病而後言，《傷寒》與《金匱》同。 胸滿瘧，腹滿、鼓脹、水脹，大便不通，須利小便者，黄病、水病、淋病發汗後不解，以上皆有雜病，《金匱》有專目，《傷寒》亦有之。 腹滿或痛，宜下之。

凡病六經字，每本後師所加文，在太陽則加「太陽」字，在陽明則加「陽明」字，原文不必如此。 腹中滿痛者，爲寒，當下之。不分傷寒、雜病。

腹滿不減，減不足言，當下之。

脈數而滑者，經言脈虚細不可下，下脈沈數皮滑。有宿食，有食積爲雜病。下之即愈。共三條文，與《翼》本少異。

凡可下者，以承氣湯。《千金》之抵當湯丸、茵陳湯，皆雜病方矣，故删之。《傷寒》正方只用承氣。

不可下例。禁下九凡，全據《千金》、《醫門》補，共十條，言凡者八，經言脈虚細不可下，據《千金》引叔和補。

又云夏月不可下。《千金》叔和引經言：「又夏月亦不可下也，此醫之大禁也。」與《醫門》此條同，《脈經》、《翼》無。

凡病喘而胸滿，不可下之。《病源》作：「心下牢滿不可下，下之遂利殺人，不可不審，不可脱爾，禍福正在於此。」《脈經》二十條無「凡」字，有「太陽與陽明合病」七字。

凡病心下堅腹，病頸項强而眩，勿下之。《脈經》廿一條無「凡」字，有「太陽與少陰並病」七字，《翼》本同。

凡厥逆，不可下之，虚家亦然。《脈經》二十二，《翼》本十條同。

凡病欲吐者病在胸。不可下。《脈經》二十三，《翼》本十一條同，《金匱》十七吐證有此條。

凡病有外證，病在表。外證未解，不可下之。《脈經》二十四，《翼》十三條同，七條文小異。

凡病腹滿吐食，病在胸。下之益甚。

凡太瘦人繞臍痛，病在胸。必有穀氣，而反下之，其氣必上衝者，心下則痞。心下腹病爲五日證。

凡發汗多則亡陽讝語者，不可下。《病源》「可不可」有十數條，多有六經之文，出《脈經》後。

承氣湯，今作大承氣。主熱盛腹中，有燥屎、譫語者，方：

大黄肆兩。　枳實五枚。　芒硝叁合。　厚朴捌兩，炙。

右四味，以水一斗，先煮二味取五升，内大黄更煮取二升，去滓，内芒硝更煎一沸，分再服，得下者止。

又方：

大黄肆兩。　厚朴貳兩，炙。　枳實大者叁枚，炙。

右三味，以水四升，煮取一升二合，去滓，温分再服。初服譫語即止，服湯當更衣，不爾盡服之。

又方：

大黄肆兩。　甘草貳兩，炙。　芒硝半兩。

右三味，以水三升，煮取一升，去滓，内芒硝更一沸，頓服。

桃核承氣湯：

桃仁伍十枚，去皮、尖、雙仁。　大黄肆兩。　桂枝　甘草炙。　芒硝各二兩。

右三味，以水七升，煮取二升半，去滓，内芒硝更煎一沸，分温三服。

生地黄湯，治傷寒有熱，虚羸少氣，心下滿，胃中有宿食，大便不利，方：

生地黄叁斤。　大黄肆兩。　甘草壹兩。　芒硝貳合。　大棗貳拾枚。

右五味，合擣令相得，蒸五升米下熟，絞取汁，分再服。

大柴胡萎蕤知母湯，治傷寒七八日不解，默默心煩，腹中有乾屎、譫語，方：

柴胡半斤。　萎蕤　知母　大黄　甘草各貳兩。　人參　黄芩　芍藥各叁兩。　生薑伍兩。　半夏半升。

右十味，㕮咀，以水一斗煮取三升，去滓，服一升，日三即下，爲效。《集驗》用枳實四枚，不用芍藥。

附。治傷寒頭痛壯熱、百節疼痛方：

柴胡　梔子仁　芍藥　知母各四兩。　升麻　黄芩　大青　杏仁各叁兩。　石膏捌兩。　香豉壹升。

右十味，㕮咀，以水九升，煮取二升七合，分温三服，若熱盛，加大黄四兩。

駃豉丸，治傷寒留飲宿食不消，方：《翼》本云「醫以丸藥下之」，指此方。

豆豉壹升。　巴豆去油，叁百枚，今用貳百枚。　杏仁陸拾枚。　黄芩　黄連　大黄　麻黄各肆兩。　芒硝　甘遂各叁兩。

右九味，爲末，以蜜和丸如大豆，服二丸，不得下者增之。崔氏云此黄素方。

按《聖濟總録》傷寒門凡十四卷，以汗、下、吐、温爲首，其後仿《病源》分證不分經。北宋之書猶存古法，成本以後專主六經矣。

傷寒雜病論古本卷三①

六經引《太素注》，《病源》日數，成本叙例補。

隋楊氏《太素注》

井研廖平補證

六經總例

傷寒六日病，爲華氏法，若經絡之六經爲雜病法說，詳病表。

《素問·熱論》此篇寒熱兼論，《刺熱》詳熱病，《評熱論》則專論熱證矣。黄帝問於岐伯曰：《外臺》卷三《天行》引。「今夫熱病者，夏傷熱則爲正病，熱病與傷寒相反。皆傷寒之類也。楊注 夫傷寒者，人與冬時，温室温衣，即春正病温之温。熱飲熱食，腠理發，所謂不藏精皆爲熱，故温瘧爲先熱。快意受寒，當時受病爲傷寒者一事。腠理因閉，寒居其内，至春寒極爲熱。經云：「冬傷於寒，春生癉熱。」春當作「夏」，謂癉瘧病。三陰三陽之脈，表。五藏六府裏。受熱爲病，兩感於熱，此又一證。名曰熱病。熱病大名中有小目。斯之熱病，此指夏癉熱。本因受寒傷多，亦爲寒氣所傷，得此熱病，以本爲名，説間時病非即正熱病。故稱此熱病傷寒類。注以熱爲寒之變，病本熱證，探其受病之原，而日之曰傷寒，此别一義。經以四時病風熱濕燥各爲其類，故熱爲寒之類，温、時行同。故曰冬

① 卷三：原作「第三卷」，據本書書眉改。

傷於寒，在正病爲傷寒，在時行爲傷熱温瘧，先熱後寒。春爲温病也。此爲留病，詳《時病考》。其病夏至前發者名爲温病，春正病温，春傷於風，非瘟熱病，今補十二卷。夏至後發者病暑也。暑爲長夏濕證。○寒變爲熱，乃間時而病之一門，若正病、即病則傷寒，爲寒傷熱爲熱，其病狀不相假借。或愈或死，當有「其死」二字。皆以病六七六日死，七日愈。「七」字因下文而衍，本論作「六日愈」，誤字。日間。楊注陰陽二經同感，三日而遍所謂兩感。藏府，營衛不通，復得三日，故極後三日，所以六七「七」字爲衍文。日間死也。「死」字指兩感言。其愈皆以十當作「七」，形之誤。即上文「七」字也。日以上，下由七至十二。何也？不知其解，願聞其故。」楊注其不至藏府兩感於寒者，至弟七日，太陽病衰，至九日，三陽病衰，至十日，太陰病衰，至十二日，三陰三陽等病皆衰，故曰其愈皆七據注本原作「十」。日以上，其理未通，故請問之也。熱病與傷寒病雖異，而感四時之氣則同，故互文見義，傷寒之生死日數亦同之也。

以上專論熱證。今從《脈經》、《病源》、《外臺》補仲景《熱病論》法於第八卷中。

岐伯對曰：傷寒與熱證病，其分經之法同，經詳於熱，仲景詳於寒，互文見義。或以熱即寒，非是。「巨陽者，以下詳三陽三陰爲雜病法，傷寒正對，不論六經也。諸陽之屬也。楊注巨，大也，一陽爲紀少陽也，二陽爲衛陽明也，當爲太陽。三陽爲父太陽也，當爲陽明，經所説與《傷寒》次序不同。故足太陽者，三陽屬之，故曰諸陽之屬也。太陽一日，此指皮言，不指經。本論太陽止能作背字讀，舊説皆誤。其脈不指寸口，凡六經之脈，言「其」者皆本經之脈，太陽動脈委中。連於風府，專指其經穴所循，雜病皆有太陽證。故爲諸陽主氣，指一日皮。○凡寒、熱、温時行，六經分日病皆同，汗、吐、下三法亦同。人之傷於寒也，以下專詳傷寒一篇中，寒熱互見，所以爲類。則爲病熱，寒與熱，一冬一夏，本爲兩病，寒極反熱，熱爲寒之變象，不曰熱病，而曰病熱，寒變之熱也。熱雖甚指傷寒下證言。不死。溜經之三表，溜府之三裏，無死法。經於傷寒無死法。〇亦可云人之傷於熱也則爲病寒，寒雖甚，不死。其兩感於寒專指藏病言，熱病爲兩感熱，寒病爲兩感寒。而病者，表裏俱病，一名陰陽交。必不免於死。凡藏病最重劇，即所謂兩感。《刺熱論》之五藏熱病，專指熱言。楊注足太陽脈。直者從顛入絡腦，還出別下項，其風府在項入髮際一寸，則太陽之氣連風府也。諸陽者，督脈、陽維脈也。督脈，陽脈之海；爲心君，心主即髓海。陽維，維諸陽脈：總會風府，屬於太陽，故足太陽脈爲諸陽主氣。所以人之此脈傷於寒者，極爲熱病者也，傷寒則寒，傷熱則熱，物極必反，乃別義。先發於陽，後發於陰，陽指經，汗之三陽是；陰指府，吐、泄、下之三陰是。雖熱甚，此舉極端，反對言，非常例。不死。藏病乃死。其陰陽兩感者，必不免死也。府輕，藏熱，生死之分。黄帝曰：「願聞其狀。」專詳傷寒六經，爲仲景所祖。《病源》温、熱、時行，皆由此例推之。岐伯曰：篇題熱病中詳傷寒，熱爲寒之類，互言之，其義同也。「傷寒此節專言傷寒，爲仲景所祖，非論熱病。日本丹波説誤。一曰，《醫述》引《醫補》，讀作日，下皆同。〇不用傳經説，六經直中，各有部分，非有層次、淺深、表裏，舊説皆誤。巨陽邪中於項背。受之。舉一日病以示例，餘五日不見。故頭項、頭項數見，爲太陽經絡。腰脊本論所舉腰病，不皆太陽，以十二經皆有腰病。皆痛。此舉太陽經病，不分表裏，凡太陽經病，皆頭項痛。今成本《傷寒》作脈浮，頭項强痛而惡寒，「脈浮而惡寒」五字爲一條，乃表證。楊注寒之傷多極爲熱者，初病發日，必是太陽受熱之爲病，故曰一日太陽受之。所以一日，陽明少陽不受熱者，此二陽併病不見。以其太陽主熱，可以曰一日太陽，亦可以曰下五證同，亦可將本證遍加於下五日直中。因於受邪，無傳染，非層次，舊説皆誤。又傷寒熱加，故太陽先病也，此説少混。頭項腰並是足太陽脈所行之處，故皆痛也。病則當屬手太陰爲舉皮，仲景「六經」篇惟太陽詳，經下五日皆無明文，前三日統曰太陽，後三日統曰少陰，互文相對，非平排六篇，如喻、錢説也。○仲景書詳傷寒正例者，在《千金》，詳雜病者在《翼》本，自爲兩法。後成本專取《翼》本，學者遂止知有六經法。二日華氏法，二日在膚，陽明病。○以下三、四、五、六四字俱當讀作「一」字，分别則有二、三、四、五、六之序次，其實皆指得皮病之一日。陽明受之。在經爲表，在裏爲入府之下證，所謂陽明不見，指下證言。陽明主肉，二日病在膚。其脈二日則然。俠鼻絡於目，陽明動脈六，人迎主診其經受邪，即在本經所循之部分，就其所病，診其脈，不間接於兩寸也。故身熱目疼而鼻乾，不得眠。此爲經病，不分表裏，雜證尤詳之。楊注 陽明二陽，此爲表病裏病兼舉，本論無此明文，「陽明」篇屬此，其七十五首，文獨詳，以分正陽、少陽、太陰三門，本篇爲正陽，「少陽」篇屬少陽，「太陰」篇屬太陰，二篇文略，與此參觀互見。故次受病，本直中無分層次，此自互舉之次序。脾之太陰主肌，胃之陽明主肉，傷寒陽明，質言之不過一腹字，與背相對，所謂陽明行身之前，注説未免迂曲。其脈從鼻絡目内眥，在表浮絡，故二日可見。下行入腹至手陽明，下屬大腸，此指腹中藏府而言之，經病所不詳也。上俠鼻孔，故病身熱鼻乾不得眠也。不得眠爲熱甚，陽蹻開，陰蹻閉，與少陰但欲寐反對。○此爲陽明二日在膚之病，舉以示例。二日由巨陽排之，下四日病證由下四日互見。○舊説以成本「六經」篇首條爲提綱，大誤，如厥陰首條，乃蚘蟲病文，同《金匱》消渴首條，何得爲厥陰提綱？三日以華氏法，三日言之。少陽受之。在經爲表，在病已爲入裏之胸病。少陽主骨，外腎爲膽，通於耳又主骨。其脈本經病，即診病處之根。循脇絡於耳，少陽動脈三，以聽會主脈，在耳前陷中。故胸脇痛，耳聾。六經病狀詳《内經》病表，此爲雜證分治要法。若傷寒則不重分經，故除太陽外五經之文，皆不全舉。楊注 肝足厥陰主筋，三焦手少陽與膀胱合。此誤引經文五藏配六府之説，以十二經言三焦，則合包絡，不與膀胱同合於腎。○在經爲少陽，在病爲胸，所謂少陽不見者不嘔也。膀胱腎府表裏皆主骨，足少陽膽即外腎。起目鋭眥，入絡耳中，下循胸脇，下至於足手少陽，楊注言六經，手足並言，不專屬足，與後不傳手之説異。偏屬三焦，從耳後入耳中，故病耳聾、胸脇痛也。以上皆裏證，非表證。三經當作皮、膚、肌。皆受病而未入通於府也，華氏三表，「少陽」篇首條，口苦、咽乾、目眩亦爲入裏，非表病，故除「太陽」篇，以下五經，舉本論皆無明文，「陽明」篇胃家實也。一作「寒」，此論入胃府病之寒熱二病，俗説亦以爲陽明表病提綱，大誤。故可汗統於脈浮宜汗條。而已。楊注三經，三陽經也。華氏法。熱在三陽經中，未滿三日，未至於府，當以鍼太陽刺風池、風府。藥膏、丸、散、湯四門。發汗而已。三經之病，三日外至府，可以湯藥洩，有吐、泄、下三法。而去。仲景文同。○《内經》病表，以經絡審病者，多不分外感内傷，宋以下以六經，專詳寒病者大誤。四日在腹，指華氏四日言。太陰受之，脾亦有當汗之，皮、膚、肌三日病，太陰脈浮宜汗是也。太陰脈太陰動脈，箕門銅人足太陰所循經絡是也。在經爲表，在病爲入裏之腹病，此義互見。布胃中，絡於嗌，此入裏之病，故不言皮、膚、肌三部。太陰有汗證，用桂枝與加芍藥二方，是太陰表證由三陽推之，故獨詳四日病也。故腹滿而嗌乾。楊注一陰爲獨決，厥陰也，二陰爲雌，少陰也，三陰爲母，太陰也。太陰爲大，故先受熱，直中則不分層次，例三陰則不無先後，分先後，則不能不以太陽居前，行文之常，不必附會穿鑿者也。太陰脈從足入腹，屬脾絡胃膈，俠咽連舌本。手太陰起於中焦，下絡大腸，楊氏兼詳手六經。故腹滿嗌乾也。皆裏證，非表。華氏法爲五日在腹之病，三表證從略。○「太陰」篇爲腹病。文略者，以與太陰、陽明參看。五日舉五日以示例，六經在腹之病，由此推之。少陰受之。所舉三陰病，皆爲裏證，非經病。少陰脈六經直中，始皮終胃，各有六日，病六六當爲卅六，舉六日以示例，其實各經皆有三陰三陽六層病。貫腎，絡肺，繫舌本，所提綱與後人不同。故口熱舌乾五日在腹，前四日後一日，病皆略之。而渴。此皆裏證，非經病。楊注 足少陰直者，從腎上貫肝膈，入肺中，循喉嚨，俠舌本，故口熱舌乾而渴。前四經分配華氏汗、吐、泄、下四法，「少陰」篇爲虛寒主溫，厥陰正文共三條，餘皆所附雜病。六日六日得病，十二日乃愈。厥陰自有六日病，與五經同。其實二三四五六諸字，皆當作一字讀。不過以六層分配六經，互文見義，不得不如此耳。厥陰受病。六日在胃，陽明經下證專指六日病而言，其餘五經之下證亦同。傷寒下證，不下則可死人，以爲府病居六日之末也。厥陰脈循陰器而絡於肝，皆詳腹中，不及表證。故煩滿而囊縮。」楊注 厥陰脈環陰器，抵於少腹，俠胃，屬肝，絡膽，故煩滿囊縮也。厥陰之表汗法已詳「太陽」篇，下法、吐法詳「陽明」、「少陽」篇，五日腹病詳「太陰」篇。四法已詳，更無所述，故本篇見三條以示例。諸厥以下皆爲附載，目下云「附」，厥下利吐噦，其目皆見《金匱》是也。

以上詳六經，爲《翼》本「三陰」、「三陽」篇所出。華氏法詳於《千金》，及正對方汗、吐、下三例，《翼》本無，故成本專詳六經治法。

三陰三陽，五藏六府皆病，兩感三日如此。營衛不行，藏府不通，三日外加爲六日。則死矣。楊注 此兩感三陰三陽，藏府皆病，營衛閉塞，故至後三日則死。此專指熱病藏病兩感，《靈樞·刺熱篇》、《素問·熱論》之五藏熱病而言，且由熱以推寒，熱病有藏熱，亦當有經熱，在經不死，在藏難治，寒熱皆同，是又在學者之善悟矣。

以上詳陰陽交兩感例。兩感與合病、併病不同。

其不兩感於寒者，兩感熱爲難治，兩感寒亦同，皆藏病由内發外。○傷寒經府發熱，時行、溫濕病同。七日以太陽一日起算病，病六日，愈日爲七日。巨陽病衰，一日皮病起，七日皮病愈。以下五日迭病狀、五日迭愈狀皆略，以待推考。頭痛以下五日病仍在。少愈。凡六經病，由淺入深，六日而遍，其愈亦由淺入深，先病先愈，後病後愈，依次輪派，亦爲六日，故病起初至大愈，必十二日也。八日陽明病衰，從二至八爲七，讀二爲一，則八仍爲七，故曰其愈皆以七日。以下同。身熱少愈。身熱爲二日起例，二日身熱愈，以下四日病未愈，故曰少愈。九日從三至九同爲七。少陽病衰，耳聾微聞。楊注 不兩病，至七日太陽病衰，至第九日少陽病衰也。十日從四至十爲七。太陰病衰，腹減如故，至四日，則三日以前同愈，後二日病尚在。則思食飲，欲食。不能食爲太陰病。楊注 太陰脾，主穀氣，故病愈，腹減，思飲食也。十一日從五至十一爲七日。少陰病衰，得病七日，迭次而周，其愈亦逐日迭減，至六日而全，《傷寒論》風家表解不了，了者至十二日愈是也。渴止不滿，舌乾，已而欬。楊注 足少陰脈俠舌，故病愈渴止，舌乾已也。欬者，肺氣通也。十二日從六至十二仍爲七日。厥陰病愈，厥陰與以上各經同，以七日愈皆六，爲華氏六日法。囊從少腹微下。楊注 厥陰之脈病愈，故囊漸下也。大氣皆去，病日已矣。」楊注 至十二日大熱之氣皆去，故所苦日瘳矣。黄帝曰：「治之奈何？」岐伯曰：「治之各通其藏脈，汗、吐、下三大法爲經，以温、凉、補三法爲緯，醫不執方，各經同。病日衰已。楊注 量其熱病在何藏之脈，知其所在，即於脈以行補瀉之法，病衰矣。其未滿三日者，可汗而已，陽表。其滿三日者，陰裏。可洩而已。」楊注 未滿三日，熱在三陽之脈、皮肉之間，故可汗而已也；三日以外，熱入藏府之中，可服湯藥洩而去也。洩兼下法，言六日乃專下。

以上專詳傷寒愈期。《翼》本《傷寒論》全祖此篇立法，丹波以爲言熱非寒者誤。

黄帝曰：「熱病此又標題，以熱病寒熱互見也。已愈，時有所遺者遺病，傷寒同。何也？」《病源》所例，温熱病、時行病狀名目數十條，與《傷寒》同。岐伯曰：「諸遺者熱甚言熱，傷寒則爲病寒。而强食之，食遺一。故有所遺。若此者，皆病已衰，而熱有所藏，因其穀氣相薄相合，傷寒遺病亦如此，寒熱治同法。故有所遺。」楊注 强，多也；遺，餘也。大氣雖去，猶有殘熱在藏府之内，外因多食，以穀氣熱與故熱相薄，重發熱病，名曰餘熱病也。黄帝曰：「善治遺奈何？」岐伯曰：「視其虚實，調其逆順四時正病皆如此，舉熱示例耳。仲景以「傷寒」立名，中有熱、温、風、暍，亦爲互文。可使必已。」楊注 逆者難已，順者易已，陰虚補之，陽實瀉之，必使其愈，以爲工也。黄帝曰：「病熱當何禁？」岐伯曰：「病熱少愈，食肉則復，肉食遺二。多食則遺，此其禁也。」楊注 肉熱過穀，故少食則復；穀熱少肉，故多食爲遺也。《病源》所例遺病，傷寒、温熱、天行並同。

以上專詳熱證遺病。故《病源》寒、温、熱、天行同一治法，《内經》所云或目熱病，或指寒證，互文起義，本相通也。

黄帝曰：此又言藏病與刺熱病同，寒熱互文相見。「其兩感於寒者，傷寒藏府兩感寒，傷熱則兩感暑。其脈應與其病形如何？」楊注 足太陽、足少陰表裏共傷於寒，故曰兩感。冬日兩感於寒，以爲病者，脈之應手，及病成形，其事如何也？岐伯曰：「兩傷於寒者，寒熱分六經，時行、温、燥、濕皆同。病一日以一日當傷寒之二日，故三陰三陽，三日而周。則巨陽與少陰俱病，當以藏爲主，府次之，依傷寒六經次，故其文顛倒耳。則頭痛，表。口乾，裏。煩滿。[楊注]冬感寒時，陰陽共感，至其發時，還同時發也。故至春發，一日則太陽少陰俱病也，足太陽上頭，故頭痛也。膀胱。手少陰上俠咽，心。足少陰俠舌本，腎。手太陽絡心循咽，小腸。故令口乾。手少陰起於心中，足少陰絡心，手太陽絡心，故令煩滿。楊氏手六經、足六經並詳，傳手不傳足説大誤。病二日，則陽明與太陰論太陽、陽明合病，俱當作太陰。俱病，營衛運行，始太陰、陽明，中少陰、太陽，終厥陰、少陽。此皆直中，不言病傳，故不依其次序。則腹滿，身熱，不食，譫言。[楊注]譫，諸閻反，多言也。[手]陽明屬大腸，足陽明屬胃，足太陰屬脾絡胃，手太陰絡大腸循胃，故令腹滿、身熱、不食、多言。病三日，三日而六經同。則少陽與厥陰俱病，則耳聾、囊縮、厥，水漿不入，則不知人。[楊注]手足少陽皆入耳，故令耳聾。足厥陰環陰器，足少陽繞毛際，[手]少陽歷三焦，故令囊縮、厥也。[手]少陽布膻中，足少陽下胸中，足厥陰循喉嚨後，[手]厥陰起胸中，屬心包，故令漿水不下，不知人也，足與手四經共病。六日而死。」[楊注]三陰三陽俱病氣分，更經三日皆極，故六日死也。《病源》熱病所引《評熱》多死證，本論所云陰陽交，即兩感。

○七日愈、六日死皆據此立説，今本誤作「六日愈」，則不可解。黄帝曰：「五藏已傷，三陰病皆包手經，故爲五藏，但言三陽，兼包手足，故曰六府。六府不通，營衛不行，人生死之故，專在營衛，其運行周身十六經脈八丈一尺，五藏六府皆在，所包藏府皆壞，則營衛所運行之地壞。説詳《營衛運行篇》。如是之後，前三日。三日後三日，合爲六日。乃死，經府不傳，藏病則傳，故每經病三日而徧也。何也？」[楊注]氣分極者，藏傷府塞，營衛停壅，後三日死，其故何也？據當本日或四日，今多三日。

岐伯曰：「陽明者，十二經之長也，其氣血盛，故不知人。三日，其氣乃盡，傷寒其死皆以六日。故死。」楊注 胃脈足陽明主穀，氣血强盛，十二經脈之主，餘經雖極，此氣未窮，雖不知人，其氣未盡，故更得三日方死也。

《黄帝明堂經》第一卷「肺列缺」下《太素》楊注：「夫熱病者，冬傷於寒，寒極爲熱，故春爲熱病。是以傷寒者熱病之類也。傷寒，據其得病初也；熱病，言其病成形也。傷寒温病，夏至前發也；傷寒暑病，夏至後發也。夫風、寒、暑、濕四種邪氣傷於人者，皆因腠理孔開，觸冒之病，始終皆由腠理。邪氣得入，人在冬日之時，腠理皆閉，縱有寒氣，何所傷人？冬月寒氣不能爲病。但人冬日遇大寒，必温室、厚褥、重衣、熱食，身之汗出，腠理開發，冬日汗出爲不藏精。復取於源，大寒氣入於腠理，循諸經脈，客於藏府，此爲傷寒。至春寒極，春温氣。發爲熱病，至夏。皆自冬日多受於寒而得此病，故曰傷寒。凡傷寒熱病，若有死者，皆六七日，七字衍。若有愈者，皆十當作「七」。日以上。所以然者，傷寒病發一日，太陽受之；二日，陽明受之；三日，少陽受之；四日，太陰受之；五日，少陰受之；六日，厥陰受之。如此一日受病至第七日，即太陽病衰，八日陽明，九日少陽，十日太陰，十一日少陰，十二日厥陰病衰。然則三陽三陰，次第受病，衰已則愈矣。若第一日陰陽二經俱感於病，至第三日即六經，又五藏六府俱病，營衛不行，五藏不通，則死矣。不兩感者，未滿三日，可汗而已，三日以去，可減而已。其病愈已，禁於食肉反①以多食，傷寒熱病具可論者。如《太素經》説溺白者，熱以銷膏，故溲膏而白也。手陽明是肺府之脈，人下齒中，上循鼻孔，故熱而口聚，鼻孔張也。悸，心動，葵季反。」《傷寒》有合病、併病十二條，所列皆裏證，無表證。舊來相傳，蓋因兩感病皆死症，故於諸「陰」字皆作「陽」，致使後人謂三陽有合併病，三陰無合併病，今改。《病源》有陽明太陰併病，太陽少陰受病，至其所論病候，屢言脾胃病，腎與膀胱病，肺與大腸病，是藏府合病，非即爲兩感死症。蓋《千金》九卷傷寒有經府病，無藏病，至於《翼》本爲傷寒雜病，論雜病中藏府合病者至多，非藏府同病，皆爲死證。故兩感六日死者，三日之内，遍傷藏府，六日而死，此專論傷寒病。至於雜病中，多爲内傷，藏府同病，是其常事，每單屬一藏一府，經年累月，不必三日之内，遍傷三陰三陽，此傷寒雜病之所分，生死治法之所以不同也。蓋兩感症，皆因人藏府空虛，三日之内，六經之病全見，故爲不治之證。若雜病每由内傷，不得云兩感。又合病、併病之所以分，諸説皆不能確定。今論《内經》、《病源》，以表裏同病者爲合病，陰與陽分病者爲併病，説詳《合病併病講義》。於此分别兩感與合、併之不同，庶不疑《傷寒》之合病即《内經》之兩感。

---

① 反：原作「及」，據《隋本黄帝内經明堂》改。

《病源》日數部

傷寒一日候

傷寒一日，《醫補》作「曰」。太陽受病。太陽在膀胱之經也，爲三陽之首，指一日之皮言，非以太陽爲首。故先受病。皮在五層之先。「太陽」篇。雖「太陽」篇名列病皆屬手太陰肺，華氏説一日病在皮是也。皮膚與四日府相對爲表裏，其實與太陽經無干涉。其脈經脈所循，詳「經脈」篇。絡於腰、脊，主於頭、項，太陽詳表證，陽明詳下證，三陰幾不見表證，互求之即得。故得病一日，而頭、項、背、膊、腰、脊痛也。不詳脈浮惡寒，此爲太陽一日在皮之病，其餘五經，一日同在皮，經雖異而病同，又當由本論中詳後五日汗、吐、下之三表三裏也。

傷寒二日候

又傷寒二日，陽明受病。舉二日以示例，餘五日病從略。陽明者，以此經絡言。胃之經也，手陽明則大腸。主於肌肉。診絡法。其脈絡鼻入目，故得病陽明下證，多爲府病，非經。二日，肉熱鼻乾，已過皮到膚，近肌矣。不得眠也。眠爲瞑，目邪在其經，故目不得瞑，寤而不寐也。諸陽在表，華氏説，今正名。仲景三例，文詳《千金》上皮、膚、肌三陽。表始受病，在皮膚之間，華氏曰：一日在皮，二日在膚。故可摩膏，摩膏爲古法，今方見《千金》九卷，乃仲景治一二日病法，三日以下不得已用湯，乃入汗、吐、下三例。火灸發汗發汗指三要方。而愈。

不必用湯。〇治法與佗同。《病源》傷寒外，時行、熱病、温病，皆以日分病，同華氏。〇按：《外臺》日數部引《病源》法、引《傷寒》原文，爲症乃多拘本論日數，文義與《病源》不相屬，此當爲後人所補，故校正識其誤，今不重録。

傷寒三日候

傷寒三日，舉三日在肌病，餘五日從略。少陽受病。少陽者膽之經也，膽爲外腎之古名，即如世俗之所謂命門，論官法，乃以肝下所附之血海爲膽。其脈循於脇，上於頸耳，邪中頰脇則直中，故一云腎竅於耳。故得病三日，三日在肌，舉以示例。胸脇痛而耳聾也。三陽裏證由三陰推之，三陰表證由三陽①推之。三陽經絡由皮而肌。始相傳，六層日數法乃言傳，祇在本經，他經不言傳。病未入藏，讀作裏，六經皆經病，未入藏。故皆可汗而解。仲景與《内經》同。三陽專主表解，時氣熱温同。

傷寒四日候

傷寒四日，舉四日以示例。太陰受病。從臂跖陰處得之。太陰者，四日病在胸。脾之經也。手太陰在臂陰，足太陰在跗陰。爲三陰之首，以胸爲腹胃之首，不謂傳經。脾在外一層以下，三陰必由此過。是知三日以前陽肌以外爲陽。受病訖，仲景之三陽。傳之本經各有六層，各有六日由外至内爲傳，若與他經同病，爲合爲併，不相傳

① 三陽：原作「三陰」，據文意改。

也。於陰，胸以下爲陰，仲景之三陰。而太陰直中即病。受病焉。陰經不由陽經傳。其脈五藏六府各有絲絡相連屬以通氣，解剖學每以此絲絡爲水道，則誤也。絡於脾，周身經絲，惟解剖學詳明，此當推考，能内外相合則兩美矣。主於喉嗌，故得病四日，爲互文起義，以四配之。則腹滿而嗌乾，以上爲經病，不在表。其病在胸膈也，巢氏以太陰所列爲四日在胸膈之病，則餘五日不詳，爲各舉一日以示例無疑。故可吐華氏四日治法。而愈。此爲華氏法之六層六日，四日在胸，六經所同，非獨脾爲然。

傷寒五日候

傷寒五日，少陰受病。舉五日以示例。少陰者腎衝、任合外腎，非腰。之經也。其脈貫腎、絡肺、繫於舌，腹中藏府，各有絡絲以相連屬通氣，解剖學每以絡絲爲水管者，誤。故得病指五日言。五日，口燥舌乾，舌病屬少陰之病。渴而引飲也。此五日病，餘五日病，當從本篇推之。〇病由經而生。其病在腹，再言其病，此日數華氏所詳，與六經次第别爲一門，五日六經皆同。故可下《内經》作泄。而愈矣。凡時氣、熱、温五日皆同，少陰發汗，即爲在表之誤。

傷寒六日候

傷寒六日，厥陰受病。厥陰者肝之經也。合膽爲一藏，故不當分爲二。其脈循陰器，絡於肝，《内經》於腹内藏府連屬甚詳，當以解剖學補明之。故得病六日，煩滿裏證。而囊縮也。以上府病。此則陰陽俱受病，外三日爲陽，内三日爲陰。毒氣在胸，胸爲胃字誤，《千金》亦作「胃」。故可下而愈。三陰同。

傷寒七日候

傷寒七日，太陽病衰，一至七六日病。頭痛少愈。專指一日所得之病。傷寒七日病，法當小愈，經日其愈皆以七日以上，十二日乃全愈。陰陽諸經三陰三陽爲六經。傳盡故也。由皮至胃指六層言，不指六經。今七日以後，病反甚不除者，已在六，屬胃當解。欲爲再經病也。《病源》説再經病者，是陰陽諸經絡重病故也。此乃新病，病已愈，新染邪再病。○有久留者，亦有病變者，然在本經，非傳經。

案：日本丹波氏誤據《千金》三十卷「江南諸師秘仲景要方不傳」十一字，以爲孫氏作《千金》時未見仲景書。又以巢《源》雖有仲景語，不一稱仲景。（服石法稱仲景者）爲從《小品》等轉鈔，亦未見仲景原文。魏晉以下奉爲圭臬，何至巢、孫大家皆未見全書？《千金》十餘字，乃記識語，不承上下。至於纂録古書出名氏，惟《外臺》最詳此例，若《病源》引書不録作者名姓，雖經文亦如己出，其著書之體例如此，不能因巢氏不引姓名，遂謂其不見仲景書也。

傷寒八日候

傷寒八日，陽明病衰，二至八中有六日病，至七日少愈。身熱少愈。一日在皮之病，七日解；二日在膚之病，八日解；三日在肌之病，九日解；四日在胸之病，十日解；五日在腹之病，十一日解；六日在胃之病，十二日解；病發六日而周解，亦須六日乃遍，故共爲十二日。傷寒八仍讀作七。日，病不解者，至期不愈之證。或是諸陰陽經絡包六經，部分直中言。重受於病，新染風寒。或因發汗肌以外。吐胸。下腹胃。之後，毒氣未盡，此是病未盡。所以病證存也。

傷寒九日候

傷寒九日，巢氏時氣、熱、温皆詳九日。少陽病衰，三至九六日病。耳聾微聞，華氏層次言，病六日，解亦當六日也。傷寒九日。本經各自有七日，因分别六經，故以十二日記爲符號。

〇成本序例成本全出於《翼》本，乃六經部仲景原文之中分也。序例之六經，見於《病源》、《外臺》，相傳以爲叔和語，故附見經後。

尺尺爲人字之誤，説詳《診皮篇》。若果尺脈之尺，無在寸上之理，此後人據《難經》改爲人寸耳。寸公式。俱浮者，經作陽浮，浮爲三陽汗病通例。太陽受病也。此爲華氏法之表證。當一二日發，以病言。以其脈太陽動脈，委中在膕中央，約文中。上連風府，本經。故頭項痛、腰脊强。與經文大同小異。

尺人。寸俱長當讀作去聲。長，大也。者，陽明受病也。多氣多血，脈大胃下證，脈沉數大爲通例。當二三日發，以其脈陽明六，動脈以人迎衛陽爲主。俠鼻絡於目，邪在於目，則陰不得入，故不瞑。與肺病不得卧不同。故身熱、目疼、鼻乾、不得卧。陽蹻盛，則目不得瞑。

尺寸俱弦强。者，少陽病，在胸已入裏，以沉强爲通例。以經絡言，則先陽明而後少陽；以病狀言，則四日先入胸，至六日乃入胃。舊説呆排六日如祘子者，大誤也。少陽受病也。少陽指外腎言，别名膽，與女子胞同。後醫以附肝之膽當之外腎，不列十二經中，不知附肝之膽與肝同爲一藏，不能别立門户也。當三四日發，以其脈少陽動脈，懸鐘在足外踝上三寸中。循脇絡於耳，故脇痛而耳聾。《内經》腎有三者之外腎通於耳，即外腎之膽若少陰，不與耳通也。此三經皆受病，未入於府者，可汗而已。《内經》、《病源》俱同。

尺寸俱沉細者，太陰腹病，以沉遲爲通例。太陰受病也。當爲腹病。當四五日發，以其脈布胃中，與胃相連，四日在太陰，實指胃病。絡於嗌，故腹滿而嗌乾。胸上焦，腹中焦，胃下屬大腸下焦。

尺寸俱沉者，少陰，當作「沉、細、微」。在表通浮，在裏通沉，熱則爲數，實則寒，爲虚遲，此仲景脈法大綱。少陰受病也。當六日發，以其脈貫腎，任、衝脈。絡於肺，據經絡當屬膀光。繫口舌，故燥，舌乾而渴。

尺人。寸俱微緩者，厥陰脈當以微細爲通例，緩當爲細字誤，非病脈，説詳《脈學輯要評》。厥陰受病也，當六七日發，以其脈循陰器，絡於肝，故煩滿而囊縮，此三經皆受病，已入於府，可下而已。按：成本原出《翼》本，不惟六經文同，卷首之痓、濕、暍，卷終之汗、吐、下，後方與霍亂證篇目亦相符合，其書自陽明下篇目次序條數無大參差，惟於「太陽」篇删去太陽七門條目。汗、吐、下後方爲《千金》上卷之膏散圓三方之注腳也，又删去下卷汗、吐、下後方篇三十條，《千金》已有其目，附於汗、吐、下三例之後。考此二門，當爲《千金》發汗三要方汗、吐、下例解説之文。成本因無《千金》三例，無所附麗，删去二目，而以其文揉雜於太陽中，因卷帙過重，遂分爲上中下三卷。此成本由《翼》本而出，而删其太陽七日汗、吐、下以後方之事實也。

《翼》序「覽方之大意，不過三法，一曰汗，二曰吐，三曰下，大抵傷寒正對之方不出之也。其餘方，皆汗、吐、下後之方」云云，全指《千金》上卷傷寒兩例而言。自成本孤行，人皆知《翼》爲《傷寒》原本，而不知《千金》九卷即其上帙。則專就《翼》本目録而改，爲一曰桂枝，二曰麻黄，三曰青龍，而以柴胡湯爲汗、吐、下後之法，種種不通，駁已別見。而方、喻、程因此誤文，又襲許學士、成注之謬，遂改成本之三卷爲風寒與風寒兼證，據此分篇，屢改不已，豈非怪事。夫《翼》本之太陽七法，仲景之原目已編次，最爲精審。方、喻欲立三綱説，而《翼》前三法原文即已如此，則仍舊貫，無改可也。夫前三門既有原文，後四門並不爲前三門所統，則將成本依次改還《翼》本，豈非有復古之功？乃成本已廢三綱説，已又從而化七爲三，舉柴胡、承氣、陷胸、雜療及汗、吐、下法，皆强以風寒兩感統轄之，歧中又歧，無怪丹波亦採《廣義》之斥其最謬也。

成本於《千金》總例亦取二三條，雜引叔和、《病源》、《千金》之文而不出主名，致後人全歸叔和，豈因其所據者半部，凡《千金》所列，佚出《翼》本之外者，必加以淘汰？因此之故，致使宋以後人無從見仲景全書，是亦此道之不幸也。

「三陽三陰」篇出《千金翼》九卷「傷寒」上。《病源》、《千金》與《翼》皆作二卷，而《千金》與《翼》且同見九及十卷。蓋《千金》上爲仲景首二卷之總例，發汗膏散圓三要方及汗、吐、下三例，《翼》則以六經分篇，詳壞病、雜證，即仲景三卷至十卷原文。今本《金匱》從十一卷至十八卷，《外臺》所引，尚有無方之六卷，除首二卷外，以温、熱補八、九卷，辟温、天行補十二、十三卷，合《金匱》爲十八卷。序曰：此篇所以續《千金》九卷之文。傷寒熱病，自古有之。《内經》傷寒在《熱病篇》中，又四時病，以二門爲巨。名賢濬哲多所防禦，《肘後》、《小品》之屬。至於仲景，特有神功，尋思旨趣，莫測其致，所以醫人未能鑽仰。嘗見太醫療傷寒，惟有大青、知母等，二方在《千金》三例中。諸冷物投之，極與仲景本意相反，凡例云：冬宜用熱藥，以傷寒各書則以冬病爲主，故膏、散、丸三方多用熱藥，爲冬寒正法。湯藥雖行，百無一效。寒熱由四時氣而異。傷其如此，遂披《傷寒大論》，鳩集要妙。中部以六經分篇，傷寒與雜證同治諸方。以爲其方行之以來，未有不驗。舊法方證意義幽隱，乃令近智所迷，覽之者造次難悟，中庸之士，絶而不思，故使閭里之中，歲致夭枉之痛，遠想令人慨然無已。今本擬仲景序，中段與此意同。今以方證同條，此類相須，有檢討倉卒易知。以方附證，爲《翼》所改，知古本《傷寒》不列雜病專方。夫尋方之大意，此指《千金》卷九汗、吐、下三例言。不過三種。汗、吐、下。一則桂枝，當作解肌汗。由膏散丸第三，至發汗湯第六，共四門。二則麻黄，當作吐例。《千金》宜吐第七作瓜蒂。三則青龍。當作下例。《千金》宜下第八作承氣。案：序本承《千金》九卷而言，後人不知二本相連，三卷以下之八卷爲中部，遂據《翼》本「太陽」目次以改序文，就《翼》本言，首固此三方，而以正對言，則其誤自見。此之三方，《千金》汗、吐、下三例。凡療傷寒不出之也。三例共二十二方。按：張戴人《儒門事親》專詳汗、吐、下三法，以治百病。此推仲景傷寒正對法，以治雜病。而治傷寒者，昧於正對古方，可不哀哉？其柴胡當作「竹葉」。等諸方，《千金》首竹葉，《翼》本首桂枝加芍藥生薑人參湯，不指柴胡。皆是吐下發汗後從三至八爲第九，乃爲汗、吐、下後方。案：《翼》承氣陷胸爲下法，在太陽五六，柴胡乃在第四，何得云汗、吐、下後證？而《翼》本汗、吐、下後門，在六經之後，知決不指柴胡。成本雖删此門，而二十二篇汗、吐、下後之名目，固猶存在也。不解之事。方正對不解，則非傷寒本病，當求之壞病雜證，此所謂壞病也。正對三例，詳《千金》、《脈經》，汗以後二十七條，汗、吐、下後證五十八條。《千金》汗、吐、下後證七條，《翼》太陽雜療二十條，汗、吐、下後證三十條，據《脈經》詳文，共八十五條，《千金》及《翼》互見，自成本删去《翼》本雜療汗、吐、下三門，所有《脈經》八十五條，《翼》本五十條，皆雜入「太陽」篇中，太陽七法遂絶。且壞病與正對法互相揉雜，今據《翼》本改正。大抵《翼》本正對法在前，壞病法列後。今本篇論雜病法與《金匱》同義。今此卷本惟列《千金》三例，汗、吐、下三例二十二方，餘方見《金匱》者不録。分傷寒、雜病方，使不相重複。術數未深，而天下名賢止而不學，誠可悲夫！當時俗醫，亦如今日治四時病，多用短書，不遵仲景。又有僕隸卑下，冒犯風寒，天行疫癘，補第九卷。《翼》十卷，未所附雜方，有天時疫癘。先被其毒，憫之酸心。聊述茲意，爲之救法。方雖是舊，弘之惟新，好古君子，嘉其博濟之利，無嗤誚焉。

太陽病狀

太陽病病在表，餘五經同。用桂枝當作「解肌」。湯法第一。《外臺》一卷，首中風桂枝法，今以總名汗劑入此門，此陽旦湯中風條移八卷温病以示區別。

太陽病病在表，餘五經同。用麻黄湯法三日以前表病，汗。第二。以上汗爲皮、膚、肌，三日以前法，原一十六證，方四首，大青龍四證，方二首。

太陽病病在半表半裏，餘五經同。用大青龍湯法第三。以下三、四爲半表半裏，所謂和解，在表裏之間。

太陽病病在半表半裏，餘皆同。用柴胡湯法第四。《外臺》麻黄、葛根、小建中、柴胡並在三卷。

太陽病以下病在裏，逆數六日，病在胃，餘五經同。用承氣湯法第五。以下法，六日病在胃，原九證，方四首。

太陽病五日病在腹，胸下、心下皆指腹；四日病在胸，餘五經皆同。用陷胸湯法第六。此爲五日腹病，原二十九證，方十六首，惟末一證一方，爲四日胸病。

太陽病太陽一經，用華氏法分爲六門，舉太陽一篇以示例，其餘皆同，則六六當爲三十六法也。太陽詳，以下五病從略。雜療法第七。不用汗、吐、下三法爲雜療。原二十證，方十三首。

陽明病狀亦當仿「太陽」篇分六法讀之。「陽明」篇有汗、吐、下法，不言經病，如用承氣法爲純陽專篇。第八。宋校所云三百九十三法，百十三方者，全據《翼》本而言，若合《千金》所引，則不止此數。○原七十五證，方十首。

少陽病狀第九。成本由《翼》本而出，而改易篇次，致釀成六經迷陣，成本之罪也。詳《成本證誤》。○按：以上《翼》本，上卷詳六經法，與《千金》九卷相接續，《翼》所以補《千金》之不足。北宋校本，方證同《翼》條數。南宋初通行本，北則聊攝成氏，南則郭氏《補亡》，二本篇目次第全同。雖以《翼》本爲祖，改變實多。元明已來，皆祖述成本，方、喻以下雖有變更，然皆由此而出。後世遂無以見《傷寒》全書，皆南宋本爲之煬竈。且因所據中部爲「三陽三陰」篇，後人遂膠執傳經，叢生荆棘，不得謂非宋本爲之俑。蓋《翼》本雖平列六經，少陽九條，太陰十條，少陰除純陰雜證，不過十條；厥陰除所並厥下利吐噦，僅止四條；而太陽至百五十餘條，幾過全書之半。是《翼》本雖平列六篇，而繁簡懸殊。太陽一經，兼立七法，桂、麻爲汗，青、柴爲和，承氣、陷胸爲下。於「太陽」一篇，規摹《千金》三例，後四經則單文孤帙，是雖出六經，仍重三法，不似後人平視六經。如喻、錢於少陽買菜，求添割他文，以求繁簡相稱，於每經中臆創各種本方、部位、忌禁、引藥、標本、氣化諸僞法，議瓜聚訟，言人人殊，《傷寒》遂爲難讀之書。夫在表宜汗，得汗則六經病解，無所區分。又如入裏之胸、腹、胃，既已入裏，有無別乎？風寒又何分乎背腹？此華氏六日，《千金》三例，但詳表裏，不拘經絡，直切了當，康莊大道，無俟迂回者也。既自六層三例真法失傳，後人專於六經附會穿鑿，所以愈去愈遠。六經未嘗非學醫之要，傷寒暫病精奧卻不專在於此。今以《翼》本續《千金》之後，離之則兩傷者，合之則兩美。其於仲景舊法，庶有昌明之望乎！○案：目録七條，大德本無。

太陰病狀第一

少陰病狀第二

厥陰病狀第三

傷寒宜忌第四

發汗吐下後第五

霍亂病狀第六

陰陽病已復勞復第七

傷寒古本考

廖平 校録
楊世文 校點

校點説明

據《六譯先生年譜》，《傷寒古本考》成於民國六年（一九一七）。其目爲：（一）北宋本同《翼》本，乃《傷寒》中部，首尾别在他書考條目。（二）成本出於《翼》變亂羼補考條目。（三）《傷寒論》四本編次。成本、《箋辨》、《尚論》、《外臺》。前有補《傷寒》首三卷序意、補卷首、卷一、卷二、卷九、卷十，並附《傷寒論四本編次》、《傷寒論方條辨編次》、《傷寒論尚論篇編次》等。《序意》曰：「余笑方、喻以下《傷寒》本，佚去頭部爲刑天。《傷寒》以乳爲目，以臍爲口，左手執干、右手執戚而舞，不自知其七竅不具也。既據《千金》補此三卷，或猶恐其過於新創，見者按劍。竊以成本出於《千金翼》，今取《千金》九卷，加於《翼》本之首，璧合珠聯，固無疑義。」「方、喻以下，乃取成本之引《千金》總例三要方，汗、吐、下三例，在《翼》本之外者盡删之。《翼》、成二本，遂成爲刑天氏之無首，而别以風寒與兩感爲三大綱，删去《翼》本太陽七法，合爲三卷。今試舉成本，證明其意，然後知非成本之過，全出於方、喻之無知妄作，則方、喻不誠《傷寒》之罪人哉！」民國六年（一九一七）《國學薈編》第四期刊載，四川存古書局刊行，收入《六譯館叢書》，民國十二年（一九二三）重印。今即以該本爲底本進行點校。

目録

補傷寒首三卷序意

余笑方、喻以下《傷寒》本佚去頭部，爲刑天。《傷寒》以乳爲目，以臍爲口，左手執干、右手執戚而舞，不自知其七竅不具也。既據《千金》補此三卷，或猶恐其過於新創，見者按劍。竊以成本出於《千金翼》，今取《千金》九卷，加於《翼》本之首，璧合珠聯，固無疑義，且考自明方、喻以下，全祖成本，成出於《翼》。成本載王叔和序，以《翼》本爲「三陰三陽」篇，《千金》之「可與不可」爲仲景原文。成本取《千金》三卷以補《翼》本之缺，於《脈經》原文，凡涉六經之文，與《翼》本同者，皆不具録。不以《翼》本爲完書也。與余據《千金》以加《翼》本首，前後同揆，成氏誠先得我心者。方、喻以下，乃取成本之引《千金》總例三要方，汗、吐、下三例，在《翼》本之外者，盡删之。《翼》、成二本，遂成爲刑天氏之無首，而別以風寒與兩感爲三大綱，删去《翼》本太陽七法，合爲三卷。今試舉成本，證明其意，然後知非成本之過，全出於方、喻之無知妄作，則方、喻不誠《傷寒》之罪人哉？

補卷首

敘例

成本卷二。「敘例」從《千金》鈔出，方、喻以爲出於叔和而删之，别有考證，詳《外臺》卷一。

今成本佚華氏一條。按：成注《傷寒》「陽明」篇引華氏説一見，《明理論》引華氏法三見，疑成《序例》本有此條，後來刊本乃佚之。○今成本《敘例》有文出《千金》、《外臺》之外者，乃成氏注文混成大字，因此後人遂以爲全出叔和之手。

按：《千金》卷一引張仲景有名姓共三條。卷九《陰陽毒》引仲景一條。

「敘例」中《小品》引經言一條，華氏一條。《外臺》注云：「仲景《傷寒論》同。」是成本「敘例」，即《千金》、《傷寒》總例之第一門也。成本「可不可」，凡爲《翼》本「三陰三陽」篇所有者，皆不録。所列諸條，皆在《翼》本外，爲仲景原文之「可不可」，而葉氏《避暑》「余以爲孫氏著《千金》時未見仲景原文」者，誤也。别有詳駁。

補卷一

膏散丸三要方

成本「可汗」條，凡云「可發汗」，無湯者圓散亦可用。膏、丸、散三要方出《千金》，若《翼》本則無。成本「可下」條：「凡服下藥，用湯勝丸。」駃豉丸出《千金》，若《翼》本則無。

「華佗」條：「若無丸散及煎者，但煎茈胡數兩，傷寒天行亦可以發汗。指膏、散、丸。至再三不解，當與湯。」《翼》本首即用湯，知非完書，膏散丸皆在《千金》此卷，是成本亦有此卷明文也。《千金》九卷，江南諸師秘仲景要方不傳。在九卷上爲大青、知母湯，下爲刺法，中夾此十一字爲一行，文義不倫。按：此十一字，非《千金》原文，乃後師記識語。

《外臺》卷一「傷寒雜療門」引《千金》散丸方中八首，目下注云：「此是《論》中所要者。」謂此八方爲《傷寒論》中之要方。八首：黄膏、白膏、崔文行解散、度障散、六味青散、瓜蒂散、七味赤散、雪煎。按：江南諸師秘不傳，即謂專傳《翼》本之「三陰三陽」篇，而不取《千金》九卷之三要方。如方、喻删去成本「敘例」與「可不可」，而但存《翼》本之「三陰三陽」篇耳。日本丹波《輯義》乃據《千金》十一字，以爲孫真人著《千金》時，未見仲景原書者，乃大誤也。駁已別詳。

補卷二

汗、吐、下三例方、喻以爲叔和之作，而删去之。不知叔和所集《脈經》之文與《翼》本同者，成氏早删之，而獨存《千金》九卷，仲景原文之「可與不可」數十條，方、喻一概删之，則是直删仲景矣，非删叔和也。考成氏引叔和序於仲景之「可不可」，與叔和重集之「三陰三陽」，甄別最爲分明。今《脈經》本、《千金》本、《翼》本之宜忌門，次序凌亂，雜入六經明條，無從知仲景與叔和輯本之分別。是「可不可」四本之中，以成本、《醫門方》爲最善。按：成本改正四本之誤，方、喻欲删叔和存仲景，而不知鑄此大錯也。

成注《傷寒》卷八。《辨不可發汗病脈證治法》第十五引叔和《脈經》七卷叙曰：「夫以爲疾病至急，郭白雲以此爲叔和叙，各家同。倉卒尋按，要者難得，故重集《千金》三例爲仲景原文，重集如《春秋比》，原文在前，集者在後。「三陰三陽」篇中，此易見也。《千金》九卷本原文在前，然後以《翼》本散見六經中，文補於後。又時有不止是三陰三陽，不見六經字樣，如成本所列諸條是。出諸可與不可中也。」「可不可」《千金》汗以下三例，今成本删叔和所重集，所存者皆見《千金》，皆以爲仲景原文。

成注：文在叔和序下小注。諸可汗不可汗、可下不可下病證藥方前，三陰三陽中，指《翼》本言，成本出於《翼》。經已具者，更不復出。凡《脈經》文與《翼》本同者，則删之，不重見。其餘無者，《翼》本無，《千金》有。叔和序所謂不止是三陰三陽者，此出《千金》九卷。以後復注備見。《脈經》因會萃難檢，故重集之。

成氏乃以見三陰三陽者則删之，其意正與叔和相反。然後之删去六經篇之文，成本所有，皆在「可不可」中，爲《千金》引仲景之原文。

動氣五條出《脈經》。動氣之説，出於《難經》，《内經》無其説。成注前五條，四引《難經》，是其明證。

華佗曰：熱毒入胃，要須下之，不可留於胃中也。成注卷五「陰陽水病」引。

華佗曰：四日在胸，吐之則愈。《明理論》卷一「胸脇滿」第十四引。

華佗：傷寒一日在皮，二日在膚，三日在肌，四日在胸，五日在腹，六日入胃。成注：「入胃，謂入裏也。是在腹也，猶未全入裏也。」又「腹滿」下引。

又八條，《翼》「忌汗」同。三條，《千金》無。此八條中有與《翼》同者，如「咽中閉塞」、「手足厥冷」，此添「欲踡卧，不能自温」，「二厥脈緊，不可發汗」至「咽嘶舌萎」止，此加「聲不得前」四字。

辨可發汗病脈證並治法第十六共六條。

六條，《脈經》首四條同，《千金》首四條同。《翼》本四條同，《醫門》首四條同。

辨發汗後病脈證並治法第十七《脈經》獨有之目。

一條，此一卷第十七篇，凡三十一證，《脈經》有二十六證。前有詳説。以其全出「三陰三陽」篇，爲叔和重輯，已詳於前，故不復出。

辨不可吐第十八

合四證，已具「太陽」篇中。《脈經》有四證，《翼》有三條，全出「三陰三陽」，故不再録。

辨可吐第十九

五條，《脈經》全同，《千金》五條全同，《翼》全同，《醫門》首五條同。

卷九

辨不可下病脈證並治法第二十

動氣五條。同前。

又十八條，《脈經》全有。按：《脈經》有韻四字句，當出《脈法贊》。成本「可不可」全有之。不知後人先羼入《脈經》，成據羼本鈔之；抑成本先鈔之，後來刊《脈經》，轉從成本補入也。

七條與《翼》同，《醫門》首二條同，《千金》首三條同。凡原文引在《脈經》之中，前後皆《脈經》文。

按：成例凡與「三陰三陽」篇緟複者皆不再見，今兩本不無重見之條，則爲鈔録所亂，又有文字小異，意義相同者，則不免互見。總之《千金》九卷之「可不可」，不當有「六經」字樣，則定論也。

辨可下病脈證並治法第二十一

十條，按：十條，言下利者五條。首三條同《脈經》、《千金》，九條同《翼》。

按：《千金》下例多爲後人所亂，故多六經之文，與《翼》本緟複。據吐例，《脈經》、《千金》、《翼》本、《醫門》，成氏文全同，可見不當有六經明文，又不當與《翼》本重出。

第十卷

辨發汗吐下後脈證並治法二十二

此第十卷第二十二篇，凡四十八證，其文詳《脈經》及《翼》本「宜忌」中。前「三陰三陽」篇中悉具載之。已見，故不録。

《脈經》五十三條；《千金》脈證七條，方十七首；《翼》本三十證，方十五首。

按：《脈經》卷七，由「不可發汗」起，至「汗、吐、下後」止，共爲八門。以下可温、可灸不可灸、可刺不可刺、可水不可水、可火不可火，共爲十七門。《翼》本宜、忌、汗、吐、下共六門，温、火、灸、刺、水、汗、吐、下後共十五門。成本祇取前汗、吐、下，删温、灸、水、火、刺五門者，以諸門皆出「三陰三陽」篇，全爲叔和重集，不似《千金》九卷之三例，仲景有原書，故所引三門全同《千金》九卷。

傷寒古本考

《聖濟總録》卷二十一起，三十三卷止，原書共二百卷。

傷寒門北宋本目。

二十一

傷寒可汗《録》總論多同巢《源》、《外臺》，與成本迥異。巢《源》熱病、小兒傷寒，皆有解肌發汗候，治法按摩條有摩膏法。

傷寒可下

傷寒可吐與《千金》三例同。

傷寒可温少陰當作「純」，與陽明針對。

傷寒過經不解

二十二

中風傷寒首段同《病源》，以下有十四方治證，皆有中風、傷寒明文，不如成本分風寒。

傷寒濕温

傷寒時氣與《傷寒》同治法。

傷寒疫癘同上。

傷寒結胸

傷寒譫語

傷寒潮熱

傷寒煩渴

傷寒煩躁以上陽證。

傷寒厥逆此陰證，亦有陽。

二十三每門皆以「傷寒」字爲總名，下爲雜證，子目爲傷寒雜法。

傷寒頭痛

傷寒喘

傷寒上氣

傷寒欬嗽

二十四

二十五

傷寒乾嘔

傷寒嘔噦

傷寒心悸

傷寒痞滿

傷寒心腹脹滿

二十六

傷寒霍亂

傷寒小便不通

傷寒大便不通

傷寒下利

二十七

傷寒陰毒

二十八

二十九

傷寒鼻衄

三十

傷寒吐血○瘀血

傷寒口舌生瘡

傷寒舌腫脹

傷寒咽喉痛

傷寒毒攻手足

三十一 以下傷寒後雜病。

傷寒後夾勞○勞復

傷寒後骨節煩痛

傷寒後餘熱○虛羸

傷寒後虛寒○盜汗

傷寒後驚悸

三十二

傷寒後身體虚腫

傷寒後不思飲食

傷寒後宿食不消○不得眠

傷寒後失音不語

傷寒後餘毒攻腹

傷寒後咽喉閉塞不通

三十三

傷寒後變成痓○脚氣

傷寒後腰脚疼痛

傷寒後下痢膿血

傷寒後蜃瘡

辟瘟疫令不相傳染《千金》九卷有。

平脈法砭僞平議 原書在《傷寒雜病論類編》十卷。

日本内滕希振撰
井研廖平補評

平脈法與《千金》二十八卷同名，皆爲僞卷，全祖《難經》。

原 雖篇名《平脈法》，然不論平人無病之脈。故程氏曰：「平者，平天下之平。辨之精白，能平之，可以傷寒之脈準諸壞病，亦可以諸壞病之脈準傷寒，一以貫之。」《千金》僞二十八卷亦作「平脈」。「平」祇作「評」讀，此過於求深。《醫宗金鑑》亦據程氏之説。由此視之，「平」字義甚重，似《傷寒論》第一之要法矣。然而其文辭淺陋卑俗，大不似仲景之筆，且多引《素》、《難》之成文，以《難》與《素》並稱，不知《難經》之僞説，詳《難經經釋補證》。此與「六經」篇異也。蓋後人撰次《傷寒論》者，自加己之蓄説，充篇數者已。《翼》以上皆無，當出宋人。方氏以此篇改爲「辨脈法」，上篇削「平脈法」之目，以「辨脈法」爲下篇，俱爲叔和之所述，亦可謂薰蕕相混。叔和《脈經》十卷，真假各五，其真者同仲景，其假五卷，大抵祖述《難經》，與此卷同。方氏誤。

問曰：仲景書中，凡「問曰」，皆後人附記。「脈有三部，原注：「三部」之説見於《十八難》。陰陽相乘。原注：陰陽相乘之説見於《三難》。營衛血氣，在人體躬。呼吸出入，上下於中。因息遊布，津液流通。原注：此等之説詳於《素》、《難》。隨時動作，效象形容。原注：此指《十五難》。所謂肝，東方，木。萬木始生，未有枝葉，故其脈之來，濡弱而長之類也。春弦秋浮，冬石夏洪。原注：此隨四時形容之脈也，詳於《十五難》。按：《難經》曰「秋脈毛」，今改之爲浮者，以其脈之來，輕虚而浮也。「夏脈鈎」，今改之爲洪者，洪者數大，按之無力也。蓋夏時陽氣浮於表，而其裏空虚也，故改鈎爲洪，以叶韻。察色觀脈，大小不同。一時之間，變無經常。尺寸舊本所有「尺寸」字，皆當作「人寸」。尺不當在寸上，此後人校改。參差，或短或長。上下乖錯，或存或亡。病輒改易，進退低昂。心迷意惑，動失紀綱。願爲具陳，令得分明。」師曰：仲景書中之「師曰」、「答曰」，皆後師附記，「師」非仲景。「子之所問，道之根源。脈有三部，尺寸及關。與《内經》異，全祖《八十一難》。營衛流行，不失衡銓。腎沉心洪，肺浮肝弦。此自經常，不失銖分。出入升降，漏刻周旋。水下百刻，一周循環。當復寸口，《内經》無此説，全出《難經》。虚實見焉。變化相乘。陰陽相干。風則浮虚，寒則牢堅。沉潛水滀，支飲急弦。動則爲痛，數則熱煩。設有不應，知變所緣。三部不同，病各異端。大過可怪，不及亦然。邪不空見，終必有奸。審察表裏，三焦別焉。知其所舍，消息診看。料度府藏，獨見若神。爲子條説，傳與賢人。」二句八字，《千金》無，《翼》本有。

原 此《平脈》一篇之序論，隱括《素》、《難》之文，設問答。文有叶韻，原名《脈法贊》，所以如此。似古雅，然其所問之事，與所答之言，瞶瞶焉不明矣。苟讀《素》、《難》，則此問答屬贅言。喻氏既疑此篇爲叔和之言，動輒歸罪叔和，此喻氏之大誤。叔和早在西晉，去仲景不過百數十年，師法全同。此《脈法贊》乃《千金》俗卷，出宋以後人手，以此比叔和，有霄壤之別。宜矣哉！《脈經》真書，全與《難經》不同。

按：此段《千金》廿八卷《平脈》僞卷，引作《脈法贊》，四字句排寫，不云仲景書。

《翼》二十五「脈色」僞卷亦引其文，加末二句八字。今《脈經》五卷亦引其文，以爲仲景。按，贊語雖不詳何人所作，大抵出《難經》後。又今本《脈經》、《傷寒》辨脈，亦多脈法贊語混入其中，當輯出別爲一書也。

師曰：「呼吸，脈之頭也。初持脈，來疾去遲，動脈無來去之分，此候氣法。此出疾入遲，月令候氣與行鍼候氣，乃可言來去，乃可云疾遲。名曰内虛外實也。通行《脈訣》多襲此。初持脈，來遲去疾，此出遲入疾，名曰内實外虛也。」凡《内經》言來去者，皆爲候氣行鍼法，《難經》誤以説脈，此篇又襲之。

[原]《十五難》曰：案唐宋以下書，凡與《難經》同者，皆爲僞書。其脈之來疾去遲，故曰鉤。凡《難經》誤説，駁詳《經釋補證》中，兹不贅。夫夏之時，陽氣盡浮於上，故人之陽氣亦浮於表，是故夏日雖内虛外實，而非病也，故不言以來疾去遲爲内虛外實也。内虛外實之診法，詳於《四十八難》矣。又診脈知内虛外實之法，詳於《六難》矣。以來疾去遲之一診，不可究萬病之外實内虛也，明矣。《難經》既詳論之。凡祖《難經》，皆爲僞書。

問曰：「上工望而知之，中工問而知之，下工脈而知之，願聞其説。」原注：四診之説，詳於《素》、《難》也，今闕「聞之」一説，豈脱乎？師曰：「病家人來請，曰病人若發熱，身體疼，病人自卧。師到診其脈沉而遲者，知其差也。何以知之？表有病者，脈當浮大，今反沉遲，故知愈也。原注：此下工脈而知之之術也。然有發熱，身體疼，脈沉遲，而其病不差者。「太陽」篇曰：「病發熱頭痛，脈沉，若不差，身體疼痛者，當温其裏，宜四逆湯。」《難經》釋「脈而知之」之義，曰：「診其寸口，視其虛實，以知其病在何藏府也。」此含畜無究之意焉，不如此條之切迫而近理也。假令病人云腹内卒痛，病人自坐，師到脈之浮而大者，知其差也。何以知之？若裏有病者，脈當沉而細，今脈浮大，故知愈也。」原注：亦是一偏之見已，非「六經」篇之説。

原 此切脈而知之之説也，然其文陋劣不勝觀矣，其事亦不必然矣。

師曰：「病家人來請，曰病人發熱煩極。明日師到，病人向壁卧，此熱已去也。設令脈不和處，言已愈。設令向壁卧，聞師到不驚起而盻視，若三言三止，脈之嚥唾者，此詐病也。設令脈自和處，言此病大重，當須服吐下藥，鍼灸數十百處，乃愈。」

原 此望而知之之術也，戲劇之事已。

師持脈，病人欠者，無病也。脈之呻者，病也。言遲者，風也。摇頭言者，裏痛也。坐而伏者，短氣也。坐而下一脚者，腰痛也，裏實。原注：二字不可讀。護腹如懷卵物者，心痛也。

原 此聞而知之，又望而知之之術也。以欠伸欲知病與不病者，無識見之甚也。蓋當時之人有此奸，而醫人亦有此伎倆也，不可以爲教矣。

師曰：「伏氣之病，以意候之。今月之内，欲有伏氣，假令舊有伏氣，當須脈之，若脈微弱者，當喉中痛似傷，非喉痺也。病人云實咽中痛，雖爾，今復欲下利。」

原《素》、《難》無伏氣之病，故不可解也。成氏以來，諸家以爲冬時感寒，伏藏於經中，不即發者，至春分之時而發之，病也。此即叔和所謂温病之説，而非《素》、《難》及仲景之意。程氏解此條曰「一爲陰邪，一爲陽邪」者，調停兩可之説也。

問曰：「人恐怖者，其脈何狀？」師曰：「脈形如循絲，累累然，其面白脱色也。」原注：此非病，一時之變也，非指心膽虚憊，而病恐怖者而言也。○《内經》凡言「如」者，多望氣法，面上紋亦謂之脈相，書有二十四種，非動脈有此診法。

問曰：「人不飲，其脈何類？」師曰：「脈自濇，皮乃言滑濇。脣口乾燥也。」

問曰：「人愧者，其脈何類？」師曰：「脈浮而面色乍白乍赤。」原注：此亦非病，一時失言，或爲可愧之事而愧羞也，非指心肺陰虚之病而言也。

原 已上三條非病，而察色診脈，知一時之變也，無用於治療之術矣。

問曰：「《經》説脈有三菽、六菽重者，何謂也？」全出《難經》，古書所無。以爲「《經》説」，是直爲僞《難經》作傳矣，誤甚。師曰：「脈人以指按之，如三菽之重者，肺氣也；如六菽之重者，心氣也；如九菽之重者，脾氣也；如十二菽之重者，肝氣也；按之至骨者，腎氣也。假令寸口關上尺中，《傷寒》云三部無脈，後人據僞法羼入「寸口關上尺中」六字，不知仲景之三處，非寸、關、尺。今本《千金》「寸口關上尺中」六字，考《醫心方》引《千金》，衹作「血脈」二字，此後人據晚説改古書之實據也。悉不見脈，然尺中時一小見脈再舉頭者，腎氣也。若見損脈來，至爲難治。」按：貴腎之説出於《難經》，不知腎初無關人生死，喻嘉言尤主張此説。

原 此《難經》第五篇之説，而大背越人之意也。越人所謂菽法者，不拘寸、關、尺三部，唯以輕重五等定五藏之部位也，故曰「如三菽之重，與皮毛相得者，肺之部也」。此曰「寸口關上尺中，悉不見脈，然尺中時一小見脈再舉頭者，腎氣也」。《難經》所謂腎部者，不拘寸、關、尺，唯按之至骨者，所謂「舉指來疾」者，三部悉按之至骨，舉指來疾也，非寸、關、尺不見脈，而尺中止一處時一小見之謂也。日本丹波廉夫《脈學輯要》已盡删左右手寸、關、尺諸部位僞法，而以一「脈」字統之矣。

問曰：「脈有相乘，有縱有横，望氣色法，《難經》乃以縱横言之。有逆有順，何謂也？」師曰：「水行乘火，金行乘木，名曰縱；原注：《難經》曰：「從所勝來者，爲微邪。」火行乘水，木行乘金，名曰横；原注：從所不勝來者，爲賊邪。○如所説，則縱即順，横即逆，四字可併爲二，不必立四名，日家《天文訓》已有此義，不可以説脈。水行乘金，火行乘木，名曰逆。原注：從前來者，爲實邪。金行乘水，木行乘火，名曰順也。」原注：從後來者，爲虚邪。

原此古來相傳之説，而《内經》之遺法也。誤信《難經》，千慮之一失。《五十難》所論，即此條之演義也而已。不知乃此書襲之。故舉傷寒、傷暑、中風、中濕、飲食勞倦之五邪，推五行相生相尅之例，爲虚邪、濕邪、賊邪、微邪、正邪，以明縱横逆順之義。仲景亦於「太陽」篇舉肝乘脾，肝乘肺，縱横二病，以示治法之例矣。學者善弄文辭，則知之。此説大誤，陰陽五行，古爲專家，乃治平學説。《難經》糾纏五行，以政治法移之醫學，此爲大誤。

按：此條祖述《難經》五行之説，而失其意，脈如何可以「縱横」言。《傷寒》中「縱横」二條，亦後人羼入。日本喜多村士栗。《傷寒疏義》已駁之。

問曰：「脈有殘賊，何謂也？」師曰：「脈有弦、分方。緊、皮。浮、滑、皮。沉、澀，皮。此六脈惟「浮」、「沉」二字，乃診動脈正名。 名曰殘賊，能爲諸脈作病也。」此等説無濟實用，徒使人迷罔，俗人乃篤信之。

[原] 凡脈和緩濡弱之外，皆病脈也。 病脈豈有不殘賊者乎？今僅舉弦、緊、浮、滑、沉、澀六脈，以爲殘賊，則數、動、芤、微之類，皆非殘賊乎？又《脈法篇》曰：「陽病見陰脈者，死；陰病見陽脈者，生。」此六脈總名，可爲殘賊乎？

問曰：「脈有災怪，虛立此等怪誕名詞，亦如日家之神人名號，愈凶者愈無實用。 何謂也？」師曰：「假令病人脈得太陽，此四字不通，太陽豈有一定之脈？與形證相應，因爲作湯，比還送湯，如食頃，病人乃大吐，若下利，腹中痛。」決無此理，將爲此病，脈應早變。 師曰：「我前來不見此證，乃今變異，是名災怪。」凡診而未審，皆可藉口矣。 又問曰：「何緣作此吐利？」答曰：「或有舊時服藥，今乃發作，故爲災怪耳。」前服何藥，早當問之。 太陽乃表證病名，所舉皆裏證，文義亦不通。

[原] 此俗師蔽過者之言，行文卑俗，問答不相應。

問曰：「東方肝木，其形何似？」《内經》所云，皆五行家言，非治病正宗。《難經》乃始推衍五行，使人迷罔。 師曰：「肝者，木也，名厥陰，其脈微弦。 弦，言如弦，非脈名詞，脈名當作「强」，與「弱」字對，二字皆從弓。 濡弱而長，是肝脈也。 肝脈自得濡弱者，二字何能代「緩」字。 愈也。 假令得純弦脈者，死。 何以知之？其脈如弦，誤讀《内經》。 直此是肝藏傷，故知死也。」所説皆誤，詳《分方異宜考》中。

「南方心脈，其形何似？」師曰：「心者，火也，名曰少陰，其脈洪大，《内經》原作鈎弦，鈎專取直曲相反之義，非脈象。脈無鈎形，故以洪大易之。知鈎之非脈，則四時之弦、毛、石，規矩權衡，可類推矣。長是心脈也。心病自得洪大者，愈也。假令脈來微去大，既無來去可言，又安有小大之别。故名反病在裏也。脈來頭小本大，故名覆病在表也。上微頭小者，則汗出；下微本大者，則爲關格。與《内經》反。不通不得尿，頭無汗者可治，有汗者死。」

「西方肺脈，其形何似？」師曰：「肺者，金也，名太陰，其脈〔毛〕《經》言「如毛」。浮也。作《難經》乃以「浮」解之，凡《内經》言「如」者，皆非診脈名詞，説詳《察色篇》。肺病自得此脈，若緩遲者，皆愈。若得數者則劇，何以知之？數者，南方火，以脈分方，尤誤。火尅西方金，法當癰腫，爲難治也。」

〔原〕此三條，剽竊《十五難》之意，而至於斷其吉凶，則三條各異也。其一者，據《十五難》以胃氣斷之；其二者，據《玉機真藏論》以陰陽盛衰斷之；其三者，據五行相生相尅斷之。要皆《素》、《難》之説，而屬重複無用之言。已缺北方之脈狀者，蓋脱簡也。非醫病法，故以爲無用之言。

問曰：「二月得毛浮脈，何以處言至秋當死？」師曰：「二月之時，脈當濡弱，反得毛浮者，故知秋死。人之脈象，四時如一，此四時指四方言，非謂一人之脈四時四變也。二月肝用事，肝屬木，脈應濡弱。反得毛浮脈者，是肺脈也。肝屬木，金來尅木，故知至秋死。他皆仿此。」駁詳《分方異宜篇》中。

【原】此據《十五難》與《藏氣法時論》以立論也，不過推相生相尅之例也。

師曰：「脈，肥人責浮，瘦人責沉。肥人當沉，今反浮，瘦人當浮，今反沉，故責之。」

【原】肥人責浮，瘠人責沉，以實地言，然非《經》言，設初下「大卒」二字則可矣。

師曰：「寸脈下不至關，爲陽絶；尺脈上不至關，爲陰絶。實祇肺經經渠一動脈相連一貫，非有三截三指，密排僅足容指，安有長短之可言？望文生造，此種僞説，徒迷罔後人而已。此皆不治，決死也。若計其餘命，生死之期，期以月節尅之也。」此又誤中生誤。

【原】按：寸脈下不至關者，陰絶也；尺脈上不至關者，陽絶也。今此倒置。○此與《十四難》所謂「上部有脈，下部無脈」、「上部無脈，下部有脈」同意。而《十四難》之辭不甚迫切。《十四難》曰：「上部有脈，下部無脈，其人當吐，不吐者死。上部無脈，下部有脈，雖困無能爲害。」此《難經》貴腎之説。可見辭義平穩矣。駁詳《經釋補證》。

師曰：「脈病人不病，名曰行尸，以無王氣，卒眩仆不識人者，知命則死。人病脈不病，名曰内虚，以無穀神，雖困無苦。」

【原】「脈病人不病」、「人病脈不病」者，即《二十一難》之説也。「行尸」二字，見《十四難》。然此條與《十四難》「行尸」之説不同。且「人病脈不病」以下數句，不通之論也。人病脈不病者，不可曰内虚也。無穀神者，不可有雖困無苦之理也。且「困苦」二字，義不甚異，曰雖困無苦，則不通也。

問曰：「翕奄沉，名曰滑，滑澀緊緩，皆診皮名詞，說詳《診皮篇》。何謂也？」師曰：「沉爲純陰，翕妄造脈名。爲正陽，原注：不釋「奄」字。陰陽和合，故令脈滑。原注：前條以滑脈爲殘賊。關、尺自平，陽明脈仲景上部趺陽人迎。微沉，食飲自可。少陰脈仲景下部足少陰太谿。微滑，滑者，緊之浮名也，此爲陰實，其人必股内汗出，陰下濕也。」原注：滑脈果陰陽和合，則何股内汗出、陰下濕爲？

原　此條文義不可解，如諸家之說，可謂越人語胡人之肥瘠也。

問曰：「曾爲人所難，脈緊從何而來？」滑緊乃診皮名詞，移之診動脈，不可通，故爲此文以救之。師曰：「假令亡汗，若吐，以肺裏寒，故令脈緊也。假令欬者坐飲冷水，故令脈緊也。假令下利，以胃中虛冷，故令脈緊也。」緊乃診皮法，脈不可以緊名之。

原　舉一緊脈以辨肺寒與胃寒，一偏之說耳。《傷寒》以無汗、皮膚緊緻爲傷寒。

寸口寸口，舉兩手經渠動脈而言，以一指診之，非如寸、關、尺之法，即分三部，不可統稱寸口，此真僞雜出之實據。衛氣盛，名曰高，高者，暴狂而肥。營氣盛，名曰章，章者，暴澤而光。高、章相搏，名曰綱；綱者，身筋急，脈强直故也。衛氣弱，名曰惵，惵者，心中氣動迫怯。營氣弱，名曰卑，卑者，心中常羞愧。惵、卑相搏，名曰損；損者，五藏六府俱乏，氣虛綴故也。衛氣和，名曰緩，緩者，四肢不能自收。營氣和，名曰遲，遲者，身體俱重，但欲眠也。緩、遲相搏，名曰沉。沉者，腰中直，腹内急痛，但欲卧不能行。

原高、章、惵、卑之脈，《素》、《難》無説，其狀不可知，細注不可解也。

按：妄造脈名，僞《脈經》十卷所謂七表、八裏、九道、二十四名者，爲《難經》所作俑。此四名尤怪誕不經。

寸口脈緩診皮法。而遲，診動脈。緩則陽氣長，其色鮮，其顔光，其聲商，毛髮長，遲則陰氣盛，骨髓生，血滿。原注：「太陽」篇曰：「尺中遲者，不可發汗，何以知然？以營氣不足，血少故也。」遲脈何爲陰氣盛、骨髓生、血滿乎？肌内緊摶鮮硬，陰陽相抱，營衛俱行，剛柔相得，名曰强也。原注：營衛俱行，剛柔相得，則可曰和。若平凡，弱者不及也，强者過也，此不可謂之剛柔相得也。

趺陽趺陽，爲人迎異名，仲景書稱趺陽，不稱人迎。《内經》有人迎，無趺陽。同爲胃脈，當屬名異實同。説詳《人寸診篇》。脈滑而緊，滑者胃氣實，緊者脾氣强。持實擊强，痛還自傷，以手把刃，坐作瘡也。仲景三部，爲趺陽、寸口、少陰，此有三部名詞，與寸、關、尺三部説矛盾。

寸口脈浮而大，浮爲虚，大爲實。在尺爲關，在寸爲格，關則不得小便，格則吐逆。以關格爲病名，與《内經》相反，馬玄臺駁之，是也。張景岳乃據《難經》與此篇力争，不知皆僞書也。

趺陽脈伏而濇，原注：伏者，蟄伏而不見也。伏而不見，何處見濇脈乎？伏則吐逆，水穀不化；濇則食不得入，名曰關格。

脈浮而大，浮爲風虚，大爲氣强。風氣相摶，必成隱疹，身體爲癢，癢者爲泄風，久久爲痂癩。眉少髮希，身有乾瘡而腥臭也。

原上四條寸口、趺陽相對，此一條獨無對，後數條亦寸口、趺陽相對。以上兩見趺陽。

按：此卷乃僞書，因仲景三部診法，每以寸口、趺陽、少陰對舉，故亦略效之，不知此法與寸、關、尺如水火，不可苟同也。

寸口脈弱而遲，弱者衛氣微，遲者營中寒。營爲血，血寒則發熱。原注：「太陽」篇曰：「緊則營中寒，陽微。衛中風，發熱惡寒，營緊，胃氣冷。」未聞血寒發熱也。衛爲氣，氣微者心内飢，飢而虚滿，不能食也。

趺陽脈大而緊者，當即下利，爲難治。原注：「者」字上疑有脱文。

寸口脈弱而緩，弱者陽氣不足，緩者胃氣有餘，噫而吞酸，食卒不下，氣填於膈上也。一作「不可」。

趺陽脈緊而浮，浮爲氣，緊爲寒，浮爲腹滿，緊爲絞痛，浮緊相搏，腸鳴而轉，轉即氣動，膈氣乃下，陰脈不出，其陰腫大而虚也。

寸口脈微而澀，微者衛氣不行，澀者營氣不逮，營衛不能相將，三焦無所仰，身體痺不仁。營氣不足，則煩疼口難言。衛氣虚者，惡寒數欠，三焦不歸其部。上焦不歸者，噫而酢吞；中焦不歸者，不能消穀引食；下焦不歸者，則遺溲。

趺陽脈沉而數，沉爲實，數消穀，緊者病難治。原注：此條亦有脱文或誤字。

寸口脈微而澀，微者衛氣衰，澀者營氣不足。衛氣衰，面色黄；營氣不足，面色青。營爲根，衛爲葉，營衛俱微，則根葉枯槁而寒慄，欬逆唾腥，吐涎沫也。

[趺陽]脈浮而芤，浮者衛氣虚，芤者營氣傷，其身體瘦，肌肉甲錯。浮、芤相搏，宗氣微衰，四屬斷絶。四屬者，謂皮、肉、脂、髓。俱竭，宗氣則衰矣。

[原]以上又以寸口、趺陽相對論之。此類有僞造，有佚文，須分别觀。

寸口手動脈四部之一。脈微而緩，原注：《辨脈法》曰：「陽脈浮大而濡，陰脈浮大而濡，陰脈與陽脈同等，名曰緩。」微脈何兼緩脈之爲？微者，衛氣疏，疏則其膚空；緩者，胃氣實，實則穀消而水化也。穀入於胃，脈道乃行，水入於經，其血乃成。營盛則膚必疏，三焦絶經，名曰血崩。原注：初曰「微者，衛氣疏，疏則其膚空」，後曰「營盛則其膚必疏」，此前後之文背馳。且「胃氣實」、「穀入於胃，脈道乃行，水入於經，其血乃成」，此平人無病之常體也，何故曰三焦絶經名血崩？

趺陽脈頭動脈四部之一。微而緊，緊則爲寒，微則爲虚，微緊相搏，則爲短氣。舊以趺陽爲衝陽，陽明、少陰同診於足，有下無上，故必以趺陽爲頸脈，而後上、中、下三部乃具也。

少陰脈足動脈四部之一。弱而澀，弱者微煩，澀者厥逆。

[原]以下四條，趺陽、少陰相對論之。

趺陽脈不出，脾不上下，身冷膚鞕。

【少陰】脈不至，腎氣微少，精血奔氣，促迫上下，胸膈宗氣反聚，血結心下，陽氣退下，熱歸陰股，與陰相動，令身不仁，此爲尸厥，當刺期門、巨闕。宗氣者，三焦敀氣也，有名無形，氣之神使也，下榮玉莖，故宗筋聚縮之也。

寸口脈微，尺脈緊，其人虛損多汗，知陰常在，絶不見陽也。原注：二句不可解，疑有脱文。

寸口諸微亡陽，諸濡亡血，諸弱發熱，諸緊爲寒。諸乘寒者則爲厥，鬱冒不仁，以胃無穀氣，脾澀不通，口急不能言，戰而慄也。原注：「諸乘寒者」以下數句，文義不連屬，疑有脱文。

【原】按：「寸口衛氣盛，名曰高」以下至此，凡二十一條，似《内經》之文，疑古來相傳者，世代久遠，故有誤字脱文，而不可讀也，存疑可也。

問曰：「脈濡弱，何以反適十一頭？」師曰：「五藏六府相乘，故令十一頭。」原注：此條不可解，諸家强下注解者，何乎？

問曰：「何以知乘府，何以知乘藏？」師曰：「諸陽浮數爲乘府，諸陰遲澀爲乘藏也。」原注：《三難》及《二十難》有陰陽相乘之説，義甚詳矣。

【原】仲景於「六經」篇不一引《素》【難】之成文，不一論《素》、《難》所論，唯撰用《素》【難】之説，序不可據，序《八十一難》指《素問》，不指《難經》。而述治療之要矣。今此篇往往引《難經》之成文，或重論《素》、《難》所既論也。徐靈胎駁《難經》亦有此説。故余斷爲後人所輯，而不預於《傷寒論》也。

《千金·平脈》、《翼·色脈》、《脈經》五卷同。今人苟爲方者，無不疑平脈法之非正義者也。然欲並辨脈法廢之，不善讀而明辨之過也。故初注辨脈法，明其義而雪其寃，今又辨平脈法之所僞而附篇末云。

按：二篇同爲僞書，信辨脈而駁平脈，類編之過也。今故二篇並駁之。

傷寒論四本編次 以成注本爲原本。

漢張機仲景著
金聊攝成無己注

辨脈法第一

自首條至末條次第俱同。辨脈、平脈，方本、喻本皆不載。程以爲仲景書。

平脈法第二

一三八二一三九三四十四四一五四二並四三六四四七四五八四六九四七十四八十一五十十二五八十三六二十四四九十五五一十六五二十七五三十八五四十九五五二十五六二一五七二二六三二三六四二四六五二五六六二六六七二七六八二八六九二九七十三十七一三一七二三二七三三二七四三四七五三五七六三六七七三七七八三八七九三九八十四十八一四一八二四二八三四三五九四四六十四五六一正文，成本次序；注，程訂次序。下同。

傷寒例第三

自首條至末條。具載「傷寒例貶僞」條。程本不用「序例」。

辨痓濕暍①脈證第四

一八四二八六三又八五四又八六五又八五六八七七又八七八八八九又八八十八九十一九十十二又八九十三又九十十四又九十十五九一

辨太陽病脈證並治上第五

一九十二二又九三三九四四又九四，九十五五又九五前六又九五後七又九二八九十六九又九八十又二百二二十一九十二十二九九十三百三十四二百五二十五百五八十六又九六十七又九九十八百一十九百六三二十百二一一百五十二二二百六四二一三二百三二四二百二二二五二百二二六二百六二七二百一二一八二百五二九二百二十三十二百二一

辨太陽病脈證並治中第六

一二百五三二二百四九三二百五十四百六一五百十三六三百五一七三百三三八百九六九二百十四十二百十二十一二百十三十二百四十三百六二十四百八十五百九十六百九八十七百九九十八二百四六十九百十五

---

① 暍：原作「喝」，據人民衛生出版社影印《注解傷寒論》改。

二十百十四二一又百二三二二百七二三百六二四二百二五二百四二六百十二七又九七二八百三二九百九二三十百九三三一百五二三二百二四三三百五三三四百五五三五百五六三六百九四三七百五一三八二百二六三九二百二三四十百二七四一百二八四二二百十五四三百二六四四百五四四五百三十四六百二四七二百二五中四八二百二五後四九二百二五前五十百九十五一百八七五二百八九五三百九一五四百四五五五百十八五六百十九五七百二十五八百二一五九百二三六十百二三六一百十六六二九十七六三百十二六四百三九六五百四六六六百四七六七百五六八三百二一六九三百五一七十三百三四七一三百二五七二二百二三七三三百三二七四三百二一七五三百二四七六三百四四七七三百三一丨七八三百三十七九三百九四八十百三三八一百八六八二二百二八八三二百二九八四二百十九八五二百十八八六二百十六八七百九七八八百四十八九百四一九十百四二九一百四三九二九十八九三百四五九四二百十七九五百四四九六百三八九七二百二四九八百十七九九三百二六一百百三四百一百三五百二百三六百三百二九

辨太陽脈證並治下第七

一百七七二又百七八三百六八四百七一五百七四，百七五六百六九七百七二八百七三九百七十十百七六十一百六七十二百六五並六六十三百三一十四三百三七十五三百四八十六三百四九十七三百五十十八三百二七十九三百二八二十三百二九二一三百四十二二三百八一前二四百四八二五百七九二六百八一中二七百八一後二八百八三二九百五七三十百八十三一百六十三二百五九三三百八五三四百二五三五百五九三六百十二三七百八四三八百三七三九百七八前四十二百七並八四一二百十四二二百十一四三三百三九四四三百四六四五二百二七四六二百三十前四七二百三十後四八二百三一四九二百九五五十三百四五五一見炙甘草湯方。

辨陽明脈證並治第八

一二百三八二二百三六三二百四三四二百四十五二百四一六二百四二七二百四四八二百四五九二百三七十二百三九前十一二百三九後十二二百五五十三二百九八十四三百一十五三百九十六三百十九十七三百二十八三百十九三百三二十三百四二一三百八二二三百十二三三百十二二四二百九九二五三百十四二六二百七十二七二百六四二八二百六三二九二百六五三十二百六九三一二百七三三二二百七五三三二百八一三四二百八二三五二百八三三六二百八七三七二百八四三八二百七四三九二百八十四十三百十六四一二百八六四二二百八五四三二百六十四四二百九二四五二百五六前四六二百五六後四七二百五七四八三百六前四九三百六後五十三百七五一三百十三五二二百六一五三二百六二五四二百五八五五二百七一五六二百四七五七二百四八五八三百十五九三百十五六十二百七六六一二百七七六二三百十八六三二百七八六四二百七九六五三百五六六二百五四六七二百九五六八二百九六六九二百九七七十二百六六七一二百六七七二二百六八七三二百七二七四二百九一七五二百八八七六二百八九七七二百九十七八二百九三七九三百十七前八十三百十七後八一二百三二八二二百三四八三二百三五八四二百三三

辨少陽病脈證並治第九

一三百二十二三百二八三三百三六四三百三五前五三百三五後六三百五九七三百四三八三百四一九三百四
二十三百四七

辨太陰病脈證並治第十

一三百五二二三百五九三三百六十四三百五四五三百五二六三百五八七三百五五八三百五六九三百五七

辨少陰病脈證並治第十一

一三百六一二三百七四三三百六五四三百六六五三百六四六三百六九七三百八九八三百八七九三百八八十
四百四十一四百五十二三百九十十三三百六七十四三百六八十五三百九一十六三百九二十七三百九四十八
三百九三十九三百九五二十三百九六二一三百六二二二三百六三二三四百一二四三百七一二五三百八六二
六三百七八二七三百七九二八三百八十二九三百七三三十三百八一三一三百八二三二三百八三後三三三百八
三前三四三百七五三五三百七六三六三百八五三七三百七七三八四百三三九四百二四十三百九八四一三百
九九四二四百四三三百七十四四三百八四四五三百七二

辨厥陰病脈證並治第十二

一四百六二四百五八三四百七四四百五九五四百九六六四百十四七四百十二八四百十三九四百十五，四百十六十四百十十一四百十八十二四百八十三四百十一十四四百十七十五四百三一十六四百十九前十七四百十九後十八四百二十十九又四百二十二十四百二二二一四百二三二二四百三十二三又四百二二二四四百二五二五四百二六二六四百三二前二七四百三二後二八四百二四二九四百二三三十四百二七三一四百二八三二四百二九三三四百三四三四四百三三三五四百四十三六四百四二三七四百三七三八三百九七三九四百四三四十四百四五四一四百四四四二四百三五四三四百四一四四四百三八四五四百三九四六四百三六四七四百四七四八四百四六四九四百四八五十四百四九五一四百五十五二四百五四五三四百五二五四四百五三五五四百五一五六四百五六五七四百五七

辨霍亂病脈證並治第十三

一四百六十二四百六一三四百六二四四百六三五四百六五六四百六四七四百六六八四百六七九四百六八十四百六九十一四百七十

辨陰陽易差後勞復病證並治第十四

首尾計七條次第俱同。

辨不可發汗病脈證並治第十五「可不可」七類，程本以爲原書。

一四百七八二四百七九三四百八三四四百八四五四百八五六四百八六七四百八七八四百八一九四百八十十四百八八十一四百八二十二四百九十十三四百八九十四四百九一

辨可發汗病脈證並治十六

十五四百九二十六四百九三十七四百九四十八。四百九五十九四百九六二十四百九七

辨發汗後病脈證並治第十七

二一四百九八

辨不可吐第十八

二二四百九九

辨可吐病脈證並治第十九

二三五百二四五百一二五五百二二六五百三二七五百四

辨不可下病脈證並治第二十

二八五百五二九五百十五三十五百十六三一五百十七三二五百十八三三五百十九三四五百二十三五五百二一三六五百六三七五百十二三八五百七三九五百八四十五百九四一五百十三四二五百十四四三五百二三後四四五百二三前四五五百二四四六五百二五四七五百二六四八五百十四九五百十一五十五百二七

辨可下病脈證並治第二十一

五一五百二八五二五百二九五三五百三十五四五百三一五五五百三二五六五百三三五七五百三四五八五百三五五九五百三六六十五百三七六一五百三八

按：成本共五百六十五條，較宋校本爲多。緣宋校只據六經篇，言非仲景原書，只有此數，其所云三百九十三條，即《千金翼》本。成本有「辨脈」、「平脈」、「序例」、「可不可」四門，自較完全。程本惟不用「序例」，其他次序雖略有移易，要亦無大殊也。

傷寒論方條辨編次

方本刪四門，共三百九十三條，與宋校大概合。《翼》本無辨脈、平脈、序例三門，「可不可」分十五章，不並，計其數亦合。

歙方有執中行甫《條辨》方本辨脈、平脈、序例、「可不可」皆刪，喻本同。

辨太陽病脈證並治上篇第一 凡六十六條，正文方本次序注，程本下同。

一九十二二又九三三九九四又九九五一百六百一七百二八又九二九九十六十又九八十一九十八十二百
四五十三百三十四百五十五二百二二十六百四十七百八十八百九十九又二百二二二十百二六二一百三三
二二百三四二三百三五二四百二七二五百四九二六百五十二七二百三二二八二百十七二九百四十三十二百
十九三一百三八三二二百二四三三百二九三四百四八三五百五九三六百六一三七百五六三八百六四三九百
六三四十百六二四一百七九四二百六五並六四三百六九四四百七十四五百六八四六百七一四七百七四四八
百七五四九百四六五十百三二五一百四七五二又九六五三三百三一五四三百二六五五二百五二五六二百五
十五七三百三七五八三百三九五九三百四十六十三百二一六一三百二二六二三百三四六三三百二四六四三
百四八六五三百四九六六三百五十

辨太陽病脈證並治中篇第二凡五十七條，方三十二。

一九十四二百十三三又九四四九十五五又百二三前六又百二三後七百十五八百十九百二八十二百十五十一百五七十二百五一十三二百二三十四百五二十五百二四十六百三十十七百五三十八百五五十九百五六二十百八十二一百六十二二百十一二三百十二二四百八五二五百八六二六百二五二七百八七二八百八九二九百九十三十二百二五前三一二百二五中，二百二五後三二百九一三三百九二三四百九三三五百九四三六百九五三七百四四三八三百四四三九三百四五四十二百三十四一二百五三四二二百五一四三二百四九四四二百四六四五百七二四六百七六四七百七三四八三百四六四九三百二七五十三百二三五一三百三二五二三百二八五三三百三三五四三百三十五五百八二五六百八三五七三百五十

辨太陽病脈證並治下篇第三凡三十八條。

一百九六二二百十四。小青龍湯作大青龍湯。三百九八四百九九五二百六百十四七二百三八二百一九二百二十二百六十一二百五十二二百四十三二百九十四二百十一十五二百十十六二百十六十七二百十七十八百四三十九二百二十，二百二一二十二百二八二一二百二九二二二百八一前二三百八一中二四百八一後二五百七八二六又百七八二七百七七二八二百十二二九二百十三三十百六七三一百八四三二二百二六三三二百七並八三四三百二九三五二百二七三六百三六三七三百二五三八二百九四

辨陽明病脈證並治第四

一二百三六二二百三八三二百四十四二百四三五二百四一六二百四二七二百四五八三百三九後九二百四四十二百三七十一三百十九十二三百四七十三二百四八十四二百九八十五二百九十十六二百六六十七二百七十十八二百七一十九二百七三二十二百七五二一二百七六二二二百七四二三二百八一二四二百八二二五二百八三二六二百八八二七二百八九二八二百九十二九二百六七三十二百六八三一二百八四三二二百八七三三二百八六三四二百七二三五二百六三三六二百六九三七二百九一三八二百六四三九三百五四十二百八十四一二百三九四二三百五五四三三百五六四四二百五七四五二百九九四六二百五四四七二百五八四八三百四九三百一五十三百九五一三百二五二二百八五五三三百六五四三百八五五三百三五六三百四五七三百十三五八三百十四五九三百七六十二百九六六一二百九七六二三百十六三三百六五六四三百十一六五三百十二六六三百十六六七三百十五六八三百十七六九二百六一七十二百六二七一二百九二七二二百九三七三二百六十七四二百三二七五二百三三七六二百三四七七二百三五

辨少陽病脈證並治第五凡九條。

一三百二十二三百二八三三百三六四三百三五五二百五九六三百四一七三百四二八三百四七九三百四三

辨太陰病脈證並治第六凡九條。

一三百五二二三百五九三三百五四四三百五三五三百五八六三百五五七三百五六八三百五七九三百六十

辨少陰病脈證並治第七凡四十六條。

一三百六一二三百六二三三百七一四三百七四五三百六五六三百六四七三百六九八三百六六九三百八七十三百八八十一三百八九十二四百四十三四百五十四三百六七十五三百六八十六三百九十十七：三百九一十八三百九二十九三百九四二十三百九三二一三百九五二二三百九六二三三百六三二四四百一二五三百八六二六三百七九二七三百七八二八三百八十二九三百七三三十三百八一三一三百八二三二三百八三前三三三百八三後三四三百七五三五三百七六三六三百八五三七三百七七三八三百七九三九四百三四十四百二四一三百九八四二三百九九四三四百四四三百七十四五三百八四四六三百七二

辨厥陰病脈證並治第八凡五十四條。

一四百六一二四百五八三四百五九四四百七五四百九六四百十三七四百十二八四百十四九四百十五，四百十六十四百十十一四百十八十二四百八十三四百十一十四四百十七十五四百十九前十六四百十九後十七四百二十十八四百又二十十九四百二一二十四百又二二一四百二二二二四百三一二三四百三十二四四百二五二五四百二六二六四百三二二七四百二四二八四百二三二九四百二八三十四百二九三一四百三三三二四百三六三三四百四五三四四百四六三五四百四九三六四百五十三七四百三九三八四百四十三九四百四一四十四百四二四一四百三五四二四百三七四三四百三八四四四百四三四五四百四四四六四百四七四七四百四八四八四百五三四九四百五一五十四百五二五一四百五四五二四百三四五三四百五六五四四百五七

辨温病風温雜病脈證並治第九凡二十條。

一又九一二二百九七三三百四一四四百三七五百十六六四百二七七又八六八百三九九百三一十百六十十一百七十二百十七十三百四二十四三百十八十五百五四十六二百七七十七二百七九十八二百七八十九又九四二十又九五

辨霍亂脈治第十凡九條。

一四百六十二四百六一三四百六二，四百六三四四百六四，四百六六五四百六七六四百六八七四百六九八四百六五九四百七十

辨陰陽易差後勞復脈證並治第六凡七條。

一四百七一二四百七二三四百七三四四百七四五四百七五六四百七六七四百七七

辨痓濕暍①病證第十二凡十六條。

一八四二又八五三又八六四八六五八六六八五七又八七八九十九八八十八七十一又八九十二八九十三又八八十四又九十十五又九一十六九一

① 暍：原作「喝」，據人民衛生出版社影印《注解傷寒論》改。

傷寒論尚論篇編次

西昌喻昌嘉言甫著

太陽經上篇凡風傷衛之證，列於此篇，法五十三條。

一九十二二又九二三九十六四又九八五九十八六又九三七九九八又九九九百十百一十一百二十二百三十三百四十四百五十五百六十六百七十七二百二二十八又二百二二十九百二六二十百二七二一百四九二二百五十二三二百十八二四二百十九二五百四十二六百四二二七百四五二八百三八二九二百二四三十百八三九百九三二百五八三三百五九三四百六一三五百六四三六百六二三七百六五三八百三三三九百三四四十百三五四一百二九四二前百三二四二後又九五四三百四六四四百四七四五百四八四六百六七四七百六八四八百六九四九百七十五十百七一五一百七四五二百七五五三百七九

太陽經中篇凡寒傷營之證，列於此篇，法五十八條。

一九十四二百十三三又九四，九五四三百四四五百四四六百四三七又百二三八百十九百二八十二百十五十一百十四十二百十五十三百十八十四百十九十五百二十十六百二一十七百二二十八百二三十九百五一，二百二三二十百五二二一百二四，百三十二二百二五二三百五三二四百五四二五百五五二六百五六二七百五七二八百八十二九百十一三十百八十一三一百八二三二百八三三三百六十三四百八四三五百八五三六百七八，又百七八三七百七七三八百七二三九百七六四十百七三四一三百二七四二百八六四三三百四五四四百十二四五百八七四六百八九四七百九十，二百二五，百九一四八百九二四九百九三五十百九四五一百九五五二百三六五三二百三十五四二百三一五五二百三三五六二百三三五七二百三四五八三百三五

太陽經下篇凡風寒兩傷營衛之證，列於此篇，法二十四條。

一百九六二二百十四。小青龍湯作大青龍湯。三三百九八四百九九五二百六二百三七二百一八二百二九二百四十二百五十一二百十六十二二百十七十三二百二十又二百二一十四二百二六十五二百二七十六二百二八十七二百二九十八二百十二十九二百十三二十二百六二一二百九二二二百十一二三二百十二四二百七並八

陽明經上篇凡外邪初入陽明地界，未離太陽淨盡者，謂之太陽陽明，列於此篇。

一二百四七二二百四八三二百九八四二百九五五二百四十六二百四三七二百四一八二百四二九二百四四十二百六八十一二百六七十二二百六三十三二百六四十四三百五十五二百五一十六二百五六十七二百五七十八二百五四十九二百九九二十二百五八二一三百二二三百一二三三百九二四三百二二五三百六二六三百八二七三百三二八三百四二九三百十三三十三百十四三一三百七三二三百十三三二百六五三四二百十一三五三百十二三六三百十六三七三百十五三八三百十七三九三百十八

陽明經中篇凡外邪已離太陽，未接少陽，謂之正陽陽明，列於此篇。

一二百三六二二百三七三二百四五四二百三九後五二百六六六二百七十七二百七一八二百七三九二百七七十二百七八十一二百七九十二二百七五十三二百七六十四二百七二十五二百六九十六二百七四十七二百八一十八二百八二十九二百八三二十二百八四二一二百八五二二二百八七二三二百八六二四二百八十二五二百八八二六二百八九，二百九十二七二百九一二九三百十九三十二百九六三一二百九七

陽明經下篇凡外邪已趨少陽，未離陽明，謂之少陽陽明，列於此篇。

一一百六一二二百六二三二百三八附少陽轉陽明一證二百三八後，三百三九附太陰轉陽明一證二百三九前附少陰轉陽明一證四百附厥陰轉陽明一證四百四九

少陽經全篇

一三百二一，三百二二二三百二十三三百三六四三百三八五三百四一六三百四二七三百四七八三百四三九三百二三十三百三二十一三百二八十二三百三四十三三百二四十四百八二十五九十七十六三百二九十七又九七十八三百四八十九三百四九二十三百五十二一三百五

重編合病、並病、壞病、痰病，附三陽經後。其過經不解，附三陰經後。

一二百五二二百五三三二百五十四二百四九五二百五一六三百四六七二百九三八二百五九九二百六十以上合病。

一二百四六二二百九二三三百三七四二百三九五三百四十以上並病。

一又九六二三百三五以上壞病。

一百三七二百十六三四百二七以上痰病。

太陰經全篇九條。

一一三百五二二三百五九三三百五四四三百五三五三百五八六三百五五七三百五六八三百五七九三百六十

少陰經前篇二十五條。

一三百六二二三百七一三三百六三四三百七四五三百六五六三百六九七三百八七八三百八八九三百八九十三百八六十一三百七三十二三百七五十三三百七六十四三百八五十五三百七七十六三百七十十七三百八四十八三百七二十九三百九十二十三百九一二十一三百九二二十二三百九四二十三三百九三二十四三百九五二十五三百九六

少陰經後篇十九條。

一三百六一二三百六四三三百六六四四百四五四百五六三百六七七三百六八八四百一九三百七九十三百七

一八，三百八十十一三百八一十二三百八二十三三百八三十四四百三十五四百二十六三百九八十七三百九九十八四百十九三百九七

厥陰經全篇法五十五。

一四百六二三百五八三四百五九四四百七五四百九，四百八六四百十

《翼》本乃《傷寒》中部，首尾别在他書考條目

成本全出《翼》本，無首一、二卷，十一以下八卷。據《外臺》引，又《外臺》十八卷外，有婦人卒死中毒諸條，當在十八卷以外。又或爲仲景《婦人方》與仲景《食經》。

《翼》本與《千金》九、十兩卷文連接，無重復。《千金》九卷在前，《翼》本在中，《千金》十卷在後。《翼》本「太陽」篇與《千金》九卷文重者，皆後人所補。

《翼》本不傳仲景《要方》。《外臺》所稱要方，皆在《千金》九卷，《翼》本無。《千金》九卷方後人旁記「江南諸師秘仲景要方不傳」，即指《翼》本孤行而言。

成本出《翼》，而首卷《序例》則出《千金》九卷。成本蓋合《千金》與《翼》而成。「可不可」其開首各條，亦出《千金》。

《翼》本「太陽」篇與《千金》重見者，不列方，不加注，低一格書之，詳其已見《千金》前篇。

發汗、膏散圓文詳華氏、《病源》、《外臺》，《翼》本無膏散圓三例。

《外臺》序例引《九卷》「熱病死候」有九條，《翼》本無。

《千金》、《外臺》序例，華佗、仲景、叔和詳因時因地異方之例，《翼》本無。後人株守經文，生種種謬説。

解表、解外、不解、發汗諸條，皆指解肌湯，《翼》本無此方。

華氏條發汗至再三，不得已，乃用湯。《翼》本首即用湯。《千金》「發汗湯例」凡云可發汗而無湯者，圓散亦可用，要以汗出爲解。

《千金》發汗湯有三解肌湯，《翼》本無此方，非完書。

《翼》序汗吐以下三例爲正對方，文在《千金》九卷，《翼》本無。

程氏云：「本論具有治雜病之方法。」柯氏云：「凡條中不貫傷寒者，皆是雜病論。」日本内藤著有專書，然謂《千金》爲專治傷寒病，《翼》本兼雜證則可，如合而稱之，則無以處《金匱》。叔和輯「可不可」，仲景有原文，不盡出「三陰三陽」篇中，文在《千金》九卷，《翼》本無。

叔和所稱「三陰三陽」篇，即《翼》本「六經」正文。《翼》本專爲此門，無首尾。

桂枝本爲解肌，謂桂枝爲解肌，音誤，《翼》本無此方名。《千金》解肌湯三，《外臺》解肌湯七，亦如承氣，非一方所盡。承氣有四方，解肌古方共十餘，《傷寒》首詳汗法，非一桂枝、麻黄所能盡，而《翼》本無。

「辟温」序例有明文，《肘後》、《病源》、《外臺》、《醫心》、龐、朱、常皆詳，《翼》本無。

萎蕤湯出《千金》，「辟疫」龐、朱皆有，《翼》本無。成本「太陽」篇中風温乃引《千金》文，而誤脱尤甚。

時行文詳《序例》，華氏、仲景同。由《肘後》至龐、朱，皆有其文，《翼》本無。

《外臺》傷寒共四卷，首同《千金》九卷，爲《翼》本所佚；二卷略同《翼》本；三卷「天時」、四卷「温」及「疫瘴」，皆《翼》本所無。北宋以前皆有，郭本亦有。

《脈經》下至龐、朱、郭，皆有温熱病原文，《翼》本無。

《脈經》下至龐、朱、郭，皆有熱病陰陽交原文，《翼》本無。

百一十三方，三百九十三證，乃指「三陰三陽」篇而言，佚方佚證尚多。陳氏《活人書》以百十三方爲正方，外有雜方二十六首，《千金要方》全在。

《翼》本宜汗、宜吐、宜下，其首皆《千金》三例，下乃《脈經》輯補。

《翼》九與《千金》九卷方不宜重出。今本重出，皆後人析補。凡重出者，低一格；據《翼》補《千金》者，則刪之。

《千金》汗、吐、下後方，當依《脈經》作汗以後方，汗以後在《千金》九卷汗、吐、下後方，今在《翼》本末。

《千金》汗湯當以三解肌湯爲首。汗例當在膏散圓前。

「陽旦」、「陰旦」當作「陽亡」、「陰亡」，《翼》本無。

據《脈經》本，汗以後方、汗、吐、下後方皆爲壞病專篇。不當分入六經。

汗、吐、下後方條，各本不同，今校定。

《外臺》桂枝湯在第二卷，指《千金》解肌湯而言，《翼》從三卷始。《千金》宜下例爲後人所亂。當以少陰承氣爲主，乃據經次先抵當湯。

王刻《翼》本多脱條誤文。今從元大德本。

《翼》首之桂枝、麻黄、大青龍，皆兼雜證法，非傷寒正對汗方。正對方在《千金》。《千金》、《外臺》廿餘解肌湯，分治五種四時病及時行瘟疫。大寒大熱方各不同，因病而異，後來疑桂、麻各説，不攻自破。

《千金》首重發汗，預製膏散圓湯，首解肌三方，則傷寒不成大病，《翼》無。詳此則傷寒無重病，無死證。

《千金》汗、吐、下三例，《翼》稱爲正對方。《翼》乃汗、吐、下後方，皆兼雜病。汗、吐、下外方，皆兼雜證。仲景原文，首一二卷傷寒正對法，在《千金》九卷汗、吐、下後兼雜病法；由三卷至十卷，爲《翼》本「六經」篇；專治雜病八卷，爲今本《金匱》。

傷寒古本考

成本出於《翼》變亂羼補考條目

《翼》爲《傷寒》之「三陰三陽」專篇，兼詳六經雜證，殘缺之本，原非完書。成專守《翼》本，又從而變亂之，最爲謬誤。特宋元後注本，惟成最盛行耳。張隱菴、陳修園乃以爲仲景之元本，丹波《輯義》主宋板，亦詳其節目之次序，不知趙板即成刻之別本，非真北宋校本。今別編古本，而於成本之淵源，詳列於左。趙序明云用成注，丹波説大誤。

劉廉夫、《輯義》凡例，《玉函經》亦是《傷寒》之別本，同體而異名。《玉函經》與《翼》本大同者，蓋從唐以前傳之，大抵與《千金》、《翼》所援同。

宋校稱總廿二篇，合三百九十七法，除重復，有百十二方。據《翼》本而言，成本篇目、方證同。

《翼》本外溢出十餘條，多屬羼補謬誤，非《傷寒》原文。

成本所無《翼》本十餘條，皆屬脱漏。

痓濕暍在「太陽」篇前，同《翼》。

汗、吐、下後方月同《翼》，而以其文散入各篇，遂至有目無書。今以爲專篇，凡散見之文不注，特詳其所見。

删去「太陽」篇七法，原目分爲上、中、下三篇，變亂舊次。

成本於《翼》本，陽明以下多同，惟「太陽」篇羼亂最甚。

取雜病霍亂入傷寒，與《翼》本同。

於《千金》、《外臺》總例删去姓名。叔和只三條去姓名，使人疑全爲叔和語。龐、朱皆有叔和姓名。

於《千金方》、《外臺》總例佚脱華佗，與仲景同條而别見《明理論》。後人傳經之説，由此致誤。龐氏引華佗法甚詳。《外臺》序例引《九卷》即《靈樞》。熱病死候有九，成本無此條，亦無温熱天行病門目。

於《千金》、《外臺》總例羼入後人語，非一家所有。

《翼》本無解肌、萎蕤、大青各方，及温熱時行等病目。

龐、朱、郭本猶旁參别本，成乃據《翼》本，盡删《傷寒》首尾原文。

《千金》九卷汗、吐、下三例，爲仲景原文。成本不用《翼》本。《脈經》十五章專詳汗、吐、下，此較《翼》本爲優。

仲景僞序，唐本無，龐已有，成仍其誤。

《辨脈》、《平脈》二篇，北宋本無，成乃附注，冒稱仲景原文。

南宋郭本猶有温熱病、陰陽交，成本乃誤爲風温。

北宋校本早亡，趙刻即成本，獨存其序。丹波亦誤指趙刻本爲林校本。

《聖濟》出北宋末，所論多與成説相反。

《翼》本雖合方藥，見《翼》傷寒方序。猶屬「三陰三陽」之舊，成本所變亂，皆屬謬誤。

方、喻、程改成本立三綱，又襲《翼》序改本之誤。《翼》序一曰汗、二曰吐、三曰下，本據《千金》九卷三例而言。《翼》本「六經」篇實汗、吐、下後方。後人據《翼》本書太陽七法目次，改爲一曰桂枝、二曰麻黄、三曰青龍者，誤也。

明清以下，各本變易成本，誤中又誤，不可究詰。

發汗、吐、下後雜病方，龐本猶有五十一首。此當同《翼》本，成本無。

成本「可不可」，桂枝當讀作解肌，麻黄當讀作麻黄解肌，葛根亦同。汗、吐、下後方，當據《翼》本爲專篇，列《翼》本首，不宜分散六經。

「三陰三陽」專爲雜病而出，汗、吐、下三法不分經。柯氏、日本内藤已有明説。

《傷寒》正對法在《千金》九卷，成本全爲兼法。分《傷寒》，兼雜證；若《金匱》，純雜證。

成本於《千金》獨取總例，以補《翼》本之缺。喻氏乃云不須序例，大誤。

神丹、青散、赤散、雪煎、藜蘆，華氏、仲景所論之方，《翼》、成無。專守成本，則《肘後》及《外臺》諸不在《翼》本之方論，皆可禁絶。

元明以後，成本孤行，諸家拘泥殘挩，所以流毒無窮。

宋葉氏《避暑録話》①語謬，所以釀成本孤行之毒焰。謂「孫真人著《千金》時，未見仲景原書，著《千金翼》時，乃得仲景原文。故《翼》全書中論傷寒者過半」云云，所以後人棄《千金》而宗《翼》本也。

《千金》九卷「江南諸師秘仲景要方不傳」十一字後，師記注：「非孫氏原文。」《千金》著書，無十一字爲一條者，且此乃全書大例，不應於卷末方後灸前，羼此十一字，後人以成本爲真古完本，此二説害之也。

朱本有《千金》九卷論方，《翼》本無，成同。

朱本有熱温、熱暑、濕病，《翼》本無，成同。

郭氏《補亡》南宋本，較成本門目幾過其半。

① 避暑録話：原無「話」字。按此指宋葉夢得《避暑録話》，據補。下同。

傷寒古本考《外臺秘要》中唐本

卷一 同《千金》九卷。

諸論傷寒八家，合一十六首

諸傷寒日數、病源並方廿一首

《肘後》方七首

《深師》方四首

《小品》方四首

《集驗》方五首

《千金》方六首

《千金翼》方十三首

崔氏方十五首

張文仲方十首

古今録驗方八首

雜療傷寒湯散丸方八首並是《論》之所要。

卷二同《翼》本九、十。

中風傷寒方九首《病源》「中風」二字在「傷寒」上。

傷寒結胸方七首每病皆冠「傷寒」二字，與《病源》、《聖濟》同，爲傷寒兼雜證。

傷寒嘔噦方八首以下皆非傷寒本病。

傷寒吐唾血反下血方三首

傷寒衄血方四首

傷寒煩渴方九首

傷寒癖實及宿食不消方二首

傷寒春咳嗽方三首

傷寒攻目生瘡兼赤白翳方六首

傷寒口瘡方二首

傷寒手足欲脱疼痛方八首

傷寒虚羸方四首

傷寒不得眠方四首

傷寒小便不利方九首

傷寒下痢及膿血黄赤方十六首
傷寒䘌瘡方十首
傷寒陰陽易方八首
傷寒勞復食復方廿六首
傷寒百合病方七首以下見《金匱》。
傷寒狐惑病方四首

卷三病目與治法皆同《傷寒》，今補弟十一卷。

天行發汗等方四十二首
天行病許仁則方七首
天行嘔逆方七首
天行嘔啘方七首
天行咽喉病方二首
天行衄血方四首
天行口瘡及口乾苦方四首
天行咳嗽方三首

天行發斑方三首

天行發瘡豌豆疱瘡。方十六首

天行虛煩方二首

天行狂語方三首

天行熱毒攻手足方五首

天行大小便不通脹滿澀。方四首

天行熱利及諸利方四首

天行䘌瘡方八首

天行陰陽二方方二首

天行虛羸方二首

天行瘥後禁忌方二首

天行勞復食復①方六首

天行瘥後勞發方五首許仁則。

①　復：原作「後」，據《外臺秘要》卷三改。

卷四今補第八卷。

温病論病源二首

辟温方二十一首

斷温令不相染方二首

温病噦方四首

温病渴方二首

温病發斑方七首

温病勞復方四首

諸黄方十三首以下見《金匱》。

急黄方六首

黄疸方十三首

黄疸偏身方十一首

癃黄方三首

黄疸小便不利反腹滿喘方二首

黄汗方三首

女勞疸方四首

黑疸方三首

酒疸方七首

穀疸方三首

許仁則療諸黄方八首

雜黄疸三首

按：《外臺》録仲景書共四卷，一卷如《千金》九，二卷如《翼》本傷寒兼雜病，三卷爲天行，四卷温熱及雜病。故多與《金匱》同，其卷數次第，詳日本丹波《輯義》條中。

傷寒古本考唐初本

上帙《千金》九卷。

傷寒例第一以上補首卷。○《小品》引《經》言、華佗、王叔和、陳廩丘、孫真人論。

辟温第二治瘴霧氣附。○今移十三卷。○方六首。

傷寒膏第三方三首。

發汗散第四方十一首。

發汗丸第五舊本在湯後，今移湯前。○方二首。○以上補卷。

發汗湯第六以下三例補爲第二卷。

宜吐第七例一首，證五條，方七首。

宜下第八例一首，證十二條，方八首。附《金匱》汗、吐、下、可不可。

發汗吐下後第九

中帙「三陰三陽」篇，出《翼》本九十卷。

太陽篇

太陽病用桂枝法第一三十七證，方五首。○舊合痓濕暍共爲五十七首，今除十五條。
太陽病用麻黄法第二一十六證，方二首。
太陽病用青龍法第三四證，方二首。
太陽病用柴胡法第四一十五證，方七首。
太陽病用承氣法第五九證，方四首。
太陽病用陷胸法第六三十一證，方一十六首。
太陽病用雜療法第七二十證，方一十三首。
陽明病狀第八七十五證，方十一首。
少陽病狀第九九證。○以上《翼》本九卷。
太陰病狀第一八證，方二首。
少陰病狀第二四十五證，方十六首。○四十五證皆冠「少陰」字，無傷寒明文。
厥陰病狀第三厥利嘔噦附。○正文止三首，以上爲三陰三陽正篇，附皆《金匱》文。○五十六證，除三條。
傷寒宜忌第四十五章，此出《脈經》。
發汗吐下後第五
霍亂病狀第六《脈經》、《金匱》舊目有此，後人移附。
陰陽病已復勞復第七《千金》十卷多同。

下帙 出《千金》十卷。

傷寒雜治第一 論一首，方十一，灸法一首。

熱毒、三方。温熱，今補八、九卷。嘔噦、《金匱》有，《翼》無。○《四方厥陰篇》附。攻手足、《巢源》、《聖濟》同。○六方。毒腫、一方。斑出、《翼》無，《巢源》、《聖濟》有。○一方。豌豆瘡、《肘後》、《巢源》同。○十六方。鼻衄、《金匱》有二方。喉閉、《金匱》有二方。口苦、一方。口乾、一方。下利、厥陰附，五方。《金匱》有。虚腫、四方。汗不止。盗汗附，八方。

勞復第二 食忌、陰陽易、理髮附。○《翼》本有。論二首，食忌九條，方二十一首。

百合第三《金匱》有。○論二首，方七首。

傷寒不發汗變成狐惑第四《金匱》有。○論一首，方三首。

傷寒發黃第五《金匱》有。○論一首，證五條，方三十四首，灸圈三首。

温瘧第六《金匱》有。○論一首，方卌四，灸刺法十九首，禳瘧法一首。

溪毒證第七 射工毒。

按：《千金》與《翼》本傷寒各二卷，同在九、十。蓋《千金》九卷爲上帙，《翼》本九、十兩卷爲中帙，《千金》十卷爲下帙，合之則爲仲景全書。故上帙爲傷寒正對方，中帙叔和所稱「三陰三陽」篇，傷寒兼雜病。下帙則温熱與雜病，故多同《金匱》。《病源》、《外臺》所見皆爲此本。葉氏《避暑録》以孫著《千金》時未見仲景書，著《翼》時乃得仲景書，故論《傷寒》者過半皆誤説。